퍼펙트
프리젠테이션 3

퍼펙트
프리젠테이션 3

전략 컨설팅, 빅테크, 광고 회사의 **프리젠테이션 비법**을 한 권에

김재성 지음

에이콘

 에이콘출판의 기틀을 마련하신 故 정완재 선생님 (1935-2004)

AI 시대, AI로 대체 불가한 인간만의 능력은 무엇일까? 업그레이드된 『퍼펙트 프리젠테이션』은 AI가 대체할 수 없는 '프리젠터' 역할에 필요한 마인드셋과 비결을 담고 있다. 일부는 생성 AI가 기획부터 디자인까지 모든 과정을 대체할 것이라고 이야기한다. 구체적인 방법론 없이 말이다. 이 책은 그런 막연한 주장들과 달리 생성 AI를 프리젠테이션에 바로 활용할 수 있는 가장 현실적이고 효과적인 법칙과 인사이트를 제공한다. 스토리라인 구성, 자료 조사, 이미지 검색을 위한 챗GPT 활용법 등 바로 업무에 적용할 수 있는 노하우로 가득하다.

누구나 프리젠테이션은 해봤지만, 누구도 프리젠테이션을 이 책처럼 제대로 가르쳐주지는 않았다. 한 페이지를 넘길 때마다, 작가의 방법론, 노하우, 그리고 아낌없는 사례에 감탄하게 될 것이다. 마지막 장을 덮었을 때, 프리젠테이션을 바라보는 시각은 완전히 달라질 것이다. 좋은 발표를 위해 고민해본 기억이 있는 사람들, 프리젠테이션 기술을 한 단계 업그레이드하고 싶은 모든 사람에게 이 책을 추천한다.

김수민(삼성전자 MX사업부 AI 연구원, 『챗GPT 거대한 전환』(알에이치코리아(RHK), 2023) 저자)

이전 저서에서 프리젠테이션의 실용적 해결책을 충분히 제시한 것을 뛰어넘어, 이번에는 저자가 그간 글로벌 컨설팅 회사를 거치며 체득한 다양한 컨설팅 방법론까지 프리젠테이션이라는 카테고리에 접목시켰다. 가장 효과적으로 스토리라인을 구성하는 것부터 시각화와 발표까지 A~Z 프레임워크를 제시하는 최적의 참고서를 낸 듯하다. 평소 저자의 소셜네트워크 애독자인 나는, 그의 세상 모든 현상에 대한 세심하고도

냉정한 고민과 기존의 틀을 개선하기 위한 그의 도발적인 자세를 항상 부러워한다. 그 열정과 노력이 이 서적에도 고스란히 담겨 있다. 강력히 추천한다.

도준웅 (前 CJ 그룹 최고 디지털 책임자, '마이 셀럽스' 설립자)

'스피치'가 내가 말하고자 하는 바를 다양한 방법으로 설득하는 것이라면, '커뮤니케이션'은 내 생각을 자연스럽게 공유하는 데 주안점이 있다. communication의 어원은 라틴어 communicare(공유하다, 함께 나누다)다.

『퍼펙트 프리젠테이션』은 프리젠테이션을 커뮤니케이션 관점에서 다룬 책이다. "내가 말하니까 들어주세요."가 아니라 "우리 이 길로 한번 가볼까요?"라는 친근한 안내를 위해 필요한 기법을 친절하게 설명한다. 2017년 노벨경제학상 수상자인 리처드 탈러 교수의 'Nudge' 기법을 프리젠테이션에 적용하면 이 책 같은 모습이 되지 않을까? 그런 점에서 이 책은 은근하면서도 영리하다.

조우성 (로펌 기업분쟁연구소(CDRI) 대표 변호사)

효율적인 의사 전달과 소통, 그리고 공감을 얻기 위한 프리젠테이션의 모든 비법이 이 한 권의 책에 다 들어 있다. 자신의 메시지를 상대방에게 효과적이면서 매력적으로 전달하고 싶은 모든 이에게 가장 충실한 길잡이가 돼줄 것이다.

윤형인 (서울대학교 치의학대학원 교수)

프리젠테이션을 프리젠트(present, 선물)한 작품이다. IT 기술의 대중화 격랑이 일 때 대학 시절부터 이 주제를 물고 늘어진 끝에, 저자는 효과적이고 능률적인 소통과 설득 기술의 모범 답안을 제시해준다. 전문가는 물론, 프리젠테이션을 하는 모든 이가 읽고 참고할 만하다.

맹중호(前 필립스 부사장)

"Say what you think, write what you say." 프리젠테이션을 준비하고 있다면 누구든 마음속에 간직해야 하는 원칙이다. 어떤 메시지를 전달하고 싶은지를 명확히 하고 이를 가장 효과적으로 전달하는 프리젠테이션 기술을 익히는 것은 정보 범람의 현대 사회에서 정보를 전달하고 의사 결정을 이뤄내는 데 매우 유용한 기술을 획득하는 지름길이 될 것이다.

윤송이(엔씨소프트 사장)

김재성

서울대학교 컴퓨터 공학부를 졸업하고 세계적인 경영 컨설팅 회사 맥킨지(McKinsey & Company) 컨설턴트 생활을 거쳐 제일기획에서 디지털 미디어 전략을 담당했다. 현재 카카오 전략 기획 그룹에서 전사 전략 및 사업 개발 업무를 담당하고 있다. 저서로는 『왜 그 사람은 하는 일마다 잘될까?』(평단, 2023), 『당신을 위한 따뜻하고 냉정한 이야기』(평단, 2022), 『뭘 해도 잘 되는 사람들의 비밀』(평단, 2021), 『슈퍼 업무력 ARTS』(도서출판 이새, 2020), 『행동의 완결』(안나푸르나, 2019)과 에이콘출판사에서 펴낸 『퍼펙트 프리젠테이션』(2012), 『퍼펙트 프리젠테이션 시즌2』(2017), 『퍼펙트 슬라이드 클리닉』(2020)이 있다. 『퍼펙트 프리젠테이션』은 삼성전자와 제일기획 직원 프리젠테이션 교재 및 다수의 수도권 대학에서 프리젠테이션 주교재로 채택돼 활용됐다.

- E-mail: plusclov@gmail.com
- 페이스북: facebook.com/plusclov
- 인스타그램: Instagram.com/plusclov_
- 브런치: Brunch.co.kr/@plusclov
- Linked in: https://www.linkedin.com/in/jaesung-kim-2388911b/

2012년 초판을 시작으로 2017년 두 번째 개정판을 거쳐 이제 세 번째 개정판으로 만나 뵙게 돼 영광입니다. 퍼펙트 프리젠테이션 시리즈는 대한민국 유일한 프리젠테이션 총론서이자, 스테디셀러로 10년 넘는 시간 동안 많은 분의 '목표를 이루는' 프리젠테이션을 도와왔습니다. 이에 책을 지은 사람으로서 기쁨과 감사함을 느낍니다.

'표현력'의 정수인 프리젠테이션은 이제 어떤 직무를 하더라도 반드시 필요한 필수 소양이 됐습니다. 예전에는 발표를 잘하는 사람이 주목받았다면, 이제는 발표를 잘한다는 것은 너무나 당연한 일이 됐고 발표를 못하는 사람이 도태되는 시기가 도래했습니다. 더 이상 '침묵이 금'인 시기가 아니라 효과적으로 표현하는 것이 그 가치를 발하는 시기입니다. 시청각 자료와 함께 청중 앞에서 발표하는 '프리젠테이션'은 다양한 표현 방식 중 우리의 삶에서 가장 직접적이고 자주 접하는 방식입니다.

우리가 만드는 제품 서비스나, 스스로에 대해 유려하고 세련되게 표현해야 하는 것은 앞으로도 모두에게 더 이상 피할 수 없는 숙제라고 생각할 수 있습니다. 감동적인 프리젠테이션은 커다란 계약을 성사시키기도 하고, 올림픽 등의 국제 행사를 유치해내기도 합니다. 하지만 이 같은 거대한 사안이 아니라 하더라도 여러분의 학기 말 프로젝트 발표, 입사 시험에서의 프리젠테이션 면접, 회사에서의 다양한 보고 등을 성공적으로 수행하기 위해서도 고도화된 프리젠테이션 능력은 반드시 필요합니다.

하지만 모두가 중요하다고 인지하는 프리젠테이션을 어떻게 연습하고 진행해야 하는지를 정확히 알기는 매우 어렵습니다. 시중에 나와 있는 다양한 프리젠테이션 서적은 실제 우리의 프리젠테이션 환경에는 잘 맞지 않거나, 적용하기 어려운 방법을 열거하고 있습니다.

이러한 국내의 프리젠테이션 현실을 초판에서 개선하고자 했던 저는 두 번째 개정판이 되는 『퍼펙트 프리젠테이션 3』에서 신규로 구축된 법칙과 효율적인 방법을 추가로 소개해드리는 기회로 삼고자 합니다. 특히, 단순히 프리젠테이션 스킬을 말씀드리는 수준을 넘어 세계적인 경영 컨설팅사, 빅 테크, 국내 톱티어top-tier 광고 회사에서 활용되고 있는 생생한 실무 지식을 담았습니다. 이를 통해 독자 분들은 어떤 환경에서든 프리젠테이션을 하는 실제 환경에 충분히 적용할 수 있으면서도 남들과는 차별화된 프리젠테이션 방법을 활용하실 수 있게 될 것입니다.

수백 차례 프리젠테이션 강연을 다니고 프리젠테이션 컨설팅을 하는 과정에서 만나뵙게 된 분들이 많습니다. 제가 말씀드린 방법을 적용해 성공적인 프리젠테이션을 할 수 있게 되었다고 감사의 메일을 보내주시는 분이나, 인상적인 강연이었다며 강연에 나왔던 방법을 꼭 다음 프리젠테이션에 사용해 보겠다는 블로그 후기를 보며 가장 보람을 느꼈던 때를 떠올려 봅니다. 제가 지금껏 해왔던 강연/컨설팅과 마찬가지로 이 책으로 인해 여러분이 프리젠테이션에 대해 새로운 시각을 익히고, 앞으로 마주할 프리젠테이션에 대해 좀 더 큰 자신감을 가질 수 있게 된다면, 그보다 큰 기쁨은 없으리라 생각합니다.

간혹, 서적을 읽는 것보다 영상 강의가 더 편하다고 느끼는 분들이 계시리라 생각합니다. 이 경우를 위해 퍼펙트 프리젠테이션을 통째로 담은 온라인 강의를 마련했습니다.

퍼펙트 프리젠테이션 온라인 강의주소: https://bit.ly/2TWK8Ah

책의 목차를 기반으로 강의를 구성해 강의를 모두 듣고 나면 책을 모두 읽은 효과를 낼 수 있도록 만들었습니다. 강의로 우선 익숙해진 이후, 실무에서 생각나지 않는 부분은 책을 찾아보며 활용하는 방식으로 강의와 책을 활용한다면 가장 효과적으로 두 콘텐츠를 실무에 적용하실 수 있으리라 생각합니다. 여러분의 목표를 이루시는 데에 퍼펙트 프리젠테이션이 힘을 보태겠습니다. 감사합니다.

김재성 드림

• 일러두기 •

본 서적에 수록된 컨설팅 슬라이드는 모두 가상 자료입니다. 특정 기업의 성모를 쏘임하꼬 있지 않으며 실제 기업의 지표와 아무런 관련이 없습니다.

| 차례 |

4부 실전 발표 | 청중의 무관심을 요리하라

 부록 프리젠테이션을 마친 후

퍼펙트 프리젠테이션 3
시간을 이기는 노력

노력

우리는 노력을 통해
무언가를 성취하길 바랍니다

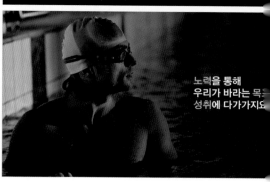

노력을 통해
우리가 바라는 목
성취에 다가가지요

리는
표를 이루고자 하는
기에 초점을 맞춥니다

바로 그때죠
당신의 결과물이

가장 완벽해지는 순간

그러나 안타깝게도, 시간이 지나면

완벽을 기해 둔 결과물도 서서히 무뎌진

퍼펙트 프리젠테이션 시리즈
역시 출간 당시는
완벽에 가까웠을지도 모릅니다

단순히 최선을 다해
집필했기 때문만이 아니라

실제 수많은 서평과 후기
증명되기도 했고,

로비나 마케팅을 일체 하지 않고도,
다수의 대학 및 기업 교재에
채택되었다는 사실이
이를 증명하지요
(퍼펙트 프리젠테이션 시리즈는 삼성전자, 제일기획 직원 교육 교재로 활용되었습니다)

그러나 안타깝게도

세월을 이기는 완벽은 존재하지 않듯

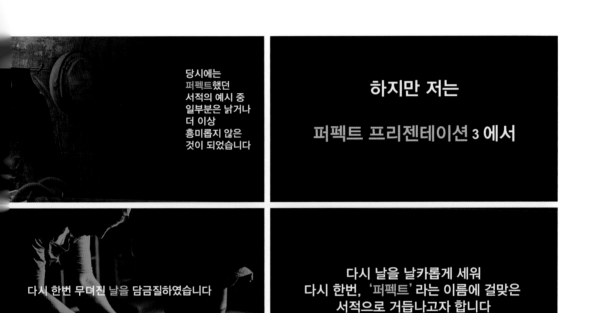

당시에는
퍼펙트했던
서적의 예시 중
일부분은 낡거나
더 이상
흥미롭지 않은
것이 되었습니다

하지만 저는

퍼펙트 프리젠테이션 3 에서

다시 한번 무뎌진 날을 담금질하였습니다

다시 날을 날카롭게 세워
다시 한번, '퍼펙트'라는 이름에 걸맞은
서적으로 거듭나고자 합니다

여러분께 선보이는
퍼펙트 프리젠테이션 3에서는

오랜 시간 노력 끝에 개발된

새로운 기법과
최신 경향을 반영한 예시로
새 날개를 펼쳐 여러분을 맞이합니다.

시간이 지나 부녀신 '퍼펙트' 라는 이름을
부단한 노력을 통해 다시 완벽하게 만들기
위해 애썼습니다

여러분이 프리젠테이션을 성공적으로 수행
하기 위해 필요한 모든 사항을 꼼꼼하게
담았습니다

지금부터 함께해 주십시오

더 진화한 퍼펙트 프리젠테이션이

여러분의 이룸을 돕겠습니다

감사합니다

슬라이드 쇼: 프리젠테이션의 목적

프리젠테이션의 목적에 대해 슬라이드 쇼 형식으로 구현했습니다.

이 도입부를 통해 여러분은 젠(Zen) 형식의 슬라이드를 구성하는 방법을 참고할 수 있을 것입니다.

여러분 앞에 발표자가 나와 프리젠테이션을 한다는 마음가짐으로,

해당 슬라이드를 띄워놨을 때 발표자가 어떤 말을 할지 상상하며 본다면 더욱 좋은 경험이 될 것입니다.

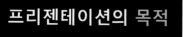

프리젠테이션의 목적

참 익숙한 단어

Presentation

<프리젠테이션>

보고 면접
회의 경쟁 PT

그런데 우리는 왜 **?**

프리젠테이션 앞에서 늘 작아져 버리는 걸까요?

시간부족
무대 공포증
질문에 대한 대처...

충분한 고민을 하지 못했기 때문입니다

청중에게 끌려가는 프리젠테이션을 하지 않기 위해...

프리젠테이션의 목적을 명확하게 이해해야 함

여러분은 프리젠테이션을 왜 하십니까?

강연장에서 나온 대답은 이렇습니다

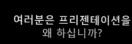
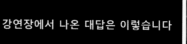

해야 하니까
시키니까
어쩔 수 없이...

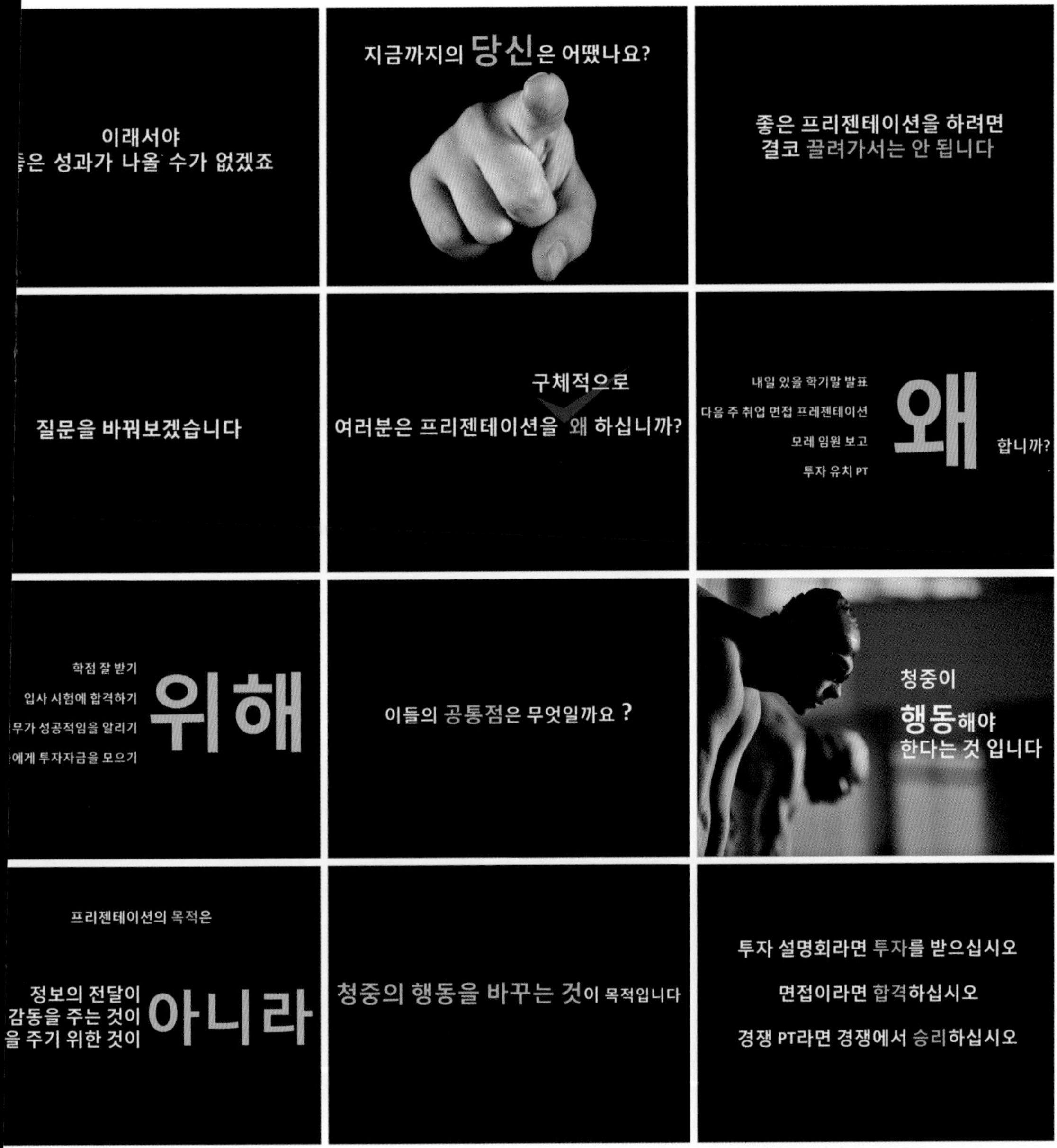

지금까지의 **당신**은 어땠나요?

이래서야
은 성과가 나올 수가 없겠죠

좋은 프리젠테이션을 하려면
결코 끌려가서는 안 됩니다

질문을 바꿔보겠습니다

구체적으로
여러분은 프리젠테이션을 왜 하십니까?

내일 있을 학기말 발표
다음 주 취업 면접 프레젠테이션
모레 임원 보고
투자 유치 PT
왜 합니까?

학점 잘 받기
입사 시험에 합격하기
무가 성공적임을 알리기
에게 투자자금을 모으기
위해

이들의 공통점은 무엇일까요 ?

청중이
행동해야
한다는 것 입니다

프리젠테이션의 목적은
정보의 전달이
감동을 주는 것이
을 주기 위한 것이
아니라

청중의 행동을 바꾸는 것이 목적입니다

투자 설명회라면 투자를 받으십시오
면접이라면 합격하십시오
경쟁 PT라면 경쟁에서 승리하십시오

그 무엇이든 당신의 **목적**을 이루십시오

어떻게
달성할 수
있을까요?

퍼펙트 프리젠테이션과 함께

당신의
프리젠테이션이
완벽해집니다

준비되셨습니까?

이제, 시작합니

검색 키워드: 징검다리(Stepping

목표에 이르는 **4단**
그리고 그 이전

당신의 프리젠테이션은
쓸데없이 화려하거나 너무 촌스럽다

프리젠테이션은 이제 너무나 보편화되고 일상화됐기 때문에 프리젠테이션 관련 자료를 구하는 일은 정말 간단해졌다. 인터넷 카페와 블로그에는 각종 파워포인트/키노트 등을 잘 다룰 수 있는 무수한 방법론과 자료가 올라오고, 우수 자료는 여러 사람에게 공유되기도 한다.

그러나 좋은 자료를 접했다고 해서, 혹은 우수 자료를 만든 사람들이 과연 프리젠테이션을 잘한다고 말할 수 있을까? 오히려 그렇지 않은 경우가 더 많음을 우리는 경험적으로 알고 있다. 좋은 프리젠테이션 자료가 반드시 프리젠테이션의 성공을 의미하는 것은 아니다. 이는 프리젠테이션의 기타 요소(실전 무대에서의 능수능란함)를 갖춘 사람이 하는 프리젠테이션이라고 해도 역시나 마찬가지다.

즉 프리젠테이션을 '잘하는' 것만으로는 절대로 프리젠테이션을 성공시킬 수 없다. 많은 이들이 이를 간과한 상태에서 프리젠테이션을 준비하기 때문에 많은 프리젠테이션이 청중에게 감동을 주지 못하고 급기야 실패한 프리젠테이션이 되고 마는 것이다.

다시 말해, 화려한 자료와 빼어난 언변이 프리젠테이션을 성공으로 이끄는 제1요소가 아니라는 뜻이다. 그럼 대체 무엇이 프리젠테이션을 성공으로 이끄는 첫 번째 요소인 것일까?

바로 이것이 본격적으로 책을 시작하기에 앞서 여러분에게 반드시 이야기해주고 싶은 것이며, 이 책을 덮는 순간까지 반드시 기억해야 할 내용이다. 여러분이 프리젠테이션을 잘하고 싶다면, 우선적으로 프리젠테이션에 담기는 내용 자체에 최선을 다해야 한다. 부실한 내용으로 아무리 휘황찬란한 프리젠테이션을 준비해 보았자, 그것은 오물을 예쁘게 포장하는 것에 불과하기 때문이다.

시간이 한참 지났으나 아직도 스티브 잡스^{Steve Jobs}의 아이폰 발표 프리젠테이션이 최고로 평가받는 이유는 프리젠테이션 자체가 화려해서라기보다는 소개하는 제품 자체가 혁신적이며 쓰고 싶은 제품이었기 때문이다. 설령 동일한 프리젠테이션이었다 하더라도 아이폰이 그저 평범한 휴대폰이었다면 잡스의 프리젠테이션은 이미 잊혀졌을 것이다. 최초의 아이폰 발표 이후 쏟아져 나온 다양한 잡스의 프리젠테이션보다 유독 첫 아이폰 발표 당시 잡스의 발표가 주목을 받는 것도 바로 이런 이유에서다.

따라서 프리젠테이션이 성공하기 위해서는 여러분이 설명하려는 내용이 완벽하게 준비돼 있어야 한다. 다양한 프리젠테이션 방법론이 빛을 발할 수 있는 것은 그 다음이다.

준비한 내용이 부실함에도 그것을 좋은 내용으로 바꾸어줄 수 있는 프리젠테이션 방법은 그 어디에도 없다. 하지만 효과적인 프리젠테이션 방법론은 '좋은 내용'을 청중에게 가장 명확하고 효과적으로 전달할 수 있게 해준다. 여러분이 준비한 내용을 여러분이 알고 있는 만큼 청중에게 전달할 수 있게 하는 것이 바로 효과적인 프리젠테이션 방법이 갖는 위력이다.

효과적인 프리젠테이션 방법론을 배우고자 이 책을 넘기려는 여러분은 자신이 준비한 내용이 충실하다고 생각하는가? 자신 있게 그렇다고 말할 수 있다면, 본격적으로 첫 단계인 프리젠테이션 기획에 대해 함께 이야기를 시작해보자.

프리젠테이션의 4단계

프리젠테이션의 전 과정은 크게 '기획', '슬라이드 디자인', '준비/연습', '실전 발표'의 네 가지 단계로 구분된다. 각 과정은 시간 순서대로 진행되며, 모든 단계를 효과적으로 수행해야 '성공적인 프리젠테이션'을 수행했다고 할 수 있다.

1. **기획**: 프리젠테이션의 목적에 따른 형식 결정과 작업 분배, 작업 실행 과정

2. **디자인**: 프리젠테이션 슬라이드를 디자인하는 과정

3. **준비/연습**: 발표 연습과 발표에 필요한 도구를 준비하는 과정

4. **발표**: 프리젠테이션 장소와 발표 도구 점검/실제 프리젠테이션 진행/질문과 답변

4개의 단계를 차례로 거친 이후에 프리젠테이션은 종료된다. 이후에는 해당 프리젠테이션에서 받게 되는 피드백을 활용해 개선해야 할 점을 보완하고, 그 다음 프리젠테이션을 준비하면 된다.

기획　　　슬라이드 디자인　　　준비 / 연습　　　실전 발표

◎ 검색 키워드: 디자인(Design) / 준비(Preparation) / 프리젠테이션(Presentation)

▲ 프리젠테이션의 4단계

이 책의 구성과 활용

『퍼펙트 프리젠테이션』만의 독특한 퍼펙트 시스템으로, 당신의 프리젠테이션을 완벽하게 만들어 드립니다.

퍼펙트 시스템 1 검색 키워드

지금까지 프리젠테이션에 필요한 이미지를 검색할 때, 키워드가 명확하지 않아 시간 낭비 많으셨죠? 책에 수록된 검색 키워드는 저자가 해당 이미지를 얻기 위해 검색할 때 직접 사용한 키워드입니다. 저자가 사용한 검색 키워드를 통해 원하시는 이미지를 좀 더 빠르게 찾아보세요.

퍼펙트 시스템 2 퍼펙트 포인트

각 장의 마무리 시점에서 그 장에서 배운 요점을 콕콕 짚어 정리해주는 부분입니다. 시간이 촉박한 상황에서 요점만 빠르게 훑고 싶을 때, 원하는 부분을 빠르게 찾아보고 싶을 때, 퍼펙트 포인트를 활용하세요.

퍼펙트 시스템 3 파워 유저를 위한 고급 스킬

어느 정도 프리젠테이션에 익숙해져서 기초부터 쌓아올릴 필요가 없는 분들을 위해 준비한 내용입니다. 세계적인 경영 컨설팅사와 광고회사 그리고 빅테크에서 지금 이 순간 활용되고 있는 방법론을 담았습니다. 이는 프리젠테이션 방법론 자체라기보다는 프리젠테이션에 담기는 내용을 더욱 단단하게 만들어주기 때문에 여러분에게 아주 강력한 비장의 무기가 될 것입니다.

퍼펙트 시스템 4 퍼펙트 체크 리스트

발표 직전, 여러분의 발표에 문제가 생기진 않을까 불안하셨죠? 걱정하지 마세요. 여러분이 발표 전 체크해봐야 할 모든 사항을 퍼펙트 체크 리스트에 담았습니다. 체크 리스트를 통해 발표 준비 끝!

퍼펙트 시스템 5 발표 평가표

누구도 명확하게 알려주지 않는 내 발표의 장점과 개선점. 객관화된 평가 자료를 통해 자신의 발표 실력을 가늠해보세요. 발표가 반복될수록 여러분의 발표 실력이 더욱 향상되는 것을 느끼실 수 있습니다.

1부

프리젠테이션 기획

/

뼈대 없는 건물은
세상에 없다

디저트(Dessert) – 식사의 마무리

불어로 식사를 마무리한다는 뜻을 지닌 디저트(Dessert).
여러분은 프리젠테이션을 통해 지금껏 노력한 일을 성공적으로 '마무리'할 준비가 돼 있는가?

01

기획의 중요성

'첫 단추가 중요하다'는 말은 누구나 한 번쯤 들어봤을 것이다. 첫 단추가 어긋나면 결국 모든 단추를 다시 끼워 넣어야 하듯이, 어떤 일의 계획이 잘못된 방향으로 진행된다면 전체적인 일이 실패하거나, 잘못된 방향을 바로잡기 위해 훨씬 더 많은 노력과 시간을 들여야 한다.

어떤 일을 시작할 때 가장 먼저 하는 일이 계획을 세우는 일. 즉 기획이다. 따라서 기획은 실제로 들이는 시간에 비해 전체적인 일에서 차지하는 비중이 상당히 높다. 프리젠테이션에서는 이 기획의 중요성이 더욱 높아진다. 프리젠테이션은 프리젠테이션 단독으로 이뤄지는 활동이 아니라 지금까지 진행해온 일을 최종적으로 보고하는 경향이 매우 강하기 때문이다.

그러나 프리젠테이션의 기획이 이렇게 중요함에도 실제 프리젠테이션을 준비하면서 이에 대한 깊은 고민이 이뤄지고 있지 않은 것이 현실이다. 사람들과 이야기를 나눠봐도 시간에 쫓기는 마당에 언제 기획을 위해 시간을 따로 내느냐는 이야기를 많이 듣게 된다. 그러나 방향을 정확히 잡지 않고 일을 진행하면 결국 몇 배의 수고와 시간이 필요하다는 사실을 꼭 기억해두자.

프리젠테이션 기획을 얼마나 잘했는지에 따라 프리젠테이션의 성패가 결정될 수도 있다. 특히 프리젠테이션은 여러분이 해왔던 일의 마지막 부분에 등장하는 경우가 대부분이어서, 프리젠테이션을 성공적으로 마무리한다면 지금까지 진행해왔던 일이 성공하는 셈이다. 1부에서는 프리젠테이션의 성공적인 기획 방법을 알아보자.

스토리텔링과 스토리라인

어린 시절, 찰흙으로 작품을 만들어 본 경험이 있는가? 찰흙을 직접 빚기 전에 해야할 일이 있었는데, 바로 철사를 이용해 뼈대를 만드는 일이었다. 뼈대를 만들지 않고 찰흙으로만 작품을 만들면, 결국 찰흙이 그 무게를 견디지 못하고 부러지거나 무너져버리기 때문이었다.

프리젠테이션의 경우도 이와 마찬가지다. 프리젠테이션을 준비하는 첫 번째 단계로 사람들이 하는 일은 무엇일까? 여러분은 프리젠테이션을 준비할 때 가장 먼저 어떤 일을 했는가? 혹시 파워포인트^{PowerPoint}나 키노트^{KeyNote}, 구글 프레젠테이션^{Google Presentation} 같은 슬라이드 제작 프로그램을 열고 슬라이드를 만들지는 않았는가?

스토리라인에 대한 고민이 없는 상태에서 즉각적으로 슬라이드를 만드는 일은 앞서 언급했던 뼈대 없는 찰흙 모형을 만드는 일이나 마찬가지다. 하지만 너무나 많은 사람이 슬라이드 제작 프로그램부터 켜고 슬라이드를 만드는 일을 프리젠테이션 시작의 첫 단계로 여긴다. 처음 단추를 잘못 끼우면 결국 모든 단추가 어긋나듯이, 기획 단계부터 뒤틀린 프리젠테이션은 성공하기 매우 어렵다. 실제로 컴퓨터 앞에 앉아 하나하나 슬라이드 디자인을 하다가 이야기가 꼬이고 뒤틀린 나머지, "내가 결국 하려던 이야기가 뭐였지?" 같은 질문을 스스로에게 던지는 경우도 있었을 것이다. 이런 단계에 이르렀다면 이미 돌이킬 수 없을 만큼 이야기가 꼬인 것이다.

⊘ 검색 키워드: 붕괴(Collapse)

◀ '스토리'가 없는 프레젠테이션은 청중에게 내가 하는 이야기의 당위성을 줄 수 없다. 스토리라인 작성은 내 프리젠테이션에 당위성을 부여하는 작업이다.

기획을 하지 않고 곧바로 슬라이드를 만들면, 미리 기획된 내용이 없다 보니 슬라이드 작성 역시 애를 먹을 수 밖에 없고, 이야기는 뒤섞여서 대체 무슨 말을 전달하려고 했는지 발표자 본인도 정확히 알 수 없게 된다.

프리젠테이션을 직접 준비한 사람조차 이해하기 어려운 프리젠테이션을 통해 청중이 해당 이야기를 정확하게 알아듣고 행동 변화가 일어나기를 바란다면 그야말로 욕심이 아닐까?

청중이 알아들을 수 있는 이야기를 만들려면 먼저 자신이 할 이야기를 명확하게 인지하고 있어야 한다. 앞에서 언급했던 대로 '내가 결국 하고 싶은' 이야기, 즉 프리젠테이션의 핵심이 청중에게 매끄럽고 효과적으로 전달됐을 때 바로 스토리텔링이 효과적으로 이뤄졌다고 볼 수 있다. 스토리텔링을 하려면 반드시 스토리라인을 작성해야 한다. 스토리텔링과 스토리라인이 무엇인지, 그 둘은 어떤 차이가 있는지 함께 알아보자.

스토리텔링과 스토리라인의 정의

인간이 연속적으로 집중할 수 있는 최대의 시간은 10분 정도다. 10분이 지나면 청중의 집중력이 급격히 떨어지기 때문에 발표자가 하는 이야기를 대충 흘려 듣게 될 가능성이 매우 높아진다. 프리젠테이션이 끝나지도 않았는데 청중이 반쯤 졸고 있거나 몸을 배배 꼬고 있다면 그 프리젠테이션은 굳이 결과를 기다릴 필요도 없이 실패한 것이다. 이야기를 듣지도 않고 지겹게 여기는데 좋은 성과를 기대한다는 건 불가능에 가깝기 때문이다.

연설을 하는 방법에는 여러 가지가 있으나, 그중에서 가장 정서처럼 여기는 방법은 바로 '스토리텔링' 방식이다. 말 그대로 청중에게 '이야기를 들려주는 것과 같은 방식

'으로' 자연스럽게 연설을 진행하는 방식이다. 이는 당연히 프리젠테이션에서도 적용이 가능하다.

효과적인 스토리텔링을 하기 위해서는 무엇이 필요할까? 의외로 그 원칙은 매우 간단하다. 긴장과 이완을 적절하게 섞어서 사용하는 것이다.

어떤 이야기이든 간에 모든 이야기가 중요하다고 느끼는 사람은 그것을 청중에게 말하는 입장에 있는 발표자 자신밖에 없다. 열 손가락 깨물어서 아프지 않은 손가락이 어디 있겠는가? 그러나 아쉽더라도 발표자는 냉철한 분석을 통해 자신이 하고 싶은 이야기 중에서 가장 중요한 것, 중요한 것, 중요하지 않은 것을 구분해야 한다. 이야기의 중요도가 스토리텔링에서 긴장과 이완을 사용하는 척도가 돼주기 때문이다.

거의 모든 프리젠테이션은 발표 시간이 정해져 있다. 시간에 대해 정말 엄격한 경우에는 프리젠테이션 시간이 지나버리면 더 이상 발표 시간을 주지 않고 발표를 끊어버릴 때도 있다. 설령 프리젠테이션 시간을 마음대로 쓸 수 있다고 하더라도 청중의 집중 시간이 한정돼 있다는 점을 생각한다면 핵심을 정확하게 짚어줄 수 있도록 이야기의 맥락을 구성해, 강조할 부분은 강조하고 어떤 부분에서는 청중을 편안하게 해주는 방식으로 프리젠테이션을 이끌어나가야 한다.

효과적인 스토리텔링을 위해서는 청중의 이목을 지속적으로 이끌어가되, 청중이 진지한 자세로 경청할 수 있는 부분과 편안한 마음으로 재미있는 이야기를 듣듯이 들어야 하는 부분을 적절한 분량으로 배치해야 한다. 할머니께서 해주시던 옛날 이야기에서 처음부터 끝까지 호랑이가 등장한다면 이야기에 긴장감이 전혀 없을 것이다. 이와 같은 원리로, 우리가 처음부터 끝까지 프리젠테이션을 진지한 분위기만으로 이끌어간다면 청중은 금세 지쳐버릴 테고, 그렇다고 해서 너무 가벼운 분위기만을 시종일관 유지한다면 프리젠테이션을 가벼운 유머 정도로 치부해버릴 수도 있다.

스토리텔링이 잘 구성된 프리젠테이션은 청중을 편안하게 만든다. 청중이 무언가 재미있게 듣고 있다가도 어느 순간이 되면 자연스럽게 집중하게 된다. 강조할 부분이 지나가면 또 다시 편안한 마음으로 발표를 들으면서 지루하다는 생각을 하지 않게 된다. 이런 가운데 발표자가 말하려는 핵심에 대해서도 명확히 이해시킬 수 있는 것이다.

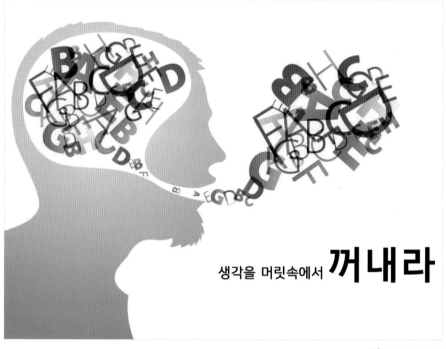

생각을 머릿속에서 **꺼내라**

@ 검색 키워드: 뇌

▲ 머리에만 남겨 둔 생각은 반드시 왜곡된다. 기록물로 남겨서 처음에 프리젠테이션을 통해 하려던 이야기가 무엇이었는지 명확히 해야 한다.

그렇다면 이제 우리도 훌륭한 스토리텔링을 구사해야 한다는 사실은 알았는데, 어떻게 해야 훌륭하게 스토리텔링을 할 수 있을까? 이런 스토리텔링을 구사하는데 필요한 것이 스토리라인이다. 스토리텔링이 청중에게 이야기를 해 나가는 과정이라면, 스토리라인은 '스토리텔링을 위한 기록물'이다. 즉 좋은 스토리텔링을 하기 위해서는 반드시 스토리라인을 작성해야 한다. 기록을 하지 않은 상태에서 기억에만 의존한 스토리라인 작성이, 실패한 프리젠테이션의 가장 큰 원인이기 때문이다.

건축물을 세울 때 가장 먼저 뼈대를 세워야 튼튼한 건축물을 완성할 수 있고 글을 쓰기 전에 개요를 작성해야 하듯, 프리젠테이션을 준비할 때에도 먼저 스토리라인을 구성하고 그다음 단계로 진행해야 처음에 기획했던 의도대로 프리젠테이션을 만들어나갈 수 있다. 자신이 이야기하려는 내용을 꺼내고, 그에 따라 프리젠테이션을 기획하는 것이 중요하다.

스토리라인 작성 1단계: 트리 구조 작성

스토리라인 작성이 프리젠테이션의 성패에 미치는 영향력과 중요성을 알았으니 이제는 스토리라인을 어떻게 작성해야 하는지에 대해서 알아야 할 차례다.

스토리라인은 두 단계에 걸쳐 작성한다. 첫째, 트리Tree 구조 형태로 주제를 정해나간다. 일반적인 경우 프리젠테이션의 대주제는 해당 프리젠테이션의 제목이 된다. 'ㅇㅇ기업 신사업 전략 수립을 위한 제안서', '경영학개론 최종 보고서: ㅇㅇ회사 분석', '프리젠테이션을 잘하는 법', '대한민국의 역사' 등이 대주제가 될 수 있다.

중간 주제는 우리가 만드는 목차의 큰 제목들이라고 생각할 수 있다. 예를 들어 '대한민국의 역사'라는 대제목을 사용한다면 중제목에는 고조선/삼국 시대/통일 신라/고려/조선/대한 제국/대한민국과 같이, 국호가 바뀐 것을 중간 주제로 삼을 수 있을 것이다.

소주제는 중간 주제보다 한 단계 더 내려간 단계라고 생각하면 된다. 위의 예시에서 중간 주제가 고려 시대라면 소주제는 고려 시대의 왕, 고려 시대의 의복, 고려 시대의 유물 등이 해당된다.

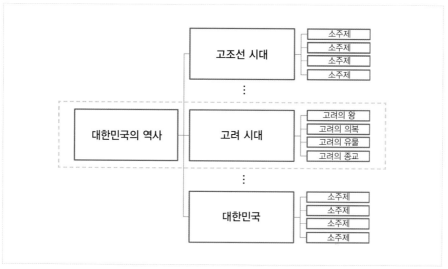

▲ '대한민국의 역사'라는 프리젠테이션이 있다면, 그중에서 고려 시대는 전체 프리젠테이션의 한 부분을 차지하는 중간 주제가 된다. 고려 시대라는 중간 주제 안에 들어가는 주제들은 소주제로 분류된다.

소주제의 아래 단계가 바로 슬라이드로 작성해야 하는 단위다. 예외적으로 짧은 프리젠테이션의 경우에는 소주제가 직접 슬라이드 단위로 작성되는 경우도 있고, 매우 긴 프리젠테이션의 경우에는 소주제 아래에 하위 주제가 있고 그 하위 주제가 슬라이드 단위가 되는 경우도 있으나, 이런 단계는 기획을 하면서 적절하게 조정하면 된다.

소주제를 정하는 일까지 트리 구조를 완성하면 스토리라인 작성의 첫 번째 단계는 끝난다. 슬라이드별로 무슨 내용이 들어갈지는 이 단계에서 적지 않도록 한다. 저음부터 슬라이드 단위로 스토리라인을 작성하면 너무 세세한 부분에 신경을 쓰다가 전체 흐름이 왜곡될 수 있기 때문이다(이는 컴퓨터 프로그램을 처음부터 열고 작업하는 경우와 다를 바 없는 결과를 낳는다). 따라서 소주제까지의 작성을 먼저 모두 마무리짓는 것으로 1단계 스토리라인 작성을 마치도록 하자.

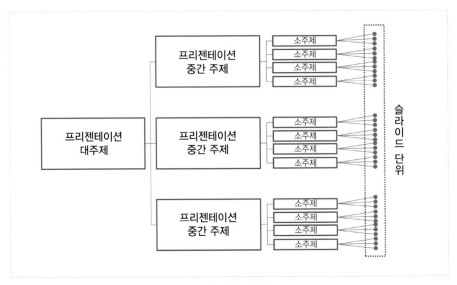

▲ 프리젠테이션 스토리라인의 구조는 트리 구조를 이용해 만들어진다.

이런 스토리라인 작성의 실제 예시를 살펴보자. 다음 표는 컨설팅 회사가 고객사에게 프로젝트를 제안하는 문서인 '제안서'를 작성할 때 만드는 스토리라인이다.

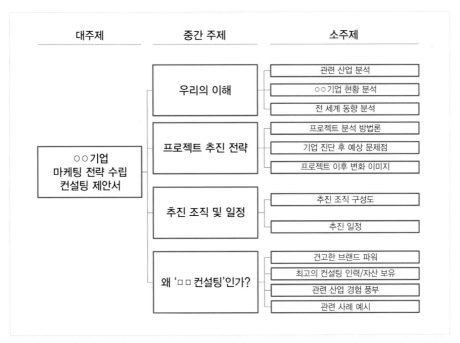

대주제	중간 주제	소주제
○○기업 마케팅 전략 수립 컨설팅 제안서	우리의 이해	관련 산업 분석
		○○기업 현황 분석
		전 세계 동향 분석
	프로젝트 추진 전략	프로젝트 분석 방법론
		기업 진단 후 예상 문제점
		프로젝트 이후 변화 이미지
	추진 조직 및 일정	추진 조직 구성도
		추진 일정
	왜 '□□ 컨설팅'인가?	견고한 브랜드 파워
		최고의 컨설팅 인력/자산 보유
		관련 산업 경험 풍부
		관련 사례 예시

▲ 트리 구조로 작성된 1단계의 스토리라인. 주제별로 명확하게 구분돼 슬라이드 단위의 이야기를 풀어가는 과정이 용이해진다.

앞에서 언급했듯이 대주제, 중간 주제, 소주제로 나눠서 스토리라인을 작성했음을 볼 수 있다. 대주제는 프리젠테이션의 제목과 같거나 유사하게 정하면 되며, 중간 주제는 목차에 등장하는 내용과 같거나 유사하게 작성한다. 그리고 소주제는 중간 주제의 하위 주제로 작성하면 된다. 이런 트리 구조를 만드는 데까지가 스토리라인 작성의 제1단계다.

스토리라인 작성 2단계: 슬라이드 단위 작성

1단계에서 트리 구조를 완성했다면, 이제는 본격적으로 슬라이드 단위의 스토리라인을 작성할 단계다. 이 슬라이드 단위로 작성하게 된 결과물을 바탕으로 실제 프리젠테이션 슬라이드를 제작하기 때문에 이번 단계는 좀 더 세세한 준비가 필요하다.

슬라이드 단위의 스토리라인을 작성할 때는 곧바로 컴퓨터로 작성하려는 태도를 지양하자. 컴퓨터로 슬라이드를 바로 만들 때는 보통 슬라이드 한 장, 한 장을 완성한 이후 다음 슬라이드로 넘어가기 때문에 처음에 생각했던 이야기의 흐름 방향과 달라질 가능성이 매우 크고, 이는 전체적인 스토리라인을 왜곡하는 결과를 낳는다.

스토리라인은 머릿속에 있는 생각을 잊어버리기 전에 재빨리 기록해두는 스케치와 같다. 그러나 컴퓨터로 슬라이드를 바로 작성해버리면 우리가 스토리라인을 작성하는 중이라는 사실을 망각한 채 세세한 부분(글자 배치나 이미지 위치 등)에 자신도 모르게 집중하게 됨으로써 처음 머리로 생각한 내용을 잊어버릴 가능성이 커진다.

즉 어떤 슬라이드를 만들지 대략적으로 그려 넣는 것만으로도 스토리라인은 충분한 역할을 수행하는 셈이다. 물론 필수적으로 들어가야 하는 요소들은 존재한다. 이어지는 글상자를 참고하자. 여러분이 어떤 형태의 프리젠테이션 도구를 사용하든, 어떤 방식으로 슬라이드를 제작하든, 스토리라인을 작성하는 슬라이드에 들어갈 내용은 동일하다.

스토리라인 슬라이드의 구성 요소

1. **키워드/핵심 문구(헤드 메시지/리드 메시지):** 발표를 할 때 해당 슬라이드에서 가장 핵심적으로 언급해야 하는 메시지가 수록된다. 핵심 문구는 헤드 메시지, 리드 메시지, 거버닝 (Governing) 메시지, 액션 타이틀 등 다양한 이름으로 불리니 참고하자.

2. **도형과 그림:** 도형과 그림은 간단하게 형태만 작성하되, 슬라이드의 어느 부분에 배치할지 정도만 대략적으로 그려 넣는다.

3. **미리 조사한 외부 자료:** 미리 준비한 전문 자료는 도형 및 그림과 함께 취급해도 되지만 조사 자료의 몇 페이지, 몇 번째 줄을 인용할지를 미리 적어둔다면 실제로 슬라이드를 작성하면서 이중으로 작업하게 되는 불편함을 없앨 수 있다.

키워드/핵심 문구는 슬라이드에서 가장 핵심적인 부분으로, 해당 슬라이드에서 가장 중요한 내용을 한두 단어나 두 문장 이내의 글로 표현한 것이다. 발표자는 프리젠테이션을 진행하면서 키워드/핵심 문구에 가장 크게 의존해 프리젠테이션할 수 있도록 고민해서 만들어야 한다. 또한 실제 발표장에서 발표 시간이 매우 부족해질 경우에 키워드/핵심 문구만 청중에게 보여주고 넘어가더라도 그 프리젠테이션이 말하고자 하는 바를 이해할 수 있게 만들어야 한다.

도형과 그림(이미지, 각종 미디어 등)은 거의 모든 슬라이드에서 등장하는 개체다. 스토리라인을 작성할 때는 어떤 종류의 도형과 그림이 들어갈지를 간단히 그려 넣고, 슬라이드의 어떤 부분에 배치할지 위치를 결정하면 된다. 그림을 그리고 그림에 대한 설명을 글로 간단히 적어두면 실제 슬라이드 작업을 할 때 큰 도움이 된다.

프리젠테이션 슬라이드에는 자신이 주장하는 바를 입증해줄 자료를 삽입하는 경우가 많다. 그러나 기획 단계에서는 모든 외부 자료를 준비한 상태가 아닐 가능성이 크다. 기획 단계에서 이미 준비한 자료가 있다면 해당 자료를 인용할 부분을 슬라이드에 표시해 두고, 앞으로 찾아서 보충해야 하는 자료라면 보충할 자료에 대해 글로 적어 둔다.

앞에서 예시로 들었던 '○○기업 마케팅 전략 수립 컨설팅 제안서'에서 소주제 중 하나인 '관련 산업 분석'에 들어갈 내용을 정리해봤다. 관련 산업 분석이라는 소주제 아래에는 '국제 산업 환경, 국내 산업 환경, 컨설팅을 제안할 ○○기업'으로 나눠 사업 환경을 분석하고 있다. 바로 이 단위가 슬라이드 단위로 작성돼야 한다.

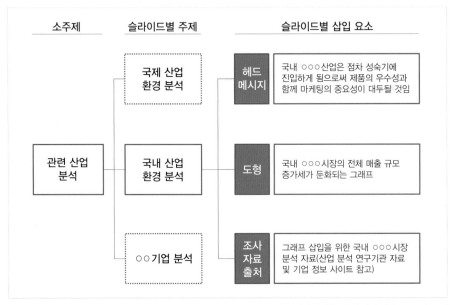

▲ 슬라이드별 주제에 따른 삽입 요소를 정리한 예시. 실제 기획 단계에서는 시간 절약을 위해 이와 같은 표로 만들 필요는 없다.

이 중에서 '국내 산업 환경 분석'이라는 슬라이드에는 위와 같은 헤드 메시지(핵심 문구)와 그래프가 삽입되고, 해당 그래프를 그리기 위해 어떤 자료를 조사해야 하는지, 그 자료를 찾기 위해 어느 사이트에 가봐야 하는지를 기술하고 있다. 이런 내용을 토대로 해당 자료를 어떻게 배치해야 하는지를 개략적으로 표시해주는 것이 스토리라인 작성의 제2단계다. 이런 식으로 슬라이드 단위의 모든 스토리라인을 작성하면 스토리라인 작성이 끝나게 된다.

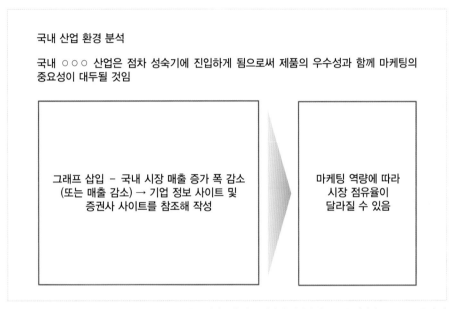

▲ 스토리라인 작성의 제2단계에서는 슬라이드 안에 어떤 내용이 들어갈지 핵심적인 요소를 결정하고, 그 요소들이 어느 부분에 배치될지 개략적인 그림을 그리면 된다.

앞에서 언급한 세 가지 요소 외에도 프리젠테이션 슬라이드에 반드시 들어가야 하는 자료가 있다면, 삽입할 콘텐츠의 성질과 배치할 위치 등을 고려한 다음 배치하면 된다.

단, 2단계에서 예시를 들 때 사용했던 표와 슬라이드는 실제로 컴퓨터 프로그램을 이용해 작성할 필요가 없다. 스토리라인 작성 2단계는 깔끔함보다 신속함이 훨씬 더 중요하기 때문이다(그 이유는 다음 절에서 좀 더 자세하게 알아보자).

스토리라인 작성 도구와 작성 공간의 선택

지금까지는 스토리라인을 작성할 때 어떤 내용을 넣어야 하는지에 대해 주로 알아봤다. 이제부터는 스토리라인을 어디에 작성하고, 무엇을 사용해 작성해야 하는지 알아보자.

스토리라인 작성 도구의 선택

앞에서도 간단히 언급했지만, 트리 구조의 스토리라인을 작성할 때는 컴퓨터를 사용하든 사용하지 않든 큰 차이가 없다. 그러나 슬라이드 단위의 스토리라인을 작성할 때에는 굳이 컴퓨터를 직접 사용해 자료를 작성할 필요가 없다. 정확히 말하면 컴퓨터로 작성하지 않는 편이 더 좋다.

그 이유는 무엇일까? 우선 스토리라인 작성에는 깔끔함보다는 신속함이 우선시돼야 하기 때문이다. 컴퓨터 프로그램을 사용한다면 손글씨를 사용하는 것보다 더 깔끔한 모양의 스토리라인을 작성할 수 있을 것이다. 그러나 프리젠테이션 준비에 충분한 시간이 주어지지 않는 대부분의 현실을 감안할 때, 스토리라인 작성에 너무 많은 시간을 쏟을 경우 후반부에 발표 연습을 충분히 하지 못한 채로 발표 무대에 오르게 될 것이다. 게다가 스토리라인을 작성한 결과물은 청중에게 직접 보여주는 것도 아니기 때문에 작성자 자신이 알아볼 수만 있다면 굳이

ⓒ 검색 키워드: Document

◀ 스토리라인 작성은 머릿속에 있는 내용을 재빨리 기록물로 남기고자 하는 속성 스케치 같은 과정이다. 따라서 내 생각을 가장 빠르게 기록할 수 있는 도구를 선택해야 한다.

반듯하고 깔끔하게 작성해야 할 필요가 없다.

또 다른 이유로는 컴퓨터를 사용해 스토리라인을 작성할 경우 자신도 모르게 글이나 도형의 배치, 글꼴 등 작은 부분을 신경 쓰다 전체적인 스토리가 왜곡되거나 이야기가 망가질 수 있기 때문이다. 나무를 신경 쓰다가 숲을 보지 못하게 되는 상황에 이르는 것이다.

만일 자신이 가공할 기억력을 가진 사람이기 때문에 컴퓨터로 스토리라인을 작성하더라도 처음에 생각한 스토리를 잊지 않고 끝까지 작성할 수 있다면 컴퓨터로 작업해도 된다. 그러나 설령 그 정도로 기억력이 대단한 사람이라 할지라도 컴퓨터로 작성하는 방법은 권하고 싶지 않다. 컴퓨터를 사용한 스토리라인 작성은 가장 효율적인 방법이라 할 수 없기 때문이다. 이 역시, 스토리라인은 신속하게 작성해야 한다는 점에서 그 이유를 찾을 수 있다. 그렇다면 스토리라인 작성은 무엇을 사용해야 가장 효율적인 방법일까? 그것은 바로 여러분의 손과 펜을 활용하는 것이다.

회의하러 갈 때를 생각해 보자. 개인용 노트북이나 태블릿 PC를 소유한 사람이라 하더라도 회의에는 펜과 수첩을 지참하는 경우가 일반적이다. 회의에서 나오는 다양한 개체(문자, 도형, 그림 등)를 가장 신속하고 빠르게 쓰고 그릴 수 있는 것은 바로 우리의 손이기 때문이다. 여러분이 글을 쓰고 도형을 그리고 표를 그리는 과정을 컴퓨터로 하는 편이 빠를까? 아니면 펜으로 그리는 편이 빠를까? 이쯤이면 펜을 사용하는 것이 회의에서 나오는 다양하고 복합적인 개체에 가장 빠르게 대응할 수 있는 방법이라는 데 동의하리라 생각한다.

회의에서 등장하는 모든 개체는 프리젠테이션에도 동일하게 등장한다. 따라서 스토리라인 작성 시에 손과 필기도구를 사용하면 가장 이상적인 결과를 얻을 수 있다.

만약 손보다 빠르게 내 생각을 기록하고 변환할 수 있는 도구가 새롭게 등장한다면 그것을 사용하는 편이 더 좋겠지만, 아직까지 그런 도구는 시중에 나오지 않았다. 지속적으로 노트북에 태블릿 기능과 스타일러스 펜이 탑재된 IT 기기의 트렌드가 이를 증명하고 있다. 따라서 우리는 그런 도구가 나오기 전까지 펜과 우리의 손을 활용해 스토리라인을 작성하자(후에 그런 제품이 나온다면 이 페이지는 수정해 책을 다시 내야 할지도 모르겠다).

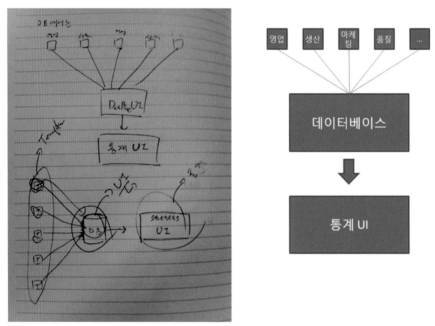

▲ 실제 업무에서 흔히 적는 메모 중 일부를 가져왔다. 컴퓨터를 사용해 이런 도형을 그릴 경우 오른쪽 그림처럼 더 깔끔하게 그릴 수 있겠지만 작업 시간은 훨씬 길어질 것이다.

스토리라인 작성 시 필기구 선택

스토리라인을 작성하기 위해서는 펜을 이용해 작성하는 것이 가장 좋은 방식이라고 설명했다. 이에 대해서는 경험적으로 모두가 동의하리라 생각한다. 그렇다면 조금 더 자세하게 '어떤 종류의 펜'을 사용하는 것이 좋은가에 대해서 함께 짚고 넘어가보자.

아마도 많은 분이 펜을 활용해 필기할 것으로 생각한다. 중고등학교 시절을 지나면서부터 자연스럽게 샤프 펜슬이나 연필을 쓰던 일상에서 다양한 종류의 펜을 사용하는 생활이 일상이 됐을 것이다. 펜은 샤프 펜슬이나 연필보다 더 또렷하고 진한 색상으로 글을 쓸 수 있고 다양한 색상의 펜이 있다는 것이 커다란 장점이지만, 지워지지 않는다는 단점이 있다. 스토리라인을 작성할 때에는 불가피하게 수정을 자주 하게 된다.

그러나 수정이 가능하다는 이유만으로 샤프 펜슬이나 연필을 권하기는 조금 어려운데 그 이유는 샤프 펜슬이나 연필은 복사할 때 선명하게 나오지 않을 가능성이 크고, 여러 번의 수정 작업을 거치다 보면 손과 스토리라인을 작성한 부분이 자꾸 맞닿으면서 기존에 작성한 글씨나 도형이 뭉개질 수 있기 때문이다. 다행히 요즘은 썼다 지울 수 있는 펜이 시중에 출시돼 있다(인터넷에서 '지워지는 펜'으로 검색하면 다양한 제품을 확인할 수 있다). 연필 계열(연필 또는 샤프 펜슬 등) 필기구로 썼을 때보다 색감이 진해서 복사 등을 해도 잘 보이고 상대적으로 손에 덜 묻어나는 장점을 지닌다. 나도 스토리라인을 작성할 때에는 이 지워지는 펜을 즐겨 사용한다. 그리고 많은 컨설턴트가 실제로 지워지는 펜을 사용해서 스토리라인을 작성한다. 일반적인 펜의 가격보다 조금 비싼 정도이므로, 지워지는 펜을 사용할 여건이 된다면 지워지는 펜 사용을 가장 권하고 싶고, 그렇지 않다면 상황에 따라 선택하는 것이 좋다. 다음의 가이드라인을 따라서 스토리라인 작성용 필기구를 선택해보자.

스토리라인 작성을 위한 필기구 선택

1순위: 지워지는 펜을 활용한다. 혼자 프리젠테이션을 준비하거나 팀으로 프리젠테이션을 준비하는 그 어떤 경우라도 지워지는 펜을 사용해서 스토리라인을 작성하면 시간 절약과 가독성을 모두 확보할 수 있다. 혹은 태블릿 PC와 전자 펜을 사용하는 방법도 대안이 될 수 있다.

2순위: 지워지는 펜을 사용할 수 없는 경우
- 팀으로 작업하는 경우: 일반 펜 사용. 스토리라인은 작성해 팀에게 배분돼야 하는 성격을 갖기 때문에 글씨가 명확하고 또렷하게 보이는 것이 조금 더 중요하다. 스토리라인을 작성한 용지를 복사하거나 사진을 찍을 때에도 연필 계열의 필기구를 사용하는 것보다는 볼펜 계열의 필기구를 사용하기를 권장한다.
- 개인 작업하는 경우: 연필 계열(샤프 펜슬, 연필 등)의 필기구 사용. 스토리라인을 작성해 나만 보는 경우라면 굳이 복사했을 때 흐리게 나올 것을 염두에 둘 필요가 없다. 이 경우에는 수정이 쉽도록 연필 계열의 필기구를 사용하는 편이 좀 더 좋다.

스토리라인 작성 공간의 선택

이제 스토리라인을 손으로 작성하는 방법이 가장 좋다는 사실을 알았으니, 이번에는 스토리라인을 작성하는 공간에는 어떤 장단점이 있는지 알아보자.

스토리라인 **작성 공간**

▲ 스토리라인을 작성하는 공간은 매우 다양하다. 다양한 공간은 각각의 장단점이 존재한다.

스토리라인을 작성하지 않고 프리젠테이션을 준비해온 사람들의 수만큼, 어떤 형태이든 간에 스토리라인을 작성한 뒤에 프리젠테이션을 준비하는 사람의 수 역시 굉장히 많다. 이들은 대부분 스토리라인을 구상하고, 그것을 수첩 등에 옮겨 적거나, 엑셀 같은 컴퓨터 프로그램으로 스토리라인을 만들어 슬라이드를 작성하고 있을 것이다.

하지만 이미 스토리라인을 작성하던 사람이라 하더라도 작성 과정에서 애를 먹은 경험은 다들 있을 것이다. 앞서 스토리라인을 작성하는 도구를 고민했던 것처럼 스토리라인을 작성하는 공간에 대해서도 고민이 필요하다. 지금부터 몇 가지 후보군을 나열하고, 각각의 장단점을 알아보겠다.

수첩과 메모지의 사용

스토리라인 작성에 가장 널리 이용되는 공간은 수첩과 메모지일 것이다. 일단 구하기도 쉽고, 좁은 자리에서 작성하기도 쉽다는 이점이 있기 때문이다. 그러나 수첩과 메모지를 이용해 작성한 스토리라인은 수정할 때 어려움을 겪는다는 단점이 있다. 예를 들어, 이야기를 적다가 중간에 빼고자 하는 이야기가 생길 경우 보통 그 부분을 부분적으로 찢어내거나 까맣게 칠한다. 덧붙이려는 이야기가 생길 경우에는 빽빽하게 적어놓은 글 안에 끼움 표시(v표시)를 넣고 글씨를 더 삽입한다. 수정이 한 번으로 그칠 수 있다면 참 다행이지만, 한 번에 끝날 수 있는 작업이었다면 아마 처음부터 '수정 작업'이라는 말은 세상에 존재하지 않았을 것이다.

반복적인 스토리라인을 수정하다 보면 나중에는 내가 무엇을 적은 것인지, 이 슬라이드 다음 어떤 이야기를 넣어야 하는지 알아보기 어렵거나 헷갈리는 지경에 이른다. 만일 이런 상황이 단 한 곳에서라도 벌어진다면, 스토리라인을 작성한 의미가 아예 사라지는 셈이다. 따라서 불가피하게 수첩 이외의 공간에 스토리라인을 작성할 수 없는 환경이라면 다음과 같은 방법으로 불편함을 줄이자.

 수첩을 이용한 스토리라인 작성 팁

1. **한 페이지에 한 장의 슬라이드만을 그리되, 전체 페이지의 절반만을 이용한다.** 수정 과정에서 슬라이드를 삽입해야 하는 경우, 빈 공간에 슬라이드를 삽입할 수 있게끔 하는 방법이다.
2. **메모지 한 장의 한쪽 면에만 작성한다.** 처음 스토리라인을 작성할 때는 필요하다고 생각했던 슬라이드가 필요하지 않다고 판단될 경우 해당 메모지 전체를 떼어냄으로써 해결할 수 있다.

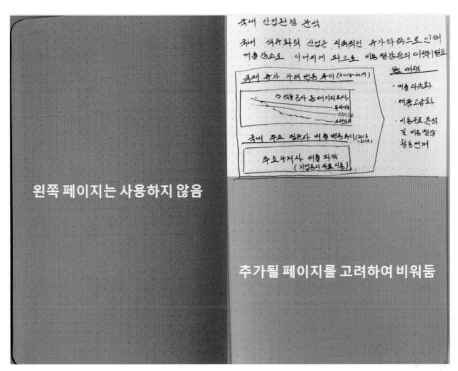

윈쪽 페이지는 사용하지 않음

추가될 페이지를 고려하여 비워둠

▲ 다음과 같은 방법으로 스토리라인을 작성할 경우 이야기를 추가하기도 쉬워지고, 추후에 흐름상 빼는 것이 좋다고 생각될 때는 해당 페이지만 뜯어내면 된다.

그러나 이런 방법을 사용한다 하더라도 수첩을 사용한 스토리라인 작성에는 여전히 한계가 존재한다. 수첩을 넘기면서 스토리라인을 보는 것만으로는 프리젠테이션의 전체 이야기 흐름을 보기가 어렵기 때문이다. 앞에서 언급했던 컴퓨터로 바로 스토리라인을 만들 경우에도 이런 문제점이 생긴다. 흐름을 한눈에 볼 수 있어야 스토리라인의 왜곡을 막을 수 있기 때문이다.

그러나 부득이하게 수첩을 사용해 스토리라인을 작성해야 하는 환경도 존재할 수 있다. 이럴 때 유용하게 사용할 수 있는 방법을 소개하고자 한다. 어찌 보면 간단하다.

갖고 있는 수첩의 페이지를 4등분하는 방법이다(글씨를 작게 쓰면서 알아볼 수 있게끔 작성하는 것이 자신 있는 사람이라면 더 작게 분할해 페이지당 8등분을 해도 좋다).

이 방법을 쓰면 한 페이지를 펼쳤을 때 최대 8페이지까지 한 번에 볼 수 있게 된다. 일반적으로 수첩이나 메모지를 활용해 스토리라인을 작성할 때보다 전체적인 흐름을 파악하기가 훨씬 용이해지는 방식이다. 다만 이 방식을 사용할 경우에는 칸이 좁아져 페이지별로 적을 수 있는 내용이 줄어들게 되므로, 앞서 언급한 필수적 요소(헤드메시지, 들어갈 도형 그리고 조사할 곳)를 최대한 간략하게 적는다. 또한 칸이 작아지다 보니 당연히 적게 되는 글씨도 작아지게 되는데, 추후에 반드시 알아볼 수 있게 글씨 등을 또박또박 써야 한다. 물론 기획이 신속하게 작성해야 하는 작업이기는 하지만, 정말 많은 사람이 실무에서 스토리라인을 작성하다 너무 글씨를 빨리 쓰는 바람에 나중에 자신이 쓴 글씨를 못 알아봐서 다시 끙끙대며 스토리라인을 쓰는 경우가 비일비재하기 때문이다. 더군다나 팀으로 함께 일하는 입장이라면 내가 작성한 스토리라인을 다른 사람이 읽어가며 추후 슬라이드 디자인 작업을 진행해야 할 텐데, 제대로 알아볼 수 없는 글씨를 써서 공유한다면 당신의 팀원은 당신의 글씨를 알아보기 위해 쓸데없는 시간을 낭비해야 할지도 모른다. 실제 예시를 보자. 이 예시는 필자가 '슬라이드 디자인' 강의 자료를 만들 때 기획안으로 활용했던 메모다.

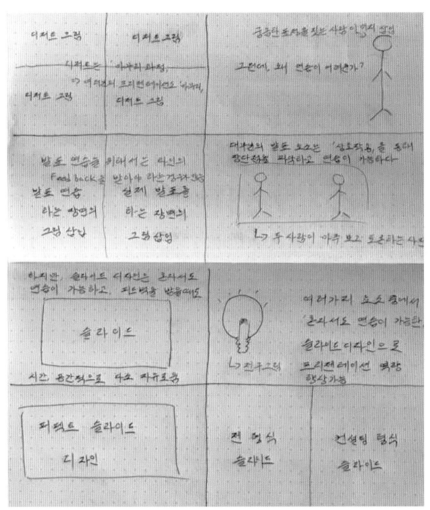

▲ 부득이하게 수첩을 활용해 스토리라인을 작성할 경우 이야기의 흐름 전체를 파악하려면 그림처럼 칸을 나눠서 스토리라인을 작성하자. 한 장씩 스토리라인을 보는 것보다는 훨씬 더 쉽게 흐름을 파악할 수 있다.

다음과 같이 노트를 펼쳐서 세로로 두고, 각 페이지를 4분할하면 최대 한 번에 8페이지를 볼 수 있게 된다. 실제로 슬라이드 디자인이 모두 끝나고 팀원들의 슬라이드를 모두 모아 스토리라인의 흐름을 살펴보는 식으로 최종 리뷰를 하는 경우가 많은데, 이 방식을 스토리라인 작성 과정에 도입하는 것이다.

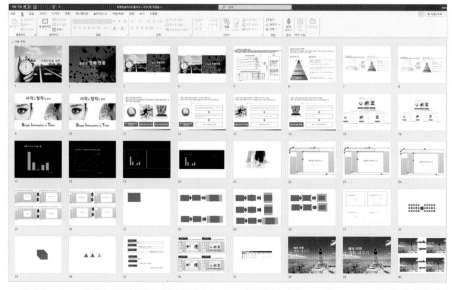

▲ 슬라이드 소프트웨어를 어떤 종류를 사용하든 '여러 장 보기' 혹은 '슬라이드 소터(Slide Sorter)' 기능을 활용하면 지금까지 만든 슬라이드를 한번에 보면서 흐름을 보기 용이하다. 다만, 이 기능이 존재한다고 해서 컴퓨터로 스토리라인을 작성해도 된다는 의미는 아니다.

그러나 이 방법이 있다고 해서 컴퓨터로 스토리 라인을 작성해도 좋다는 의미는 아니다. 왜냐하면 이 모드에서는 각 슬라이드를 편집하는 기능을 제공하지도 않고 단지 각 슬라이드를 더블 클릭하면 원래 우리가 보던 방식대로 한 장의 슬라이드가 보이기 때문이다. 마지막 점검 차원에서 활용할 수 있는 기능이지만, 프리젠테이션 기획 단계에서 활용할 만한 기능은 아니다.

태블릿 PC와 전자 펜을 이용하는 경우는 물리적 공간에 한계가 있는 실제 종이와 실제 펜보다는 조금 사정이 나을 수 있다. 그렇다고 해도 완전한 공간이라고 이야기하기는 어렵다. 역시나 한 장씩 작성되는 환경상 전체 스토리라인을 놓고 펼쳐보는 기능이 제공되지 않아 흐름을 보기 어렵기 때문이다.

이번에는 수첩과 메모지 또는 태블릿 PC를 사용하는 방법이 가진 단점을 보완할 수 있는 스토리라인 작성 공간을 알아보도록 하겠다.

보드의 사용

앞서 메모지나 노트에 스토리라인을 작성할 경우의 장단점에 대해서 알아봤다. 노트나 메모지에 스토리라인을 작성할 경우 가장 파악하기 어려운 점이 프리젠테이션의 전반적인 흐름인데, 보드board를 활용한다면 이런 단점을 극복할 수 있다. 보드를 활용한 스토리라인 작성은 메모지에 작성하는 스토리라인보다 훨씬 편리하다(여기서 보드는 칠판, 화이트 보드, 유리창 등 글씨를 적을 수 있는 빈 공간을 모두 지칭한다). 보드의 경우는 글씨를 자유롭게 적고 지울 수 있기 때문에 수첩이나 메모지를 활용한 개요 작성보다 수정 작업이 매우 용이하다는 장점이 있다. 또한 넓은 공간에 전체의 스토리라인을 모두 적기 때문에 프리젠테이션이 어떤 방향으로 진행될지에 대한 전체적인 이야기의 흐름을 스스로 파악할 수 있게 된다.

물론 이 방법에도 단점은 존재한다. 일단, 보드 구하는 일 자체가 쉽지 않다. 집에 큼지막한 화이트보드를 갖고 있는 사람은 매우 드물 것이며, 학교의 강의실이나 회사의 회의실이 나를 위해서 언제나 빈 상태로 준비돼 있는 것도 아니다. 설령 잠깐의 시간이 허락된다고 하더라도 스토리라인 작성이 모두 끝날 때까지 해당 시설을 사용할 수 있을지 역시 미지수다. 또한 스토리라인의 작성이 끝난 이후 보드를 내가 사용하는 컴퓨터 앞으로 가져갈 수도 없다. 다행히 요즘은 휴대폰 카메라가 발달돼 있어 보드 전체를 사진을 찍어 저장하는 방법이 있고, 보드에 적어 놓은 내용을 곧바로 인쇄할 수 있는 스마트 보드도 있지만 찍은 사진이나 인쇄한 종이는 수정하기가 어렵다는 점을 감안할 때 여전히 아쉬움이 남는 대목이다.

스토리라인 작성에 보드를 활용하는 가장 적합한 방법은 가능한 한 한 번에 스토리라인 작성을 끝낼 때까지 보드를 쓰는 방법이다. 이를 컨설팅 사에서는 '스토리 보드story board'라고 이야기한다. 사실상 대단한 방법은 아니고 앞서 언급했던 수첩을 펼친 뒤 여러 칸으로 나눠서 각 공간에 슬라이드 기획을 적는 것을 의미한다. 다만, 보드는 수첩보다 훨씬 크기 때문에 4장, 8장 수준이 아닌 전체 프레젠테이션 스토리라인을 작성할 수 있다. 참고로, 이 방법은 줌-인/줌-아웃zoom-in/zoom-out이 가능한 태블릿 PC에서도 시도해볼 만한 방법이다. 아마도 지금까지는 태블릿 PC의 필기 앱이 지정해주는 대로 한 페이지를 한 장으로만 활용해온 분들이 많을 것이다. 하지만 구획을 나누고 스토리 보드 형태로 활용하게 되면 태블릿 PC도 꽤 훌륭한 스토리라인 작성 도구가 될 수 있다.

접착 메모지의 사용

그렇다면 수첩과 보드가 갖고 있는 장점만을 결합한 방법은 없을까? 다행히 앞서 소개한 두 가지 방법의 장점만을 결합한 방법이 존재한다. 흔히 '포스트잇'이라는 특정 회사의 제품 브랜드명으로 더 잘 알려진 접착 메모지를 활용해 스토리라인을 작성하는 것이다. 접착 메모지를 사용해 스토리라인을 작성할 경우, 보드에 스토리라인을 작성하는 경우와 마찬가지로 일반 수첩을 이용해 스토리라인을 작성할 때의 불편한 점을 해결할 수 있다. 각 슬라이드 한 장당 1개의 접착 메모지를 사용해 스토리라인을 구성하다가, 빼버리고 싶은 이야기가 있다면 해당 메모지를 제거하면 되고, 더 추가해야 하는 이야기가 있다면 새로운 메모지를 사이에 끼워 넣기만 하면 되기 때문이다.

원하는 이야기의 삽입/삭제가 용이하다는 장점은, 스토리라인을 바탕으로 프리젠테이션 슬라이드를 작성하기 시작했을 때 오류 없는 빠른 작업 속도를 보장해 준다. 또한 보드에 스토리라인을 작성할 경우에 생기는 장소 문제도 해결이 가능하다. 접착 메모지를 통한 스토리라인 작성은 시간과 공간에 구애받지 않는다. 내가 작성한 접착 메모지를 들고 집으로 가서 벽면이든, 창문이든 심지어 TV가 크다면 TV에라도 부착해 다시 스토리라인을 작성할 수 있기 때문이다.

또한 접착 메모지를 활용해 스토리라인을 작성할 경우 이 외에도 아주 큰 장점이 있는데, 바로 프리젠테이션 자체의 흐름뿐만 아니라 프리젠테이션을 진행하면서 이야기가 전개되고 축소되는 상황, 즉 이야기의 볼륨^{volume}을 시각적으로 파악할 수 있다는 점이다. 이는 이야기의 흐름만을 파악하고 있을 때와는 달리 굉장한 위력을 지닌다.

서론과 결론 부분을 제외하고 본론이 진행되는 도중에는 프리젠테이션을 준비하는 발표자 본인조차도 본론 중 어느 부분을 강조해서 말해야 하는지 정확히 알지 못한다. 하지만 접착 메모지를 통해 스토리라인을 작성할 경우, 강조해야 할 부분이 명확히 보이게 되고, 이로 인해 이후의 작업 속도가 향상될 수 있다.

일단, 이야기의 볼륨을 파악할 수 있다는 말의 뜻을 자세히 알아보기 위해 '병렬 구조'에 대해 알아둘 필요가 있다. 병렬 구조란 무엇일까?

이야기를 진행해나가다 보면, 특정 주제에 대해 여러 가지 종류를 설명해야 하는 경우가 있다. 예를 들어 축구선수의 포지션별 역할을 설명한다고 가정해보자. 그렇다면 공격수, 미드필더, 수비수, 골키퍼 등이 있을 테고, 각 포지션은 동등한 수준에서 이야기가 될 것이다. 이런 경우 공격수/미드 필더/수비수/골키퍼는 레벨이 동일하다고 말하고, 이들이 이루는 구조를 병렬^{parallel}구조라고 한다.

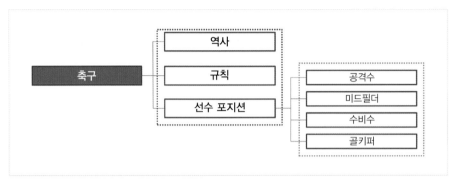

▲ 빨간색으로 테두리가 쳐진 '역사/규칙/선수 포지션'과 초록색으로 테두리가 쳐진 선수 포지션 내의 공격수/미드필더/수비수/골키퍼'는 각각 레벨이 동일하며, 이 경우 해당 이야기들은 병렬 구조를 이루고 있다고 한다.

병렬 구조는 보통 특정 주장에 대한 근거를 제시하는 데 가장 많이 사용되기 때문에 그 개념을 정확히 알아둘 필요가 있다. 즉 병렬 구조가 시작되는 앞부분 또는 뒷부분이 프리젠테이션을 진행하면서 발표자의 주장이 담겨야 하는 부분이고, 이 부분이 프리젠테이션을 진행하며 특히 강조해야 하는 부분임을 의미하기 때문이다.

접착 메모지를 활용한 스토리라인 작성은 이런 병렬 구조를 시각적으로 한 눈에 보여주기 때문에 발표자로 하여금 이야기를 진행하면서 강조해야 하는 부분과 편안하게 진행해야 하는 지점을 확인할 수 있다.

실제 예시를 보면서 설명을 진행하겠다. 다음 사진은 '비만의 심각성 및 치료 방안'과 관련한 스토리라인 작성의 일부다. 이 스토리라인에서는 비만이 성인병, 외모적 불이익, 대인관계에 대한 위축을 초래할 수 있고, 개인적 차원과 사회적 차원의 지원이 있어야 비만 문제를 해결할 수 있다고 주장한다. 소주제 한 부분이 어떤 식으로 스토리가 진행되는지를 예시로 제시했다. 접착 메모지별로 각 슬라이드에 담을 내용을 정리하고, 이를 스토리의 전개 방향에 따라 배치했다.

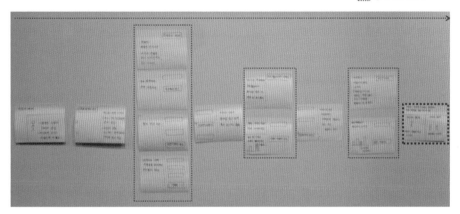

이 예시에서 볼 수 있듯이 왼쪽에서 오른쪽 방향으로 프리젠테이션이 진행된다. 파란
색 테두리가 쳐진 슬라이드들은 병렬 구조를 이루고 있다. 병렬 구조는 앞서 설명했
듯이, 동일한 수준의 이야기를 담아낼 때 사용되는 구조다. 병렬 구조가 모두 끝나는
슬라이드. 즉 빨간색 테두리가 쳐진 슬라이드가 소주제를 마무리하는 슬라이드인 동
시에 발표자의 주장이 도입될 수 있는 슬라이드임을 알 수 있다.

이와 같이 자연스럽게 자기 프리젠테이션에서의 강조점을 발견할 수 있다는 사실은
접착 메모지를 사용한 스토리라인 작성이 가지는 최대의 강점이다.

이번에는 낱장의 접착 메모지에 어떤 내용이 들어가는지 살펴보자. 앞서 설명했듯이 슬라이드 전체에 들어갈 내용을 완벽하게 작성할 필요는 없으며, 키워드(또는 헤드 메시지)와 어떤 종류의 이미지가 들어갈지 정도만을 간단히 기록하는 것으로도 충분하다.

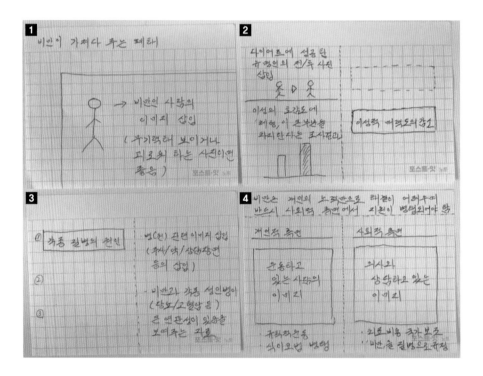

1번 슬라이드에서는 키워드가 왼쪽 위에, 이미지는 오른쪽 아래에 위치한다는 사실을 알 수 있다. 필요한 이미지를 모두 준비해놓은 단계는 아니기 때문에 구체적인 이미지를 삽입할 수는 없지만 이미지가 갖춰야 하는 조건을 간단히 적어둠으로써 추후에 이미지를 검색할 때 좀 더 쉽게 찾을 수 있도록 가이드하는 역할을 한다.

2번 슬라이드에서는 그래프가 삽입되고 있음을 알려주고 있다. 붉은색 표시가 된 그래프에서 '이성의 호감도에 체형이 큰 상관관계가 있다는 조사 결과'를 찾아 인용함으로써 다이어트의 중요성을 상기시키고 있다.

3번 슬라이드에서는 슬라이드 내부에서 ①, ②, ③번이 나뉘어 있음을 볼 수 있다. 이는 스토리가 진행되면서 해당 주장에 대해 총 세 가지의 근거를 들고 있음을 엿볼 수 있는 대목이다. 또한 1번 '각종 질병의 원인'에 대해 오른쪽에 근거를 제시하는 방식으로 슬라이드가 전개됨을 알아볼 수 있다.

4번 슬라이드는 소주제를 마치는 슬라이드로, 발표자의 주장이 드러나는 슬라이드다. 이 슬라이드를 통해 비만의 예방과 치료는 개인적 노력뿐만 아니라 사회적인 측면에서 비만을 질병으로 규정하고 치료 비용 등을 보조해야 한다는 식으로 접근해야 한다는 내용을 이야기하고 있다.

이와 같은 네 장의 슬라이드에서 볼 수 있다시피 슬라이드에 들어가는 내용, 이미지의 형태, 이미 조사했거나 앞으로 조사해야 할 자료 등을 접착 메모지에 적어주는 것만으로 간단하고 신속하게 스토리라인을 작성할 수 있다. 만약 이렇게 작성한 스토리라인 중에서 불필요한 부분이 있다면 해당 메모지를 떼어버리는 간단한 방법만으로도 수정이 가능하다.

또한 스토리라인 작성만으로도 발표자가 자신의 프리젠테이션에서 강조할 부분을 발견할 수 있다는 사실은, 발표자가 좀 더 쉽게 주도적으로 프리젠테이션할 수 있음을 의미한다. 보드를 활용하더라도 병렬 구조를 그려 넣는 일이 가능하긴 하지만, 스토리라인을 수정하는 과정에서 이런 구조가 뒤섞이게 된다면 결국 처음에 그렸던 스토리라인을 모두 지워버리고 다시 작성해야 하는 불편함이 따른다. 접착 메모지를 활용한 스토리라인 작성법은 이와 같이 강력하다.

여담이지만, 태블릿 PC에도 포스트잇을 만든 회사에서 만든 포스트잇 앱이 존재한다. 무료 앱이어서 다운로드해서 써볼 수 있겠지만, 실제 포스트잇을 사용해서 작성하는 것만큼 쉽고 간단한 UX를 제공하지는 않는다. 여전히 아날로그 포스트잇이 더 쓰기 쉬운 도구임은 분명해 보인다.

한 가지 더 덧붙여, 기획 단계에서는 슬라이드의 모든 요소를 정밀하게 담을 필요가 없지만, 그래도 써야 하는 내용이 많아서 포스트잇의 작은 크기로는 스토리라인 작성이 어려운 경우라면 일반적으로 우리가 쓰는 A4 용지를 활용해서 작성해도 좋다. 다만, 이 경우에는 컴퓨터로 스토리라인을 작성하다 빠지기 쉬운 함정, 즉 슬라이드의 모든 요소를 세밀하게 작성하려는 버릇을 내려놓고 간결하고 신속하게 스토리라인을 작성하자. 이후, 아주 넓은 테이블이나 자석 등을 활용해 보드에 문서들을 펼쳐놓고 볼 수 있다면 포스트잇의 장점과 동일한 효과를 낼 수 있다.

스토리라인 작성 공간 선택 시, 또 다른 팁

앞서 총 세 가지의 스토리라인 작성 공간에 대해 함께 이야기를 나눠봤다. 이 세 종류의 스토리라인 작성 공간 중 만일 여러분이 노트, 메모지 또는 접착 메모지를 스토리라인 작성에 활용하게 된다면 추가적으로 꼭 권해 주고 싶은 두 가지 사항이 있다. 첫째는 슬라이드와 비슷한 비율의 제품을 사용하라는 것이고, 둘째는 격자무늬가 있는 제품을 활용하라는 것이다

(1) 슬라이드와 비슷한 비율의 제품 사용

우리가 최종적으로 프리젠테이션을 진행할 때 사용하는 스크린을 생각해 보면 비율은 조금씩 다르더라도 대부분 직사각형의 화면에 슬라이드를 띄워놓고 발표를 진행한다. 스토리라인을 작성하면서부터 비슷한 환경을 만들어준다면 추후 슬라이드를

직접 디자인할 때 도형의 위치 등에 대한 고민을 덜 수 있다. 대부분은 가로가 더 긴 형태의 슬라이드를 사용할 것이기 때문에 직사각형 형태의 노트를 사용하거나 직사각형의 접착 메모지를 사용하자(만일 정사각형의 슬라이드를 만들어 프리젠테이션을 진행할 예정이라면 정사각형의 노트, 정사각형 형태의 접착 메모지를 활용하면 된다).

(2) 격자무늬가 있는 제품의 활용

노트, 메모지와 접착 메모지를 활용해 스토리라인을 작성할 때에는 격자무늬(모눈종이에 있는 무늬)가 있는 종이 또는 보드를 사용하는 편이 좋다. 보드는 실제로 구매해서 쓰는 것이 아닌 이상 격자무늬가 있는 제품을 내 맘대로 선택할 수 있는 사항은 아니지만 일반적인 노트를 사용하든, 메모지를 사용하든, 접착 메모지를 사용하든 간에 격자 무늬가 있는 용지 사용을 강력히 권하고 싶다. 특히 글이 많은 스토리라인, 표시해야 하는 도형이 많은 스토리라인을 작성해야 한다면 더더욱 격자무늬 있는 제품의 활용이 위력을 발휘할 것이다. 내가 근무했던 컨설팅 사 맥킨지(McKinsey & Company)에서는 컨설턴트들에게 모눈종이와 지워지는 펜을 무제한 공급해줬다. 실제로 이런 환경에서 아날로그 형태로 슬라이드 기획을 하거나 슬라이드 디자인을 하는 일이 지금도 진행되고 있다.

이유는 아주 간단한데, 작성된 스토리라인을 좀 더 '알아보기 쉽게' 만들어 주기 때문이다. 실제로 우리가 스토리라인 작성에 사용하게 되는 대부분의 도형은 원을 제외하면 대부분 사각형이나 삼각형이다. 그냥 아무 무늬도 없는 종이에 사각형을 그릴 때보다 훨씬 바르게 도형을 그릴 수 있다. 마찬가지로 글씨를 쓰게 될 때도 줄이 있기 때문에 글을 쓸 때 상대적으로 비뚤어지지 않게 잡아준다. 수치가 있는 그래프를 그릴 때도 막대 그래프의 상대적인 크기를 실제 비율과 비슷하게 그려낼 수 있다. 실제 예시를 보자.

격자무늬가 포함된 접착 메모지를 활용해 작성된 슬라이드 예시다. 직접 확인할 수 있듯이 상단 부분에는 헤드 메시지를 작성할 수 있고, 아래 쪽에는 본문을 작성할 수 있다. 대부분의 도형은 사각형으로 돼 있기 때문에 격자무늬가 있으면 그래프나 테두리 및 도형을 그리는 데 도움이 되며 실제로 줄을 맞춰서 글을 쓰는 것도 아무 무늬가 없을 때와 비교해도 훨씬 편하다. 글과 도형을 덜 비뚤어지게 작성하기 때문에 자연스레 가독성 역시 올라가게 된다.

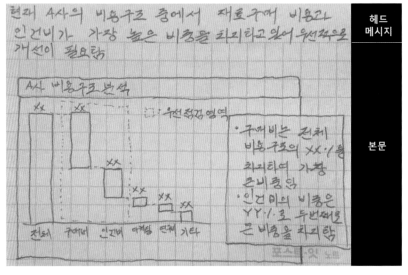

▲ 실제로 프리젠테이션을 실시하게 될 화면과 가장 유사한 비율의 스토리라인 작성 공간을 활용하면 도형을 어떻게 배치할지 미리 생각할 수 있으며, 격자무늬가 있는 접착 메모지를 활용하면 스토리라인을 작성한 결과물을 다른 팀원과 공유하더라도 가독성을 높게 유지할 수 있다.

앞서 노트에 스토리라인을 작성했던 그림을 기억하는가? 자세히 보면 그 노트 역시 격자무늬가 있지는 않았지만 미세하게 점이 찍혀 있었다. 이렇게 점이 찍혀 있는 것만으로도 격자무늬를 포함한 노트 또는 메모지와 비슷한 효과를 낸다. 어찌됐든 아무

무늬가 없는 종이보다는 격자 무늬나 점이 찍혀 있는 메모지가 스토리라인을 작성하는 데 더 효율적인 것은 확실하다.

다만 일반적인 형태의 가로로 줄이 있는 노트와 메모지는 권장하지 않는다. 우리는 상·하단 및 좌우로도 도형을 작성해야 하는데 가로로만 줄이 그어져 있으면 무늬가 없는 용지와 효과 면에서 거의 큰 차이가 없다. 격자무늬가 가진 장점이 제대로 발휘되지 않기 때문이다.

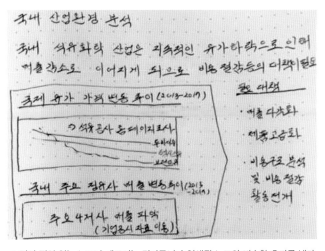

◀ 점이 찍혀 있는 노트나 메모지는 격자무늬가 인쇄된 노트와 비슷한 효과를 낸다.

마지막으로 격자무늬나 점이 찍힌 용지의 경우 인쇄된 색상이 너무 진하지 않은 것을 고르자. 격자무늬나 점이 너무 진한 색상으로 인쇄된 경우 오히려 가독성을 해치는 경우가 발생하기 때문이다.

대부분의 프리젠테이션은 혼자서만 작업하고 만드는 비중보다 팀으로 일은 하는 비중이 훨씬 높다. 스토리라인을 명확하게 적는다는 것은 가독성을 확보해주고, 이는 발생하지 않아도 되는 팀원의 질문을 줄여 전체적인 작업 시간을 줄여주고 효율적인 작업이 가능하다. 앞서 스토리라인은 신속하게 작성해야 한다고 이야기했지만, 신속하게 작성하더라도 '알아볼 수 있게끔' 하는 것이 가장 중요하다는 사실을 반드시 기억하자.

지금까지의 과정을 통해 마침내 스토리라인 작성을 마쳤다. 여기서 소개한 방식으로 작성한 스토리라인은 카메라 등을 이용해 촬영한 후, 컴퓨터로 옮겨와서 작업을 시작하면 된다.

스토리라인에 익숙해진 분들을 위한 PC 스토리라인 작성법

앞부분부터 계속 아날로그로부터 스토리라인을 작성해야 한다고 이야기를 해놓고, 이제 와서 다른 소리를 하니 당황하시는 독자 분들이 계실지도 모르겠다. 하지만 스토리라인을 작성해본 경험이 없거나 적은 사람이 처음부터 컴퓨터를 활용해 스토리라인을 작성하기 시작하면 그 프리젠테이션은 실패할 가능성이 급격히 높아지기 때문에 지속적으로 강조했던 것이다.

경험이 지속적으로 쌓일수록 하는 일에 익숙해지기 때문에 앞부분에 소개한 내용보다 신속성을 확보할 수 있다면 이 역시도 나쁘지 않은 방법이 된다. 세계적인 피아니스트가 손가락을 풀어주기 위해 하는 웜 업warm-up을 피아노 초심자가 하는 하농Hanon 첫 곡으로 할 필요는 없는 것과 마찬가지 이치다. 앞서 강조한 내용 중 기획은 신속성이 생명이므로 본질을 훼손하지 않는다면 시도해볼 가치가 있다.

다시 말하지만, 이번에 소개할 방법은 충분히 스토리라인 작성을 해보신 분들을 위한 내용이니 아직 스토리라인 작성이 익숙하지 않다면 섣불리 이 방법을 사용하지 않길 바란다.

PC를 활용해 스토리라인을 작성하는 방법은 의외로 어렵지 않다. 다음만 명확하게 기억하고 있으면 된다.

1. **자료 수집**: 스프레드 시트(엑셀) 사용
2. **초기 스토리라인 작성(트리 구조)**: 워드 사용
3. **슬라이드 단위 스토리라인 작성**: 슬라이드 소프트웨어(파워포인트, 키노트, 구글 프레젠테이션) 사용

자료 수집 단계

아날로그형 스토리라인 작성과 PC를 활용한 스토리라인 작성은 시작점이 다소 다르다. 아날로그에서는 트리 구조를 완성하고 그다음 슬라이드 단위 스토리라인 작성에서 어떤 자료가 필요하다는 내용을 적고 그 안에 그 자료가 있을 법한 곳(링크)을 표시해주는 형태다.

이런 방식은 프리젠테이션을 기획하는 사람, 혹은 그 팀의 팀장이 이미 대략적으로 머릿속에 스토리라인을 갖고 있고, 어떤 자료가 보강되면 되는지 알고 있어 가설이 크게 벗어나지 않는, 다시 말해 팩트 파인딩fact finding을 하면 되는 프리젠테이션을 기획할 때 활용하면 좋다. 하지만 우리의 일이 언제나 어느 정도 알고 있는 상태에서 일어나는 것은 아니다. 오히려 대부분의 일은 아주 개략적인 내용만 알고 있고 찾아봐야 알 수 있는 경우가 많다. 이럴 때 활용하는 것이 바로 스프레드 시트spread sheet다.

스프레드 시트는 다양한 용도로 활용 가능하지만 방대한 양의 자료 조사 내용을 일목요연하게 정리해두기에도 아주 좋은 도구다. 정해진 양식이 있지는 않지만, 보통 제

목과 그에 대한 자세한 설명, 그리고 그 내용을 가져온 참조 링크나 파일을 옆에 붙여 놓는다. 이렇게 방대하게 조사된 양 중에서 실제로 활용할 자료를 골라낸다. 그리고 이 단계에서 지금까지 조사한 자료들이 알려주는 방향성을 종합해 어떻게 이야기를 이끌어 나가야 할지를 파악할 수 있게 된다.

초기 스토리라인 작성(트리 구조) 단계

트리 구조 단계를 작성하는 것에 어느 정도 감과 자신감이 올라와 있는 사람이라면 일일이 트리 구조를 그리지 않아도 좋다. 대신 워드에 목차와 주제를 적어가며 정리를 해나가면 된다. 일반적인 글의 개요를 짜는 방법과 동일하다. 문서 전체의 제목이 프리젠테이션의 대주제, 목차가 프리젠테이션의 중간 주제, 그리고 목차 내에 들어오는 그다음 단계의 이야기들이 소주제가 된다고 생각하면 간단하다. 다만, 워드를 통해서 스토리라인을 작성하는 경우 소주제까지만 작성하는 것이 아닌 슬라이드 단위의 헤드 메시지 수준까지 작성해야 한다. 글을 곧바로 읽어 내려가며 전체 프리젠테이션을 빠르게 훑는 느낌으로 작성해야 제대로 작성한 것이다. 실제 예시를 보자. 동남아에서 택시 호출, 음식 배달 앱 등의 다양한 서비스를 제공하고 있는 Grab이라는 업체에 대해 조사한 내용이다. 여기서 가장 위에 적혀 있는 'Grab 사업 현황 및 향후 추진 전략 분석' 부분은 이 프리젠테이션의 대주제다. 그다음 1, 2, 3으로 이어지는 내용은 이 프리젠테이션의 중간 주제(목차)로 작용하고 있다. 중간 주제 이후에 등장하는 내용, 예를 들어 'Ride Hailing을 중심으로 동남아에서 지역적으로 확장 후 Super-app으로 나아가는 중'이라는 내용이 있는데 이 부분이 프리젠테이션의 소주제이자 각 슬라이드의 헤드 메시지로 작용하게 된다. 나머지는 각 슬라이드별로 채워져야 하는 본문 내용이다. 조금 더 촘촘하게 작성됐지만, 트리 구조 스토리라인에서는 미리 자료 조사가 돼 있지 않을 경우 헤드 메시지까지는 반드시 작성돼야 하고, 만약 자료 조사가 미리 돼 있다면 어떤 내용을 삽입한다는 것까지 작성해주면 된다.

(1), (2), (3)으로 시작하는 내용들은 본문에 삽입될 내용이라고 보면 무방하다.

[Grab 사업 현황 및 향후 추진 전략 분석]

1. Grab 사업현황: Ride Hailing을 중심으로 동남아에서 지역적으로 확장 후 Super-app으로 나아가는 중
   - (1) 2012년 말레이시아에서 택시 호출 서비스로 시작
   - 설립자: Anthony Tan & Tan Hooi Ling (Anthony Tan은 Tan Chong Motors라는 말레이시아 내 Nissan 자동차 유통사의 아들)
   - (2) 2013년도부터 해외 진출 시작 (현재 동남아 내 8개국에서 서비스 제공)
   - (3) 2014년도부터 신규 서비스 등을 추가하여 현재 다양한 사업포트폴리오 구성
   - (4) 2018년 우버 동남아 사업부를 인수하여 현재는 동남아 최대의 Ride Hailing 기업
   - (5) 경쟁자로는 인도네시아에서 활약하고 있는 고젝 (Go-Jek)이 있음

2. 주요 사업 포트폴리오

   - (1) Ride hailing: Taxi, Car, Bike, Car-pool, Car-share 등의 서비스 통합 제공
   - (2) Delivery: Food, Express(우편물 등)에 대한 배달 서비스 제공
   - (3) Fintech / Pay: 등록된 카드/충전된 잔액을 통한 QR 코드 결제 가능
   - (4) Insurance: 여행/운전 등과 관련된 보험상품 판매
   - (5) Financing: 사업 자금 대출
   - (6) Others (Gift, Entertainment, Rewards)

3. 주요 지표: WAU(Weekly Active Users)를 주요 지표로 활용

   - (1) Grab의 WAU는 현재 약 XX만 수준으로 20XX년말 고점인 XX만 대비 약 YY% 하락하였으며, 주요6개국 인구수 대비 WAU 비중은 약 10% 수준 (XX만 WAU 기준)

◀ 워드로 트리 구조의 스토리라인을 작성할 때는 각 슬라이드 상단에 삽입될 헤드 메시지까지 작성하는 것을 기본으로 해야 한다.

이 구조대로 적은 스토리라인은 전체 흐름 파악이 용이하며, 각각이 구조를 동일하게 이루고 있기 때문에 목차 단위로 순서를 변경하는 것도 손쉽게 가능하다. 예를 들어 주요 사업 포트폴리오와 주요 지표를 바꿔야 한다고 뒤늦게 판단된다면 통째로 위치만 뒤바꾸면 되기 때문에 스토리라인이 흐트러지지 않으면서 위치 변경이 쉽다. 무엇보다 트리 구조와 동일하게 작성된 워드 형태의 스토리라인은 각각이 헤드 메시지로 작용하고 있기 때문에 마치 포스트잇을 떼었다 붙이며 스토리라인을 조정했던 것과

동일하게 수정 작업에 드는 시간을 최소화하며 스토리라인 수정 및 재검토를 할 수 있다.

슬라이드 단위 스토리라인 작성 단계

이제는 슬라이드 단위를 작성하도록 하자. 이 부분은 파워포인트/키노트 등 슬라이드 소프트웨어를 통해서 작성할 수도 있다. 최근에는 구글 프레젠테이션과 같은 프로그램을 통해 공동 협업이 가능한 환경이 구축돼 있으므로 여러 사람이 작업을 한다면 다른 사람들이 스토리라인을 계속 기다리지 않도록 모두가 볼 수 있는 곳에 만드는 것도 방법이다. 단, 이때는 다음과 같은 순서를 따라야 모든 사람의 시간을 최소화할 수 있다.

1. 파일을 생성하고 각 슬라이드 상단에 헤드 메시지를 삽입한다.
2. 누가 어떤 슬라이드를 작성할지 정하고, 그 슬라이드에 들어갈 내용을 텍스트로만 대략적으로 적어서 공유한다.
3. 각자 맡은 슬라이드 디자인을 시작한다.

이 작업의 전제는 모든 사람이 함께 회의 등을 거쳐 워드 형태의 스토리라인에 대해 모두 이해하고 있다는 것이다. 그리고 사전에 조사된 내용이 이미 스프레드 시트에 있기 때문에 각 슬라이드에 대해서 어떤 내용이 들어가야 하는지도 팀원 모두가 이해하고 있다는 것 역시 전제돼야 한다. 그래야 슬라이드가 각자 작성되는 가운데에도 스토리라인이 흔들리지 않을 수 있다.

실제 예시를 보자. 예를 들어 '2012년 말레이시아에서 택시 호출 서비스로 시작'했다는 내용이 헤드 메시지가 된다면 이에 대한 이미지, 혹은 관련 자료를 그 슬라이드에 삽입해야 한다는 내용을 넣어주고 실제로 슬라이드 디자인을 진행하면 된다.

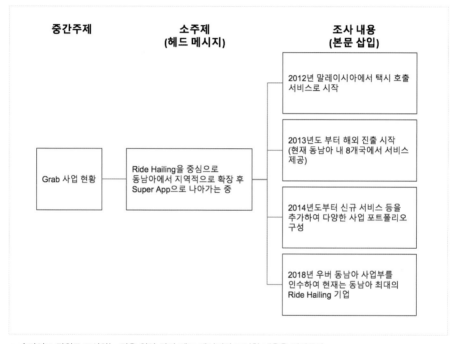

▲ 슬라이드 단위로 조사하는 경우 위와 같이 헤드 메시지와 조사할 내용을 적어준다.

물론 실제 업무 환경에서 저렇게 친절하게 하나하나 그려서 스토리라인을 줄 필요는 없다. 실제로는 다음과 같은 형태의 더미dummy 슬라이드가 공유된다고 보면 된다. 이런 슬라이드를 이른바 '딱지를 붙여 더미를 공유한다'고 표현한다.

**Ride Hailing을 중심으로 동남아에서 지역적으로 확장 후
Super App으로 나아가는 중**

ㅇㅇ님, 다음과 같은 내용 채워주시면 됩니다. 왼쪽부터 오른쪽으로
타임라인 형태로 작성해주세요

2012년 말레이시아에서 택시 호출 서비스로 시작

2013년도 부터 해외 진출 시작 (현재 동남아 내 8개국에서 서비스 제공)

2014년도부터 신규 서비스 등을 추가하여 다양한 사업 포트폴리오 구성

2018년 우버 동남아 사업부를 인수하여 현재는 동남아 최대의 Ride Hailing 기업

▲ 딱지 붙인 더미 슬라이드

공동 작업 환경이 발달하면서 한 사람이 스토리라인을 계속 쥐고 공유하지 않는 것
역시 많은 사람의 귀중한 시간을 낭비할 수 있기 때문에 PC 스토리라인 작성법을 소
개했지만, 이는 어디까지나 스토리라인 작성에 능숙한 사람일 때 권장할 수 있는 방
법이라는 것을 다시 한번 강조하고자 한다.

참고: 생성형 언어 모델*과 스토리라인 작성 활용법

2023년 초 발표된 GPT^Generative Pre-trained Transformer 시리즈는 선풍적인 영향을 전 세계
적으로 미치며 본격 AI^Artificial Intelligence 시대의 개막을 열었다고 해도 과언이 아니다.
AI를 똑똑하게 활용하는 것은 생산성을 높여주고 스토리라인의 작성은 '신속성'이라
는 대전제에 부합한다는 것을 가정할 때 생성형 AI^Generative AI를 통해서 스토리라인을

---

* 생성형 언어 모델은 생성형 AI(Generative AI), 생성형 거대 언어 모델(Generative LLM, Generative Large Language
Model)을 말한다.

작성하는 것 자체가 나쁜 것은 전혀 아니다. 다만, 앞으로 생성형 AI가 얼마나 발전할지 가늠하기는 어려워도 우리가 우리 고유의 생각을 담은 프리젠테이션을 완성하기 위해서는 생성형 AI에게 너무 기대서는 안 된다. 시간이 얼마 지나지 않아 우리가 생각하는 내용을 글로만 쓰면 스토리라인 작성은 물론 우리가 원하는 수준 그 이상의 슬라이드를 디자인해주는 시기는 언젠가 올 수도 있다. 하지만 그 슬라이드를 갖고 무대에 올라 발표를 진행해야 하는 것은 생성형 AI가 아니라 바로 발표를 준비하고 있는 여러분이다. 다른 존재가 적어준 스토리라인을 제대로 습득하지 못한 발표자가 무대에 올라 능수능란하게 발표를 하는 일은 불가능하다는 사실을 우리 모두가 알고 있다.

그렇다면 우리는 생성형 AI를 어떤 때 어떤 방식으로 활용하면 좋을까? 생성형 AI를 활용해 스토리라인 작성에 도움을 받는 방법을 알아보도록 하자.

1. **생소한 주제 초기 조사에 활용**: 대부분의 프리젠테이션은 내가 오랜 기간 조사/공부하거나 연구한 주제에 대해서 진행하는 경우가 많다. 하지만 급변하는 산업 환경 속에서 나에게 편안하고 익숙한 주제만 발표해야 하는 경우는 주어지지 않을 수도 있다. 이런 경우는 어떤 것부터 접근해야 하는지 막막한 경우가 많다. 이럴 때 생성형 AI를 활용하면 좋다. 예를 들어 다음과 같은 주제들이다.

- 우리 회사의 역량을 갖고 신규 시장에 진입하고 싶을 때 필요한 사전 조사 항목
- 새로운 사업자 등록이 필요할 때 해야 하는 일들
- 전염병 예방을 위해 취해야 하는 기본적인 조치들

You
- 우리 회사의 역량을 가지고 신규 시장에 진입하고 싶을 때 필요한 사전 조사 항목에 대해 알려줘

ChatGPT
신규 시장 진입을 위한 사전 조사는 기업이 새로운 시장에 진출하기 전에 심층적으로 분석해야 하는 중요한 단계입니다. 아래는 이를 위한 주요 사전 조사 항목입니다.

1. 시장 분석 (Market Analysis):
   • 시장 규모와 성장률 조사: 신규 시장의 크기와 예상 성장률을 파악하여 시장의 매력을 평가합니다.
   • 경쟁 구도와 경쟁사 분석: 주요 경쟁 업체들과 그들의 강점, 약점, 기회, 위협을 조사하여 경쟁 환경을 파악합니다.

2. 고객 조사 (Customer Research):
   • 소비자 행동 및 선호도 조사: 고객의 행동 양식, 선호도, 요구 사항을 조사하여 제품이나 서비스에 대한 수요를 정확히 이해합니다.
   • 고객 세분화: 시장을 특정 그룹으로 나누어 각 그룹의 특성을 파악하고 개별적인 전략을 수립합니다.

3. 법률 및 규제 조사 (Legal and Regulatory Research):
   • 현지 법률 및 규제 사항: 신규 시장의 법적 요건과 규제 사항을 조사하여 비즈니스 활동에 필요한 법적 준수를 확인합니다.

4. 기술 및 인프라 구조 분석 (Technology and Infrastructure Analysis):
   • 주요 기술 동향 조사: 신규 시장에서 주로 사용되는 기술 동향을 파악하여 기술적인 측면에서의 경쟁 우위를 확인합니다.
   • 인프라 구조 평가: 현지의 인프라 구조를 분석하여 제품이나 서비스를 원활히 제공할 수 있는지를 평가합니다.

5. 마케팅 및 브랜딩 전략 (Marketing and Branding Strategy):
   • 현지 시장에 맞는 마케팅 전략 수립: 타깃 시장에 맞는 효과적인 마케팅 전략을 개발하여 브랜드 인식을 높입니다.
   • 브랜드 적응성: 현지 문화와 소비자 취향에 맞게 브랜드 메시지를 조정하여 적응성을 강화합니다.

6. 재무 분석 (Financial Analysis):
   • 투자 및 수익성 평가: 신규 시장 진입에 필요한 자금 투입과 예상 수익을 평가하여 재무적으로 지속 가능한 계획을 수립합니다.
   • 자금 조달 옵션 탐색: 필요한 자금을 조달하기 위한 다양한 옵션을 고려하고 적절한 자금 조달 전략을 수립합니다.

7. 리스크 평가 (Risk Assessment):
   • 내외부 리스크 식별: 내부 및 외부에서 발생할 수 있는 리스크를 식별하고 관리 전략을 마련하여 예측 가능한 리스크에 대비합니다.
   • 환경적 요인 고려: 시장에서의 변화와 환경적 요인을 고려하여 비즈니스의 적응성을 강화합니다.

8. 현지 파트너십 및 네트워킹 (Local Partnerships and Networking):
   • 현지 파트너 선택 및 협력 구축: 현지 기업이나 단체와 파트너십을 체결하고 현지 비즈니스 네트워크를 확장하여 현지 이해력을 높입니다.

이러한 종합적인 사전 조사는 기업이 신규 시장에서 성공적으로 진입하고 성장하는 데에 기여할 것입니다.

앞에 제시된 주제들은 누군가에게는 이미 익숙한 주제일 수도 있지만, 주제를 받아들였을 때 생소해서 무엇부터 해야 할지 모르는 경우가 분명 존재할 것이다. 속된 말로 '맨땅에 헤딩'하는 것보다 이럴 경우 생성형 AI를 활용하면 좋다.

위에 언급한 주제 중에서 첫 번째 주제를 실제로 입력한 결과는 다음과 같다(생성형 AI는 지속적으로 성능이 개선되고 있으므로 이 결과물은 책이 집필되던 당시 출력된 결과물임을 알린다).

◀ 나에게 주어진 주제를 생성형 AI에 입력하면 트리 구조의 스토리라인을 손쉽게 얻을 수 있다.

이 결과물은 일정 기간 이상 기업 전략 업무를 맡았거나 경영 컨설팅 업무를 맡아온 사람이라면 당연히 머릿속에서 자연스럽게 흘러나올 내용들이다. 하지만 신입 사원이나 이런 주제를 처음 접한 학생의 경우라면 이런 내용을 찾기 위해서 수많은 웹 서핑을 해야 한다. 생성형 AI는 이러한 수고를 줄여서 손쉽게 목차를 작성해준다.

만약 여러분이 기업 전략 업무 담당이나 컨설턴트 출신이라고 해도 이 내용은 유용하다. 혹시 빠진 게 없는지 점검할 수 있는 참조 자료로 쓰일 수 있기 때문이다. 생성형 LLM은 시중에 존재하는 어떤 모델을 사용하더라도 비슷한 형식을 띠게 되는데, 이 형식은 우리가 앞서 작성했던 스토리라인의 트리 구조와 매우 유사하다. 예시를 보면 시장 분석, 고객 조사, 법률 및 규제 조사는 목차, 다시 말해 중간 주제가 되고, 그 하위 단계의 시장 규모와 성장률 조사, 경쟁 구도와 경쟁사 분석 등은 소주제가 될 수 있다. 생성형 AI가 우리가 바라는 결괏값을 바로 얻어주지는 않지만, 이 목록을 토대로 내가 바라는 시장의 규모와 성장률, 예를 들어 비디오 스트리밍 시장의 규모와 성장률 등을 웹 서핑으로 검색하면 그 결괏값을 얻을 수 있다.

생성형 AI가 만들어준 '초기 트리 구조 스토리라인'을 갖고 더 추가할 내용이 있는지 없는지에 대해서 추가하고 수정하는 일을 거치면 간단히 스토리라인을 완성할 수 있다.

You
시장 규모와 성장률 조사를 위해서는 어떤 것들을 살펴보면 되는지 더 자세히 알려줘

ChatGPT
시장 규모와 성장률을 조사하는 데는 몇 가지 중요한 지표와 정보를 살펴보아야 합니다.
아래는 시장 규모와 성장률 조사를 위한 주요 요소들입니다:

1. **시장 크기 및 성장률:**
   - **현재 시장 규모:** 해당 시장의 현재 크기를 확인합니다. 이는 매출, 생산량, 또는 소비량 등으로 표현될 수 있습니다.
   - **과거의 성장률:** 과거 몇 년 동안의 시장 성장률을 조사하여 트렌드를 분석합니다.
   - **예상 성장률:** 미래의 시장 성장률을 예측합니다. 시장 예측 보고서나 전문가의 의견 등을 참고합니다.
2. **시장 세분화:**
   - **세분화된 시장 데이터:** 시장이 어떻게 세분화되어 있는지 파악합니다. 이는 지역, 산업, 제품 유형, 고객 세그먼트 등을 포함할 수 있습니다.
   - **세분화된 성장률:** 각 세분화된 시장이 어떻게 성장하고 있는지를 확인하여 세부적인 트렌드를 이해합니다.

▲ 처음 제시한 문장에 대해 더 자세한 내용을 알려달라고 하면 다시 세분화된 내용까지도 확인이 가능하다.

생성형 AI는 조금 더 깊은 주제에 대해서도 이야기해줄 수 있다. 예를 들어 시장 규모와 성장률 조사를 위해서는 어떤 것들을 살펴보면 되는지를 물어보면 다음과 같은 답변을 내어 놓는다.

단, 반드시 명심해야 하는 사실이 있다. 생성형 LLM이 모든 것을 빼놓지 않고 완벽하게 답변하리라는 생각을 버려야 하는 것이다. 이는 오직 참고 자료로 쓰여야지 이게 완성판이라고 생각해서 더 추가할 것이 있는지, 제시된 내용 중에서 변경하거나 삭제해야 하는 내용이 없는지를 살피는 것은 오로지 발표를 준비하는 발표자의 몫이다. 사실 바로 위의 프롬프트(명령어)에 대한 답변은 저기서 멈추지 않고 더 길게 답변이 이어졌다. 그런데 그 답변에 이어진 내용들은 다음과 같았다.

3. **경쟁 구도:**
- **주요 경쟁 업체들의 점유율:** 주요 플레이어들의 시장에서의 점유율을 파악합니다.
- **새로운 기업 진출:** 새로운 기업이 시장에 진입하거나 기존 기업들이 다른 세그먼트로 확장하는지 여부를 조사합니다.
4. **수요 및 공급 요인:**
- **수요 증가나 감소의 원인:** 시장 성장이나 충격에 대한 수요 증가나 감소의 원인을 파악합니다.
- **공급 요인:** 공급 사이드에서의 변화나 영향을 이해합니다. 예를 들어, 새로운 기술 도입이나 공급망 변화 등을 확인합니다.
5. **시장 트렌드 및 예측:**
- **업계 동향 및 트렌드:** 시장에서 어떠한 트렌드가 나타나고 있는지, 미래에 어떠한 변화가 예상되는지 파악합니다.
- **예측과 예상:** 시장 예측 보고서를 참고하여 미래의 시장 동향을 예상합니다.
6. **지리적 측면:**
- **지역별 시장 크기:** 다양한 지역에서의 시장 크기를 확인하여 지리적 특성을 이해합니다.
- **지역별 성장률:** 각 지역에서의 시장 성장률을 분석하여 지역 간의 차이를 이해합니다.
7. **규제 환경:**
- **관련 규제 및 정책:** 해당 시장에서 적용되는 규제와 정책을 확인하여 비즈니스에 미치는 영향을 평가합니다.
- **규제 변경 예측:** 미래에 예상되는 규제 변경에 대비하여 가능한 영향을 예측합니다.

이러한 요소들을 종합적으로 고려하면 시장 규모와 성장률에 대한 심층적인 이해를 얻을 수 있습니다. 이 정보는 신규 시장 진입 전략을 수립하고 비즈니스 결정을 지원하는 데 도움이 됩니다.

▲ 생성형 AI가 내놓는 답변이 완전하다고 착각하면 안 된다.

분명 시장 규모와 성장률 조사에 대해서 물어봤는데 경쟁 구도부터 시작해서 전혀 상관 없는 규제 환경 이야기까지 하고 있다. 초창기 생성형 AI가 거짓된 답변을 진짜인 것처럼 말하는 현상, 즉 할루시네이션hallucination이 큰 문제로 떠올랐었는데, 누가 보더라도 명백한 거짓말이라면 상관 없지만, 잘 모르는 사람이 봤을 때 그럴듯하게 말하는 이런 식의 내용이라면 깜빡 속기 쉽다. 그래서 계속 강조하듯, 이 내용은 초기 참고용으로만 활용해야지, 이것이 완벽한 진실이라고 믿고 프리젠테이션을 준비해서는 안 된다는 점이다.

2. **조사해야 하는 참고 자료 목록을 알고 싶을 때:** 회사에서 일을 진행하면서 대학생
   분들을 자료 조사 어시스턴트^{research assistant}로 채용하며 일을 하는 경우가 많다.
   이 분들을 채용하기 위해 하는 면접에서 항상 등장하는 단골 면접 질문은 '어
   떤 산업/기업을 조사하고자 할 때 어떤 사이트를 들어가서 조사하겠느냐'다. 이
   는 그 사람이 기본적으로 기업이나 산업 조사에 대한 감이 있는지 알아보기 위
   해 하는 질문이다. 예를 들어 국내 기업의 재무제표나 성장 추이에 대해서 조사
   해 달라고 하면 금융감독원에서 제공하는 전자 공시 시스템 사이트인 다트^{DART,}
   ^{Data Analysis, Retrieval and Transfer System}에 들어가서 찾아보겠다는 답변이 나와야 '그래
   도 이 친구는 기업 조사를 좀 해본 사람이구나'라는 점을 짐작할 수 있게 된다.

   이와 같이 특정 내용에 대해서 어떤 곳을 찾아보고 검색해야 만족스러운 결과
   를 빠르게 얻을 수 있는지 모두 알고 있다면 좋을 것이다. 하지만 우리가 모든
   것이 완벽한 상황에서 프리젠테이션을 준비할 수는 없기에, 어떤 주제를 조사
   하기 위해서 어떤 항목을 봐야 하는지, 어떤 논문을 참고하면 그 내용을 자세
   히 확인할 수 있는지, 어떤 서적을 참고하면 원하는 내용을 얻을 수 있는지 다
   알 수는 없다. 바로 이럴 경우에 생성형 AI를 활용하면 어느 정도 감을 잡을 수
   있다.

   예를 들어 노르망디 상륙작전에 대해서 자세한 정보를 알려달라고 해도 생성형
   AI에서 제공해주는 내용은 한계가 있다. 하지만 노르망디 상륙작전에 대해서
   자세히 알아보고 싶다면서 참고해야 하는 문헌에는 어떤 것들이 있는지 물으면
   다음과 같은 결과물을 출력해준다.

▲ 특정 주제에 대한 참고 자료 목록을 알아볼 때도 생성형 AI는 유용하다.

생성형 AI에 노르망디 상륙작전에 대해서 알려달라고 하면 길어야 A4용지 한두 장 수준의 결과물을 출력해주지만, 실제로 자세한 내용이 담겨 있는 문헌을 알려주면 우리는 그 자료를 찾아서 원하던 내용을 파악하면 된다. 실제로 나는 과거에 특정 소셜 미디어를 조사하면서 아무리 리서치를 해도 자세한 내용이 나오지 않아서 어떻게 해야 할지 난감한 적이 있었다. 그러다 내가 조사하는 소셜 미디어의 창업주가 쓴 책이 있다는 사실을 알고 그 책을 구매해 궁금했던 사실들을 파악할 수 있었는데, 그 일을 지금 하라고 했다면 일단 그 소셜 미디어의 성장 스토리가 담겨 있는 내용을 어디서 찾아볼 수 있냐고 생성형 AI에게 질문했을 것이다. 그 방법을 활용했다면 내가 혼자서 고민했던 시간과 노력을 상당 부분 줄일 수 있었을 것이다.

그러나 이 방식을 사용할 때에도 유의해야 할 점이 있다. 바로 생성형 AI가 현재 학습하는 방식이다. 가장 유명한 생성형 AI인 GPT의 약어 중 P는 'Pre-Trained'의 약어인데, 이는 과거에 존재했던 데이터를 기반으로 사전 학습했다는 의미다. 다시 말해 실시간성 정보나 학습하지 않은 최근 데이터는 결과물로 출력할 수 없다. 최근에는 실시간 정보를 일부 읽어들여 결과물로 제공해주는 방식도 있지만, 현재까지 나온 생성형 AI 방식 중 실시간 정보를 완벽하게 제공하는 방식은 존재하지 않고 있다. 따라서 내가 원하는 자료가 존재하는지 여부는 웹 서핑을 먼저 해본 이후 그래도 떠오르지 않을 때 힌트를 얻기 위해서 활용할 수는 있다.

앞서 언급했던 할루시네이션 현상도 여전히 경계해야 할 부분이다. 과거에는 '저녁에 갈 만한 강남역 음식점 알려줘'라고 이야기했을 때 그럴듯한 결과물이 출력되지만 검색해보면 실제로 존재하는 업체는 하나도 없었다. 앞으로 할루시네이션 현상을 줄이기 위한 AI 개발자들의 노력은 계속될 테지만, 우리는 정확한 프리젠테이션 스토리라인 작성을 위해 생성형 AI에서 출력된 결과물을 웹 서핑 등으로 재확인하는 절차를 반드시 거치도록 하자. 참고로, **'반드시 사실이어야 하며 사실 여부를 확인해줄 수 있는 링크를 삽입해 달라'**고 하면 할루시네이션 현상이 발생하는 빈도가 줄어드니 참고하자.

생성형 AI는 우리의 작업 생산성을 높여준다는 측면에서 분명히 유용한 도구가 맞다. 하지만 생성형 AI를 활용하며 주의해야 할 점도 있다. 주의점을 간단히 알아보자.

1. **초안 작성용으로만 활용:** 생성형 AI가 갖고 있는 여러 가지 문제 중 가장 큰 문제는 사실이 아님에도 사실인 것처럼 말하는 할루시네이션 현상이다. 모든 내용을 생성형 AI에 의존해서 자료를 만드려 보면 사실과 사실이 아닌 것들이 혼재하게 된다. 그렇다고 이 내용이 사실인지 아닌지 하나하나 검증하면서 작업을 진행하기에는 오히려 신속함을 잃게 된다. 아이디어가 생각나지 않을 때 초안 작성용으로 활용하는 것은 충분히 좋은 일이나, 모든 자료 조사를 생성형 AI에게 부탁했다가는 나도 모르는 사이에 거짓말쟁이가 되는 낭패를 보게 될 수 있음을 알아두자.

2. **기밀을 프롬프트(명령어)로 삽입하지 말 것:** 여러 기업에서 생성형 AI를 금지하는 곳이 늘어나고 있는데, 그 이유 중 가장 많은 이유는 바로 회사의 정보나 기밀을 프롬프트로 활용했다가 그 기밀이 유출될 위험에 대해 염려하고 있기 때문이다. 생성형 AI를 제공하는 기업에서는 프롬프트를 학습에 활용하지 않는 기능을 제공한다고 하지만 이 말을 무작정 믿을 수는 없다. 애초에 기업과 연관돼 있는 자료는 프롬프트로 활용하지 않는 것이 가장 안전하게 나와 내 회사의 자산과 기밀을 지킬 수 있는 방법임을 기억하자.

3. **최신 정보가 없다는 것을 인지할 것:** 앞에서도 언급했듯 생성형 AI가 실시간 정보를 확인하기에 부족하다는 것을 염두에 두고 있어야 한다. 이는 언젠가는 해결될 문제겠지만, 적어도 단순한 사실 확인을 위해서 더 적합한 것은 기존의 검색 방법이지 생성형 AI에게 질문하는 것이 아님을 알아두자.

이제 우리는 스토리라인 작성을 마쳤다. 하지만 본격적으로 슬라이드 디자인을 시작하기 전에 더 알아야 할 내용들이 존재한다. 다음 장에서 그 내용들을 소개하도록 하겠다.

도입부와 마무리 부분의 스토리라인 작성: 1+N+1 법칙

이제 여러분은 슬라이드 단위로 스토리라인 작성을 완료했다. 하지만 아직 중요한 스토리라인 작성이 남아 있다. 바로 본문 내용과는 차별화돼야 하는 도입부와 마무리 부분에 대한 스토리라인 구상이다. 시작 부분과 중간 부분, 그리고 끝 부분은 본문과는 특성이 다르므로 별도의 설명을 덧붙이겠다.

도입부와 마무리 부분은 경쟁 PT, 면접 등 비슷한 주제로 계속 발표가 이뤄지는 형태의 프리젠테이션 환경에서 특히 더 중요하다. 여러 팀이 동일한 내용으로 발표할 경우, 중간 부분의 내용은 거의 모든 팀이 비슷할 가능성이 높기 때문이다. 내용 면에서 차별성을 부각시킬 수 없는 상태라면, 더더욱 인상적인 도입부와 효율적인 마무리가 필요하다.

초반에 인상적인 도입부를 통해 청중의 이목을 집중시키면 청중이 본문 내용에 계속 집중하게 될 가능성이 훨씬 크며, 본문에서 이야기했던 내용을 압축해 청중에게 다시 이야기하는 마무리를 하면 내 프리젠테이션의 결론을 청중에게 각인시킬 수 있기 때문이다.

> "지금부터 ○○에 대해 발표하겠습니다. 저는 발표를 맡은 ×××입니다."
> "이상으로 발표를 마치겠습니다. 질문 있으십니까?"

혹시 이런 식의 도입부나 마무리를 사용하지 않았는가? 그렇다면 여러분은 청중에게 아무런 주목도 받지 못한 상태로 프리젠테이션을 시작하고 마친 것이다. 몇 분짜리 프리젠테이션을 하든, 그것은 중요하지 않다. 프리젠테이션의 시간과는 관계없이 도입부와 마무리 부분은 주요 내용이 들어가 있는 부분과는 다른 방식으로 접근해야 한다.

인상적인 도입부와 인상적인 마무리. 그것을 가능하게 하는 것이 바로 1+N+1 법칙이다. 여기서 1과 N은 시간을 의미한다. 즉 어떤 프리젠테이션이든 간에 처음의 1분과 마지막의 1분은 존재하는데, 이 시간은 반드시 도입부와 결론 부분에 투자해야 한다. 이것을 '1+N+1' 법칙이라고 한다. 물론 도입부와 결론에 정확히 1분을 투자하라는 의미는 아니고, 일정 시간을 할애해 반드시 도입부와 결론 부분을 만들어야 한다는 뜻으로 이해하면 된다.

1+N+1 법칙은 또 다른 의미도 있는데, 바로 도입부와 결론에 너무 많은 시간을 쓰지는 않아야 한다는 것이다. 도입부가 너무 길어지면 프리젠테이션 전체가 늘어지는 느낌을 주고 본론에 투자할 수 있는 시간이 줄어들며, 결론 부분이 너무 길어지면 마지막 부분이었기에 집중을 잠깐이나마 다시 할 수 있었던 청중의 집중도가 현격히 떨어지기 때문이다.

그럼 지금부터 짧지만 강렬한 도입부와 결론을 위해서는 어떤 방법을 사용해야 하는지 알아보자.

도입부의 작성

> "지금부터 ○○에 대해 말씀드리도록 하겠습니다. 저는 발표를 맡은 ×××이며,
> 저희의 목차는 다음과 같습니다."

흔히 많이 사용되지만 가장 평범하고 가장 지루한 도입부는 보통 이런 형식이다. 게다가 동일한 주제를 놓고 여러 팀이 프리젠테이션하는 경우가 많은 현실에 비춰볼 때, 이런 도입부는 시간 낭비에 가까우므로 차라리 건너뛰는 편이 나을지도 모르겠다.

아주 특수하게 도입부의 형식을 정해주고 이를 따라야 하는 경우가 아니라면, 프리젠테이션에서 도입부야말로 가장 자신의 개성을 확실하게 드러낼 수 있는 부분이다. 마음껏 상상의 나래를 펼치면 펼칠수록 청중의 이목을 더욱 집중시킬 수 있기 때문이다.

여러분이 '자기 소개'라는 주제로 프리젠테이션을 진행한다고 가정하자. 우리가 생각할 수 있는 가장 평범한 도입부는 다음의 슬라이드와 같을 것이다. 그리고 실제로 수많은 사람이 다음과 같은 슬라이드를 준비하고 나서 프리젠테이션을 하고 있다.

정장처럼 말끔한 옷을 입은 자신의 사진을 넣고, 이름과 나이 등의 신상 명세를 적어 넣는다. 자신이 좋아하는 운동이 축구라면, 축구하는 자신의 모습이 찍힌 사진을 슬라이드에 삽입하고, 좋아하는 음식이 치킨이라면 치킨 관련 이미지를 넣거나, 치킨을 먹다 찍힌 자신의 모습을 삽입하는 정도일 것이다.

만일 이 책을 읽고 있는 여러분이 연예인이나 유명인사라면 도입부 자체에 대해 신경 쓸 필요가 없다. 당대의 톱스타로 여겨지는 연예인은 등장만으로 환호와 주목을 받을 테니 말이다. 그렇지만 이 책을 읽고 있을 대다수의(나와 같은 처지에 있는) 보통 사람은 가만히 서 있는 것만으로 주목을 받을 수는 없으므로, 아이디어로 극복해야 한다.

그런데 앞서 말한 대로 자기 소개를 한다면? 그 자리가 어떤 자리이든, 어떤 모임이든 간에, 여러분은 여러분 앞에 발표한 누군가나 여러분 뒤에 발표할 누군가와 똑같은 사람으로 여겨지면서 사람들의 기억 속에 그냥 묻혀버리고 말 것이다. 실제로 너무 많은 사람의 소개를 보다 보면 각자의 이름을 외우는 일조차도 매우 힘들다.

아마도 다음의 그림과 같은 자기 소개를 여러분은 가장 많이 만들었을 것이다. 그나마 예시로 제시한 이런 슬라이드의 경우는 슬라이드의 배경 색상과 그림의 색상을 맞추기라도 했다. 아마도 대부분은 그냥 자신이 갖고 있는 사진을 여러 장 짜깁기해서 붙이거나, 증명 사진을 붙이는 정도로 자기 소개 페이지를 만들었을 것이다.

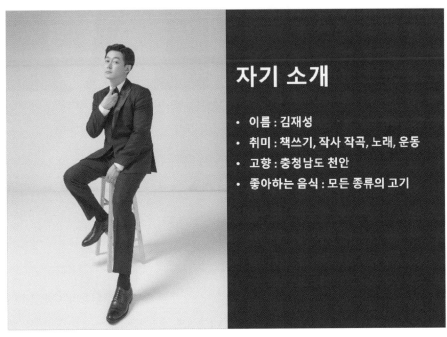

🎨 껌색 기워드: 시김

▲ 자기 소개를 하기 위해 만드는 가장 일반적인 슬라이드. 이런 슬라이드로는 아무런 주목을 받을 수 없다.

즉 청중은 평범한 도입부에 주목하지 않음은 물론이고, 여러분이 하는 소개 내용 중 대단히 흥미로운 화젯거리가 없다면 본론인 자기 소개에도 주목하지 않을 것이다. 그렇다면 다음과 같은 방식의 자기 소개는 어떨까? 이 방식은 대학교 시절 활동하던 프리젠테이션 연구회에서 신입 부원으로 들어온 한 친구가 자신을 소개하면서 썼던 슬라이드 방식을 수정, 발췌한 것이다.

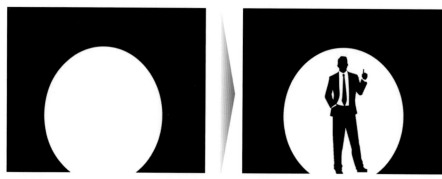

▲ 실제로 자신이 앞에 나서는 주제인 '자기 소개'에서 굳이 내 사진을 띄워놓을 필요는 없다. 주목받는 것이 중요하다면 '스포트라이트' 효과를 활용해보자.

이 그림이 무엇인지 이해되는가? 잘 이해가 되지 않는 사람은 여러분의 컴퓨터를 이용해 왼쪽의 그림과 똑같은 슬라이드를 그려 넣고, 그것을 스크린을 향해 투사한다고 생각해보자. 어떤 형태가 나타날까? 바로 오른쪽 그림과 같은 형태다. 즉 슬라이드 전체를 까맣게 만들고, 프리젠테이션 발표장의 불을 모두 꺼버린 뒤에 삽입한 하얀색 원 안에 여러분이 서 있으면 된다. 일반적인 프리젠테이션 환경에서는 화면을 좀 더 잘 보이도록 스크린 주위의 불을 끄는데, 이를 활용한 방법이다.

이렇게 하게 되면 가운데 있는 사람은 마치 슬라이드 효과에 의해 스포트라이트를 받는 듯한 효과를 누리게 된다. 단순히 비교하더라도 앞서 소개한 사람과 이런 방식을 사용해 자신을 소개한 사람 중 누가 더 여러분의 기억에 남을까? 당연히 후자일 것이다.

자기 소개를 하는데 굳이 자신의 사진을 따로 넣을 필요는 없다. 실물보다 정확하게 자신을 보여줄 수 있는 것은 없기 때문이다. 기타 연주를 좋아한다고 그냥 말하는 게 아니라, 직전 슬라이드에서 봤던 스포트라이트 효과 안에서 기타를 갖고 나와 한 곡을 짧게 연주하는 편이 청중에게 훨씬 더 강력하게 각인되는 법이다.

내용 자체가 똑같더라도 도입부에 어떤 연출을 더하느냐에 따라 청중의 주목도는 완전히 달라질 수 있다. 이것이 성공적인 도입부가 갖는 강력한 효과다.

한 가지 추가 예시를 더 말하자면, 여러분이 직접 나서서 자신을 소개하는 것이 아니라, 스크린에 슬라이드를 띄워놓고 그냥 오가며 사무실에 있는 사람들이 스크린을 통해 여러분의 자기 소개를 읽어야 하는 환경이라면 다음의 방법도 좋은 예시가 될 수 있다.

◎ 검색 키워드: Portrait

▲ 이런 디자인은 다른 사람들의 딱딱한 자기 소개보다 디자인 측면에서 훨씬 더 세련된 느낌을 준다.

물론 실제로 달라지는 내용은 없다. 하지만 다음과 같은 방식은 사진과 자기 소개글에 일체감을 주기 때문에 조금 더 세련된 디자인을 했다는 인상을 주기에 충분하다.

최근 유행하는 방식 중에는 소셜미디어^{SNS}의 틀을 활용해 촬영하고, 이를 그림으로 만들어 자기 소개를 하는 방법도 등장했다. 제품을 소개하는 행사장이나 대학 축제 등에서 등장하는 식인데, 소셜미디어의 화면을 실제 사이즈로 인쇄해 판넬처럼 들고 그 안에서 사진을 찍는 장면을 한 번쯤 직/간접적으로 본 적이 있을 것이다. 이런 방법을 빌려 소셜미디어의 화면을 캡처하고 자기 소개를 해시 태그(검색을 쉽게 하기 위해 앞에 #을 붙여 단어를 나열하는 방법)로 나열하는 방법이다.

사실 이런 방식은 일반 기업체에서 많이 사용하는 방법이기도 하다. 특히 타사에 제안서를 쓰는 입장에 있는 회사의 경우, 자신의 회사에 대해 소개할 때 이 회사가 얼마나 관련 경험이 많고, 해당 프로젝트를 수주했을 때 얼마나 효과적으로 프로젝트를 수행할 수 있는지에 대해서 자신의 회사가 갖고 있는 강점을 나열하게 되는데, 이럴 경우 단골처럼 사용하는 그림이 있다.

⊘ 검색 키워드: Portrait

◀ 소셜미디어 화면을 활용하는 것도 신선한 자기 소개의 방법일 수 있다. 사진 아래를 보면 해시 태그를 통해 자신의 각오를 밝히고 있음을 알 수 있다.

프리젠테이션 컴퍼니는 귀사의 사업 발표회를 성공적으로 수행하기 위한 최적의 파트너입니다

1. **다수의 산업군, 다수의 회사와의 풍부한 프로젝트 경험**
   - 프리젠테이션 컴퍼니는 다수의 대기업 및 공공기관과의 폭넓은 프로젝트 경험을 토대로 귀사가 원하는 프리젠테이션 전략을 제시합니다

2. **최고의 경험을 보유한 디자인 컨설턴트의 프리젠테이션 컨설팅**
   - 프리젠테이션 컴퍼니 소속 디자인 컨설턴트들이 최적의 스토리텔링 기법과 효과적인 시청각 자료 활용법을 알려드립니다

3. **실전 발표상황을 가정한 발표 연습 및 피드백 제공으로 철저한 훈련 제공**
   - 프리젠테이션 컴퍼니의 전문 인력이 실전 발표 대비를 위한 발표 연습 및 피드백을 제공하여 완벽한 발표를 지원합니다

◎ 검색 키워드: Business card

▲ 일반적으로 회사 소개의 첫 페이지에 들어가는 회사의 역량 홍보 페이지에는 왼쪽 사진 같은 이미지를 흔히 넣는다.

일반적으로 제안서에 넣는 자사 소개 페이지의 첫 장이다. 그림에서 보듯이 프로젝트를 얼만큼 효과적으로 수행할 수 있는지, 어떤 강점이 있는지에 대해서 소개하는데, 우리가 이번 페이지에서 주목할 부분은 오른쪽에 담긴 정보가 아니라 왼쪽의 그림이다. 왼쪽 그림 없이 오른쪽 소개만 있어도 상관은 없다. 하지만 시각적 효과를 덧붙임으로써 밋밋한 슬라이드에 좀 더 좋은 효과를 주고 있다는 점은 누구도 부정할 수 없을 것이다.

여러분이 하게 될 프리젠테이션의 성격에 따라 도입부는 굉장히 많은 다양성이 존재할 수 있다. 따라서 여러분은 이 책에서 제시된 예시를 그대로 사용하는 것이 아니라 자신의 환경에 맞게 응용하는 데 집중해야 할 것이다.

일반적인 프리젠테이션에서 쉽게 활용할 수 있는 도입부 예시를 함께 살펴보자.

효과적인 도입부 #1: 전문가의 발언 인용/전문 자료 삽입

프리젠테이션의 주제에 따라, 그리고 발표자의 상상력에 따라 도입부는 얼마든지 달라질 수 있지만, 효과적인 도입부를 작성하는 일반적인 방법은 분명히 존재한다. 다음 슬라이드를 보자.

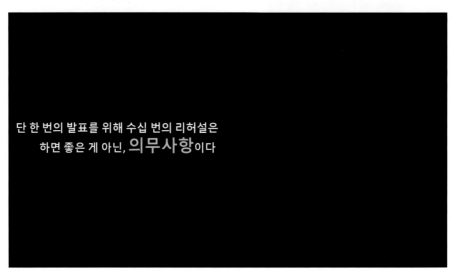

▲ 검은 화면에 쓰인 글씨를 당신은 그대로 믿을 수 있는가?

슬라이드에 이와 같이 적혀 있다면 여러분은 이 말을 그대로 믿을 수 있겠는가? 아마 반신반의하는 사람도 많으리라 생각한다. 그렇다면 다음 슬라이드는 어떨까?

▲ 많은 사람에게 권위 있는 인물의 의견을 제시함으로써 주장에 훨씬 더 설득력이 생겼다. (출처: NYdailytimes.com)

이번에는 아마 많은 사람이 '그렇군'이라고 생각하며 고개를 끄덕거렸을 것이다. 이 방법은 많은 이가 스티브 잡스가 프리젠테이션의 권위자라는 사실을 알고 있다는 점에서 착안한 도입부의 예시다. 실제로 스티브 잡스는 제품 발표회에 오르기 전 수십 번 이상의 리허설을 거치며 손동작, 조명에 비춰지는 자신의 얼굴 각도, 걸음걸이, 음악의 종류와 음악의 크기 그리고 음악이 나와야 하는 타이밍도 직접 챙겼다고 한다. 그가 한 말과, 그가 갖고 있는 권위 그리고 실제 행동이 동반됐기에 이 도입부는 강력한 설득력을 얻는다.

다만, 위에서 사용한 키워드 + 이미지 형식을 활용할 수 있는 업무 분야가 그리 많지는 않은 것이 사실이다. 하지만 일반적인 업무 환경에서도 이와 같은 도입 방법은 광범위하게 사용된다. 특정 기업에게 프로젝트를 제안하기 위해 가장 자주 쓰는 방법이 현재 시장에 대한 분석을 상대 기업 담당자에게 보여주는 것이다. 물론 이런 분석 결과는 믿을 수 있는 조사 기관이나, 해당 산업 분야 권위자의 말을 인용하는 등의 방식을 사용한다.

예를 들어 ○○기업에 원가 절감 프로젝트를 제안하기 위해, 현재 ○○기업의 주력 제품에 필수적인 부품을 생산하는 데 필요한 원자재 가격이 상승하고, 경쟁이 심화되고 있으며, 시장 크기 자체가 줄어들고, 시장 점유율이 감소하고 있다는 등의 문제 제기를 한다. 그 이후 "그러므로 여러분 회사는 이 프로젝트를 반드시 해야만 한다."는 메시지를 전달한다. 이런 문제 제기를 할 때는 공인된 자료를 활용한다. 즉 어떤 주장을 하기 위해 공신력 있는 기관의 조사 결과를 인용하는 것이다. 실제 예시를 보자.

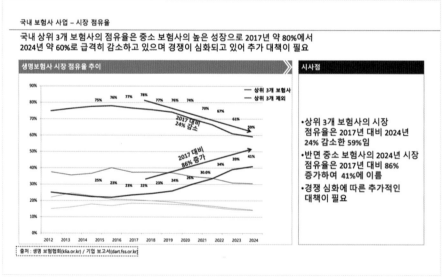

▲ 실제로 컨설팅 수행 슬라이드에서는 이와 같은 도입부를 흔히 사용한다. 현재 프로젝트를 제안하는 고객사의 경영 환경이 변하고 있다는 객관적이고 신뢰할 수 있는 자료를 인용할 경우 권위자의 발언을 싣는 것과 같은 효과를 낸다.

이 예시는 보험사에 컨설팅 프로젝트를 제안하기 위해서 만든 자료다. 대형 보험사의 시장 점유율은 점차 하락하는 반면, 중소형 보험사의 약진으로 중소형 보험사의 시장 점유율은 점차 상승하고 있다는 내용을 담고 있다.

그러나 이 슬라이드는 단순히 추측에 의해 작성된 것이 아니라는 사실을 알 수 있다. 슬라이드 아래쪽을 보면, 그래프를 작성하기 위해 사용한 자료의 출처가 나와 있다. 이런 식으로 그래프 출처를 밝힘으로써 그래프의 객관성과 신뢰도를 확보하고, 고객사의 문제점에 대해 설득력 있는 문제 제기를 할 수 있는 것이다. 이 도입부를 받아본 회사는 어디일까? 당연히 상위 3개 보험사 중 한 곳이었을 것이다. 점유율이 감소하고 경쟁이 심화되고 있음을 권위 있고 객관적인 자료로 뒷받침해 "이대로는 안 된다."는 주장을 할 수 있게 됐다. 이런 근거 없이 무작정 변해야 산다고 말하는 것보다는 훨씬 더 설득력이 있다.

이렇듯 첫인상은 사람뿐만 아니라 프리젠테이션에도 적용된다. 따라서 내가 발표할 주제에 대해 해당 분야의 권위자가 나와 동일한 입장이라는 자료를 찾을 수 있다면, 또는 내가 인용하는 자료가 신뢰할 수 있는 기관의 자료라면 해당 자료를 도입부에 사용하는 것이 좋다. 도입부에서 권위 있는 사람이 제시한 의견을 본 청중은 "발표자가 준비한 내용은 옳다."는 생각을 하게 되고, 그 이후 본론에서 등장하는 다양한 주장에 청중은 큰 무리 없이 수긍할 가능성이 높기 때문이다.

또 다른 예시를 살펴보자. 만일 여러분이 중국이 향후 제1의 IT 대국이 될 때의 다양한 사회 변화와 관련해 프리젠테이션을 준비한다고 가정해보자. 이럴 때 여러분이 가장 먼저 해야 할 일은 중국이 정말 향후 제1의 IT 대국이 되리라는 주장을 뒷받침할 수 있는 자료를 청중에게 제시하는 것이다. 그렇다면 다음의 슬라이드는 어떨까?

▲ 구글 전 CEO 에릭 슈미트의 발언을 활용해 발표자의 주장에 강력한 신뢰를 심을 수 있다. (출처: abcnews.com)

이 슬라이드에는 현재 세계 1위의 검색 기업인 구글^{Google}의 전 회장 에릭 슈미트가 향후 5년 이후를 전망한 발언이 등장한다. 현재 세계에서 가장 저명한 기업의 회장이 자신의 나라가 아닌 다른 나라의 성장성에 주목한 이 발언은 그 이후 중국이 성장세를 지속해 제1의 IT 강대국이 될 것이라는 발표자의 주장에 충분히 힘을 실어줄 수 있는 내용이다.

누군지도 모르는 사람이 같은 발언을 했다면 대부분의 사람이 믿지 않을 가능성이 크다. 하지만 저명한 인사의 발언은 그 자체로도 훌륭한 객관적 근거가 된다. 그 이후 발표자의 주장이 동일 선상에 있다면, 객관적인 지표를 내세우며 발표자의 이야기를 좀 더 쉽게 풀어갈 수 있을 것이다.

다만 공신력 있는 정보기관의 자료를 사용하는 것과 유명인사의 발언을 인용하는 것에는 약간의 차이가 존재한다. 공신력 있는 기관의 자료는 언제나 신뢰도가 높지만, 유명인사가 발언했다고 해서 모두가 '객관적'인 근거가 될 수 있는 것은 아니다.

해당 유명인사가 주장하는 분야와 연관성이 있을 때 비로소 그의 발언에 영향력이 실린다. 유명하고 예쁜 여성이 나와서 화장품 광고를 하며 제품이 좋다고 하는 경우나, 근엄하게 생긴 연기자가 등장해서 금융/보험 상품을 선전하는 모습을 흔히 볼 수 있다. 하지만 그 연예인이 화장품이나 금융/보험 상품에 대해 공부를 한 전문가가 아닌 이상에야 광고는 단지 해당 연예인의 이미지에 브랜드를 결합시킬 뿐, 객관적인 자료가 되지는 못한다.

따라서 프리젠테이션을 할 때는 광고에서 사용하는 방법을 그대로 모방해서는 안 된다. 방금 전에 제시했던 슬라이드에서 똑같은 발언을 한 사람이 구글의 전 회장이 아닌 중국의 주석이라고 가정한다면, 이 주장에 대한 신뢰도는 상당 부분 손상될 수밖에 없다. 중국이 인터넷을 지배하게 될 것이라는 이야기를 그 나라 사람이 한다는 건 예측이 아니라 목표 주장에 가깝다. 또한 중국의 주석은 IT 전문가가 아니기 때문에(또는 아닐 가능성이 매우 높기 때문에), 이런 경우 중국의 주석이 유명인이라 하더라도 신뢰도가 크게 손상될 수밖에 없다.

실제로 유명한 교수가 나와서 특정 자동차를 선전하면서 그 품질을 보증한다거나, 톱 탤런트가 나와서 자신도 사용하는 제품이라고 말하는 것만으로는 그 제품이 좋다는 사실을 객관적으로 보증할 수 없다.

즉 유명인사의 발언을 싣더라도 그 분야와 관련이 있는 권위자의 발언을 찾아야 한다. 수설가나 건설 회사, 유통 회사 사장 등 전자 제품과 관련이 없는 사람이 특정 제품에 대해 좋다고 한다 해서 그것이 객관성이 생기는 것은 아니다. 해당 제품에 대한 객관적 가치를 증명해 주는 게 아니라 '유명한 개인'이 발언한 데서 그치고 마는 것이다. 한 가지 여담이지만, 보험 광고를 하려는 사람들은 보험 판매 자격이 있어야만 광고를 할 수 있다는 법이 존재하기에, 우리가 다양한 미디어에서 만나는 연예인들은 보험 판매 자격을 보유한 이후에 CF 출연이 가능하다. 출연하는 연예인들은 울며 겨자 먹기로 자격을 취득하는 것일 테지만, 적어도 그 CF를 바라보는 사람들에게 공신력을 올려줬다는 사실 역시 부정할 수 없다.

이런 점에 유의해 전문 자료와 전문가의 발언을 인용한다면 여러분의 프리젠테이션은 청중에게 주목을 받은 상태로 좋은 시작을 할 수 있을 것이다.

효과적인 도입부 #2: 명언과 속담의 활용

명언이나 속담 등을 사용하는 방법도 전문가의 의견 인용과 마찬가지로 좋은 효과를 발휘할 수 있다. 그러나 명언을 도입부로 인용하려면 약간의 가공이 필요하다. 즉 명언을 내 프리젠테이션 상황에 맞게 재해석하는 과정을 거쳐야 한다. 명언의 경우 구체적인 상황을 제시해주는 경우는 거의 없기 때문이다.

고사성어나 명언을 적절히 상황에 맞게 언급하고, 그에 해당하는 이미지를 찾는 것으로도 훌륭한 도입부를 만들어낼 수 있다. "소 잃고 외양간 고친다"는 흔한 속담을 활용해 산불 예방, 범죄 예방, 질병 예방 등 "무언가를 예방하는 것이 중요하다."는 도입부를 만들 수 있다. 이 속담은 미리미리 대비해야 한다는 점을 강조하는 보험 영업에서도 흔히 인용된다.

일상생활 속의 사물을 사용하는 것도 한 가지 방법이다. 사물을 이용하는 방법 역시 재해석 과정을 거칠 필요가 있다. 다음 예시를 보자.

◎ 검색 키워드: black swan

▲ 본래 부정적인 이미지를 갖고 있는 검은 백조를 다르게 재해석해 훌륭한 도입부를 만들어낼 수 있다.

검은 백조라는 모순된 말이 있다. 백조는 본디 흰 백(白)자를 써서 '하얀 새'라는 의미인데, 공교롭게도 흑조라는 새는 종종 '검은 백조'로 불린다. '검은 흰 새'라는 모순된 이름으로 불리우는 이유는 다음과 같다.

백조는 '고니'라는 다른 명칭도 있는데 백조를 처음 발견한 유럽인들이 고니는 모두 하얗다고 믿어온 것이 그 발단이다. 하지만 유럽인들의 상식을 완전히 뒤집는 사건이 발생했는데, 바로 1697년 오스트레일리아 대륙에서 흑고니가 발견된 것이다. 이 발견으로 인해 '검은 백조'는 불가능하다고 인식된 상황이 실제 발생해 모든 상식을 뒤집는 상황을 은유하는 존재가 됐다.

이런 흑조의 이미지를 사용해 실제 프리젠테이션 강연을 할 때 도입부로 활용했다. 앞서 언급한 대로 '극단적으로 예외적이어서 발생 가능성이 없어 보이지만, 일단 발생하면 엄청난 충격과 파급 효과를 가져오는 사건을 가리키는 말'로 정의된 블랙 스완에서 부정적인 의미를 빼고 '다르다/특별하다'는 의미를 부여한 다음 실제 강연에서 사용했다. 앞서 본 슬라이드를 띄운 상태로 블랙 스완이 갖는 의미를 설명한 후 다음 슬라이드를 띄웠다.

"이 강연을 통해서 여러분은 다른 사람과 다른, 특별한 프리젠테이션을 할 수 있게 된다."라고 발언하고 강의를 시작했다. 물론 "특별한 프리젠테이션 방법을 알려주겠다."라고 그냥 말로만 할 수도 있었겠지만, 그보다 실제로 독특한 도입부를 청중에게 제시함으로써 "이 강의를 들으면 나도 뛰어난 프리젠테이션을 할 수 있을지 모른다."는 생각을 심어줄 수 있었던 것이다.

이런 관점에서 생각할 때, 책을 많이 읽거나 시사에 관심을 갖는 것도 훌륭한 도입부를 위한 간접적인 연습이 될 수 있다. 다만, 너무 뻔한 이야기나 허구를 이야기하는 것은 오히려 역효과를 낼 수 있음을 기억해야 한다. 앞서 생성형 AI를 활용한 도입부 작성 중에서도 생성형 AI가 할루시네이션 현상을 보일 수 있음을 지적했듯이 웹상에서 떠도는 게시물의 진위 여부를 가린 뒤 발표 자료에 수록하도록 하자. 의도했든 그렇지 않든 시작부터 거짓말을 하는 발표자의 이야기를 진실되게 믿어줄 청중은 없다는 사실을 알아둘 필요가 있다.

효과적인 도입부 #3: 질문을 통한 청중의 집중 유도

청중의 이목을 끌 수 있는 또 다른 방법은 바로 청중에게 질문을 던지는 것이다. 청중에게 질문을 하는 행위는 발표자의 프리젠테이션이 일방적으로 이야기를 해주는 방식이 아니라 상호 작용을 통해 청중에게 "내가 여러분과 함께 프리젠테이션을 이끌어가고 있다."는 사실을 주지시키는 역할을 한다.

따라서 도입부에 주제와 관련된 질문을 청중에게 던짐으로써 청중이 프리젠테이션에 흥미를 느끼고, 초반부터 집중하도록 유도할 수 있다.

프리젠테이션 주제가 사전에 공지되지 않고 프리젠테이션 장소에서 처음으로 공개되는 경우라면 주제를 맞출 수 있도록 질문하는 방법도 좋고, 이미 주제가 공개된 상황에서 프리젠테이션을 진행한다면 주제 세부 내용에 대해 질문을 한다든지, 일반적인 상식을 뒤집는 등의 질문을 사용하면 청중의 주목을 받기가 좀 더 쉬워진다.

위험**하지만** 아름답다
나**쁘**지만 포기할 수 없다
중독 되면 헤어나올 수 없다

▲ 질문을 하기 위해서는 슬라이드를 통해 약간의 단서를 먼저 청중에게 제시하면 좋다.

하이힐의 건강한 착용 법

다음의 예시는 실제로 교내 프리젠테이션 연구회 활동 당시 한 부원이 실제로 도입부에 사용한 것을 각색한 내용이다. 만약 여러분이 이 슬라이드를 봤다면 무슨 생각을 할까? 그 대상이 무엇인지 앞에 서 있는 발표자가 묻는다면 한 번쯤 더 눈길을 주며 '저게 뭐지?'라는 생각을 당연히 했을 것이다. 발표자는 실제로 몇 명의 사람들에게 생각을 물어보며 주위를 환기시켰고, 이 슬라이드 다음에 이어지는 슬라이드를 보여줬다.

🔍 검색 키워드: highheel

◀ '하이힐의 건강한 착용 법'이라는 주제로 프리젠테이션을 하기 위한 도입부 예시

처음에는 저 문장이 무얼 말하는 것일까 골똘히 생각하거나, 나름대로의 추측을 하던 청중은 다음 슬라이드를 보고 나서 "아!"라는 말을 자연스럽게 외쳤다. 하이힐을 신은 모습의 사진이 뒤 이어 나타나자 "그렇네. 하이힐이구나."라고 말하는 소리가 여기저기서 들렸다. 특히 여성 청중은 동의를 하는 듯한 탄성을 내었고, 해당 슬라이드에 이어 원래 발표 주제였던 '하이힐의 건강한 착용 법'이 등장했다. 이런 도입부를 사용했던 발표자가 높은 점수를 얻었다는 사실은 굳이 설명하지 않아도 지금 책을 읽으시는 모두가 짐작할 수 있으리라 생각한다.

앞서 자세히 설명했듯이 이 도입부에서는 일단 슬라이드에 글만을 적은 상태로 청중에게 질문을 먼저 던져 흥미를 유발하고, 이미지를 통해 주제를 어느 정도 노출한 다음, 문자를 통해 최종적으로 프리젠테이션 주제를 명확히 보여줬다.

다만 앞선 예시에서 조금은 아쉬웠던 점이 존재하는 것도 사실이다. 바로 그 자리에서 앞에 나온 힌트만 보고 저 문구가 지칭하는 내용이 무엇인가를 맞추기가 결코 쉬운 일이 아니기 때문이다. '하이힐'을 보여준 다음 처음 힌트를 보면 이해가 되지만, 저 문구만 보고 '하이힐'이라고 바로 맞출 수 있는 청중은 극히 드물다. 즉 질문하는 방식으로 도입부를 시작할 때는, 대부분의 청중이 그 힌트가 점차 주어질수록 거의 모든 사람이 알아챌 수 있게끔 전개하는 방식이 좋다. 어떻게 생각하면 청중에게 도입부로 질문을 한다는 것은, 대부분의 사람들이 "아! 맞아 그거야"라고 짐작할 수 있는 퀴즈를 내는 과정이라고 생각하는 편이 좋다. 다음의 예시를 살펴보자. 이 슬라이드를 제시한 다음 어떤 나라인지 맞춰보라고 한다면 어떨까? 물론 맞추는 사람도 있겠지만, 그렇지 못하는 사람들이 더 많을 것이다.

◎ 검색 키워드: Coffee bean

▲ 이 슬라이드를 보는 것만으로는 청중 대다수가 발표자의 프리젠테이션 주제를 눈치채기 어렵다.

이 상태에서 발표하려는 주제가 직접 연결되는 것이 아닌 이상 다른 힌트를 청중에게 제시하는 것이 좋다. 다음 힌트는 그 다음 슬라이드에서 제공된다.

▲ 두 가지의 연이은 힌트에 정답에 근접하는 청중의 수가 늘어나게 된다.

이 슬라이드를 보고 나면, 앞서 세계 최대의 원두 생산국인 동시에 역대 월드컵을 최다 우승한 국가로 좁혀지면서 많은 사람이 처음에 잘못 짐작했던 국가는 머릿속으로 사라지게 될 것이다. 흔히 원두하면 떠오르는 나라는 콜롬비아, 과테말라, 에티오피아, 케냐 같은 나라인데, 월드컵을 출전해서 그것도 최다 우승을 했다고 생각하는 사람들은 극히 드물기 때문이다. 그러나 아직도 이 힌트만으로는 부족한 청중이 존재할 수 있다. 따라서 다음 슬라이드로 발표장에 참석한 거의 모든 사람이 정답을 맞출 수 있게 힌트를 준다.

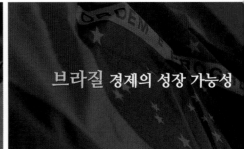

◎ 검색 키워드: 삼바/브라질

▲ 이 사진과 '삼바의 나라'라는 설명을 보면 이제는 거의 모든 청중이 한 나라를 생각하게 될 것이다. 그 슬라이드에 이어 발표자의 발표 주제가 청중 앞에 직접 소개된다.

'삼바의 나라'라는 글이 적힌 슬라이드를 청중이 보게 된다면 이제 거의 모든 청중은 오늘 발표자가 어떤 주제를 이야기할지 확신할 수 있다. 청중의 머릿속에 '브라질'이 라는 나라가 머리에 떠오를 때 발표자는 능숙하게 다음 슬라이드를 보여준다. 점차 쉬운 난이도의 힌트를 청중에게 전달해 브라질이라는 나라를 청중이 자연스레 떠올 릴 수 있게 했고, 이와 연관된 '브라질 경제의 발전 전망'이라는 주제를 이끌어냈다.

도입부에서 청중에게 질문을 하는 것은 청중을 긴장시킨다는 의미기도 하다. 아마 이 책을 읽고 계신 여러분도 발표자가 갑자기 청중을 향해 질문을 던진다면 눈을 피하 는 동시에 정답이 무엇일지 골똘히 생각하는 자신을 발견한 경험을 한 번씩은 해 봤 을 것이다. 이처럼 일대 다수로 커뮤니케이션이 이뤄지는 일반적인 발표장에서 발표 자가 청중에게 질문을 하는 순간, 청중 개개인은 이 상황을 일대일의 커뮤니케이션을 하는 순간으로 인식하게 된다. 이에 덧붙여 혹시나 발표자가 나를 지목해 질문이라 도 하면, 발표장에 있는 모든 눈과 귀는 내게 집중될 것이다. 이 상황에서조차 천연덕 스럽게 딴 짓을 하거나 협조하지 않을 사람은 극히 드물다. 즉 질문은 청중을 임시적 으로 강제 집중시키는 힘을 가지며, 프리젠테이션이 시작되는 도입부에 사용하면 청중 전체가 프리젠테이션에 집중한 상태로 시작할 수 있는 강력한 무기로 작용하는 셈이다.

마지막으로 질문 자체도 좋은 방법이지만 청중에게 질문을 던질 때 경품을 준비하면 더 높은 효과를 낼 수 있다. 아무리 작은 물건이라 하더라도 청중에게 좀 더 높은 기대치를 심어줄 수 있기 때문이다. 설령 경품이 대단한 가치를 지니지 않아도 상관없다. "이 문제를 맞추시는 분께 제가 작은 선물을 준비했습니다."라고 이야기하는 것만으로도 청중은 조금 더 발표자인 여러분의 질문에 귀 기울여 듣게 될 것이다. 하지만 전달하려는 경품이 정말로 너무 약소한 수준이라면 굳이 어떤 경품을 준비했는지에 대해서는 전달 전까지 알려주지 않는 것도 또 다른 팁이 될 수 있다.

◎ 검색 키워드: Present

효과적인 도입부 #4: 프리젠테이션 핵심 요약문

지금까지 효과적인 도입부 활용 방법을 살펴보면서 아마도 직장인들은 약간 고개를 갸우뚱하고 있을지도 모르겠다. 프리젠테이션이라는 것이 반드시 제품 발표회나 어마어마한 행사에서 진행되는 경우만을 이야기하는 것은 아니기 때문이다. 오히려 직장인들이 자주 접하는 '프리젠테이션'은 팀원들끼리의 회의 때 쓰이거나, 상사에게 보고하는 자리 등에서 더 자주 사용될 것이다. 그럴 때마다 상사에게 퀴즈를 내고 있을 수는 없는 노릇 아닌가? 그러나 직장인들의 일반적인 프리젠테이션에서도 사용할 수 있는 방법이 있다. 바로 핵심 요약문^{executive summary}이라는 방법으로, 영어로 더 자주 사용되는 이 용어는 전체 프리젠테이션의 최종 요약을 오히려 앞부분에 배치함으로써 청중의 집중도가 가장 높을 시기에 주요한 메시지를 전달할 수 있는 강력한 방법이다.

흔히 회사생활을 하면서 "결론부터 말하라."는 상사의 주문을 받는 경우가 종종 있을 것이다. 이를 '탑 다운 커뮤니케이션^{top down communication}'이라고 이야기를 하는데, 이 방법을 프리젠테이션에 적용시키는 방법이다. 즉 앞으로 진행될 이야기 중 핵심 내용만 뽑아서 한 페이지의 슬라이드로 보여주는 형식을 활용하면 된다.

보통의 핵심 요약문은 한두 문장 정도를 한 개의 불릿 포인트^{bullet point}로 3~5개 정도를 적어주는 방식으로 작성한다. 여기서 주의할 점은 여러분의 발표 길이가 얼마가 됐든 핵심 요약문은 반드시 한 장에 담아야 한다는 것이다. 내용이 많으면 글씨 크기를 줄이라는 이야기가 아니다. 최대한 간결하고 축약해 핵심 메시지만 전달해야 한다. 다음의 예시를 보면 어느 정도 감을 잡을 수 있을 것이다.

핵심 요약 (Executive summary)

- 국내 자동차 시장은 그 성장율이 **2%** 미만으로 유지됨으로써 시장 성장성이 둔화되어 있는 상태이며, 소비자들의 수입차 브랜드 선호로 인한 수입차의 약진으로 그 점유율이 **5년 전 대비 8%** 증가하였음

- 반면, 해외 시장의 경우 국산차의 판매량은 매년 **2%** 수준으로 소폭 증가하고 있으나, 자동차 **1대** 판매당, 수출용 자동차의 이익률은 내수용 자동차의 이익률 대비 **70%** 수준으로 이익률 개선에 미치는 영향력은 내수용 자동차 대비 미미한 수준임

- OO사는 지속적으로 원가 절감 활동을 진행해 왔으나 원가 절감 액수는 연간 **XX억** 원으로 전체 생산 금액의 **0.1%** 수준에 그치고 있음

- 따라서 지속적인 수익성 개선을 위해 국내 자동차 시장의 점유율 방어와 동시에, 글로벌 전체에서 생산되는 모든 차종의 원가 절감 활동이 병행되어야 함

▲ 핵심 요약문은 이와 같은 형식으로 작성하는데 한두 개 문장을 1개의 불릿 포인트로 작성하고, 그런 불릿 포인트를 3~5개 정도 작성하는 방법이 일반적인 형식이다.

앞에 나온 예시처럼 이번 프리젠테이션에서 이야기하려는 내용 전체를 포괄하는 식으로 내용 정리를 하면 된다. 이 한 페이지를 보면 이번 프리젠테이션에서 이야기하려는 주요 내용이 모두 들어가 있다고 생각하면 된다.

그러나 문제는 여기에서 시작된다. '도대체 무슨 내용을 어떻게 줄여서' 써야 제대로 된 핵심 요약문이 된다는 것일까? 생각보다 내가 하려는 프리젠테이션 전체를 한 페이지로 요약하기란 만만치 않은 일이다. 아직 핵심 요약 페이지를 작성하는 것이 익숙하지 않은 사람이라면 다음의 방법을 이용해보자. 단 이는 프리젠테이션 기획이 모두 끝난 뒤에도 가능하니 기획이 끝난 뒤에 최종적으로 핵심 요약을 작성하거나 슬라이드 디자인이 끝난 후 핵심 요약을 작성해 가장 앞에 배치하면 된다.

핵심 요약 작성법

1. 보고서(컨설팅) 형식으로 작성된 모든 슬라이드에서 헤드 메시지를 모두 복사해서 한 페이지에 옮긴다.

2. 한 페이지로 옮긴 헤드 메시지를 조합하거나 필요 없는 부분은 제거하는 방식으로 줄여나간다.

3. 4~5개의 불릿 포인트가 남으면 처음부터 다시 읽어보며 프리젠테이션 전체를 포괄하는 내용인지 검토하고, 최종적으로 수정해 완성한다.

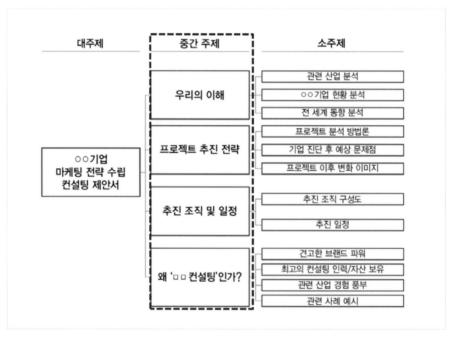

▲ 핵심 요약이 모든 내용을 포괄하는지에 대해서는 최초로 작성한 트리 형태 스토리라인을 참고하면 된다.

이 부분에서 처음 핵심 요약을 작성해보는 사람들이 가장 어려워할 만한 부분은 바로 '줄였는데 모든 내용을 포괄했는가'다. 이를 아주 간단하게 점검할 수 있는 방법이 있다. 바로 스토리라인을 슬라이드 단위로 작성하기 전, 트리 구조로 작성한 내용을 다시 가져오자. 트리 구조로 작성한 스토리라인은 대주제, 중간 주제, 소주제로 나뉘어 있을 것이다. 우리가 이 부분 중에서 주목해야 하는 것은 바로 '중간 주제' 부분이다. 소주제에서는 생략할 수 있는 내용이 포함될 수 있지만, 내가 줄인 내용이 중간 주제를 빠짐없이 설명하는지를 점검해야 한다. 만약 핵심 요약문에 중간 주제가 하나라도 빠져 있거나, 핵심 요약문만으로는 중간 주제에 대해 모두 설명하고 있지 않다면 해당 부분을 반드시 추가해서 보완해야 한다. 앞선 예시를 다시 가져와서 비교해보자.

핵심 요약 (Executive summary)

- 국내 자동차 시장은 그 성장율이 2% 미만으로 유지됨으로써 시장 성장성이 둔화되어 있는 상태이며, 소비자들의 수입차 브랜드 선호로 인한 수입차의 약진으로 그 점유율이 5년 전 대비 8% 증가하였음

- 반면, 해외 시장의 경우 국산차의 판매량은 매년 2% 수준으로 소폭 증가하고 있으나, 자동차 1대 판매당, 수출용 자동차의 이익률은 내수용 자동차의 이익률 대비 70% 수준으로 이익률 개선에 미치는 영향력은 내수용 자동차 대비 미미한 수준임

- OO사는 지속적으로 원가 절감 활동을 진행해 왔으나 원가 절감 액수는 연간 XX억 원으로 전체 생산 금액의 0.1% 수준에 그치고 있음

- 따라서 지속적인 수익성 개선을 위해 국내 자동차 시장의 점유율 방어와 동시에, 글로벌 전체에서 생산되는 모든 차종의 원가 절감 활동이 병행되어야 함

▲ 핵심 요약문에는 모든 중간 주제에 대한 설명이 담겨야 한다. 따라서 핵심 요약문이 적절하게 쓰였다면, 핵심 요약문에서 모든 중간 주제를 역으로 유추할 수도 있다.

아마 어느 정도 경력이 있는 회사원이라면, 이 핵심 요약을 봤을 때, "이 보고는 초반에 이슈를 분석하는 첫 단계구나"라는 사실을 짐작할 수 있다. 그렇다면 이 핵심 요약문을 보고 중간 주제가 어떤 것인지 유추해낼 수 있을까? 곧바로 책을 다음 페이지로 넘기기 전에 총 4개의 중간 주제를 짐작해보고 넘어가자. 메모지에 적어놓은 다음 페이지를 보며 정답과 비교하면 더 좋다.

앞선 핵심 요약 페이지로 유추할 수 있는 이 프리젠테이션의 중간 주제는 다음과 같다.

1. 국내 자동차 시장 분석
2. 해외 자동차 시장 분석
3. 비용 절감 현황
4. 수익성 개선을 위한 향후 전략

여러분이 유추한 중간 주제와 정답으로 제시된 중간 주제가 비슷한가? 이는 여러 번의 연습을 거치면 충분히 나아질 수 있는 능력이니 앞으로 지속적으로 훈련하면 된다.

그렇다면 이번에는 핵심 요약 페이지의 각 불릿 포인트 속에 숨어있는 '소주제'를 찾아보자. 어떤 헤드 메시지가 첫 중간 주제 안에 숨어 있을까? 바로 '국내 자동차 시장 성장률'과 '소비자의 취향 변화'가 내용으로 구성되는 슬라이드가 존재할 것이다. 각 다른 불릿 포인트에는 어떤 소주제가 들어있는지에 대해서 생각해보자.

1번 불릿 포인트: 국내 자동차 시장 성장률, 소비자의 취향 변화

2번 불릿 포인트: 해외시장 국산 자동차 판매 증가율, 판매 지역별 ○○사의 수익률

3번 불릿 포인트: ○○사의 원가 절감 활동 현황

4번 불릿 포인트: 점유율 방어 전략, 원가 절감 활동 전략

이 정도의 소주제가 중간 주제별로 들어가 있었으리라 미뤄 짐작할 수 있다. 다만 이곳에 나온 문장이 모든 소주제를 포함한다고 볼 수는 없다. 앞서 언급했듯이 핵심 요약 페이지에 모든 소주제의 헤드 메시지가 담길 필요는 없다(모두 담기에도 분량이 부족하다). 하지만 핵심 요약 페이지에 나오는 소주제는 해당 중간 주제 중에서 가장 핵심적인 내용만을 담고 있는 소주제, 또는 페이지가 된다는 사실을 알아두면 좋다. 이것을 명확하게 기억하는 것만으로도 향후 실제 발표를 진행할 때 강조해야 하는 페이지가 어떤 페이지인지 스스로 기억할 수 있기 때문이다.

물론 핵심 요약을 이 방법으로 적는 것이 반드시 최고의 방법이라고 말할 수는 없다. 그러나 여러분이 핵심 요약을 적는 것이 처음이거나 아직 익숙하지 않은 사람이라면, 모든 헤드 메시지를 가져온 다음, 조합하고 지워 나가는 방법을 통해 연습을 거듭하며 점차 완벽한 핵심 요약을 적을 수 있게 될 것이다.

여러분이 기존에 작성했던 프리젠테이션 슬라이드가 있다면 지금 슬라이드를 열고 한 장짜리 핵심 요약문을 작성해보자. 핵심 요약은 많이 연습해볼수록 그 실력이 늘어난다는 점을 꼭 명심하길 바란다.

검색 키워드: 연필(Pencil)

효과적인 도입부: 도입 방법의 조합

앞서 총 4가지의 도입 방법에 대해 소개했다. 이미 눈치가 빠르신 분들은 알고 계실 테지만, 앞서 이야기한 도입 방법을 섞어서 사용하면 더 강력하게 도입부를 시작할 수 있다. 전문가의 의견과 퀴즈를 섞는다든가 고사성어, 속담 등을 인용하고 그것을 퀴즈로 내는 식이 될 것이다.

방법은 아주 간단하다. 이미 앞서 본 슬라이드를 예시로 들어보자. 일단 스티브 잡스의 얼굴이 나오지 않은 상태에서 글만 보여주고, "여러분은 다음의 말을 믿으실 수 있을까요?"라고 가볍게 질문을 던져 주위를 환기한 뒤, 스티브 잡스의 모습을 띄워 이 사실이 '권위자의 발언'에서 나왔다는 점을 청중에게 상기시킬 수 있다. 그 다음은 여러분이 원래 말하려던 주제로 자연스럽게 연결하면 된다. 이러한 도입부를 사용한다면 그 이후에 이어질 이야기는 "많은 분이 자연스럽게 하고 있는 프리젠테이션에서 연습의 중요성을 간과하시는 분이 많습니다."라는 것이 될 수도 있고 "하지만 단순히 열심히 연습하는 것만이 능사는 아닐 것입니다. 오늘은 더욱 특별한 발표를 위한 팁을 말씀드리도록 하겠습니다."가 될 수도 있다.

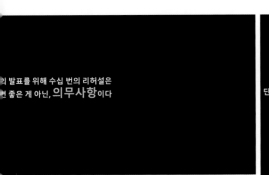

▲ 권위자의 말을 바로 인용하기 전에 가벼운 질문을 던져 주위를 환기시키는 효과를 가져왔다.

나의 경우는 프리젠테이션 강의를 진행할 때 도입부에서 다음과 같은 슬라이드를 즐겨 사용한다. 일단 다음의 그림을 화면에 띄운 후, 떠오르는 한 가지 단어를 이야기해 달라고 퀴즈를 낸다. 거의 모든 강의장에서는 무난하게 원래 필자가 의도했던 대로의 정답인 '디저트'가 나오게 된다.

실제로 디저트는 프랑스어로 식사를 '마무리'한다는 의미가 있다. 즉 초반에는 사진을 보여주며 청중의 궁금증을 유발하고, 이후에 디저트라는 단어를 청중에게 설명하며 자연스럽게 **"여러분의 발표는 대부분 여러분의 결과물을 타인에게 평가 받는 마지막 마무리 단계다. 지금부터 여러분의 마무리를 돋보이게 할 수 있는 방법들을 함께 이야기해 보겠다."** 고 도입부를 시작하며 강의를 시작했다. 이 역시 퀴즈와 기존에 있는 단어의 뜻을 목적에 맞게 변형해 적용하는 형태로 사용한 것이다.

◎ 검색 키워드: 디저트

▲ 사진을 이용해 청중에게 퀴즈를 내고 '디저트'라는 말을 끌어낸 다음 원래 주제와 연결하는 도입부를 통해 개성 있으면서도 몰입감 있는 도입부를 완성했다.

앞서서 함께 알아본 다양한 방법을 적절하게 조합해 사용한다면 모두가 밋밋하게 시작하는 발표에서 당신의 도입부는 상당히 차별화된 모습으로 청중에게 다가설 수 있을 것이다.

마무리 작성법

"끝이 좋으면 모든 게 좋다."라는 말이 있듯이 마무리를 잘하는 것 역시 매우 중요하다. 이 책의 첫머리에 언급했듯이 프리젠테이션 자체는 지금껏 여러분이 고생하며 준비해온 최종 산출물을 발표하는 자리다. 즉 최종적으로 일을 마무리하는 자리이기 때문에 프리젠테이션을 올바르게 끝맺음하는 것은 모든 일의 매듭을 훌륭하게 짓는 가장 중요한 일이라고 해도 과언이 아니다.

TV 토론에서 토론 참여자가 마지막 결론을 이야기하지도 못한 채 시간이 초과돼 마이크가 꺼져버린 참여자를 본 경험이 있을 것이다. 그가 어떤 주장을 했는지 결론을 제대로 듣지 못하면 최종적인 결론이 무엇인지 알 길이 없다. 마찬가지로 시간에 쫓겨서 제대로 된 마무리를 하지 못한 채 마치는 발표만큼 기억에 남지 않는 발표도 없다. 이것이 우리가 주어진 발표 시간을 지키기 위해 부단히 연습해야 하는 이유이기도 하다. 효과적이고 인상적인 마무리를 하려면 어떤 방법을 선택해야 하는지 알아보자.

단발성 프리젠테이션과 시리즈형 프리젠테이션의 마무리 작성

프리젠테이션은 연속성을 기준으로 했을 때, 단발성 프리젠테이션과 시리즈형 프리젠테이션으로 나눌 수 있다. 단발성 프리젠테이션은 한 번의 프리젠테이션으로 모든 절차가 마무리되는 것이며 시리즈형은 프리젠테이션을 시간별로 구분해 도중에 쉬는 시간을 갖고, 다시 프리젠테이션을 실시하거나 일자를 다르게 해 진행하는 형식을 말한다. 이 두 가지 종류의 프리젠테이션 마무리에서 공통적으로 해야 하는 일과 차별화해야 하는 부분이 존재한다.

공통 적용: 프리젠테이션의 주요 내용 요약

단발성이든 시리즈형 프리젠테이션이든 마무리 부분에 공통적으로 반드시 해야 하는 일이 있다. 바로 앞서 실시한 '프리젠테이션 전체 내용에 대한 정리'다.

여러분의 프리젠테이션이 진행되는 모든 순간 동안에 모든 청중이 100% 여러분의 이야기에 귀 기울이고 있었다고 누구도 장담할 수 없을 것이다. 정확히 말하면 100% 집중하고 있었을 확률은 거의 0%에 가깝다. 게다가 청중이 집중하지 못한 부분이 여러분의 프리젠테이션에서 가장 핵심 부분이었다면 어떨까? 성공한 프리젠테이션과는 거리가 멀어지게 될 것이다.

따라서 여러분이 진행한 프리젠테이션의 본론 부분에서 정말 강조하고 싶었던 부분에 대해서 청중이 중요한 이야기를 듣지 못했을 가능성을 배제해서는 안 된다(실제로 수억, 많게는 수백억 원의 비용 집행 여부를 결정하는 중요한 '제안 발표'에서도 졸고 있는 청중을 어렵지 않게 발견할 수 있다는 사실은 이를 강력히 뒷받침한다).

설령 청중이 100% 여러분의 프리젠테이션에 집중했다 하더라도 프리젠테이션 시간 동안 여러분이 쏟아낸 수많은 이야기를 모두 이해했을 가능성도 극히 낮다. 여러분은 해당 프리젠테이션을 준비하면서 수십 번 보고, 또 연습한 내용이라 이미 해당 내용을 완전히 익히고 있지만, 청중은 그 이야기를 발표장에 앉은 이후 처음으로 보는 내용이라는 사실을 잊어서는 안 된다.

따라서 결론 부분에는 "청중이 프리젠테이션 중에서 단 한 가지만 기억한다 하더라도 이것만은 반드시 기억해야 한다."고 생각하는 항목을 반드시 다시 정리해 주자. 프리젠테이션의 결론 부분은 바로 학습서에 주로 나오는 요약 정리 같은 역할을 하게끔 만드는 것이다.

그렇다면 어떤 내용을 요약해서 다시 말해주는 것이 좋을까? 이는 생각보다 간단하게 해결 가능하다. 바로 여러분이 프리젠테이션의 가장 앞 부분에서 작성한 목차 부분에 대한 정리를 하면 된다. 대단원과 소단원별로 반드시 뒤에서 이야기해야 할 부분에 대해 재정의를 하고, 그 부분 중에서 마지막으로 다시 보여주는 것이 좋겠다는 부분을 결정하면 된다. 정리하는 방법은 앞서 설명한 '핵심 요약'과 같은 방식으로 정리한다. 다만 핵심 요약 페이지를 앞서 사용했다면 중복된 내용을 설명하기 때문에, 시작 전에 핵심 요약 페이지를 사용해 도입부에서 이미 내용 정리를 했다면 따로 슬라이드를 만들기보다는 구두로 간단하게 주요 포인트를 짚어 주는 정도로 넘어가면 좋겠다.

이제는 단발성 프리젠테이션과 시리즈형 프리젠테이션별로 각각 추가적으로 작성하는 마무리 방법에 대해서 알아보자.

단발성 프리젠테이션

먼저 단발성 프리젠테이션의 경우는 프리젠테이션의 주제와 관련된 인상적인 메시지를 남기는 식으로 정리하면 좋다. 이 방법은 앞서 도입부에 적용한 방법과 같다. 앞서 나온 구글 전 CEO의 의견을 제시한 다음 "그러므로 본문에서 제시한 바와 같이 중국 시장 진출에 박차를 가해야 한다."는 식의 메시지를 남긴다거나, 앞서 나온 흑조를 결론 부분에 제시하면서 "지금까지 들었던 내용을 활용하고 연습한다면 여러분은 남들과 다른 특별한 사람이 될 것이다."라고 이야기를 끝맺음하는 것이다.

강렬한 이미지를 삽입함으로써 주제를 함축적으로 제시할 수도 있다. 일반적으로 마지막 슬라이드에는 '감사합니다', 'Q&A' 등의 문구가 들어가는데, 이것을 이용하는 것이다. 그냥 빈 슬라이드에 문구만을 적어두기보다 주제와 관련된 이미지를 효과적으로 삽입하면 청중의 무의식을 자극할 수 있다. 이런 방법을 통해 남들이 의미 없는 슬라이드로 버리는 마지막 슬라이드에서까지 자신의 주장을 효과적으로 청중에게 각인시킬 수 있다.

대부분의 단발성 프리젠테이션의 경우 끝난 뒤에 질의 응답 시간을 갖는 것이 보통이다. 아주 간단한 이미지 삽입만으로도 단순히 'Q&A/질의 응답/Any questions?' 등의 문구만을 사용하는 방법보다는 더 나은 효과를 얻을 수 있다. 비슷한 종류의 예시를 두 가지 살펴보자.

검색 키워드: 상승(Increase)

▲ 마지막 페이지에는 주제와 관련된 이미지를 삽입해 신뢰감을 높일 수 있다.

ny Question?

Any Question?

▲ 양쪽 슬라이드에는 모두 질문을 받는 'Any Question?'이라는 문장이 삽입돼 있다. 그러나 오른쪽 슬라이드에서는 성과가 좋아지는 듯한 그림을 삽입함으로써, 우리의 아이디어를 사용할 경우 성과가 좋아진다는 사실을 청중에게 암묵적으로 각인시키고 있다.

시리즈형 프리젠테이션

최종 보고 시 주요 내용 소개

- **국내 자동차 시장 성장율** 및 소비자 수입차 **브랜드 선호도 변화** 관련 조사 결과
- 해외 시장 내, **국산차 판매량 추이**
- 국내외 자동차 판매 대수당, 각 **이익률 차이 분석**
- **OO사의 원가 절감 활동 현황** 및 향후 OO사의 **수익성 보전을 위한 전략 제시**

▲ 시리즈형 프리젠테이션에서는 차후 보고에 등장할 내용을 미리 간략하게 정리해 둔 슬라이드를 프리젠테이션의 마무리 부분에 삽입해 청중이 이어질 프리젠테이션 내용을 알 수 있게 하면 좋다.

시리즈형 프리젠테이션의 경우는 그 다음 프리젠테이션의 내용 일부를 골라 말해주는 방법을 택하면 된다. 드라마가 끝나면서 다음 회에 어떤 내용이 미리 나올지 알려줄 때는 시청자가 가장 궁금해할 만한 내용을 발췌해 알려준다. 이런 방식을 마무리 부분에 사용하는데, 이를 통해서 청중이 뒤에 따를 프리젠테이션에도 좀 더 관심을 갖고, 청중의 이탈을 방지할 수 있다는 장점이 있다. 작성하는 방법을 조금 더 자세히 설명해본다면 앞서 언급한 핵심 요약 페이지에서 결론 부분을 없애는 방식을 쓴다고 생각하면 쉽다. 사실 차후에 준비하는 프리젠테이션 자료가 벌써 준비돼 있을 가능성도 매우 적기 때문에 어차피 발표자도 결론을 알 수 없는 경우가 많다. 앞서 제시된 핵심 요약 부문과 관련해 다음과 같은 방식으로 작성한다면 청중이 다음 프리젠테이션에서는 어떤 내용이 나오게 될지에 대해서 감을 잡을 수 있을 것이다.

타임라인 페이지의 활용

방금 전에 이야기한 다음 보고에 대한 주요 내용을 소개하는 방법 말고도, 이전에 했던 보고와 이번에 한 보고, 그리고 향후 보고할 내용을 모두 담아내는 방법도 존재한다. 바로 타임라인 페이지를 만드는 방법이다.

보고 형태로 디자인되는 슬라이드, 특히 어떤 프로젝트를 진행하면서 정형화된 보고를 진행하는 경우가 일반적으로 우리가 가장 자주 접하게 되는 형태의 '시리즈형 프리젠테이션'일 것이다. 보통 이런 시리즈형 프리젠테이션은 적게는 2회, 많게는 5~6회의 보고가 이뤄지는데, 이미 프로젝트나 일이 시작될 당시 대략적인 일의 시간별 진행에 대해서 계획이 나와 있으므로 이 페이지를 사용하면 과거에 어떤 일을 해왔고, 업무가 어느 단계까지 진행됐는지, 그리고 앞으로는 어떤 일이 더 남아있는지를 한눈에 파악할 수 있어 업무 담당자들이 많이 선호하는 형태다.

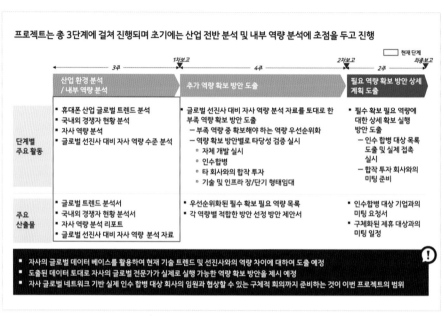

▲ 흔히 보고의 횟수나 일의 기한이 정해진 시리즈 프리젠테이션의 경우, 타임라인 페이지를 활용하면 전반적인 그림을 청중에게 설명하기도 쉽고 듣는 사람 역시 쉽게 이해할 수 있는 장점이 있다.

예시로 나온 슬라이드에는 프로젝트를 진행하면서 어떤 일이 일어날지에 대해 대략적으로 소개가 돼 있다. 그 일의 결과물은 어떤 것이며, 시간은 어느 정도 소요가 될지까지 한 페이지로 파악할 수 있게 구성돼 있다. 현재 단계가 어디인지는 슬라이드에서 확인할 수 있듯이 점선을 통한 박스를 씌우면 간단히 확인 가능하다.

우리가 어떤 형태의 프리젠테이션을 준비하든 1+N+1 법칙은 적용될 수 있다. 시작점이 다를 때 비로소 특별한 프리젠테이션이 시작될 수 있음을 명심하자.

1. 프리젠테이션 기획을 제대로 하지 않을 경우 지금껏 노력한 결과물이 모두 망가질 위험이 있다. 프리젠테이션에서 기획은 그 어떤 활동보다도 중요하다.

2. 프리젠테이션은 처음부터 끝까지 물 흐르듯 이어지는 **스토리텔링** 방식으로 전개돼야 한다.

3. 스토리텔링을 하기 위한 기록물을 **스토리라인**이라고 한다. 스토리라인의 작성은 프리젠테이션 기획의 첫걸음이며 반드시 거쳐야 하는 과정이다.

4. 스토리라인은 두 단계에 걸쳐 작성한다. 첫 번째 단계는 주제의 크기별로 트리 구조를 만들어가는 것이며 두 번째 단계는 소주제 하위를 슬라이드 단위로 작성하는 것이다.

5. 슬라이드 단위의 스토리라인 작성 시에는 키워드, 헤드 메시지, 도형/그림, 전문 자료의 내용과 위치가 포함돼야 한다.

6. 스토리라인의 생명은 **신속함**이다. 따라서 컴퓨터를 사용한 스토리라인 작성보다는 손과 펜을 이용한 스토리라인 작성이 신속함의 측면에서 좀 더 좋은 방법이다.

7. 스토리라인을 작성하는 공간은 **수첩, 보드, 태블릿 PC, PC, 접착 메모지**가 있다. 접착 메모지를 이용한 스토리라인 작성은 수첩의 장점인 휴대의 용이성, 보드의 장점인 이야기 흐름 파악이 가능할 뿐만 아니라 **이야기 볼륨도 파악 가능**하다.

8. 수첩이나 접착 메모지를 사용할 때는 **격자 무늬가 있는 것을 사용**하자. 훨씬 더 정돈된 형태로 기획을 할 수 있고, 팀원들이 알아보기도 좋아져 **생산성이 향상되는 효과**가 있다.

9. 이야기의 **볼륨이 커졌다 줄어드는 바로 앞/뒤 슬라이드에 주목**하라. 그 슬라이드가 발표 시에 여러분이 강조해야 하는 슬라이드다.

10. 익숙해진 사람이라면 컴퓨터 프로그램을 활용해서 스토리라인을 작성할 수도 있다. **자료 조사는 스프레드 시트**를, **스토리라인 트리 구조는 워드**를, **슬라이드 스토리라인은 프레젠테이션 툴**을 활용하되 **본인이 아날로그 형태의 스토리라인 작성에 충분히 익숙한 사람만 시도**하도록 하자.

11. 생성형 AI를 통해 초기 스토리라인 작성을 하는 데 도움을 받을 수 있다. 하지만 여전히 한계가 있음을 자각하고 활용해야 한다.

12. 본문의 스토리라인 작성과 도입부/마무리 부분의 스토리라인 작성은 차별화해야 한다.

13. 도입부에서는 유명인사의 격언, 퀴즈 등을 통해 청중의 관심을 끈다. 업무상 하는 프리젠테이션이라면 **핵심 요약**을 활용해 앞부분에 발표 내용을 미리 정리해주고 발표를 시작하면 청중의 이해도가 높아진다.

14. 마무리 부분에서는 **지금까지 발표한 내용을 정리**해주되, 일회성 프리젠테이션에서는 **인상적인 메시지**를, 시리즈형 프리젠테이션에서는 **다음 프리젠테이션에 대한 예고**를 함으로써 청중의 주목도를 높인다.

15. **타임라인 페이지를 활용**하면 현재 진행 중인 프로젝트의 진척 상황, 개략적인 활동과 어떤 산출물이 결과로 도출될지 한눈에 볼 수 있어 업무에 많이 활용된다.

02

주제/인원별 슬라이드 기획

내가 프리젠테이션에 대해 최초로 신선한 충격을 받았던 책은 교내 프리젠테이션 연구회 **CISL** 활동 당시에 프리젠테이션 방법론을 참고하기 위해 읽었던 『프리젠테이션 젠^{Presentation Zen}』(가르 레이놀즈 지음, 에이콘출판사, 2008년)이다. 간결하고 신선한 방식의 프리젠테이션 슬라이드 디자인 방법은 나와 내 주변 사람들을 사로잡기에 충분했고, 나는 젠(일본의 선禪 사상) 방식의 프리젠테이션이 가장 우월한 단계의 프리젠테이션이라고 생각하게 됐다.

하지만 학교 전공 발표나 벤처 기업 활동 당시에 기업/정부 실무진과의 견해 차이로 자주 마찰을 빚었다. 그들의 입장은 일관적이었다. "이런 자료로는 절대로 발표할 수 없다."는 입장이었다. 물론 일정 부분은 그들의 말이 틀렸음을 끝내 관철시켜 젠 형식의 슬라이드 디자인을 들고 발표장에 오르기도 했다. 시간이 지나 그 사람들과 다시 이야기를 나눠 보니 너무 글씨가 적으면 오히려 불안했기 때문에 글씨가 많은 슬라이드를 원했다고 고백하곤 했다. 하지만 모두가 이와 같은 의견을 피력한 것은 아니었다. 실제로 글자수가 적은 슬라이드에 대해 현장에서의 반발은 상당했다. 나는 그들이 왜 좋은 방식을 이해하지 못하는지 한탄하기도 했다.

처음에는 그들이 "발달된 방법을 받아들이지 못한다."고 생각했었는데 시간이 지나고 생각해 보니 오히려 내가 그들의 사정을 이해하지 못한 것이었다. '젠 형식의 프리젠테이션 = 준비 안 한 프리젠테이션'이라는 인식이 팽배한 기업에서 젠 스타일의 슬라이드로 자료를 만든다는 것은 상상조차 할 수 없는 일이었다.

컨설턴트로 처음 일을 시작하면서도 가장 힘들었던 점은 다름 아닌 슬라이드 디자인이었다. 학교 연구회 활동과 프리젠테이션 벤처를 하면서 익히고 강연해왔던 내용과 컨설팅 회사에서 사용하는 슬라이드는 완전히 다른 스타일이었기 때문이다. 내용을 최소화하고 이미지를 크게 사용하는 젠 형식의 슬라이드 디자인은 기업 실무에서 전혀 사용되고 있지 않았다. 아니, 사용될 수 없었다는 표현이 더 적절한 것 같다.

처음 컨설팅 업무를 시작할 때는 예전에 하던 디자인 방식을 고집했지만 내게 돌아온 것은 언제나 혹독하고 냉정한 평가였다. 내가 가장 '증오'하던 스타일의 슬라이드를 억지로 만들어야 한다는 생각에 괴로웠지만 그 괴로움도 잠시, 컨설팅 회사의 슬라이드가 무조건 글만 많은 슬라이드가 아니라는 사실을 깨닫게 되는 데는 그리 오랜 시간이 걸리지 않았다.

오히려 컨설팅 회사에서 사용하는 형식의 슬라이드는 그 자체로 잘 짜인 하나의 틀^{framework}임을 깨달을 수 있었다. 어떤 형식의 슬라이드를 만들든, 슬라이드와 프리젠테이션의 본질은 슬라이드가 담고 있는 내용을 청중에게 명확히 전달하는 데 있음을 알게 됐다.

내가 직접 겪었던 이 이야기에 공감하는 사람이 많으리라 생각한다. 시중에 나와 있는 대부분의 서적은 슬라이드를 단순하게 만들라고만 말하는데, 현실에서는 그 말을 따르기가 불가능한 경우가 훨씬 많기 때문이다. 하지만 특정 기준에 따라 이 둘 중 어떤 슬라이드를 사용하는 게 옳은지 명확히 구분할 수 있다면 어떨까? 좀 더 마음 편하게 프리젠테이션을 준비할 수 있을 것이다. 어떤 상황에는 단순한 젠 형식의 슬라이드를 사용하고, 어떤 상황에서는 컨설팅 형식의 슬라이드를 사용해야 하는지 지금부터 함께 알아보자.

두부의 영양 성분

VS

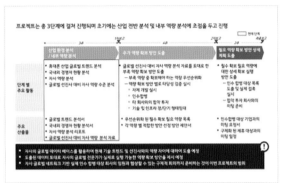

젠 형식과 컨설팅 형식 슬라이드

많은 사람이 슬라이드 디자인 책을 사고 그 방법을 실무에 적용하려 노력한다. 그러나 책을 읽을 당시에는 "정말 좋은 방법이다."라고 생각했음에도 실제 업무에는 적용하지 못하는 경우가 꽤 많았을 것이다.

대개의 책은 "이 책에 나오는 방법만으로 모든 종류의 프리젠테이션을 해결할 수 있다."라고 주장하지만 나는 그것이 불가능하다고 생각한다. 세상에서 벌어지고 있는 수많은 프리젠테이션을 모두 완벽하게 표현할 수 있는 슬라이드 형식은 존재하지 않기 때문이다. 배가 아프면 소화제를 먹고, 머리가 아프면 두통약을 먹어야 하듯, 상황에 따라 프리젠테이션 슬라이드 디자인의 방식은 달라져야 한다. 그리고 어떤 슬라이드 형식을 주로 사용할지를 기획 단계에서 정하고 넘어가야 한다.

그렇다면 슬라이드의 형식을 결정하는 요소는 무엇일까? 회사에서 쓰는 프리젠테이션은 항상 글이 많고 도표가 가득 찬 형식일까? 그에 대해 가장 강력하게 반기를 든 사람은 전 애플사 CEO 고故 스티브 잡스다. 그의 혁신적인 프리젠테이션 방식은 분명 기업 프리젠테이션이면서도 그 이전까지의 어떤 기업 제품 발표장에서도 만날 수 없었다.

하지만 생각해보자. 과연 애플 내부에서 사용되는 모든 형태의 문서가 스티브 잡스 뒤에 펼쳐지던 슬라이드와 같을까? 나는 그렇지 않을 것이라 단언할 수 있다. 실제로 애플에서는 커다란 이미지를 활용하는 슬라이드로 자료를 만드는 것이 아니었다. 심지어 도표도 없는 줄글 형식으로 자료를 작성했다고 하니, 상황에 따라 자료의 성격이 달라져야 함은 분명하다.

이런 일례에서 알 수 있듯이 회사에서 사용하는 프리젠테이션 슬라이드라고 해서 항상 딱딱해야 하고 학교에서 사용하는 프리젠테이션 슬라이드는 모두 단순화된 형식으로 작성해야 하는 건 아니다. 프리젠테이션 슬라이드의 형식을 결정하는 것은 해당 프리젠테이션의 주제다. 여러분의 주제가 명확해지기만 한다면, 여러분이 작성해야 하는 슬라이드의 방식도 자연스레 정해진다.

자신의 프리젠테이션에 적합한 형태의 슬라이드 디자인 형식을 결정하려면, 먼저 두 가지 방식의 디자인 유형을 명확하게 알 필요가 있다. 바로 젠 형식의 슬라이드와 컨설팅 형식의 슬라이드다.

젠 형식 슬라이드

젠 형식은 불교의 선 사상에서 기원한 것으로, 스티브 잡스의 프리젠테이션으로 대표되는 미니멀리즘^{minimalism} 형식의 프리젠테이션 슬라이드 디자인 기법이다. 이 형식은 최대한 슬라이드를 단순화하고, 매우 적은 양의 글과 강렬한 이미지를 통해 메시지를 전달한다.

다음의 슬라이드는 젠 형식의 슬라이드 예시다.

▶ 젠 형식의 슬라이드는 간단한 키워드와 큰 이미지로 슬라이드를 구성한다.

젠 형식의 기본은 키워드와 이미지로 구성된다. 키워드는 해당 슬라이드에서 발표자가 이야기 하려는 핵심 주제를 한두 문장 이내로 줄여서 작성하는 경우가 대부분이며, 이미지는 고해상도의 사진 이미지가 주로 사용된다.

또한 이미지는 슬라이드의 공간을 대부분 차지한다. 앞선 사례에서도 볼 수 있듯이 젠 형식으로 된 슬라이드는 슬라이드 한 장당 내용이 많지 않기 때문에 청중이 슬라이드를 보는 시간이 매우 짧다. 따라서 발표 시간의 대부분을 발표자가 직접 이야기하면서 시간을 채워 나가야 한다. 따라서 발표자의 발표 역량이 상당히 중요한 요소가 된다.

젠 형식으로 디자인한 슬라이드는 매우 직관적이고 비정량적인 경우가 많다. 따라서 직관적으로 무언가를 전달해야 하는 주제에 활용한다면 좋은 효과를 얻을 수 있다.

▲ 스티브 잡스의 신제품 발표회 프리젠테이션은 언제나 젠 형식을 따랐다. 이는 주제에 따라 프리젠테이션 형식을 잘 선택한 좋은 예시다. (출처: Wikipedia.org)

예를 들어 어떤 제품 발표회에서 새로운 휴대폰이 공개된다고 가정해보자. 소비자 입장에 있는 우리가 궁금한 내용은 매우 단순할 것이다. 소비자는 휴대폰 안에 있는 회로도가 어떤지 알 필요도 없고, 휴대폰에 들어간 소프트웨어가 어떤 코드로 인해 프로그래밍됐는지 관심도 없다. 휴대폰 배터리 용량은 궁금하지만, 용량 자체가 궁금하다기보다는 한 번 충전으로 얼마나 오래 휴대폰을 사용할 수 있는지가 궁금하다는 게 좀 더 정확한 표현일 것이다. 소비자가 이런 프리젠테이션 장소에서 해당 제품에 대해 궁금해할 만한 내용에는 어떤 것이 있을까? 디자인, 가격, 실용성, 새로운 기능 정도가 아닐까?

그렇다면 새로 발표되는 제품의 디자인이 전작보다 더욱 세련됐음을 직접 보여주고, 만약 사실이라면 가격이 경쟁사보다 저렴하고, 무게가 가볍고, 얇다는 사실을 말해주면 된다. 또한 새로 추가된 기능을 보여주면 되는 것이다.

이런 내용을 보여줄 때 수많은 글로 설명하기보다는 실제 사진으로 비교하고, 시연 장면을 보여주는 편이 효과가 더 확실하다. 즉 제품 발표회에서 진행되는 프리젠테이션은 정량적인 수치로 가득 차 있을 필요가 없다. 오히려 감성적이고 정성적으로 "이 제품이 좋다.", "이 제품을 사야겠다."라는 생각을 하게끔 메시지를 주면 되는 것이다. 그렇기 때문에 스티브 잡스의 제품 발표회는 언제나 젠 형식의 슬라이드만으로도 프리젠테이션이 가능했다. 최근에는 다른 기업들 역시 제품 발표회에서는 젠 형식의 슬라이드로 프리젠테이션을 진행하는 추세다.

조금 더 구체적인 예시를 들어보자, 애플사의 프리젠테이션이 워낙 유명하기 때문에 이들의 제품을 다시 사례로 들어보겠다. 애플사의 대표 제품인 아이폰 제품 패키지 디자인을 보면, 새롭게 출시된 제품에서 어떤 부분을 강조하는지에 대해 미뤄 짐작할 수 있다. 다음 그림을 보자.

▲ 아이폰은 케이스 디자인을 할 때마다 각 제품에서 가장 강조하고 싶은 포인트를 고민해 디자인하는 것으로 유명하다. 왼쪽부터 아이폰 3gs, 4s, 5, 하단 왼쪽부터 아이폰5s, 아이폰 6+, 가장 오른쪽은 아이폰 7+다. (출처: 아이폰 3gs~5s는 hardwareheaven.com, 아이폰 6+는 qatarliving.com, 아이폰 7+는 직접 촬영)

애플은 아이폰의 케이스 디자인을 할 때마다 이번 제품에서 가장 강조하려는 사항을 노출하는 방식을 꾸준한 전략으로 채택한다. 사진에서 볼 수 있듯이 최초로 스마트폰을 발표해 세계의 이목을 집중시켰던 iPhone 3g 시절에는 전면부를 내세웠다. 기존의 휴대폰^{feature phone}에서는 다음과 같은 풀스크린에 아이콘이 배열된 형태 자체가 독특했기 때문이다. 그 이후 발표한 아이폰 4에서는 측면부를 강조했다. 3gs는 후면을 플라스틱 처리로 마감했으나, 아이폰 4부터는 측면을 알루미늄으로 처리하고 전후면부를 모두 강화 유리로 처리하는 등 마감 형식을 바꿨기 때문에 그 부분을 강조한 것이다.

아이폰 5에서도 역시 측면부를 강조하는데, 이번에는 측면 모서리 부분을 다이아몬드 커팅 방식을 통해 '반짝거리도록' 마감했다는 점을 부각시키기 위해 측면부를 강조했다. 또한 아이폰 5부터는 화면 사이즈가 기존 3.5인치에서 4인치로 대형화되면서 앱이 한 줄 더 추가될 수 있는 공간이 마련됐다. 오로지 다이아몬드 커팅만을 강조하기 위해 측면만 보여준 것이 아니라 화면 부분을 살짝 보여준 것은 화면이 커졌다는 사실을 알려주기 위해서다.

아이폰 5s로 넘어오면서는 사실상 아이폰 3gs와 똑같은 형식으로 앞 화면을 부각시켰다. 왜일까? 바로 이때부터 지문 인식 기능이 홈 버튼에 장착됐기 때문이다. 아이폰 6부터는 휴대폰 크기를 두 가지로 나눠 출시했다. 휴대폰의 화면이 커진 점을 가장 강조해야 했기 때문에 다른 요소를 모두 배제하고 화면이 커졌음을 단순한 흰색으로 설명했다.

아이폰 7+에서는 휴대폰의 후면을 부각시켰는데 그 이유는 두 가지다. 첫째는 7+부터 후면에 두 개의 카메라를 장착했음을 부각시키기 위해서이고, 둘째는 아이폰 6에는 안테나 띠가 후면에 보이도록 그어져 있었으나, 7부터는 안테나 띠를 휴대폰의 상단 모서리와 하단 모서리로 이동했다는 점을 강조하고 싶었던 것이다.

이런 전략은 최근 발표된 아이폰에도 동일하게 적용되고 있다. 애플 홈페이지에서 새로 나온 아이폰의 첫 화면이 바로 그들이 가장 강조하고자 하는 내용이다. 바로 소재를 바꿨다는 내용이 이번 아이폰 15 프로에서의 가장 큰 변화임을 강조하고 있다.

티타늄.
초강력. 초경량. 초프로.

▲ 제품의 가장 중요한 포인트를 전면에 내세우는 애플의 홈페이지

세부적인 사양은 홈페이지 아래로 한참 내려가야 그나마 확인할 수 있다. 절대로 앞에 "아이폰 14 프로맥스는 240g이지만 이번 아이폰 15 프로맥스는 221g입니다."라고 소리치지 않는다. 이런 자세한 숫자를 내세워봤자 소비자들은 관심도 없거니와 19g 차이가 얼마나 큰지 명확히 아는 사람은 세상에 존재하지 않기 때문이다. 그냥 매장의 체험존에 가서 실제로 제품을 들어보고 "어! 너무 가벼워!"라고 하는 그 순간을 기다리며 '초경량'이라는 한 단어를 끝으로 더 이상의 설명을 하지 않은 것이다.

지금까지 설명한 내용(케이스 디자인에 들어가는 사진에 숨겨진 의미)을 그냥 포장 부분에 덕지덕지 글로 썼다면 여러분은 어땠을까? 아마 그 장점을 주의 깊게 읽어보지도 않았을 테고, 새로 출시된 이 휴대폰에 대해 매력을 느끼지도 않았을 것이다. 이처럼 굳이 문자로 표현을 하지 않더라도 이미지로 보여줄 수 있는 것은 상당히 다양하고 그 위력도 문자보다 훨씬 더 직관적이다.

이처럼 '이미지'를 활용하거나 아주 짧은 수준의 단어와 문장을 활용하는 방법이 더욱 효과적으로 메시지를 전달할 수 있는 상황이 있다. 이럴 때에는 젠 형식의 슬라이드를 활용하면 된다. 특히 젠 형식의 슬라이드는 청중에게 수치나 양보다는 정성적이고 감성적인 전달을 해야 할 때 사용한다면 큰 효과를 볼 수 있다.

컨설팅 형식 슬라이드

컨설팅 형식의 슬라이드는 다른 디자인 책에서 이야기하는 '그냥 글이 많은' 슬라이드가 절대로 아니다. 다시 말해 슬라이드 한 장에 엄청난 양의 글을 계속적으로 적어놓은 것은 컨설팅 형식의 슬라이드라고 할 수 없다. 일반적으로 일컫는 '복잡한 슬라이드'와 컨설팅 형식의 슬라이드는 분명하게 구분해야 한다. 컨설팅 형식 슬라이드는 일반적으로 회사에서 실무에 사용하는 형식의 슬라이드 디자인을 최적화한 형태이기 때문이다.

이 형식은 슬라이드에 많은 글과 도표, 자료 등이 포함된다. 이런 디자인 자체가 문제이고, 무조건 젠 형식의 단순화된 슬라이드만이 좋은 디자인이라고 이야기하는 책도 있지만 이는 옳은 말이 아니다. 실제 업무 환경에서는 컨설팅 형식의 슬라이드가 훨씬 더 많이 사용되며, 업무에는 이 형식의 슬라이드가 더욱 적합하다.

컨설팅 형식의 디자인은 단순한 발표 자료라기보다는 문서로 취급하는 경우가 더 많다. 따라서 발표자가 프리젠테이션할 때 상대적으로 슬라이드에 대한 의존도가 젠 형식보다는 상대적으로 높아지므로 발표자가 좀 더 편안할 수 있지만, 자칫 잘못하면 발표자가 슬라이드를 읽는 데만 치중해 프리젠테이션을 망칠 수도 있으므로 발표자는 오히려 젠 형식의 디자인보다 발표 연습에 더 많은 시간을 할애해야 한다.

실제로 컨설팅 업무를 수행하면서 접했던 수많은 기업 내부 자료 중, 젠 형식으로 디자인된 문서는 한 건도 볼 수 없었다. 최근에는 글을 줄이고 최대한 직관적인 도형과 그래프 등으로 나타내기 위한 움직임이 기업 내부에서도 생겨나고 있지만, 수치와 프로세스가 자주 등장하는 회사 자료의 특성상 제품 발표회에 나오는 프리젠테이션 슬라이드와 같은 형태만으로 구성하는 것은 불가능하다. 국내 기업 중 제품 발표회에서 젠 형식으로 프리젠테이션을 진행하는 기업 역시 내부 문서는 모두 '글이 많은' 형식의 디자인을 사용하고 있었다. 즉 제품 발표회였기 때문에 젠 형식의 프리젠테이션 형식을 갖추는 것이지, 내부 문서는 우리가 자주 봐온 업무 문서의 형식을 취하고 있다.

컨설팅 형식의 슬라이드가 어떤 식으로 구성됐는지 알아보기 전에 명확하게 구분하고 지나갈 점이 있다. 시중에 출간된 대다수의 프리젠테이션 관련 서적에서 주장하는 바와 같이 "글이 많은 슬라이드는 좋지 않다."는 표현은 이제 여러분이 보게 될 예시처럼 슬라이드가 좋지 않다는 의미다. 한 페이지에 많은 정보가 담겨있다고 해서 그것이 무조건적으로 좋지 않다고 주장하는 것은 잘못됐음을 명백히 하자.

회사에서 만드는 파워포인트 형식의 슬라이드를 볼 때, 어떻게 생각하면 가장 최악의 형태라고 꼽을 수 있는 슬라이드는 다음 예시와 같은 슬라이드다. 너무나 안타깝지만 아직도 많은 곳에서 이런 형식의 슬라이드가 사용되고 있다.

제품 개발 단계에 따른 세부 관리 방안

- 일반적인 제품의 수명 주기는 4단계이며 각 단계에 따라 주요 관리 부서 및 관리 방안이 달라지게 됨
- 1단계 - 개발 단계: 이 단계에서는 주로 R&D 부서가 주요 관리 부서가 되며, 실현 가능 기술을 검토하고 제품을 개발하는 단계임
- 2단계 - 출시 단계: 이 단계에서는 주로 마케팅 부서가 주요 관리 부서가 되며, 매출 목표를 설정하고 제품 판매 전략을 수립하게 됨
- 3단계 - 판매 단계: 이 단계에서는 주로 영업 부서가 주요 관리 부서가 되며, 영업망별 판매 전략을 수립하고 실적 데이터를 지속적으로 수집해야 함
- 4단계 - 단종 단계: 이 단계에서는 경영진이 제품을 단종시킬지 그러지 않을 것인지에 대해서 결론을 내야 함. 해당 카테고리에 신제품 개발 주기와 연결하여 신제품을 출시하며 현재 제품을 단종시킬 것인지, 아니면 이 제품을 지속적으로 판매할 것인지를 결정해야 함

▲ 안타깝지만 아직도 수많은 곳에서 이런 형태의 '복잡한 형태'의 슬라이드가 사용되고 있다. 이런 형태의 슬라이드는 절대로 사용해서는 안 되는 디자인이다.

이런 형태가 왜 잘못된 것일까? 이에 대해서는 2부인 슬라이드 디자인에서 좀 더 자세하게 다루겠지만, 가장 큰 이유를 두 가지만 이야기한다면 다음과 같다.

1. 글이 너무 많아 발표자가 말하는 곳을 청중이 따라오기 어려움
2. 글이 너무 많기 때문에 발표자가 모든 내용을 숙지하지 못하고 슬라이드를 읽게 될 가능성이 큼

두 가지의 이유만으로도 이 프리젠테이션은 실패할 가능성이 아주 크다는 사실을 알수 있다. 글이 가득한 슬라이드로만 구성된 프리젠테이션을 계속 보고 있어야 한다면 이는 청중에게도 심각한 고통이 된다. 이런 이유로 많은 서적에서는 한 페이지에 담는 글의 양을 줄이라는 이야기를 하고 있는 것이다. 하지만 그것이 반드시 "젠 형식의 슬라이드 디자인이 가장 좋은 디자인이다."라는 결론으로 이어져서는 안 된다. 앞서

본 슬라이드와 같은 디자인은 반드시 개선돼야 하지만, 이것과 "글이 많은 슬라이드는 무조건 나쁜 슬라이드다."라는 입장이 동일한 것은 아니기 때문이다.

이제부터 다시 컨설팅 형식의 슬라이드에 대해서 좀 더 자세히 알아보겠다. 일반적인 컨설팅 형식의 슬라이드는 이와 같은 형식을 가지며 각각의 요소는 다음과 같은 의미를 지닌다.

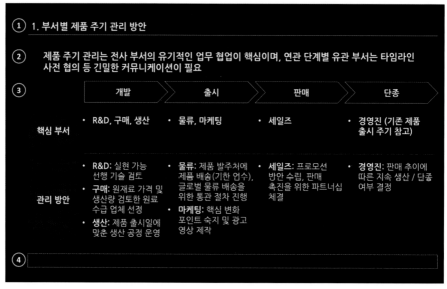

▲ 컨설팅 자료로 디자인되는 슬라이드의 예시. 젠 형식뿐 아니라 앞서 제시된 단순하게 글이 많은 슬라이드와도 분명한 차이를 보인다.

컨설팅 형식의 슬라이드 구성 요소

1. **문서 제목:** 목차에 소개되는 제목. 필요한 경우 꺾쇠(〈〉 표시)를 통해 소제목을 표시한다.

2. **헤드 메시지:** 젠 형식 슬라이드의 키워드 같은 기능을 수행한다. 최대 두 줄을 넘지 않도록 작성하며, 의견 제시 및 주장하는 형식이 돼야 한다. 이 헤드 메시지는 슬라이드의 모든 내용을 포함하는 형식이 돼야 한다. 따라서 최종적으로 만들어진 슬라이드의 헤드 메시지만 읽어도 전체 내용이 이해되도록 작성해야 한다. 헤드 메시지는 다른 이름으로 리드 메시지, 거버닝 메시지, 액션 타이틀(Action Title)로 불리기도 한다.

3. **본문:** 헤드 메시지에 나오는 내용을 뒷받침할 수 있는 개체(표, 그래프, 이미지 등)가 삽입된다. 본문은 헤드 메시지를 뒷받침할 수 있는 근거를 제시하는 데 사용된다.

4. **기업 로고, 자료 출처, 약어 설명:** 컨설팅을 수행하는 고객사의 기업 로고가 들어가거나, 해당 슬라이드에서 사용됐던 자료의 출처 표시, 본문에서 사용된 약어에 대한 설명을 하는 위치다. 기업 로고는 상황에 따라서 생략되는 경우도 있다.

여러분이 회사에서 업무를 하고 있는 사람이라면, 여러분이 매일 직접 작업하는 슬라이드는 앞에서 봤던 예시 슬라이드와 매우 흡사하다는 사실을 알 수 있을 것이다.

이 외에도 컨설팅 형식의 슬라이드가 지닌 특징은 다음과 같다.

첫째, 인쇄에 적합한 형태로 슬라이드가 디자인된다. 따라서 애니메이션 효과를 사용하는 경우 글씨나 그림이 겹쳐지는 부분이 없도록 디자인해야 한다. 과거에는 주로 인쇄를 하는 경우가 많았기에 배경 색상도 특별한 경우가 아니라면 흰색을 유지했으나, 최근에는 인쇄하는 용도로 쓰이지 않고 모바일 기기로 보는 경우가 많아 세련된 느낌을 주기 위해 검은색 계열 슬라이드가 많이 쓰이고 있다.

둘째, 요소별로 맡은 역할이 명확하다. 헤드 메시지의 경우 전체 슬라이드를 요약하며 그 슬라이드 전체에서의 주장을 담고 있다. 본문에서는 헤드 메시지를 뒷받침할 수 있는 객관적인 그래프나 도표 등이 삽입되며, 화살표를 통해 시간의 흐름이나 인과 관계를 표시한다. 그렇기 때문에 무작정 글을 잔뜩 채워넣는 슬라이드와는 분명히 다르다. 헤드 메시지의 경우는 그 양에 제한이 있으며, 슬라이드 하단부는 헤드 메시지를 뒷받침하는 근거로 꾸민다.

마지막으로 불필요하게 색상을 많이 첨부하지 않음으로써 청중이 슬라이드를 보면서 복잡한 슬라이드에 피로감을 느끼지 않게끔 디자인한다. 간혹 기업 자료를 보다 보면 해당 기업과 관련된 색깔을 전체 배경 화면에 삽입하거나 마크를 배경 그림으로 사용하는 경우가 있는데, 이는 가독성을 떨어뜨리고 청중의 피로도를 더욱 증가시킬 뿐이다. 컨설팅 형식에서는 이런 것을 철저히 배제하는 경향을 띤다.

눈치가 빠른 사람은 이미 알겠지만, 처음에 '좋지 않은 슬라이드' 예시로 본 슬라이드와 컨설팅 형식의 슬라이드 예시로 본 슬라이드의 내용은 거의 완전히 같다. 즉 같은 내용으로도 단순한 줄글 형태로 작성해 가독성이 현저히 떨어지는 슬라이드를 만들 수도 있고, 체계적으로 컨설팅 형식의 슬라이드로 작성해 청중의 이해를 높일 수도 있다.

글이 많은 자료라고 해서 항상 '나쁜 슬라이드'인 것은 아니다. 정말 나쁜 슬라이드는 체계가 잡혀 있지 않은 슬라이드다. 원칙을 지키며 작성한 슬라이드는 그것이 젠 형식이든, 컨설팅 형식이든 조잡하다는 느낌이 들지 않고 눈에 쉽게 들어온다.

주제에 따른 디자인 형식 결정

이제는 두 가지 형태의 슬라이드 디자인에 대해 알았으니, 각자의 프리젠테이션에는 어떤 슬라이드 디자인이 더 좋을지 선택할 차례다. 슬라이드 디자인 형식을 먼저 결정해야 스토리라인을 작성할 수 있기 때문에 이 단계는 기획에 해당한다.

앞에서 잠깐 언급했듯이, 여러분이 발표하게 될 주제에 따라 슬라이드 디자인을 선택해야 한다. 즉 앞에서 소개했던 젠 형식의 슬라이드 디자인을 주로 사용해야 하는 주제가 있고, 컨설팅 형식의 슬라이드 디자인을 주로 사용해야 하는 주제가 존재한다.

젠 형식으로 디자인해야 할 슬라이드를 컨설팅 형식으로 디자인한다든지, 컨설팅 형식으로 디자인해야 할 슬라이드를 젠 형식으로 디자인한다면 가독성과 전달력이 확연히 떨어지므로 처음에 이를 결정하는 과정은 매우 중요하다.

젠 형식의 슬라이드를 회사 실무에 적용하기 어렵다는 사실에는 모두가 공감하리라 생각한다. 나 역시 회사 업무에서는 젠 형식의 슬라이드를 작성하지 않는다. 그러나 프리젠테이션 강연을 할 때에는 어김없이 젠 형식으로 슬라이드를 디자인하고 젠 형식의 슬라이드를 사용해왔다. 실무/강연 같은 예시 외에도 슬라이드 디자인별 주제를 다음과 같이 구분해봤다. 여러분이 준비하는 프리젠테이션의 주제는 어디에 해당하는지 다음의 예시를 보자.

 형식별 사용처 예시

1. **젠 형식 디자인:** 학교 교양 발표, 동아리/회사 설명회, 경쟁 PT, 행사 유치 PT, 신제품 발표회, 새 서비스 발표회, 캠페인, 자기 소개 등
2. **컨설팅 형식 디자인:** 학교 전공 발표, 공모전 발표, 기업 내부 회의, 기업 내부 보고, 투자 설명회(IR), 프로젝트 제안서, 학술 발표, 공공 기관 내부 보고 및 회의자료 등

세상 모든 프리젠테이션의 주제를 이 곳에 담은 것은 아니지만, 눈치가 빠른 사람이라면 젠 형식으로 디자인해야 하는 주제와 컨설팅 형식으로 디자인해야 하는 주제의 공통 특성을 파악했으리라 생각한다. 이는 다음 표와 같다.

	젠 형식	컨설팅 형식
청중의 전문성	낮음	높음
정량적 자료의 양	적음	많음
감성의 필요성	높음	낮음

프리젠테이션 슬라이드 디자인을 결정하기 위해 고려해야 할 사항은 이 세 가지로 정리해 볼 수 있다. 첫 번째로 고려할 요소는 청중의 전문성이다. 발표하려는 주제에 대해 청중이 발표자보다 더 많이 알고 있거나, 발표자와 동등한 수준의 지식을 가진 사람들이라면 컨설팅 형식의 자료를 작성하는 편이 좋다. 반대로 청중이 발표자보다 해당 주제에 대해 지식 수준이 낮다고 판단되는 경우에는 젠 형식의 슬라이드로 디자인하는 게 좀 더 효과적이다. 청중이 발표하는 사람과 비슷하거나, 높은 수준의 지식을 지니고 있다면 당연히 그 발표가 단순한 이미지 몇 장으로 설명될 수 있는 자리가 아닐 가능성이 매우 높기 때문이다.

두 번째 요소는 정량적 자료의 양이다. 두 번째 요소와 세 번째 요소는 첫 번째 요소와도 연관이 있다. 청중의 지식 수준이 발표자보다 높을 경우에는 발표자 주장을 뒷받침할 수 있는 객관적이고 공신력 있는 자료를 많이 준비해야 한다. 이런 자료는 대체로 정량적인 성격을 지닌다.

반면 청중이 발표자보다 해당 제품에 대해 잘 알지 못하거나, 제품 전체를 반드시 알 필요가 없는 경우라면 정량적인 데이터를 내세우기보다는 직관적인 이미지를 사용하는 편이 좀 더 효과적이다. 따라서 정량적 자료가 많이 들어갈 프리젠테이션이라면 컨설팅 형식을, 정량적인 자료가 많이 필요하지 않은 형식이라면 젠 형식을 사용하자.

세 번째 요소는 프리젠테이션 주제를 감성적으로 설명하는 편이 더 유리한가 그렇지 않은가와 연관이 있다. 예를 들어 국제 행사를 유치하는 데 사용되는 프리젠테이션은 우리가 경쟁 도시보다 수치적으로 얼마나 더 유리한지를 설명하기보다는 그 도시의 주민들이 얼마나 열정적인지에 대해 보여주고 심사위원들의 감정에 호소하는 편이 더욱 유리하다.

▲ 김연아 선수의 평창 동계 올림픽 유치 당시 프리젠테이션 장면과 당시 사용된 슬라이드. 그녀는 심사 위원들의 마음을 움직이는 프리젠테이션을 진행해 올림픽 유치에 큰 힘을 부탰다. 올림픽 유치 경쟁 같은 주제의 프리젠테이션에서는 젠 형식의 슬라이드가 좀 더 적합하다. (출처: WN.com)

실제로 지난 평창 동계 올림픽 유치 과정에서 김연아 선수의 열망이 얼마나 컸는지 객관적으로 수치화할 수는 없지만, 그녀의 프리젠테이션은 심사 위원의 마음을 움직이기에 충분했다. 이런 동계 올림픽 유치 경쟁 프리젠테이션에서 컨설팅 형식의 슬라이드를 사용했다면 그 결과는 필히 좋지 않았을 것이다.

감성을 이끌어내기에 적합한 방법은 젠 형식이다. 컨설팅 형식의 슬라이드로는 감성적인 호소를 하기가 어렵다. 앞서 설명했듯이 헤드 메시지를 제외한 나머지 부분은 헤드 메시지를 뒷받침하는 근거로 구성돼야 한다. 즉 사실이 차지하는 면적이 훨씬 더 넓은 형식의 슬라이드이기 때문에 감성을 이끌어내기에는 부적절한 형식의 슬라이드인 셈이다.

이상의 세 가지 요소를 고려해 여러분의 프리젠테이션 슬라이드 디자인 형식을 결정하면 된다. 아마 이 기준을 토대로 정한다면 여러분의 슬라이드 형식은 어렵지 않게 결정하리라 생각한다.

그럼에도 혹시 아직 정확하게 기준을 세우기 어려운가? 그렇다면 아주 간단한 질문 하나로 여러분의 슬라이드 디자인이 어떤 형식을 따라야 하는지를 알 수 있는 방법이 있다.

스스로에게 "당신의 주제로 광고를 찍을 수 있는가?"라는 질문을 던져보면 된다.

이 질문에 "그렇다."라고 답할 수 있다면 젠 형식의 슬라이드 디자인을, 그렇지 않다고 생각한다면 컨설팅 형식의 슬라이드 디자인을 채택하면 된다. 광고가 갖는 특성은 젠 형식의 슬라이드 디자인이 갖는 특성과 정확하게 일치하기 때문이다.

광고는 해당 제품에 전문 지식이 없는 대중에게 감성적으로 호소해야 한다. 정량적인 자료보다는 정성적인 자료를 이용해 "이 제품은 기존의 제품이나 경쟁사의 제품보다 우수하다."는 사실을 알려야 하는 것이다.

따라서 광고는 직관적이고 선명한 이미지와 소리 효과를 사용하며, 감성적인 단어를 선택해 소비자가 해당 제품이 좋다고 느끼도록 유도하려 노력한다. 즉 젠 형식의 슬라이드가 갖춰야 하는 특성을 광고는 모두 갖고 있다.

실제로 애플의 제품 광고는 스티브 잡스의 제품 발표회 프리젠테이션보다 더 감성적인 측면을 부각시킨다. 제품 발표회에서는 신제품이 기존 제품보다 얼마나 더 얇은지를 설명하고, 새로 탑재된 영상 통화의 기능을 설명한다.

하지만 광고에서는 그저 지구 반대편에 있는 어머니에게 명절 차례상을 보여주는 영상 통화를 담아내는 것으로 광고를 마친다. 어떤 유명 연예인도 등장하지 않는다. 언뜻 보면 이 광고는 왜 하는지 모를 수도 있다. 하지만 사실 이 광고에서는 새 기능을 부각시키고 있는데, '페이스 타임'이라는 새로운 영상 통화 기능을 소개하고 있는 것이다.

▶ 광고에는 젠 형식의 슬라이드가 갖춰야 하는 요소가 모두 있다. 정성적이며, 간결한 이미지로 이뤄지며, 전문 지식이 없는 대중을 대상으로 한다. (출처: 아이폰 4 광고)

다만 이 기능을 소개할 때 선명하고 끊김이 없다는 말을 하기보다는 어머니와 딸의 애절한 감정을 전달하는 데 주목했고, 매우 성공적인 광고로 평가받았다. 젠 형식의 슬라이드는 청중에게 이런 감성을 전달하는 데 초점을 맞춘다는 점에서 유사하다.

이런 광고 형태가 보편화되기 전 대부분의 휴대폰 광고는 유명인이 나타나서 휴대폰을 보여주는 형태였지만, 이제는 애플의 경쟁사들도 아주 유명하지는 않은 사람들이 출연해 자신들의 휴대폰을 더욱 부각시키려는 노력을 하고 있다.

최근 발표됐던 아이폰 15+의 광고도 이런 흐름을 그대로 따르고 있다. 얼핏 보면 그냥 콘센트가 의인화돼 노래를 부르는 광고이지만, 끝까지 시청해보면 자신들의 배터리 성능이 길어져서 자주 만날 일이 없다는 점을 이야기하는 것이다. 여기에서도 자세한 수치는 필요 없다. 배터리 용량이 어떻고, 전작 대비 배터리 용량이 얼마나 커졌고, 소프트웨어를 통한 저전력 설계로 효율을 얼마나 늘렸고, 배터리 노후화 현상은 어떻게 막았고 등의 이야기는 일부의 파워 유저들에게나 궁금하지 일반적인 사람들에게 그걸 설명하는 것은 결코 효율적인 일이 아니다.

◀ 왜 콘센트가 의인화돼 노래를 부르는지, 가사의 내용이 무엇인지 별 생각 없이 보다보면 마지막에 애플의 로고가 등장한다. 이 광고에는 어떠한 기술적 설명도 존재하지 않는다.

이는 단지 TV 광고에만 국한돼 나타나는 현상이 아니다. 애플은 아이폰 6부터는 카메라의 성능에 대해서 상당히 비중을 두고 홍보를 하기 시작했는데, 그러한 홍보를 세련된 방식으로 녹여낸 것이 바로 'iPhone으로 찍다'라는 캠페인이다.

▲ 애플은 아이폰 6부터 '아이폰으로 찍다(Shot on iPhone)'라는 캠페인을 지속적으로 개최하고 있다. 애플 홈페이지에서 진행되는 이 캠페인은 전 세계 풍경을 아이폰으로 촬영한 사진을 게시한다. 애플은 이를 통해 구체적인 수치를 전혀 언급하지 않으면서도 아이폰 카메라 성능을 광고한다. (출처: thetechnews.com)

애플은 실제로 아이폰 카메라를 활용해 찍은 작품 수준의 사진을 옥외 광고 등에 전시해 자신들의 휴대폰 카메라 성능을 광고했고, 전 세계 아이폰 사용자를 대상으로 'iPhone으로 찍다'라는 사진 경연 대회를 열기도 했다. 수많은 사진은 애플의 홈페이지에 게시됐고, 휴대폰 카메라로 찍었다고 보기에는 상당한 품질의 사진들은 아이폰의 카메라 성능을 증명해 주는 데 적극적으로 활용됐다. 적어도 '2000만 화소 카메라', 'ISO 감도 조절 단계 대폭 향상', '셔터 스피드 향상', '다양한 화이트 밸런스 보정 모드 지원' 등의 알아듣기 어려운 용어를 잔뜩 나열하는 것보다 일반 고객에게 훨씬 더 직관적으로 카메라의 성능이 좋다는 사실을 각인시킬 수 있는 방법이다.

이 이벤트는 지속적으로 카메라와 동영상 촬영 기능이 고도화되면서 매년 아이폰으로 찍은 사진 중 수상작을 선정하고 있다. 특히 아이폰 14에 탑재됐던 '액션 모드'(손 떨림과 흔들림을 자동 보정해주는 기능)를 홍보하기 위해 아예 아이폰을 손으로 들고 유명 걸그룹의 뮤직비디오를 촬영함으로써 직관적으로 자신들이 말하고 싶은 바를 설명했다. 이 과정에서 손떨림 보정 기능이 어떻다고 글로 지루하게 설명하는 게 아니라 광고 시청자로 하여금 '저게 된다고?'라고 느끼게 만드는 게 핵심이다. 따라서 젠 형식의 슬라이드를 디자인해야 한다면 좋은 광고를 여러 편 보는 것도 도움이 될 것이다.

▲ 새로 탑재된 '액션 모드' 홍보를 위해 댄스 걸그룹의 뮤직비디오를 손으로 들고 뛰어다니는 퍼포먼스를 보여줬다. (출처: 애플 코리아 홈페이지)

지금껏 젠 형식과 컨설팅 형식의 슬라이드에 대해 함께 알아봤다. 여러분에게 반드시 말씀드리고 싶은 사항은, 특정 주제의 형식은 특정 형태로의 슬라이드로만 작성해야 하는 것은 아니라는 점이다. 젠 형식의 슬라이드가 주를 이루게 되는 주제에도 그래프나 도표를 삽입하는 경우가 있을 수 있고, 컨설팅 형식의 슬라이드로 발표를 진행해야 하는 기업 자료나 공모전 자료라고 하더라도, 도입 부분에서 다른 팀과의 차별화를 위해 젠 형식의 슬라이드를 삽입해 청중의 주목을 이끌어낼 수도 있다. 다음 예시를 보자.

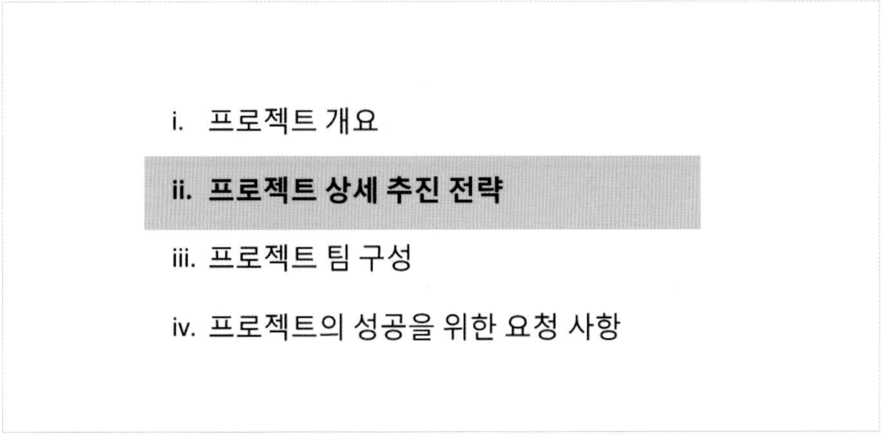

i. 프로젝트 개요

ii. **프로젝트 상세 추진 전략**

iii. 프로젝트 팀 구성

iv. 프로젝트의 성공을 위한 요청 사항

▲ 일반적으로 컨설팅 형식의 슬라이드는 목차를 이와 같이 표시하는데, 이런 방식으로 목차를 작성하면 현재 발표가 어느 정도 진행됐는지에 대해서 알 수 있다는 장점이 있지만 다소 딱딱하다는 단점도 있다.

일반적으로 컨설팅 형식의 슬라이드에서 사용되는 목차 화면은 이 그림과 같다. 이런 형식의 장점은 전체 프리젠테이션에서 현재의 위치가 어느 정도까지 진행됐는지에 대해 청중이 곧바로 파악할 수 있다는 점이다. 하지만 컨설팅 형식으로 목차를 작성할 때 조금은 딱딱하다는 느낌도 줄 수 있는데, 약간 재치를 발휘한다면 이런 목차 부분의 슬라이드는 젠 형식으로도 얼마든지 디자인할 수 있다. 다음 예시를 살펴보자.

다음 목차는 앞서 나와 있는 컨설팅 형식의 목차 중 두 번째 목차였던 '프로젝트 상세 추진 전략'을 젠 형식으로 디자인한 목차의 한 장면이다. '추진'이라는 키워드에서 힌트를 얻어 로켓이 하늘로 상승하는 그림을 넣고, 그 위에 기존 목차 내용인 '프로젝트 상세 추진 전략'이라는 젠 형식의 슬라이드를 만들었다. 이와 같은 방식으로 컨설팅 형식의 슬라이드 사이에 젠 형식의 슬라이드를 삽입해 분위기를 환기할 수도 있다.

◎ 검색 키워드: 로켓

▲ 컨설팅 형식이 중심이 되는 보고서 슬라이드 디자인에서도 목차 정도는 젠 형식으로 디자인하는 것이 충분히 가능하다. (출처: www.davidbakeronline.com)

그렇다면 다른 목차는 어떤 식의 젠 형식으로 바꿀 수 있을까? 바로 책장을 넘기기 전에 여러분이 저 4개의 목차를 젠 형식으로 바꾼다면 어떻게 디자인할지, 어떤 이미지를 사용할지 잠시 생각한 뒤에 책장을 넘겨보자.

생각을 마쳤는가? 그냥 넘기기 전에 직접 상상한 이미지가 어떤 것인지 적어보고 그다음 책장을 넘기자.

i) 프로젝트 개요 → _____

ii) 프로젝트 상세 추진 전략 → _____

iii) 프로젝트 팀 구성 → _____

iv) 프로젝트의 성공을 위한 요청 사항 → _____

◎ 검색 키워드: Business(왼쪽 위) / Rocket(오른쪽 위) / Team(왼쪽 아래) / Handshake(오른쪽 아래)

▲ 조금은 무미건조할 수 있는 컨설팅 형식의 목차를 이와 같은 젠 형식으로 디자인할 수 있다.

여러분이 생각한 젠 형식의 슬라이드와 책에 수록된 슬라이드가 비슷한가? 꼭 비슷한 형태의 그림을 상상하지 않았더라도 목차와 연결돼 연상할 수 있는 그림을 찾았다면 충분하다.

지금까지 우리는 주제에 따라 두 가지 형식의 슬라이드 디자인을 결정하는 내용을 알아봤다. 여러분이 어떤 주제로 발표할지에 따라 여러분이 주로 사용해야 하는 형식의 슬라이드가 결정되며, 이를 토대로 실제 디자인을 진행한다면 좀 더 명확하게 메시지를 전달할 수 있는 슬라이드를 디자인할 수 있다.

빅테크 스타일 '하이브리드 슬라이드'

최근 빅테크 중심으로는 슬라이드를 젠 형식의 슬라이드까지는 아니지만, 최대한 단순하게 메시지를 싣는 방향으로 슬라이드를 디자인하는 경향이 생겨나고 있다. 아무래도 서비스 화면을 만드는 회사들이 많고, 또한 최대한 직관적이고 사용자가 편리하게 이용하는 것을 목표로 하다보니 체계적으로 만들었다 하더라도 컨설팅 보고서 형태의 문서보다는 글을 덜어내려고 하는 경향이 강한 것이다. 실제로 국내외 빅테크에서는 프리젠테이션 슬라이드로 모든 문서를 작성하지 않고, 다양한 양식을 보고에 활용한다. 이를테면 CEO에게 보고를 할 때에도 스프레드 시트 형태로 보고를 하는 경우도 있고, 워드에 불릿 포인트로 정리해 보고하는 경우도 많다. 이런 보고 형식을 가르는 것은 바로 시급성과 청중^{audience}이다. 가장 빠르게 산업이 변화하고 새로운 기술이 쏟아져 나오는 빅테크 산업 분야에서는 단 하루, 단 몇 시간만 늦게 정보를 알게 돼도 치명적인 경우가 종종 존재한다. 대표적인 예가 매년 미국에서 열리는 소비자 가전 전시회인 CES^{Consumer Electronics Show}나 바르셀로나에서 개최되는 모바일 기업 전시회인 MWC^{Mobile World Congress} 그리고 애플, 구글과 같은 주요 빅테크의 이벤트는 정보를 아는 속도가 그 보고의 성패를 가른다고 볼 수 있을 만큼 중요하다. 대다수 빅테크는 미국에 위치하고 있기에 우리나라 기준으로 새벽 시간에 이벤트가 진행되지만, 그 시각에 깨어나 보고서를 작성하고 아침에 CEO가 출근했을 때 바로 받아볼 수 있게끔 작성돼야 한다. 나의 경우 전 세계적으로 선풍적인 혁신을 가져왔던 GPT-4의 발표 당시, 제품 공개 이후 단 4시간만에 팀원들과 보고서를 작성해 CEO와 주요 임원들에게 보고했다. 이런 경우에는 슬라이드 디자인을 다 하기에는 너무 시간이 촉박하다. 시급성이 우선할 경우 슬라이드 디자인을 해야 하는 프리젠테이션을 과감히 포기하고 워드 형태의 줄글로 보고를 하게 된다.

또 다른 경우는 청중의 내/외부 여부다. 아주 특별한 경우가 아니고서는 청중이 외부에 존재할 경우 프리젠테이션 슬라이드 형태로 커뮤니케이션하는 것이 일반적이다. 다만 내부 보고의 경우에는 워드 형태나 스프레드 시트의 보고, 혹은 정리된 텍스트 메시지, 카카오톡 보고도 빈번하게 이뤄진다.

속도가 가장 중요한 요소가 아니거나 깊은 고민을 도식화/구조화해서 보여주는 것이 필요한 경우에는 주로 프리젠테이션 슬라이드를 활용한 커뮤니케이션이 이뤄지게 된다.

실제 예시를 보자. 다음의 슬라이드를 보면 컨설팅 형식의 슬라이드보다는 글의 양이 현저히 적은 것을 볼 수 있다. 흡사 제품 발표회에서 볼지도 모르는 형식을 띠는 것 같기도 하다. 이는 이제 당연해진 모바일 환경도 한몫을 했다. 자료를 전달받아 휴대폰으로 이동하면서 검토하는 경우도 비일비재한데, 이럴 경우에 글씨가 너무 빽빽하게 들어 차 있으면 작은 화면에서 글을 읽기가 어렵기 때문이다.

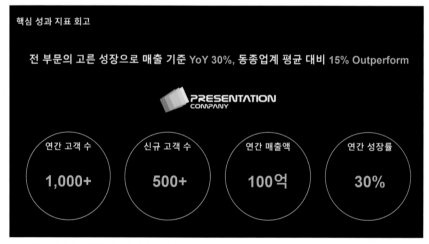

▲ 빅테크에서 주로 활용되는 슬라이드 디자인 형태. 컨설팅 형식과는 상당한 차이를 보인다. 이는 모바일의 보편화에 따른 추세의 변화다.

다른 예시도 보자. 이는 기본적인 젠 형식과 형태는 비슷하지만, 담기는 내용은 컨설팅 형식의 슬라이드와 매우 유사해 이를 '하이브리드hybrid 슬라이드'라고 칭한다.

▲ 컨설팅 형식의 슬라이드에서 담게 될 자료를 젠 형식으로 녹여낸 하이브리드 형식 슬라이드

빅테크에서 주로 활용되는 자료의 형태는 서비스 화면 캡처를 통한 서비스 흐름도, 그리고 주요 사업 및 서비스 성과 지표, 경쟁사 및 자사의 매출/서비스 숫자 도식화 정도로 정리될 수 있어 다소 큰 텍스트 크기를 보인다. 이렇게 할 경우 자료로서의 가치가 떨어질 수 있다는 우려가 자연스럽게 생기는데, 아주 자세한 자료는 더 필요하면 찾아볼 수 있도록 부록appendix 형태로 담는 자료가 작성된다. 컨설팅 형식의 슬라이드 디자인이 모든 이야기를 꼼꼼하고 세세하게 다 해주는 스타일이라면, 빅테크 스타일 하이브리드 슬라이드는 중요한 이야기만 재빠르게 하고 '더 흥미가 있으면 그것도 혹시 몰라 준비해봤어요'라는 방식으로 자료가 구성된다고 보면 된다. 앞선 슬라이드의 형식을 이야기할 때 이 빅테크 스타일 슬라이드를 함께 언급하지 않은 이유는,

완전히 구분되는 별도의 형식이 아니라 형태는 젠 형식에서 차용하고, 내용은 컨설팅 형식에서 차용하기 때문이다. 젠 형식과 컨설팅 형식의 슬라이드를 모두 능숙하게 디자인할 수 있다면 하이브리드 스타일의 슬라이드를 디자인하는 것도 어렵지는 않다.

▲ 빅테크 기업이 서비스하는 특성상 모바일 환경과 화면 캡처가 많기 때문에 고해상도의 이미지가 삽입되고, 이에 대한 간단한 설명이 덧붙여지는 방식으로 슬라이드 디자인이 이뤄진다. (출처: 틱톡, 인스타그램, 유튜브 캡처)

추가적으로, 처음에는 신속성이 중요해 스프레드 시트나 워드 형태로 보고를 했다가도 점차 쌓이는 정보를 모아서 슬라이드 형태로 다시 정리해 보고하는 경우도 있다. 신속성이 우선인 경우에는 슬라이드 디자인을 하는 일보다 다른 형태의 보고가 더 좋지만, 구체적인 이미지와 구조화된 슬라이드가 종합적인 자료의 성격에 더 부합하기 때문이다. 이는 기자들이 속보로 전해야 할 내용을 일단 제목만 적어서 내보냈다가 어느 정도 시간이 지난 뒤 그 사건의 종합적인 내용을 모두 정리해 종합 기사를 내는 것과 일맥상통한다.

마지막으로 한 가지를 더 짚고 넘어가겠다. 하이브리드 형식 슬라이드는 결코 어설픈 젠 형식의 슬라이드가 아니라는 점이다. 『퍼펙트 슬라이드 클리닉 with 파워포인트』 (에이콘출판, 2020)에 이와 관련된 예시를 실었는데, 젠 형식의 슬라이드를 만든다 하면서 컨설팅 형식에 있는 '형식'을 그대로 유지하는 것은 젠 형식의 직관성도 주지 못하고, 컨설팅 형식의 구조화된 모습도 보여주지 못하는 나쁜 슬라이드다. 아래 예시를 보자. 이 예시를 보고 잘 만들었다고 생각하는 사람이 있다면 슬라이드 디자인 원리에 대해 아직 한참 더 공부가 필요한 사람이다. 왜 그럴까? 고해상도 이미지를 삽입했지만, 이미지와 배경 간의 이질감은 물론, 발표자가 청중에게 말로 해야 하는 메시지가 그대로 슬라이드 안에 글씨로 담겨 있다. 더군다나 정량적인 자료가 필요하지 않은 이런 슬라이드를 다음과 같이 만든다는 건 어설프게 젠 형식을 따라하는 것이다. 웃지 못할 이야기 같지만 실제 여러 실무 현장에서 다음과 같은 끔찍한 혼종이 나타나는 경우가 많다. 젠 형식의 슬라이드를 세련되게 만들고는 싶은데, 페이지 번호도 포기 못하고, 기존에 만들어 둔 틀도 포기 못하고, 회사 로고를 왼쪽 하단이나 오른쪽 하단에 삽입하는 것도 포기하지 못하면서 만들면 이런 형태의 슬라이드가 나오는 것이다. 그야말로 너무 많은 것을 한꺼번에 추구하려고 하다 모든 것을 놓치는 경우라고 할 수 있다.

높이 날아야 기회를 잡을 수 있다!

근시안적인 사고로는 넓은 세상의 기회를 모두 잡을 수 없다.
멀리 날며 사냥감을 노리는 독수리처럼, 넓은 곳을 보고 기회를 향해 과감히 도전해야 한다.

▲ 누가 보아도 두 마리 토끼 중 한 마리도 잡지 못한 슬라이드다.

만약 앞에 있는 슬라이드를 제대로 된 젠 형식으로 만든다면 어떻게 될까? 다음의 예시처럼 깔끔한 젠 형식의 슬라이드를 디자인할 수 있다.

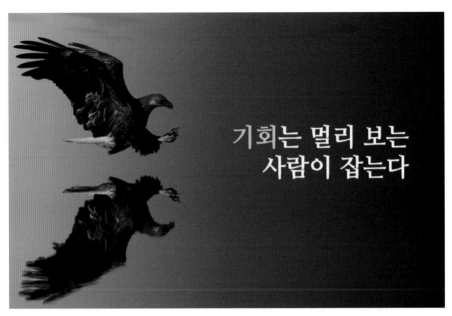

▲ 올바르게 디자인된 젠 형식 슬라이드

지금 보는 슬라이드에 삽입된 이미지가 동일함에도 직전 예시와는 사뭇 다른 결과물을 만들어냈다. 두 슬라이드의 차이가 나는 이유가 무엇인지, 다른 형식의 슬라이드를 어떻게 하면 더 나은 슬라이드로 탈바꿈할 수 있는지, 그리고 그 슬라이드를 파워포인트 프로그램을 활용해서 어떻게 만드는지 알고 싶다면 『퍼펙트 슬라이드 클리닉 with 파워포인트』를 일독해보는 것을 권하고 싶다.

다수 인원의 프리젠테이션 기획

프리젠테이션을 혼자 준비해 발표까지 모두 혼자 할 때도 있지만, 여러 사람이 함께 모여 프리젠테이션을 준비하는 경우가 더 일반적이라 할 수 있다.

프리젠테이션을 준비하는 인원수가 달라진다고 해서 프리젠테이션을 기획하고 준비하는 내용 자체가 바뀌게 되는 것은 아니다. 혼자 프리젠테이션을 준비한다면 지금까지 읽은 내용과 앞으로 읽게 될 모든 내용을 혼자서 준비하면 된다. 하지만 다수의 인원이 프리젠테이션에 참여할 경우, 인원별 정확한 역할을 부여하면 효과적인 프리젠테이션 기획에 도움이 되는 것은 자명하다. 앞서 이야기한 프리젠테이션의 4단계를 다시 떠올리며 다수의 인원이 프리젠테이션을 준비할 때의 기획 방법을 알아보자.

 VS

⊚ 검색 키워드: 사람

프리젠테이션은 총 기획 → 디자인 → 준비/연습 → 실전 발표로 이뤄진다. 단계별로 구성원이 맡아야 하는 역할은 조금씩 차이가 있다.

1. **기획 단계:** 이 단계에서는 치열한 토론과 의견 조율이 필수다. 토론과 회의를 통해 전체적인 프리젠테이션 디자인 형식을 결정하고, 전체적인 프리젠테이션 방향이 정해지는 단계이기 때문이다.

   따라서 스토리라인 작성 전 트리 구조의 소주제가 완성되면 그 다음 적절하게 인원을 할당한다. 주제의 개수와 사람의 수에 따라 적절하게 분량을 할당하고, 조사 작업을 실시한다. 실제로 어떤 일을 할 때 각 사람들이 일을 분담하는 것은 워킹 모듈working module이라고 표현하는데, 프리젠테이션에서는 보통 소주제 또는 중간 주제가 각자가 맡아야 하는 워킹 모듈이 된다.

   단 스토리라인을 작성할 때 구성원 중 한 명은 전체 스토리라인에 대해 가이드를 해 주는 역할을 수행해야 한다. 스토리라인이 잡히게 되는 기획 단계에서 중심점이 없을 경우에는 스토리라인 자체가 망가져서 시간을 낭비할 가능성이 커지기 때문이다.

   스토리라인을 병합하는 작업은 직장일 경우 팀 중에서 가장 직급이 높은 사람이 맡고, 학교와 프로젝트 활동일 경우 조장/팀장이 역할을 맡는 경우가 일반적이다.

2. **슬라이드 디자인 단계:** 기획 단계에서 각자 할당받은 주제가 있을 것이다. 특이 사항이 없는 이상, 자신이 기획 단계에서 맡았던 주제에 대해 각자 슬라이드 디자인을 실시한다. 자신이 스토리라인을 구성하고 필요한 자료를 조사했던 영역이기 때문에 해당 팀에서는 그 주제를 가장 잘 알고 있을 가능성이 크기 때문이다. 대신 슬라이드를 디자인하기 전에 한 명이 공통적으로 사용하게 될 빈 템플릿을 작성해 팀원에게 배포하고 작업을 시작해야 이중 작업의 번거로움을 없앨 수 있다. 템플릿에 포함될 내용은 슬라이드 배경 색상, 슬라이드 글씨체(필요 시 영문/한글별 글씨체 구분), 글씨 색상, 글상자 색상, 글머리 표시 색상, 도형 색상 등이다.

슬라이드 디자인이 일차적으로 끝난 이후 여러 번의 수정 작업을 하게 될 것이다. 이때 계속적으로 대표master 본을 취합하고 오류는 수정해나가는 역할만을 전문으로 하는 사람을 정한다. 이 방식을 사용하면 부분 수정이 일어나더라도 전체적인 개별 작업이 끝난 이후 모든 슬라이드는 한 사람이 취합해 일관성 있게 관리할 수 있다.

3. **발표 준비 단계:** 프리젠테이션을 준비하는 그룹 중에서 발표에 가장 자신 있는 1~2인을 발표자로 선정하고 발표할 부분을 정한다. 발표자 수가 너무 많을 경우 청중이 혼란스러움을 느끼게 되므로, 불가피한 상황이 아니라면 발표자는 2명을 넘지 않게 한다.

팀원이 3인 이상일 경우 발표 업무를 수행하지 않는 사람들은 발표자의 발표 준비 상태와 발표 태도에 대해 평가하고 피드백을 주는 과정을 거친다. 만일 발표를 준비하는 인원이 2명이고, 둘 다 발표를 할 경우에는 자신이 발표하지 않을 부분에 대해 서로 청중이 돼 발표 준비 상태와 태도 등에 대해 평가해 피드백을 주는 형식으로 진행한다. 그리고 단독으로 발표할 경우, 발표자는 발표를 진행하고, 발표자가 아닌 사람은 평가와 피드백을 주는 방식으로 발표를 준비한다.

4. **실전 발표 단계:** 실제로 프리젠테이션을 준비하는 단계다. 발표자는 오로지 발표에만 집중하고, 발표를 하지 않는 인원들은 장비의 상태 등을 미리 점검해 돌발 상황이 발생하지 않게 한다.

발표가 끝난 뒤 질의응답 시간이 주어질 경우 발표자가 우선적으로 답변을 실시하되, 발표자가 모르는 내용인데 함께 준비를 했던 팀원 중 해당 질문에 대답할 수 있는 사람이 있다면 그 자리에서 일어나거나 앞으로 나가서 답변을 해주는 역할을 수행하기도 한다.

다음의 슬라이드는 단계별로 팀원의 역할을 어떻게 분담해야 하는지를 정리한 표다. 이 슬라이드에서 알 수 있듯이 색상을 칠한 박스는 스토리라인 총괄 담당, 슬라이드 템플릿 작성자, 슬라이드 취합 담당, 발표 전 장비 점검 인원과 질문 시 보충 답변자 역할을 맡은 사람의 경우, 다른 업무와 함께 이 업무를 수행할 수도 있음을 의미한다.

그 외의 흰색 박스로 표시된 소주제별 조사 담당, 소주제별 슬라이드 디자인, 발표자, 피드백 담당의 경우 해당 단계에서는 그 업무만을 진행하면 된다. 단 준비/연습 단계에서 발표 준비 인원이 2명인데, 모두 발표해야 하는 경우라면 서로 번갈아 가면서 역할을 수행한다.

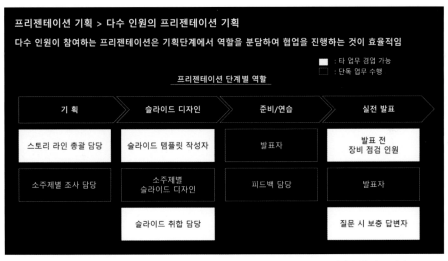

▲ 프리젠테이션의 단계별 팀원의 역할을 정리했다. 맡은 역할에 따라 중복된 업무를 수행해야 할 때도 있다.

앞에서 살펴본 프리젠테이션 슬라이드의 형식 결정에 대해 잠깐 복습하는 시간을 가져보자. 여러분이 이미 봤듯이, 다수 인원의 프리젠테이션 기획이라는 주제는 젠 형식이 아닌 컨설팅 형식으로 디자인됐다. 왜 '프리젠테이션 단계별 역할'이라는 주제는 컨설팅 형식의 슬라이드로 작성하는 것이 더 적합할까?

'다수 인원의 프리젠테이션 기획 방법'이라는 주제는 키워드 하나와 이미지 한 장으로 표시하기엔 한계가 있기 때문이다. 수십 장의 슬라이드를 사용해 제작한다면 불가능하지는 않지만 효율성이 떨어진다. 또한 이 주제는 한 장에 모든 단계를 표시하지 않을 경우 전체 흐름을 파악하는 데 어려움이 생길 수 있다.

덧붙이자면 이 주제로 "광고를 찍을 수 있는가?"를 스스로에게 질문했을 때 선뜻 "그렇다."라고 답변이 나오기 어려울 것이다. 따라서 이 주제는 컨설팅 형식의 슬라이드로 작성하는 편이 더 효과적이다.

1. 모든 주제를 완벽하게 통달할 수 있는 형식의 슬라이드 디자인은 없다. 여러분이 진행할 **프리젠테이션의 주제**에 따라서 슬라이드 디자인 형식은 달라져야 한다.

2. 프리젠테이션 슬라이드 형식은 젠 형식과 컨설팅 형식으로 구분할 수 있다. **젠 형식**은 키워드와 이미지 중심의 간단한 구성이고, **컨설팅 형식**은 헤드 메시지와 헤드 메시지를 뒷받침할 수 있는 요소로 구성된다.

3. 프리젠테이션 청중의 전문성 정도, 정량적 자료의 양, 감성에 호소해야 하는지의 여부에 따라 프리젠테이션 슬라이드를 젠 형식으로 디자인할지 컨설팅 형식으로 디자인할지 결정한다.

4. 슬라이드 디자인 형식을 정하기 어려운가? 여러분의 발표 주제로 **광고를 만들 수 있는지**에 대해 생각해 본다면 젠 형식이 좋은지 컨설팅 형식이 좋은지 판단하는 데 도움이 되며, 실제 최신의 광고를 본다면 어떻게 젠 형식의 슬라이드를 구성해야 하는지 힌트를 얻을 수도 있다.

5. 빅테크 기업에서는 모바일로 슬라이드를 보는 경우가 증가하면서 **젠 형식에 컨설팅 형식의 내용을 담는 하이브리드 슬라이드 형식도 많이 사용**된다. 그러나 이 형식은 완전히 별도의 형식이 아니라 젠 형식과 컨설팅 형식을 자유롭게 활용할 수 있다면 디자인하기 어려운 유형은 아니다.

6. 여러 명이 프리젠테이션을 준비할 경우에는 **효율적인 분업**이 성공하는 프리젠테이션을 만든다.

7. 각 단계별 **겸업을 할 수 있는 역할**과 **단독으로 수행해야 하는 업무**가 있다. 인원에 따라 고르게 업무 분담을 하는 것이 중요하다.

1부를 마치며

굉음을 내며 시속 300km를 넘나드는 F1 레이싱. 0.001초가 승부를 가르는 레이스에서 때때로 정비를 받기 위해 차가 들어오는 모습을 본 적이 있을 것이다. 한시가 바쁜 마당에 정비를 받을 시간이 있을까라는 의구심도 들지만, 엄청난 속도로 달리는 자동차를 제때 점검하지 않으면 차량 자체에 큰 무리가 생겨 결국 레이스를 완주하지 못하게 된다고 한다. 무작정 달리기만 하는 것 보다, 필요한 정비를 제때 함으로써 좀 더 완벽한 레이스를 할 수 있는 것이다.

프리젠테이션에서의 기획은 F1에서의 정비와 비슷한 역할을 한다. 기획을 해야 할 시간에 곧바로 슬라이드를 만들거나 발표 연습을 하는 등 다른 활동을 하면서 기획을 소홀히 하는 사람이 많다. 이들은 기획에 따라 결과가 얼마나 달라지는지 모르고 있는 것이다.

그러나 어떤 일이든 계획 없이 실행되는 일은 치밀하지 못하고 더 많은 시간을 쓰게 되며, 결과적으로 실패할 가능성이 커진다. 프리젠테이션이 전체 업무에서 차지하는 중요성을 생각할 때, 프리젠테이션이야말로 그 무엇보다도 치밀하게 기획돼야 할 요소다.

아직도 대부분의 현장에서는 프리젠테이션 준비 시간의 90% 이상을 슬라이드 제작에 쏟고 있다. 이는 명확한 프리젠테이션의 목적에 따라 기획을 제대로 하지 않았기 때문에 나타나는 결과다. 처음에 단단하게 스토리라인을 구성해두면 작은 수정이 있더라도 전체적인 이야기의 틀이 흔들리지 않는다.

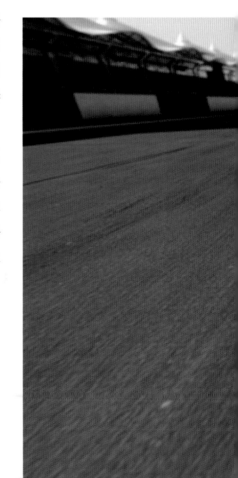

여러분은 기획 단계를 읽으며 프리젠테이션이 왜 스토리가 있어야 하는지, 어떤 식으로 스토리텔링을 해야 하는지, 그것을 가장 효과적으로 표현할 수 있는 슬라이드 형식은 무엇인지, 여러 명이 프리젠테이션을 준비한다면 프리젠테이션의 역할 분담은 어떤 식으로 해야 하는지 알게 됐다.

다른 이들이 무작정 컴퓨터를 켜고 프리젠테이션을 준비하려고 할 때, 여러분은 펜을 들고 팀원들과 머리를 맞대고 효과적인 프리젠테이션을 만들어내기 위한 기획을 해 보자. 여러분이 기획을 완성하고 슬라이드 제작을 위해 컴퓨터 앞에 앉는 그 순간, 이미 다른 사람들과의 격차는 벌어져 있을 것이다. 정비를 튼튼히 받고 힘차게 달려나가는 F1 머신처럼 말이다.

⊘ 검색 키워드: F1

슬라이드 디자인

/

시각화에
승부를 걸어라

당신은 주인공인가?

🎯 검색 키워드: Leader

프리젠테이션에서 주도권을 항상 쥐고 있어야 할 사람은 발표자다.
그 어떤 다른 요소에도 주도권을 넘겨줘서는 안 된다.

03

발표자 중심의 슬라이드 디자인

프리젠테이션을 기획하고 스토리라인 작성을 마친 여러분은 이제 다시 컴퓨터 앞으로 되돌아왔다. 기획 단계에서 슬라이드 디자인을 젠 형식으로 할지, 컨설팅 형식으로 할지도 정했다.

이제 본격적으로 프리젠테이션 슬라이드를 만들어야 할 단계에 와 있다. 평소 발표에 자신이 없던 사람이라면 3장을 주목해서 볼 필요가 있다. 프리젠테이션 슬라이드 디자인은 프리젠테이션 전체 단계에서 발표를 어려워하는 사람들에게 조금은 특별한 단계다. 왜냐하면 프리젠테이션 전체 단계를 모두 통틀어 생각해봤을 때, 슬라이드 디자인만이 유일하게 혼자 자유롭게 연습할 수 있는 분야이기 때문이다.

프리젠테이션에서 늘 중요하다고 강조하는 아이 콘택트, 혼자 연습할 수 있을까? 제스처gesture와 바디 랭귀지body language가 중요하다는 사실은 모두가 알고 있지만, 이것을 혼자 연습하는 것이 가능할까?(물론 이 책의 3부에서는 '혼자 할 수 있는 아이 콘택트와 제스처 연습법'을 공개할 것이다) 프리젠테이션의 대부분을 차지하는 이런 요소는 스스로 연습할 수 있다기보다는 다른 사람 앞에서 연습하고, 또 피드백을 받는 과정을 무수히 반복해야 실력을 향상시킬 수 있는 분야다.

그러나 내가 발표 연습을 하는 동안 계속 다른 사람이 봐준다는 게 현실적으로 얼마나 어려운 일인지 모두가 알고 있을 것이다. 어떤 일이든 여러 번 반복해야 체득이 되고 익숙해지며 잘할 수 있는 법인데, 그 기회를 얻는 것조차 힘드니 실력이 향상되는 폭도 매우 작을 수밖에 없다.

하지만 슬라이드 디자인은 다르다. 혼자 컴퓨터 앞에 앉아서 계속 디자인을 바꿔보고 노력하는 만큼 얼마든지 연습할 수 있다. 밤새 연습할 수도 있고, 노트북이 있다면 장소에도 구애받지 않으면서 연습을 계속할 수 있다. 반복과 연습을 더 많이 할 수 있기 때문에 다른 요소보다 실력 향상을 빠르게 이룰 수 있다.

다른 사람에게 내 슬라이드가 잘 만들어졌는지 자문을 구하는 방법도 간단하다. 내가 만든 파일을 첨부해 상대방에게 보내주기만 해도 충분히 검토받을 수 있다.

이 정도면 슬라이드 디자인에 시간을 투자해야 하는 동기 부여가 됐는가? 슬라이드 디자인을 잘해야 하는 필요성은 알았으니, 이제 어떤 슬라이드가 잘 만든 슬라이드인지 알아보자. 기획 단계에서 젠 형식의 슬라이드를 택했든, 컨설팅 형식의 슬라이드를 택했든 그 형식과 상관없이 모든 슬라이드가 반드시 지켜야 하는 원칙이 있다.

그 원칙을 다음에 큼직하게 써놨으니, 이 문장을 꼭 소리내어 읽은 다음 책을 계속 읽어 나갔으면 한다.

프리젠테이션의 주인공은 슬라이드가 아닌 **발표자**다.

이미 짐작하겠지만, 이 문장을 소리 내서 읽게끔 했던 이유는 많은 사람이 발표자가 주인공이 되는 프리젠테이션을 하고 있지 못하고 있는 현실 때문이다.

누구나 '내 삶의 주인공'을 꿈꾼다. 어딜 가나 주목받고, 근사한 대접받기를 싫어할 사람은 그리 많지 않다. 그러나 우리가 연예인이나 방송인처럼 언론에 자주 노출되는 직업을 가진 사람이 아닌 이상, 주목을 받거나 어떤 자리에서 주인공이 될 기회가 그리 자주 찾아오진 않는다. 그렇다면 내가 주인공이 될 기회가 주어졌을 때, 그것을 잡아야 하지 않을까?

🔍 검색 키워드: **집중**(Concentration)

▲ 슬라이드 디자인 형식과 관계없이 발표자가 중심이 되는 슬라이드를 만들어야 한다.

프리젠테이션을 하는 그 순간만큼은, 여러분이 그 공간에서 가장 주목받는 사람이다. 즉 프리젠테이션의 주인공은 바로 여러분이다. 하지만 안타깝게도 너무나 많은 사람이 자신이 주인공이 될 수 있는 그 기회를 스스로 버리고 있다.

여러분이 주인공이 될 기회를 앗아가고 있는 주범은 바로 슬라이드다. 자신이, 또는 자신의 팀이 만든 슬라이드에 시간을 모두 내줘버린 발표자는 청중에게 철저히 외면받는다. 프리젠테이션을 진행할 때 사람들이 발표자는 제대로 쳐다보지도 않고 슬라이드만 계속 바라본다면, 여러분의 프리젠테이션은 성공적일 수 없다.

발표자가 주목받지 못하는 프리젠테이션은 왜 실패하는 것일까? 바로 발표자의 입에서 나오는 음성 정보가 청중에게 제대로 전달되지 않는다는 뜻이기 때문이다. 즉 음성 정보로 전달하고자 했던 요소들이 청중에게 제대로 전달되지 않음으로써 청중은 편향된 정보만을 받아들이게 되고, 이로 인해 프리젠테이션이 실패하는 것이다

청중의 시선을 모두 슬라이드에 빼앗겨버리는 프리젠테이션은 할 이유가 없다. 수많은 사람을 한 자리에 모을 필요도 없다. 그저 슬라이드를 메일 등을 통해 전송해주고, 각자 읽게 하더라도 별반 다를 바가 없다. 청중에게 외면받는 프리젠테이션은 발표자를 유인물 넘기는 사람으로 전락시키고 만다.

여러분의 프리젠테이션을 위해 청중이 모였다면, 그리고 그 앞에서 발표를 해야한다면, 왜 여러분이 직접 앞에 나와서 프리젠테이션을 해야만 하는지 그 당위성을 청중에게 보여줘야 한다.

이런 맥락에서 볼 때 발표자가 청중에게 많은 시선을 받는다는 것은 분명 프리젠테이션을 성공으로 이끄는 중요한 요소 중 하나임을 알 수 있다. 청중의 시선을 많이 받는 프리젠테이션을 청중 주목도注目度가 높은 프리젠테이션이라고 한다.

주목도란 '관심을 갖고 주의 깊게 보는 정도'를 의미한다. 따라서 청중 주목도는 프리젠테이션이 진행될 때, 청중이 얼마나 발표자의 이야기에 관심을 기울이고 주의 깊게 보는가를 가늠하는 척도가 된다. 청중 주목도가 높다는 것은 청중이 여러분의 프리젠테이션에 집중을 잘한다는 뜻이고, 반대로 청중 주목도가 낮다는 것은 청중이 여러분의 프리젠테이션에 집중하지 못하고 있다는 의미다.

발표자의 입에서 나오는 말이 세상에서 가장 값진 정보라 하더라도 그 이야기를 청중이 듣지 않는다면 아무 소용이 없다. 실패한 프리젠테이션인 것이다.

발표자의 능수능란한 화법은 큰 도움이 되지만 그런 화법의 소유자라 하더라도 슬라이드 디자인을 잘하는 사람보다 효과적인 프리젠테이션을 진행할 수는 없다. 능수능란한 발표자가 엉망인 슬라이드를 들고 나온다면? 슬라이드만 주목받거나 발표자만 주목받는 반쪽짜리 프리젠테이션이 될 것이다. 반면 슬라이드 디자인을 효율적으로 하면 같은 양의 정보를 전달하면서도 청중 주목도를 높게 유지할 수 있다. 그리고 그것을 가능하게 만들어주는 슬라이드 디자인 방법이 바로 정보의 단순화다. 말 그대로 청중에게 흘러 들어가는 정보를 단순화시켜 공개하는 것을 의미한다.

정보의 단순화는 정보의 종류를 단순화하거나 정보의 양을 단순화하는 두 가지 방식으로 나눠 접근할 수 있다. 이 두 가지 방법 중에서 정보의 종류를 단순화하는 방법은 주로 젠 형식의 슬라이드 디자인에 사용되며, 정보의 양을 단순화하는 방법은 주로 컨설팅 형식의 슬라이드 디자인에 적용된다. 지금부터 효율적인 슬라이드 디자인을 위한 정보의 단순화에 대해 함께 알아보자.

정보의 단순화 I: 정보의 종류 단순화

사람은 오감을 이용해 다양한 정보를 받아들인다. 이런 오감 중에서 프리젠테이션이 진행될 때 청중이 가장 많이 사용하는 두 가지의 감각은 바로 시각과 청각이다. 청중은 프리젠테이션이 진행되는 동안 스크린에 투사되는 슬라이드를 보는 동시에 발표자가 하는 이야기를 듣는다. 이때 사용하는 두 가지 감각이 바로 시각과 청각이다. 따라서 프리젠테이션을 진행할 때 청중의 시각과 청각을 효율적으로 공략한다면, 우리가 전달하려는 내용을 충실히 이해시킬 수 있다.

시각과 청각을 효율적으로 공략하기 위해 반드시 알아둬야 할 것이 있다. 사람은 두 가지 이상의 감각 기관으로 동시에 정보가 들어올 경우, 모든 정보를 동시에 처리하지 못한다는 사실이다. 특정 정보에 집중하면 다른 감각 기관을 통해 들어오는 정보는 소홀히 하게 되는데, 이것을 '정보의 취사 선택'이라고 한다.

여러분이 글을 쓰고 있는데 옆에서 누군가가 말을 걸어온다고 가정해보자. 글을 계속 쓰면서 동시에 옆에서 말하는 사람의 이야기를 완전히 이해할 수 있을까? 아마도 여러분이 쓰던 글을 망쳐 버리거나 상대방이 한 이야기를 대부분 기억하지 못하는 상황 중 한 가지 상황에 직면할 것이다.

슬라이드 한 장에 너무 많은 정보를 한꺼번에 싣지 말아야 하는 이유가 바로 여기에 있다. 깨알같이 무수한 글씨가 적힌 슬라이드를 띄워놓은 상태로 아무리 열변을 토한다 한들, 청중은 여러분의 슬라이드 또는 여러분의 말 중에서 한 가지만을 선택해 기억할 것이다. 슬라이드를 읽는 행동과 발표자의 말을 듣는 행동을 동시에 진행할 수 없기 때문이다. 이런 식으로 진행된 프리젠테이션은 절반의 정보만을 청중에게 제공한 셈이 된다.

이런 상황을 극복하기 위해 우리가 지켜야 하는 것이 한 번에 한 가지 종류의 정보만을 제공한다는 원칙, 즉 SIT^{Single Information a Time} 원칙이다. 간단히 말해 청중이 슬라이드를 볼 때는 슬라이드를 보는 데 집중하게 하고, 발표자가 말할 때는 청중이 발표자에게 주목하게 하는 것이다. 어떻게 생각하면 참 단순한 원칙이다.

시각과 청각의 장악

Single Information a Time

ⓒ 검색 키워드: 눈/귀

▲ 프리젠테이션의 성패는 청중의 시각과 청각을 장악하는 데 있다. 청중을 장악하기 위해 반드시 알아야 하는 원칙이 바로 SIT 원칙이다.

그러나 이 책을 읽기 전에 자신이 만들어왔던 슬라이드를 그대로 활용했을 때, 이 원칙을 지킬 수 있었는지에 대해 생각해보자. 아마 대다수의 사람들은 이 부분에서 고개를 저을지도 모르겠다(만약 SIT 원칙을 지키는 슬라이드 디자인을 해왔다고 생각한다면, 그런 사람은 슬라이드 디자인 파트를 건너뛰어도 될 듯하다).

가장 큰 원인은 어디에 있을까? 바로 프리젠테이션 시간이 한정돼 있다는 점이 가장 큰 문제일 것이다. 사실 생각해보면 어떤 형식의 슬라이드도 SIT 원칙을 지킬 수 있다. 슬라이드에 내용이 많든 적든 간에 참석한 청중 모두가 읽고 슬라이드를 모두 이해할 수 있을 만큼 시간을 준 다음, 발표자가 그 슬라이드에서 말하려던 이야기를 하면 이 역시 SIT 원칙을 지킨 것이기는 하다. 하지만 아쉽게도 우리가 발표할 수 있는 시간은 한정돼 있다. 따라서 학생들에게 수업을 하듯, 슬라이드에 있는 자료를 쭉 읽어보라고 시간을 준 뒤에 청중에게 이야기를 하는 형식으로 프리젠테이션을 진행하기에는 턱없이 시간이 모자랄 수밖에 없다.

설령 우리에게 무한정 시간이 주어진다 하더라도 이런 방법은 옳지 않다. 한 가지 슬라이드를 너무 오래 띄워놓는다면 슬라이드 단위로 이야기가 분절되기 때문에 전체적인 이야기의 흐름이 깨져서 스토리텔링 원칙은 지켜지지 않을 것이고, 청중 역시 집중할 수 있는 시간에 한계가 있기 때문에 SIT 원칙을 지킨다 하더라도 프리젠테이션은 실패하고 말 것이다.

결국 이야기는 다시 슬라이드를 어떤 식으로 디자인해야 스토리텔링을 효과적으로 할 수 있는가의 문제로 귀결된다. SIT 원칙을 지키면서도, 스토리텔링이라는 큰 틀을 벗어나지 않는 방법을 슬라이드 디자인에서 찾아야 한다.

좋은 슬라이드 디자인을 하려면 슬라이드 내부에는 어떤 요소가 포함되는지, 그 요소의 특성은 무엇인지부터 정확하게 파악할 필요가 있다. 해당 요소가 어떤 속성을 지니고 있는지 잘 알고 있어야 이를 적절히 조합해 효과적인 슬라이드를 작성할 수 있기 때문이다. 여러분은 슬라이드에 어떤 개체들을 담고 있는가? 이를 효과적으로 사용하려면 어떻게 해야 할까? 다음 절에서 자세히 알아보겠다.

글의 종류와 활용

SIT 원칙을 지키기 위해 우리가 최우선적으로 고려해야 하는 대상은 '글'이다. 어떤 슬라이드든, 무슨 도구를 사용해 프리젠테이션을 진행하든, 글은 반드시 존재하고 가장 자주 등장하는 개체이기 때문이다. 여러분이 종이에 마커로 직접 글을 써서 프리젠테이션을 하든, 가장 대중적인 파워포인트나 애플의 키노트를 활용해 프리젠테이션을 하든, 새로운 방법론으로 주목받았던 프레지Prezi를 활용하거나 아니면 전지에 매직으로 글과 그림을 그려 프리젠테이션을 하는 경우라 할지라도 그 도구와 형식에 상관없이 프리젠테이션 슬라이드에는 언제나 글이 등장한다.

이런 이유로 글은 그 활용 여부에 따라 슬라이드 전체 성패를 좌우하는 중요한 요소라고 할 수 있다. 따라서 글에 대한 속성을 잘 파악할 필요가 있다.

우리가 지금껏 무심결에 사용하던 슬라이드 내부의 글은 다음과 같은 세 가지 종류로 나눌 수 있다. 바로 반드시 슬라이드에 남겨야 하는 글, 슬라이드에서 삭제가 가능한 글, 그리고 글이 아닌 다른 요소로 대체할 수 있는 글이다.

1. **남겨야 할 글**: 먼저, 슬라이드에서 남겨야 할 글과 지워도 되는 글을 정해보자. 어떤 글은 남기고, 어떤 글은 지워야 하는지에 대한 기준을 명확히 해야 슬라이드를 제작하는 일이 좀 더 수월해질 수 있다.

   먼저 지금 머릿속에 한 가지 물체를 떠올려 보자. 커피, 건물, 사람, 동물, 식물, 그 어떤 것이든 좋다. 그리고 그 물체에 대해 퀴즈를 내듯, 누군가에게 설명한다고 가정하자. 그 내용을 모두 글로 적어본다. 이제 모두 적었다면, 여러분이 방금 전에 적은 글에서 단 한 개의 단어 또는 단 한 문장만을 남겨야 한다면 어떤 것을 남겨야 할지 고민해보자. 커피를 떠올렸다면 '카페인, 쓰다' 등을 떠올릴 것이고, 건물이라면 '콘크리트, 철근, 고층' 등을 떠올릴 수 있을 것이다.

고민 끝에 정한 그 단어와 문장이 바로 남겨야 하는 글이다. 이것이 앞에서 언급했던 키워드 또는 헤드 메시지가 된다(젠 형식의 슬라이드에서는 키워드, 컨설팅 형식에서는 헤드 메시지라 부른다. 키워드와 헤드 메시지는 같은 말이라고 생각해도 무방하다).

이미 많은 사람이 알고 있겠지만, 키워드와 헤드 메시지는 그 슬라이드를 모두 포괄할 수 있는 내용이 선정돼야 한다는 사실을 알 수 있다.

2. **삭제 가능한 글**: 키워드/헤드 메시지를 결정한 이후 남아있는 글을 다시 보자. 키워드 또는 헤드 메시지로 선정되지 않은 글을 슬라이드에서 지워도 청중이 이 슬라이드가 무엇에 관한 것인지 알아차리는 데 무리가 없는가? 그렇다면 키워드/헤드 메시지를 제외한 나머지 글은 모두 삭제한다.

다만 글이 슬라이드에서 사라진다고 해서 그 내용 자체를 프리젠테이션에서 빼 버린다는 뜻은 아니다. 지워진 문장은 바로 발표자인 여러분이 이야기하는 부분이 된다. 즉 지금까지는 같은 내용을 슬라이드에도 담고 발표자도 말했다면, 중복되는 부분을 없애버리고, 발표자 중심으로 프리젠테이션을 실시하는 것이다. 청중은 슬라이드에서 글이 줄어들었기 때문에 슬라이드를 읽어야 하는 시간이 짧아지고, 그만큼의 시간을 발표자에게 집중할 수 있다.

슬라이드에서 발표해야 할 내용이 다 사라져 버리는 것에 대해 일부 발표자는 불안감을 느낄 수도 있다. 그러나 발표자료를 빼곡하게 글로만 채우는 작성 방식은 결코 옳은 선택이 아님을 늘 염두에 둬야 한다. 심지어 복잡한 것처럼 보이는 컨설팅 형식의 슬라이드도 헤드 메시지는 두 줄 이내로 엄격히 제한함으로써 줄글이 계속적으로 이어지는 슬라이드와는 분명한 차별성을 두고 있다.

3. 대체 가능한 글: 앞선 두 단계의 행동으로 슬라이드에는 길어야 한두 문장 정도
의 헤드 메시지 또는, 한두 단어의 키워드만이 남아있을 것이다. 이렇게 슬라
이드가 막연히 비어있는 것도 그다지 좋은 형식은 아니다. 앞서 지웠던 문장 중
말로 설명하기 어려운 부분이 있을 수도 있는데, 이런 것은 이미지나 도표로 표
현한다. '대체 가능한 글'에 대해서는 뒤에서 좀 더 자세히 알아보겠다.

이렇게 글을 3단계로 구분하는 방법을 통해 SIT 원칙에 충실한 슬라이드를 만들 수
있게 됐다. 처음 줄글로 적어 내려갔던 슬라이드에서 확연하게 글이 줄어들었기 때
문에 청중은 슬라이드를 긴 시간 동안 볼 필요가 없고, 발표자의 말에 더욱 집중할 수
있다. 즉 시각 정보의 제공이 끝난 뒤에 발표자의 청각 정보가 들어오기 때문에 모든
정보를 무리 없이 받아들일 수 있게 되는 것이다. 그러면서도 처음에 전달하고자 했
던 내용은 전혀 줄어들지 않았다. 이것이 SIT에 입각한 슬라이드 디자인의 힘인 것
이다.

젠 형식 디자인에서의 키워드 강조법

키워드를 제외한 나머지 글을 모두 삭제할 수 있다면 가장 좋겠지만, 언제나 이 방법
이 가능하지는 않다. 젠 형식의 디자인에서도 문장을 써야 할 때가 존재한다. 이럴 때
는 우리가 키워드라고 생각하는 부분을 강조하는 방법을 사용하는 것도 좋은 대안이
된다. 특정 단어를 강조한다면, 청중에게 이 슬라이드의 핵심이 무엇인지 일러주는
일이 가능해진다. 키워드를 강조할 수 있는 방법은 총 네 가지가 있다.

1. 대문자의 사용: 이 방법은 영어를 사용해야 할 때 쓸 수 있다. 강조하고 싶은 단
어가 있다면 그 단어의 철자 모두를 대문자로 표기하면 좀 더 강조하는 효과를
얻을 수 있다(이 방법은 영문에서 상한 긍정이나 부정을 표현할 때도 사용된다).

다음 그림에서 알 수 있듯이, 슬라이드의 첫 번째 단어보다는 두 번째 단어가 좀 더 강조된 느낌을 준다. 만일 대소문자 구분이 없어서 글이 빽빽해 보이는 것이 걱정된다면, 세 번째처럼 큰 대문자와 작은 대문자를 혼용함으로써 강조 효과를 내면서도 문장이 빽빽해 보이는 단점을 줄일 수 있다.

▲ 영문의 경우 대문자가 주는 강조 효과를 충분히 활용해야 한다.

2. **글씨 크기의 변화:** 이 방법은 한글과 영문 모두에 사용할 수 있다. 바로 강조할 곳의 글씨 크기를 주변의 글씨 크기보다 더 크게 작성함으로써 일부분만을 강조하는 효과를 얻을 수 있다.

이 책에 수록됐던 젠 형식의 슬라이드를 보면서 이미 눈치를 채셨을 독자분도 많을 테지만 구체적인 예시를 다시 한번 보자. 다음 슬라이드의 첫 번째 문장은 문장 전체에서 '강조'라는 단어가 강조되고 있음을 알 수 있다. 하지만 두 번째 문장은 전체적인 글씨 크기가 크더라도 특정 부분이 강조돼 있다는 느낌은 받을 수 없다. 따라서 특정 단어나 문장을 강조하고 싶다면 주변 글씨보다 강조하고 싶은 곳의 글씨 크기를 더 하면 된다.

▲ 강조할 부분을 좀 더 크게 표현하면 전체 중 해당 단어에 대한 강조가 가능해진다.

3. **글씨 굵기의 변화:** 2번의 방법과 매우 유사하지만 글씨 크기를 바꿀 수 없는 경우에 사용할 수 있는 간단한 방법이다. 컨설팅 회사마다 조금씩 규칙은 다르지만 어떤 컨설팅사의 경우 "본문의 글씨 크기를 모두 같게 해야 한다."는 규칙이 있다. 따라서 이 규칙에 따르면 2번의 강조 기법을 사용할 수 없게 되는데, 이럴 때 강조할 부분을 굵게 처리해주면 문장에서 강조하려는 부분을 손쉽게 강조할 수 있다.

핵심 요약 (Executive summary)

- 국내 자동차 시장은 그 성장율이 2% 미만으로 유지됨으로써 시장 성장성이 둔화되어 있는 상태이며, 소비자들의 수입차 브랜드 선호로 인한 수입차의 약진으로 그 점유율이 5년 전 대비 8% 증가하였음

- 반면, 해외 시장의 경우 국산차의 판매량은 매년 2% 수준으로 소폭 증가하고 있으나, 자동차 1대 판매당, 수출용 자동차의 이익률은 내수용 자동차의 이익률 대비 70% 수준으로 이익률 개선에 미치는 영향력은 내수용 자동차 대비 미미한 수준임

- OO사는 지속적으로 원가 절감 활동을 진행해 왔으나 원가 절감 액수는 연간 XX억 원으로 전체 생산 금액의 0.1% 수준에 그치고 있음

- 따라서 지속적인 수익성 개선을 위해 국내 자동차 시장의 점유율 방어와 동시에, 글로벌 전체에서 생산되는 모든 차종의 원가 절감 활동이 병행되어야 함

▲ 그림에서 중요한 부분은 다른 색상을 사용했지만 글씨의 굵기 역시 더 두껍게 처리돼 원하는 부분을 강조하고 있다.

4. **글씨 색상의 변화**: 앞의 방법대로 강조하고 싶은 곳의 글씨 크기를 조절할 수 없는 경우도 있다. 문장 길이가 슬라이드 가로 크기와 정확히 일치해 중간에 있는 글씨의 크기를 키울 경우 자동 줄바꿈이 일어나는 경우가 바로 그런 때다. 이런 경우 슬라이드의 레이아웃이 망가지기 때문에 슬라이드 디자인 전체가 망가질 위험이 있다. 따라서 이때는 글씨 크기는 그대로 두되, 색상을 변화시키는 방법을 통해 간단히 해결할 수 있다.

다음 슬라이드에서 검정색이 아닌 색상으로 표시된 부분이 강조가 되고 있다는 사실은 누구나 알아챌 수 있는 부분이다. 글씨의 색상 변화를 통해 문장의 레이아웃이 어긋나는 문제를 해결할 수 있다.

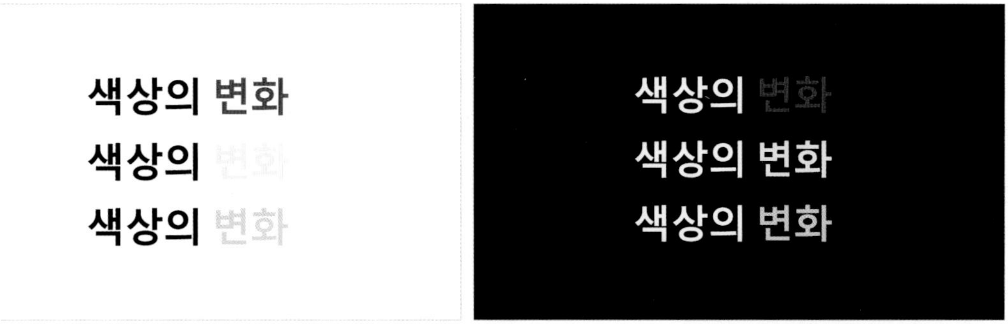

색상의 **변화**
색상의 변화
색상의 변화

색상의 변화
색상의 **변화**
색상의 **변화**

▲ 글씨 크기를 다르게 표현할 수 없을 때는 색상 변화를 통해 강조하고자 하는 부분을 돋보이게 할 수 있다. 단 슬라이드 배경 색상에 따라 강조색이 달라짐을 명심하자.

단 글의 색상을 변화시키는 경우 배경 색상을 반드시 함께 고려해야 한다. 강조할 단어의 색상을 바꿨다가 되려 가독성이 떨어지면 역효과가 나기 때문이다. 1번과 4번 문장은 '변화'라는 글씨가 강조 되고 있음을 누구나 알 수 있다. 그러나 2번 문장은 '변화'라는 5번 문장과 같은 색으로 변경했음에도 흰색 배경을 사용했기 때문에 오히려 가독성이 떨어져 보인다. 이것은 배경 색상이 다르기 때문에 생기는 현상이다.

지금까지 제시한 네 가지 키워드 강조 방법은 각 방법을 조합해서도 사용할 수 있는 방법이므로 다양한 조합을 통해 자신의 키워드를 강조할 수 있는 적절한 방법을 사용하자. 다음 예시를 보며 앞서 언급된 네 가지 중 어떤 방법이 사용됐는지 확인해보자.

▲ 이 슬라이드에서 강조하고자 하는 단어는 무엇일까? 누구나 쉽게 네 부분이 있다는 사실을 알아챌 수 있다.

먼저 강조하고자 하는 부분이 얼마나 있는지 생각해보자. 몇 개라고 생각하는가? 네 군데로 생각했다면 올바르게 생각을 한 것이고, 만일 다섯 군데라고 생각했다면 아마도 한 부분에서 다르게 판단했으리라 생각된다. 바로 '아주 작게'라는 부분이다. 이 부분은 '작다'는 글의 내용을 반영했다는 측면에서 '크게'라는 부분과 같은 방식을 사용했지만 실제 효과는 판이하게 달라졌다. 그 이유는 바로 '가독성'에 있다. 그 내용이 어떤 것이든 글씨를 작게 만들 경우 청중이 슬라이드에서 상대적으로 주목할 가능성이 적어지기 때문에 내용을 반영해 글을 작게 만든다고 해서 그것이 강조될 수 없다는 점을 참고삼아 알아두면 좋겠다.

그럼 그 외의 부분에서 어느 부분이 강조됐는지와 앞서 설명한 네 가지 방법 중 어떤 방법을 사용해 강조했는지 다시 알아보자.

1. **IMPACT!**: 이 부분에는 단어 전체를 대문자로 사용하는 방법과 단어의 색상을 바꿔 강조하는 방법을 선택했다. 이 중에서 'I'는 좀 더 큰 대문자로, 나머지 글자는 상대적으로 작은 대문자를 사용해 대문자만 배치돼 글이 지나치게 답답해 보이는 현상을 줄였다.

2. **강조**: 이 부분에서는 단어 색상을 바꿔 강조하는 방법을 사용했다. 앞서서도 강조했지만, 노란색의 경우는 검정색 슬라이드 배경 화면상에서는 강조 색상으로 사용될 수 있으나, 흰색 배경에서는 오히려 색상이 검정색보다 더 눈에 띄지 않을 수 있으니 참고하자

3. **크게**: 가장 명확하게 '강조가 됐다'고 느껴지는 단어로, 글씨의 크기를 키우는 방법을 사용했다. 게다가 단어가 가진 뜻과도 부합하기 때문에 이 슬라이드의 모든 단어 중 가장 강조된 단어라고 생각할 수 있다.

4. **효과적**: 색상을 바꾸는 방법을 사용했다. 붉은색의 경우는 흰색 배경과 검은색 배경 모두에서 강조할 때 쓸 수 있는 색상이지만, 보통 붉은색은 '위험, 비상' 등의 부정적인 의미로 사용되는 경우가 많으니 유의해서 사용하자.

1. 성공한 프리젠테이션을 위해서는 **청중 주목도**를 높여야 한다. 청중 주목도가 낮은 프리젠테이션은 남는 내용이 없는 실패한 프리젠테이션이 된다.

2. 다른 종류의 정보가 한꺼번에 들어올 경우 사람은 한 가지의 정보만을 취사 선택한다. 따라서 청중에게 한 번에 한 종류의 정보만을 노출해야 하는데, 이것을 **SIT(Single Information a Time) 원칙**이라고 한다.

3. 프리젠테이션 슬라이드의 대부분을 차지하는 글의 양을 줄인다면 발표자가 직접 이야기하는 시간이 늘어나서 **프리젠테이션의 주도권**을 잡을 수 있다.

4. **키워드는 해당 슬라이드를 대표할 수 있는 제목**이라고 생각한 다음 정한다. 슬라이드에서 삭제되는 글은 발표자가 직접 청중에게 이야기할 수 있으므로, 전달하고자 하는 전체 정보의 양은 줄어들지 않는다.

5. 모든 글을 삭제하기 어려운 경우 **키워드를 강조**한다. **대문자, 글씨 크기의 차별화, 색상 변화** 등을 통해 키워드를 차별화할 수 있다.

6. 색상 변화를 통해 키워드를 강조할 때는 **배경과 글씨의 조화**를 고려하자.

04

이미지의 활용

2부 '슬라이드 디자인'을 시작하면서 부제로 '시각화에 승부를 걸어라'라고 이야기 했다. 그 의미를 이제는 많은 분이 공감하고 있으리라 생각한다. 슬라이드에 많은 내용을 우겨넣는 것이 좋은 방법이 아니라는 데는 모두가 동의할 것이다.

3장에서 글에는 남겨야 할 글, 지워야 할 글, 그리고 대체 가능한 글의 세 가지 종류가 있다고 했고, 남겨야 할 글과 지워야 할 글에 대해서는 설명했다. 이제는 앞에서 많은 설명을 하지 않았던 '대체 가능한 글'이 바로 시각화에 승부를 걸어야 하는 부분이다. 이와 관련된 일화를 한 가지 소개하겠다.

학생 시절, 어떤 수업에서 국내 대기업 통신사와 IP TV관련 산학 프로젝트를 할 수 있는 기회가 생겼다. 단독으로 프로젝트를 진행할 수 있는 것은 아니고, 경쟁 PT를 통해 선정된 팀의 프로젝트 아이디어가 선택되는 형식이었다. 당시 교내에서는 프리젠테이션 연구회 소속이라고 하면 '프리젠테이션을 잘하는 모임'이라는 생각이 퍼져 있었고, 그로 인해 해당 프리젠테이션의 기획을 내가 총괄하게 됐다.

비슷한 내용으로 5팀이 경합을 벌이는 것이었기에, 다른 팀과는 차별화된 프리젠테이션 전략을 선보이기로 했고, 우리가 선택한 전략은 우리가 생각한 가상 TV의 모습을 직접 슬라이드로 구현하자는 것이었다.

경쟁 PT 당일, 다른 팀은 자신들이 생각해온 기능에 대해 줄글로 설명하거나 도표를 사용하는 정도의 프리젠테이션을 준비했지만, 우리는 TV 배경 화면 위에 우리가 생각했던 기능이 실제로 구현되는 듯 슬라이드를 구성해 프리젠테이션을 진행했고 이는 해당 회사 관계자에게 신선한 충격을 줬다. 말로 유창하게 설명하기보다 한 번 제대로 보여주는 '백문이 불여일견'을 정확히 구현한 프리젠테이션이었고, 우리 팀이 우승을 차지했음은 물론이다.

이처럼 시각화가 주는 효과는 강력하고 또 직접적이다. 줄글을 늘어놓고 설명하는 것보다 이미지를 활용한 방법은 청중에게 좀 더 즉각적인 효과를 발휘한다.

이미지는 키워드/헤드 메시지를 선별하는 과정에서 사라진 많은 글을 보충해주는 역할을 한다. 따라서 이런 이미지를 얼마나 잘 활용하느냐에 따라 여러분의 프리젠테이션 슬라이드 수준이 결정된다고 해도 과언이 아니다.

이미지는 글보다 직관적이라는 특성이 있기 때문에 그 어떤 글보다 훨씬 더 직관적으로 청중에게 각인된다. 따라서 이미지를 잘 사용한다면 청중에게 강렬한 인상을 주는 슬라이드를 만들 수 있다. 이 원리를 좀 더 체계적으로 알게 된다면, 이미지의 활용이 슬라이드 작성에서 얼마나 강력한 힘을 갖는지 알 수 있을 것이다. 지금부터 프리젠테이션에 왜 이미지를 활용해야 하는지, 왜 이미지가 글보다 직관적일 수밖에 없는지, 이미지는 어떻게 활용하면 되는지를 함께 알아보겠다.

이미지의 직관성

앞서 제시했던 예시와 같이, 사람은 줄글이나 말로 설명을 보고 듣기보다는 시각화된 이미지를 접했을 때 훨씬 더 수월하게 이해한다. 이유는 간단하다. 이미지는 뇌가 생각해야 하는 시간을 확 줄여주기 때문이다.

세상의 모든 언어는 실물 또는 이미지로부터 파생됐다. 예를 들어 우리가 '사과'라는 단어를 보거나 들었을 때 머릿속에서는 해당 물체의 속성을 하나하나 떠올린다. 즉 '빨갛고 초록색이 섞여 있으며 꼭지가 있고 노란색 과육을 가졌으며 깨물면 달콤새콤한 맛이 나는 물체'를 떠올리게 되고 이것을 종합해 우리는 '사과'라고 인식하게 되는 것이다.

우리가 슬라이드에 이미지를 사용한다면 청중이 프리젠테이션을 지켜보면서 진행하는 '글 → 인식 → 실물object'로 진행되는 사고의 과정을 덜어줄 수 있다. 보는 순간 물체 자체를 직접 받아들일 수 있게 되는 것이다. 이미지는 이와 같이 사고 과정을 줄여주므로 청중이 좀 더 직관적으로 슬라이드를 인식할 수 있음은 두말할 나위가 없다. 청중이 슬라이드에 집중해야만 하는 시간을 줄인다는 것은 그만큼 발표자에게 집중할 수 있는 시간이 늘어난다는 의미다. 우리는 결국 이미지의 활용을 통해 프리젠테이션의 주인공이 발표자라는 원칙을 더욱 공고히 할 수 있다.

▲ 단어의 생성 단계: 이미지는 뇌에서 글보다 직관적으로 처리되기 때문에 청중에게 짧은 시간의 슬라이드 노출로도 큰 효과를 가져다준다.

실제로 이미지를 활용하는 간단한 예를 보도록 하자. 어떤 프리젠테이션의 주제가 딸기에 대한 전반적 소개라고 가정하고, 그중 한 슬라이드에서 딸기의 효능을 설명한다고 가정해보자. 그렇다면 첫 번째 슬라이드와 같이 만들 수 있을 것이다. 이런 슬라이드를 혹시 지금까지 사용해 오지 않았는가? 이는 가장 지양해야 할 방식의 슬라이드다. 슬라이드에서 말하고자 하는 핵심을 전혀 알 수 없기 때문이다.

실제 딸기가 아닌, 그림으로 그려진 딸기 이미지와, 주제와 전혀 상관 없는 하늘색 배경 화면을 제거했다. 여전히 글이 많이 남아 있는 상태지만, 이것이 일반적인 슬라이드에서 젠 형식의 슬라이드로 만드는 첫 번째 과정이다.

이제 앞서 했던 방법과 마찬가지로, 이 중에서 키워드를 선별하는 과정을 거친다. 딸기의 효능과 관련된 슬라이드를 제작하는 것이므로 이 페이지에서 키워드가 될 만한 내용은 영양 정보 중에서 골라낼 수 있다. 여기에서는 비타민 C가 특히

딸기의 효능

- 딸기(strawberry)는 장미과 딸기속에 속하는 식물, 또는 그 열매를 말한다. 산딸기, 뱀딸기, 야생딸기와 재배하는 딸기로 구분된다. 꽃말은 존중, 애정, 우정, 우애이다

- 12월 상순부터 6월 상순까지 신선한 딸기가 출하된다. 딸기는 100g에 35cal의 열량을 내며 탄수화물 8.3g, 칼슘 17㎎, 인 28㎎, 나트륨 1㎎이 들어 있고, 비타민은 카로틴 6㎍, 비타민C 80㎎, B1과 B2 0.05㎎ 등이 들어 있다. 특히 비타민C가 풍부하여 10개의 딸기를 먹으면 하루 비타민 C의 권장량을 충족시킨다.

출처 : 위키백

▲ 글이 가득한 슬라이드를 젠 형식으로 만드는 예시. 각 글이 갖는 속성을 명확히 파악해야 가능한 작업이다.

풍부하다고 한 내용이 있으므로 이 부분을 키워드로 선택해봤다. 앞서 언급한 대로, 나머지 부분은 슬라이드에서 사라진다 하더라도 발표자인 여러분이 직접 설명하면 된다.

이제 마지막 단계다. "특히 비타민 C가 풍부하다."는 문장을 단어로 만들기 위해 '비타민 C의 황제'라는 말로 변경했다.

그 이후 '비타민 C의 황제'를 제외한 나머지 글은 삭제한다. 그리고 싱싱한 딸기의 이미지를 고해상도로 삽입해 젠 형식의 슬라이드를 완성했다. '황제'라는 단어를 강조하고자 붉은색 처리를 해 돋보이게 했다.

처음에 제시했던 슬라이드와 마지막 슬라이드를 비교해보면 확연한 차이가 있음을 알 수 있다. 그중 가장 주목해야 하는 차이는 슬라이드에 청중의 시선이 머무는 시간이다. 아무리 글을 빨리 읽는 사람이라 하더라도 첫 번째 슬라이드를 보는 시간보다는 마지막 슬라이드를 보는 시간이 짧을 수밖에 없다.

즉 글을 줄이고 이미지를 활용함으로써 청중의 시선이 슬라이드에 머무르는 시간을 줄이고 청중 주목도를 높게 유지한 상태로 프리젠테이션을 진행

딸기의 효능

 • 딸기(strawberry)는 장미과 딸기속에 속하는 식물, 또는 그 열매를 말한다. 산딸기, 뱀딸기, 야생딸기와 재배하는 딸기로 구분된다. 꽃말은 존중, 애정, 우정, 우애이다

 • 12월 상순부터 6월 상순까지 신선한 딸기가 출하된다. 딸기는 100g에 35cal의 열량을 내며 탄수화물 8.3g, 칼슘 17㎎, 인 28㎎, 나트륨 1㎎이 들어 있고, 비타민은 카로틴 6㎍, 비타민C 80㎎, B1과 B2 0.05㎎ 등이 들어 있다. 특히 비타민C가 풍부하여 10개의 딸기를 먹으면 하루 비타민 C의 권장량을 충족시킨다.

출처 : 위키백과

◎ 검색 키워드: **딸기**

할 수 있게 된 것이다. 나머지 부분은 발표자가 내용을 숙지하고 청중에게 설명해주는 방식으로 진행하면 된다. 만약 내용을 전부 외우기에는 많다고 생각이 된다면 슬라이드에 들어갈 만한 내용을 구분해서 슬라이드 수를 늘리는 방법을 권한다. 앞서 보여줬던 딸기의 효능에서 첫 번째 불릿을 한 장으로 만들고, 두 번째 불릿을 또 다른 한 장으로 만드는 방식이다. 그러나 정말 저 내용을 청중에게 모두 이야기해야 할지,

정말 모든 내용이 중요한지 이때 한번 생각해보자. 가장 완벽한 상태는 더 이상 더할 것이 없는 상태가 아니라 더 뺄 것이 없는 상태라는 격언을 떠올릴 필요가 있다.

이처럼 이미지가 주는 효과는 강력하다. 물 절약의 필요성을 여러 줄의 글로 적어서 정리하기보다는 메말라서 갈라진 땅을 보여주는 편이 청중에게는 훨씬 더 직접적으로 다가온다. 즉 이미지를 사용함으로써 피상적이던 내용을 청중에게 더욱 와닿게 할 수 있다.

⌖ 검색 키워드: 가뭄

▲ 물 절약과 관련한 두 장의 슬라이드. 오른쪽 슬라이드가 단연 돋보인다. 여러 가지 이야기를 글로 늘어놓는 것보다 이런 이미지를 보여주는 편이 훨씬 더 효과적이다.

이번 절을 통해 이미지가 전해주는 직관성과 그 효과를 알게 됐다. 하지만 실제로 어떤 이미지를 구해야 하는지, 어떤 식으로 이미지를 검색해야 하는지 등 여전히 알아나가야 할 부분이 많다. 지금부터 이미지를 선택하는 방법부터 실제로 슬라이드에 적용하는 방법까지 슬라이드의 이미지 활용 요령에 대해 계속 알아보겠다.

이미지 선택의 기본 원칙

슬라이드에 삽입되는 이미지도 좋은 이미지와 그렇지 않은 이미지가 존재한다. 앞서 봤던 슬라이드의 딸기 그림처럼 실제 예를 보게 되면 "이 이미지는 좋다.", "이 이미지는 좋지 않다."는 걸 판단하기가 어렵지 않으나, 좋은 이미지가 어떤 것인지에 대해 설명하기란 쉽지 않다. 좋은 이미지의 공통적인 특징을 나열한다면 다음과 같다. 이 특징은 여러분이 실제로 이미지를 고를 때 늘 염두에 둬야 하는 부분이기도 하다.

- **이미지의 해상도**: 슬라이드에 포함되는 이미지는 되도록 해상도가 높은 이미지를 사용해야 한다. 그 이유는 두 가지인데, 첫 번째는 우리가 사용하는 프로젝터가 컴퓨터 화면보다 선명하지 않다는 데 있다. 거기에 프리젠테이션을 실시하는 장소의 불빛도 문제가 된다. 불을 모두 꺼버린다면 청중이 집중하지 못하고 졸 위험이 있고 불을 완전히 끄지 않는 상태에서는 스크린에 비춰지는 화면이 우리가 작업 시에 모니터에서 보던 화면보다 훨씬 뿌옇고 화질이 떨어져 보이기 때문이다.

  즉 우리는 슬라이드가 스크린에 투사될 상황을 예측해서 슬라이드를 만들어야 한다. 만약 해상도가 좋지 않은 이미지를 사용하면, 청중의 눈에는 해당 이미지가 매우 질이 떨어지는 이미지로 보일 수 있고, 청중은 발표자가 이미지를 대충 구했다고 생각해 버릴 수도 있다.

  두 번째 이유는 이미지 계단 효과의 방지를 위해서다. 계단 효과란 해상도가 좋지 않은 이미지를 사용하거나 원래 크기가 작은 이미지를 늘려 사용할 때 생기는 현상으로 이미지의 가장자리가 계단처럼 깨지는 현상을 의미한다. 이런 이미지를 사용할 경우 전체적으로 슬라이드가 지저분해 보일 수 있으며, 이 역시 청중에게 부정적인 인상을 줄 수 있다.

대부분이 인터넷 검색을 통해 프리젠테이션 슬라이드에 삽입할 이미지를 구할 텐데, 그렇다면 어떻게 해야 '해상도가 좋은' 이미지를 얻을 수 있는지 함께 알아보자.

가장 많이 검색에 사용하는 검색 엔진인 구글을 기준으로 알아보겠다. 구글에서는 이미지만 따로 검색할 수 있는 사이트가 존재한다(images.google.com). 이 사이트에 들어가서 여러분이 원하는 키워드를 입력하면 이미지를 검색할 수 있다. 일단 검색한 이후에는 다음과 같은 화면을 볼 수 있는데, '도구'를 선택한 후 '크기 탭'에서 '큼'을 선택하면 고해상도의 이미지만 추려서 볼 수 있게 된다.

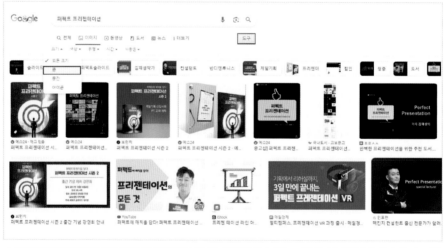

▲ 구글의 이미지 검색에서 먼저 키워드를 입력하면 도구 메뉴를 통해 이미지의 크기를 골라서 검색할 수 있다. (출처: 구글)

이 이미지 가운데에서 선택해 슬라이드에 사용하면 해상도가 낮은 이미지를 사용할 가능성은 현저히 줄어든다. 다만 검색한 이미지를 다운로드한 이후에도 직접 확인해서 해상도가 낮지는 않은지 꼭 점검한 후 이미지를 사용하자(간혹 저장하는 과정에서 높은 해상도의 이미지가 아닌 해상도가 낮은 이미지가 다운로드되는 경우가 있다).

만일 여러분의 모니터에서 이미지가 흐려 보이거나 깨져 보인다면 발표장에 해당 이미지를 갖고 갔을 때 청중은 무조건 해상도가 낮은 이미지를 보게 된다는 사실을 명심하자.

• 메시지를 이끌어내는 이미지: 프리젠테이션을 구성하는 모든 개별적 요소는 한 가지 목적을 지향해야 한다. 슬라이드 역시 프리젠테이션의 일부인 이상, 슬라이드 안에 삽입되는 이미지 역시 전체 프리젠테이션에서 주장하고자 바와 같은 의미를 지향해야 한다. 즉 이미지를 고를 때는 발표자가 의도하는 바를 정확하게 알려줄 수 있는 이미지를 사용해야 한다.

특히 간편하다는 이유로 슬라이드 작성 프로그램에서 기본적으로 제공하는 클립아트를 무조건 활용하는 경우가 있는데, 이 방법은 젠 형식의 슬라이드를 만들 예정이라면 절대로 해서는 안 된다. 클립아트에 있는 이미지는 특정 메시지를 담아낼 수 없는 그림이 대부분이기 때문이다. 다음 예시를 살펴보자.

다음 두 장의 그림은 모두 호랑이의 이미지다. 하지만 '용맹함'이라는 키워드를 더 잘 나타내 줄 수 있는 이미지는 어떤 것일까? 이 책을 보는 여러분 모두 오른쪽에 있는 호랑이가 '용맹함'에 더 가까운 이미지라고 생각할 것이다. 즉 키워드를 뒷받침해주는 이미지를 삽입하는 것이 중요하다. 클립아트가 보유한 이미지보다는 인터넷 전체가 보유한 양이 훨씬 더 많다는 건 너무나 당연한 이야기다. 메시지를 녹여낸 이미지를 활용함으로써 청중은 슬라이드의 키워드를 직관적으로 이해할 수 있게 되고, 전체적인 프리젠테이션에 대한 이해도도 높아질 수 있는 것이다.

⊚ 검색 키워드: Tiger

▲ 왼쪽 호랑이는 말 그대로 '호랑이'를 나타낸 그림일 뿐 이 그림에서 특정 메시지를 이끌어내기는 어렵다. 반면 오른쪽 호랑이는 특정한 키워드를 수식하는 데 부족함이 없다.

- **컨설팅 형식 슬라이드의 이미지 선택:** 컨설팅 형식의 슬라이드에도 이미지를 종종 삽입하지만, 이는 젠 형식에 삽입하는 이미지와는 그 성격이 매우 다르다. 즉 해상도가 좋고 실제 사진이 젠 형식 슬라이드에 주로 쓰인다면 컨설팅 형식의 슬라이드에서는 이미지를 삽입한다 해도 슬라이드 전체를 모두 차지할 만큼 크게 들어가지는 않으며, 아이콘 형태의 이미지를 주로 넣는다.

▲ 컨설팅 형식에서는 고해상도의 이미지보다는 아이콘 형태의 이미지를 많이 사용한다. 이런 이미지는 전체가 모여 한 가지 메시지만을 끌어내는 것으로도 충분하다.

젠 형식은 슬라이드에서 이미지가 차지하는 비율이 상당히 높기 때문에 이미지를 선택하고 배치하는 데 상당한 신경을 써야 하지만, 컨설팅 형식의 슬라이드에서는 화면 일부분에 작게 표시되는 이미지를 찾는 데 시간을 너무 많이 사용하거나, 고해상도의 이미지를 비싼 값을 주고 구입할 이유는 없다. 따라서 젠 형식의 슬라이드에서는 클립아트에 있는 기본 이미지 사용을 지양해야 하지만 컨설팅 형식의 슬라이드에서는 클립아트에 있는 이미지를 사용하거나 아이콘 형태의 이미지를 사용하는 것도 한 가지 방법이 될 수 있다(물론 더 다양한 종류의 아이콘은 검색을 통해 찾을 수 있으므로 취향에 맞는 방법을 선택하자).

여러분이 디자인할 슬라이드가 어떤 형식이든, 슬라이드는 단순화할 수 있는 모든 항목을 단순화할 필요가 있다. 이런 측면에서 볼 때, 컨설팅 형식의 슬라이드에서 사진 이미지를 사용할 경우 이미지가 주는 정교함(디테일함)이 오히려 슬라이드를 복잡하게 만들 수 있다. 또한 젠 형식의 슬라이드는 이미지를 검색하는 시간이 상당히 많이 걸리고 또 중요한 부분이지만, 컨설팅 형식의 슬라이드는 상대적으로 이미지 검색에 사용할 수 있는 시간이 적고 이미지 자체의 중요도가 많이 떨어지므로 아이콘 형태의 이미지를 좀 더 선호하는 것이다. 참고로 아이콘 이미지의 파일 확장자는 .png나 .ico이므로, 이미지를 검색할 때 검색창에 확장자(예: tiger.png/tiger.ico)를 포함해 검색한다면 더 빠르게 이미지를 검색하고 사용할 수 있다.

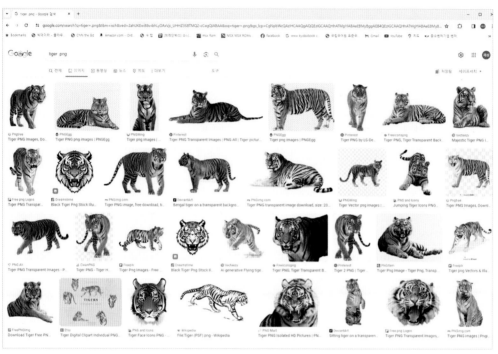

▲ 실제 구글 검색창에 'tiger'와 확장자인 'png'를 조합해 검색한 결과. 아이콘 형식의 이미지가 검색되는 것을 쉽게 볼 수 있다. (출처: 구글)

이미지 검색 방법과 저작권

프리젠테이션 슬라이드를 준비해본 사람이라면 슬라이드에 이미지를 삽입해본 경험이 있을 것이다. 슬라이드에 넣을 이미지를 구하기 위해 가장 많이 사용하는 수단은 바로 검색 엔진이다. 검색창에 검색어를 넣고 검색 결과로 나오는 이미지 중 특정 이미지를 골라서 슬라이드에 사용하는 것이다.

문제는 이런 과정에서 이미지를 검색하기 위한 키워드를 입력하고도 자신의 맘에 드는 이미지를 곧바로 구하지 못하는 경우가 상당히 많다는 점이다. 슬라이드 디자인을 할 수 있는 시간이 무한정 주어지는 게 아닌 이상, 이미지 검색을 하는 데 사용하는 시간은 최대한 줄여야 한다.

효율적인 이미지 검색 방법은 프리젠테이션 준비 시간을 크게 줄여준다. 이미지 검색에 들이는 시간을 절약해 발표를 준비하는 데 쓴다면, 좀 더 완성도 있는 프리젠테이션을 준비할 수 있다. 이제 효과적으로 이미지를 검색할 수 있는 방법도 함께 알아보자(참고로 이 책에 나오는 이미지를 찾을 때에 실제로 사용한 검색어를 각 이미지와 함께 표기해 뒀다. 예시로 나오는 검색어가 여러분의 실전 이미지 검색에 예시가 될 수 있기를 바란다).

역발상 이미지 검색법

효율적으로 이미지를 검색하려면 전략적으로 검색어를 골라야 한다. 이를 위해서 우리는 우리가 검색하기 더 어려운 대상이 무엇인지 명확하게 짚고 넘어갈 필요가 있다. 여러분이 이미지를 구하는 과정에서 어려움을 겪는 대부분의 경우는 우리가 실제 사물, 인물, 동물 등으로 인식할 수 있는 유형적tangible인 것이 아닌 대부분 추상적intangible인 것이다.

앞에서 언급했던 사례인 '호랑이'를 검색해 맘에 드는 이미지를 찾는 일은 매우 쉽다. 실제로 검색해보면, '호랑이' 또는 영어 단어 'tiger'만으로도 충분히 우리가 원하는 이미지를 구할 수 있다는 사실을 알게 될 것이다. 그 외에도 시계, 사과, 새 등 실제로 존재하는 물체나 생명체와 관련된 이미지를 찾기란 그리 어렵지 않다.

반면 추상적인 이미지는 어떨까? 대부분 우리가 검색하는 데 있어 애를 먹는 것은 실체가 존재하지 않는 추상적인 이미지를 찾고자 할 때다. '우정'과 연관된 이미지를 찾기 위해 여러분은 어떤 키워드를 사용할 것인가? '고급'이라는 개념을 나타내는 이미지를 검색하기 위해 여러분이 사용하는 키워드는 무엇일까? '우정'이나 '고급'이라는 키워드를 그대로 입력했을 때 원하는 이미지가 바로 나타났는가? 만약 그렇지 않다면 여러분은 다른 키워드를 선택해야 한다. 다른 키워드를 정하기 위해서는 단어가 어떤 과정으로 형성되고, 그중 추상 명사와 형용사가 어떤 식으로 생성되는지를 이해할 필요가 있다.

효율적인 이미지 검색을 위해 우리가 사용해야 하는 키워드는 바로 '구체적 명사'다. 구체적 명사란 무엇일까? 추상 명사(형용사)의 반대 개념으로, 물체^{object}를 직접 지칭하는 명사를 의미한다.

우리는 실제 사물에 대한 개략적인 특징을 파악하고, 이를 과거의 경험과 비교해 일치하면 그것들을 같은 물건으로 간주한다. 예를 들어 우리가 '호랑이'라고 지칭하는 동물(사물)은 검은색과 황색(또는 흰색)의 털 무늬가 있고, 이빨이 날카로우며, 육식을 하고, 야생 또는 동물원에서 만날 수 있는 네 발 동물이라는 공통점을 지닌다.

이런 특성을 뇌 속에 저장한 이후 그 이후에 보게 되는 물체 중에서 우리가 인지한 특성과 공통점이 있는 동물을 보게 된다면 그것을 '호랑이'라고 인지하게 된다.

호랑이의 특성	파생 추상명사 (형용사)
검은색과 황색(흰색) 털을 지님	위험함
이빨이 날카로움	용맹함
육식을 함	사나움
야생과 동물원에서 볼 수 있음	카리스마
네발 동물	강함

▲ 호랑이의 특성 및 특성에 따라 파생되는 추상 명사(형용사)

▲ 삵을 모르는 사람이라면 사진을 보고 고양이나 다른 고양이과 포유 동물로 착각할 수 있다. 갖고 있는 특성이 비슷하기 때문이다.

여러분은 이 동물이 무엇으로 보이는가? 고양이라고 생각하거나 표범 등 그 외의 다른 동물로 생각하시는 분들도 계실 것이다. 하지만 이 동물은 '삵(살쾡이)'이다. 만약 여러분이 이전에 삵을 한 번도 본 적이 없다면, 이 동물을 고양이나 다른 동물로 착각하게 될 것이다. 이는 삵이라는 동물이 고양이나 다른 고양이과 포유동물과 삵이 가진 특징이 비슷하기 때문에 일어나는 현상이다.

즉 추상 명사 또는 형용사는 어떤 사물의 특성을 파악하기 위해 만들어졌다. 그러므로 추상 명사나 형용사는 실체가 없다. 오감으로 느낄 수 없는 것이기 때문에 이런 추상 명사와 형용사를 검색어로 사용하면 우리가 생각했던 이미지를 구하기가 힘들다.

따라서 우리는 추상 명사나 형용사를 검색해 원하는 이미지를 찾으려고 하는 대신, 뇌의 사고 과정을 거꾸로 진행해 검색어를 고르면 원하는 이미지를 좀 더 쉽게 찾을 수 있다.

호랑이에서 파생된 다양한 추상 명사(형용사)를 떠올릴 수 있는 이미지는 다음과 같다 (물론 호랑이도 포함될 수 있지만 중복 언급될 필요는 없으므로 예시 슬라이드에서는 호랑이를 포함시키지 않았다).

▲ 호랑이의 특성에서 파생된 추상 명사를 구체적으로 갖고 있는 대상을 나열했다. 이들의 이미지는 검색이 한결 쉬운데, 실체가 있는 실물이기 때문이다.

우리가 머릿속에서 추상 명사를 생각했을 때 떠오르는 구체적인 이미지. 그 이미지를 지칭하는 구체적 단어를 검색창에 입력해 검색하는 방법이 가장 빠른 이미지 검색법, 즉 역발상 이미지 검색법이다.

위험, 용맹, 사나움, 카리스마, 강함 등의 추상 명사(형용사)를 찾으려면 권투선수, 사자, 독수리, 전사 등의 키워드를 검색하면 된다. 이런 과정을 통해 원하는 형태의 이미지를 구하고 다음과 같은 슬라이드를 완성할 수 있다.

▲ 추상 명사로 검색하는 대신 해당 속성을 갖고 있는 구체적인 대상으로 검색함으로써 원하는 이미지를 좀 더 빠르게 찾을 수 있다.

이제는 역발상 이미지 검색법을 여러분이 직접 실습해볼 차례다. 앞에서 언급한 단어 '우정'과 연관된 이미지를 검색하기 위해 어떤 키워드를 선택할 것인가? '고급'이라는 단어와 연관된 키워드, 여러분이라면 어떤 단어를 떠올리겠는가? 이번에도 곧바로 책장을 넘기지 말고, 여러분이라면 '우정'이나 '고급'이라는 단어가 떠오를 만한 이미지를 검색하기 위해 어떤 키워드로 검색해야 하는지 직접 적어보자.

우정 → ....

고급 → ....

여러분의 생각을 적었는가? 그럼 실제 인터넷 창을 열고 해당 단어를 검색해보자. 그리고 여러분이 바라는 이미지가 검색됐는지 확인해보자. 결과는 어떤가? 이제 필자가 실제로 검색한 사진과 비교해보겠다.

▲ 이런 이미지를 검색하기 위해 여러분은 어떤 키워드를 사용할 것인가?

예시의 이미지는 '고급', '우정'과 관련된 이미지를 인터넷 검색을 통해 실제로 찾은 이미지다. '고급'이라는 단어와 연관된 이미지를 검색하기 위해서 나는 '다이아몬드'와 '보석'이라는 키워드를 사용했다. 마찬가지로, '우정'이라는 이미지를 구체 명사로 찾기 위해 선택한 검색 키워드는 '친구'였다. 여러분은 해당 추상 명사를 찾아내기 위해 어떤 키워드를 사용했는가? 구체 명사를 찾기 위한 훈련용 예시를 다음에 나오는 표에 나열해봤다. 제시된 추상 명사를 보고, 이 추상 명사를 검색하기 위한 구체적 명사를 생각나는 만큼 적어보자.

많은 분이 이 페이지를 그냥 지나갈 것이라는 것을 잘 알고 있다. 하지만 연습을 해보는 것과 해보지 않는 것은 정말 큰 차이를 불러일으킨다는 점을 반드시 명심하고 지금 펜을 들어 적어보자.

추상 명사	구체 명사
사랑	
진실	
신뢰	
유쾌	
짜릿함	
성공	
행복	
도전	
신선함	
순수	

이 연습을 통해 좀 더 빠르게 추상 명사를 구체적 명사로 바꿀 수 있게 될 것이다. 또한 해당 예제뿐만 아니라 책을 읽어가면서 "이 단어는 어떻게 이미지를 검색해야 가장 빠르게 찾을 수 있을까?"를 생각해보는 것도 좋은 방법이다.

▼ 사랑

⊘ 검색 키워드: 하트 / 연인 / 심장

▼ 진실

◎ 검색 키워드: 판사/변호사/검사

▼ 신뢰

◎ 검색 키워드: 의사/악수

▼ 유쾌

◎ 검색 키워드: 놀이/웃음/미소

▼ 짜릿함

◎ 검색 키워드: **청량음료 / 바다**

▼ 성공

◎ 검색 키워드: **악수 / 계약서 / 박수**

▼ 행복

◎ 검색 키워드: **결혼 / 케이크 / 가족**

▼ 도전

 검색 키워드: Jump / 암벽 / 수영

▼ 신선함

 검색 키워드: Sushi / 채소 / 사과

▼ 순수

 검색 키워드: 눈(Snow) / 아기 / 동물

You
용맹함과 관련되어 있는 존재들을 나열해줘

ChatGPT
용맹함과 관련된 존재들은 다양하며, 문화나 전통에 따라 다르게 해석될 수 있습니다. 일반적으로 용맹함은 용기, 결연, 불굴의 의지 등을 나타내며, 다양한 형태로 표현될 수 있습니다. 아래는 다양한 문화와 전통에서 나타나는 용맹한 존재들의 몇 가지 예시입니다:

1. **전사/기사:**
   - 기사는 용맹함의 상징으로 알려져 있으며, 전장에서의 용맹함과 귀족적인 도덕적 가치를 나타낼 수 있습니다.
2. **용사/히어로:**
   - 다양한 전설과 이야기에서 나타나는 히어로들은 민중을 지키고 악을 물리치는 데에서 용맹함을 보입니다.
3. **전설 속의 생물:**
   - 용(용류)은 다양한 문화에서 용맹하고 강력한 존재로 존경받고 있습니다. 동양의 용이나 서양의 용 등이 그 예시입니다.
4. **전투적인 동물:**
   - 사자, 호랑이, 매 등은 다양한 문화에서 용맹한 동물로 간주되기도 합니다.
5. **신/여신:**
   - 전통적인 신이나 여신 중에서는 전쟁과 용맹을 나타내는 신들이 있습니다. 예를 들면, 그리스 신화의 아레스, 로마 신화의 마르스 등이 있습니다.
6. **국가 영웅:**
   - 일부 국가나 지역에서는 역사적인 인물이나 전사들이 용맹한 행동으로 유명해질 수 있습니다.
7. **실제 역사의 인물:**
   - 역사적으로도 많은 인물이 전쟁이나 고난 속에서 용맹을 발휘하여 역사에 이름을 남겼습니다.

이는 일부 예시일 뿐이며, 다양한 문화와 전통에서 용맹한 존재들의 다르게 해석되고 존경받을 수 있습니다.

▲ 용맹함과 관련된 존재를 알려달라고 하니, 전사, 용사, 용, 사자, 호랑이 등 앞서 직접 생각해냈던 단어들을 손쉽게 얻을 수 있다.

여러분이 적었던 키워드와 여기에 제시된 키워드가 비슷한가? 인터넷 검색을 통해 앞에서 제시한 이미지와 비슷한, 또는 여러분이 찾으려던 느낌의 이미지를 곧바로 구할 수 있었는가? 역발상 이미지 검색법은 여러분이 이미지를 찾는 데 들이는 시간을 획기적으로 줄여 줄 것이다.

한 가지 팁을 준다면, 스스로 역발상 이미지 검색법을 활용하기 어려울 때 앞서 언급한 생성형 AI를 활용하면 된다는 것이다. 앞서 '용맹함'과 관련된 구체적 명사를 직접 생각해서 검색했다면, 이를 생성형 AI에 물어본 다음 그 대상들을 검색창에 입력해서 이미지를 손쉽게 얻거나 이미지 생성 모델에 제시된 키워드들을 입력해서 결과물을 얻어볼 수도 있다. 이미지 생성 모델은 점차 빠르게 발전하고 있어, 나중에는 이미지를 찾는 일을 하지 않고 직접 생성해서 슬라이드에 삽입하는 것도 가능해질 것이라 예상한다.

다른 언어를 사용한 검색법

만약 한글 검색만으로 원하는 검색 결과를 얻지 못할 경우에는 다른 언어를 병행해 검색한다면 좀 더 만족스러운 검색 결과를 얻을 수 있다.

실제로 '호랑이'라는 단어로 웹 페이지를 검색해서 얻는 결과(2024년 현재 2100만 개) 보다 영어인 'Tiger'로 검색하는 것이 약 80배에 가까운 검색 결과(2017년 현재 16억 개) 를 얻을 수 있다. 인터넷의 기본 언어가 영어로 시작됐고, 영어를 모국어로 사용하는 인구의 수가 많기 때문에 이런 검색 결과의 수 차이가 자연스레 나타나는 것이다. 한 글로 검색했을 때 만족스러운 결과를 얻지 못했다면, 영어로 검색을 시도해보자. 검 색 결과가 더 많이 나타난다는 것은 해당 프리젠테이션 목적에 맞는 이미지가 나타날 가능성 역시 높아짐을 의미한다.

여러분이 특정 국가에 대해 조사하고 이미지를 구해야 한다면 어떻게 하면 될까? 같 은 원리에 따라 특정 국가와 관련된 이미지를 검색해야 한다면 해당 국가의 언어로 검색해보면 큰 도움이 된다. 언어 번역 사이트에서 단어를 번역해 붙여넣는 간단한 방법을 통해 원하는 이미지를 쉽게 찾아낼 수 있다. 다음 예시를 보자.

지금 보고 있는 예시는 중국 여성의 전통 복장인 '치파오'를 구글 이미지 검색을 통 해 검색한 결과다. 서적에 수록하기 위해 잠시 후 저작권 부분에서 다룰 '상업적 이용 이 가능한 그림'만 검색하는 방법을 한정해 실었다. 확인할 수 있듯이 실제 치파오와 관련된 이미지는 극히 드물고 다른 이미지가 섞여 있는 경우를 확인할 수 있다. 그러 나 번역기를 사용해 '치파오'를 중국어로 바꾼 뒤, '旗袍'라는 중국 언어로 검색을 하면 결과는 다음과 같았다. 물론 이번에도 상업적으로 이용이 가능한 그림만 검색한 결 과다. 실제로 검색창에 두 언어를 쳐보면 그 양적 측면이나 연관도 측면에서 차이가 확연함을 직접 확인할 수 있다.

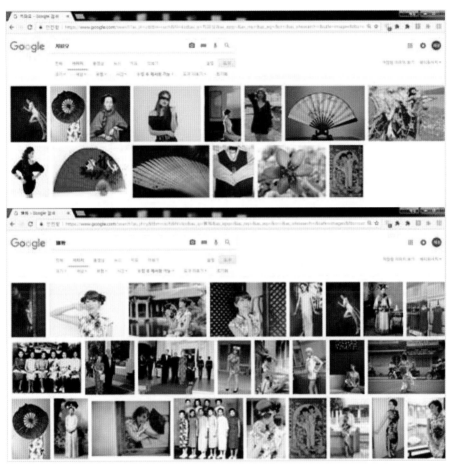

▲ 특정 문화권이나 지역에 연관된 검색어의 경우 해당 지역의 언어로 변환해 검색하면 훨씬 더 좋은 결과를 얻을 수 있다. (출처: 구글)

저작권

디지털 콘텐츠의 사용은 편리하다. 언제 어디서나 복사해서 붙여넣는다면 그것은 곧바로 또 다른 원본이 된다. 그러나 이런 디지털 콘텐츠 역시 제작자가 엄연히 존재하고, 원작자의 지식 재산권은 분명히 보호돼야 한다.

여러분이 구한 이미지가 상업적인 목적으로 사용된다거나, 대외 배포용(블로그, 방송 중계, 인쇄물, 영상 자료 등)으로 활용된다면 저작권에 대해 반드시 생각해볼 필요가 있다. 저작권을 신경 쓰지 않고 이미지를 무단으로 사용했다가, 엄청난 손해를 입을 수도 있다는 사실을 명심해야 한다. 이미지의 저작권을 지키기 위해 우리가 할 수 있는 행동은 세 가지가 있다.

 이미지를 구하는 방법

1. 직접 촬영
2. 저작권에 위배되지 않는 이미지의 검색
3. 이미지 구입

이 중 1번과 2번의 방법은 현실적으로 불가능하다. 원하는 이미지를 자신이 모두 찍는 것은 오히려 이미지를 구입하는 경우보다 더 많은 비용이 들 수 있기 때문이다. 2번의 경우도 만만하지 않다. 소셜미디어에서 무료로 이미지를 검색할 수 있는 사이트 리스트가 많이 공유되고는 있지만 실제로 해당 사이트에 접속했을 때 대부분의 사이트는 수록된 이미지의 수가 유료사이트에 비해 현저히 떨어지는 사이트가 대부분이었고, 어떤 사이트는 사이트 내부에 검색 기능이 아예 존재하지 않아 원하는 이미지를 찾으려면 시간이 너무 오래 걸리는 등 불편한 점이 많다.

대표적으로 이미지 검색에 활용되는 사이트는 단연 구글이다. 구글의 이미지 검색을 이용해 필요한 이미지를 얻는 독자분이 아주 많을 것으로 생각한다.

이미지를 검색한 이후, 도구를 클릭하고 그 이후 나오는 탭 중에서 '사용권' 탭을 선택하면 어디까지 이미지를 활용할 수 있는지 범위가 표시된다. 다만 이 필터링을 사용했다고 해서 무조건 안심하고 사용할 수 있는 것은 아니므로, 해당 사이트에 다시 한 번 방문해 공개 설정을 추가로 확인한 다음 사용하는 편이 가장 안전하다. 또한 직접 이 방법을 실습해보면 바로 확인이 가능하겠지만, 필터링을 거쳐서 나온 이미지는 라이선스가 있어서 구매해야 하는 이미지보다 품질면에서 많이 뒤떨어지는 것이 사실이다. 따라서 좋은 품질의 이미지를 사용해야 하는 경우라면 되도록 이미지를 구매해 사용하기를 권하고 싶고, 앞서 강조했지만 외부에 발행할 목적으로 이미지를 사용하려면 더더욱 반드시 이미지를 구입해 사용해야, 불필요한 법적 분쟁이 일어나는 경우를 미연에 방지할 수 있음을 알아두자.

▲ 이미지를 사용하려는 목적에 맞게 사용 권한을 설정한 다음 고급 검색 버튼을 다시 누르면 선택한 사용 권한에 맞는 이미지를 볼 수 있다. (출처: 구글)

사실 이미지를 구입하려면, 구글에서 검색하는 것보다 이미지 전문 사이트에 가입한 다음 사이트를 이용해 구입하는 방법이 좋다. 이미지를 판매하는 사이트에는 초고화질 또는 벡터(아무리 늘려도 해상도가 망가지지 않는 이미지) 이미지만 모아 제공하고 있고, 대부분 프리젠테이션이나 인쇄물에 삽입될 용도의 이미지만을 모아뒀기 때문에 당연히 품질이 좋다.

다만 이미지 구입 비용은 생각해봐야 하는 문제다. 이미지의 경우 장당 수십 만원에서 정말 비싼 경우 수백 만원을 넘어서기도 하기 때문이다. 이에 대한 대안으로 정액제 이미지 구매 사이트를 활용하면 상대적으로 저렴한 비용으로 품질 좋은 이미지를 구하는 데 큰 도움이 된다. 이 책에 등장하는 이미지 역시 정액제 요금을 이용해 대부분의 이미지를 얻었다. 상업적으로 이미지를 찾아보기 위한 사이트를 몇 가지 소개한다.

 이미지 관련 추천 사이트

1. **정액제 추천 사이트**
   - 스토리블록스(Storyblocks.com): 퍼펙트 프리젠테이션의 개정 작업을 준비하면서 사용한 이미지 사이트다. 사진뿐만 아니라 아이콘(illustration) 형태의 이미지, 그리고 벡터 이미지 역시 다루는 사이트다. 다만 한국어 자동 번역 검색 서비스를 지원하지 않아서 모든 검색 키워드를 영어로 사용해야 한다는 단점이 있다.
   - 스탁어도비(stock.adobe.com): 퍼펙트 프리젠테이션을 처음 집필하면서 사용한 대부분의 이미지를 해당 사이트에서 얻었다. 콘텐츠의 양 자체도 풍부하고, 정액제로 대부분의 이미지를 상업용 라이선스로 취득할 수 있다. 정액제 가격도 다른 사이트 대비 저렴한 편이며, 앞서 추천한 Storyblocks.com에서 지원되지 않는 한영 변환 검색이 가능하므로 만약 영어 단어를 이용한 검색이 불편하다면 이 사이트를 추천한다.

2. 상업적 용도 이미지 구입 사이트

- 아이스탁포토(Istockphoto.com): 『프리젠테이션 젠』의 지은이 가르 레이롤즈가 가장 선호하는 사이트로 소개해 유명세를 탄 사이트다. 매주 무료 이미지가 한 장씩 공개된다. 정기적으로 방문한다면 무료 이미지를 꾸준히 얻을 수 있다.

- 게티이미지(GettyImages.com): 가장 방대한 양의 이미지 자료를 보유하고 있는 이미지 판매 사이트다. 사진의 품질은 매우 좋지만 높은 가격 때문에 부담스러울 수 있다. 다만 이 사이트가 가진 독특한 특징이 있다. 유명 인물의 고화질 이미지를 상업적 용도로 구하고 싶다면 이 사이트가 가장 확실한 방법이다.

3. 무료 이미지 사이트: 최근에는 무료로 이미지를 제공하며 상업적 용도로 이용해도 무료라는 이미지 사이트가 많이 있다. 그러나 아주 작은 확률이라도 저작권 시비에 휘말리는 경우를 피하기 위해 무료로 이미지를 사용할 경우 해당 출처와 저자를 반드시 명기하고, 상업적인 용도의 이미지 사용은 구매하는 것이 가장 안전한 방법임을 다시 한번 강조한다. 순서는 내가 자주 방문해 이미지를 얻는 순서대로 나열했다.

1. Unsplash.com
2. Pixabay.com
3. Freeimages.com
4. Morguefile.com
5. Openphoto.net
6. Gratisography.com

이미지의 선택과 활용

빠른 검색을 통해 이미지를 고른 후에도 내가 구한 이미지를 어떻게 배치해야 하는지, 키워드는 어떻게 삽입해야 하는지 등의 문제는 여전히 남아 있다. 이번 절에서는 이미지를 선택한 이후 활용하는 방법을 알아보자.

이미지의 배치: '시선의 이동 방향' 활용

좋은 이미지를 구했다고 해서 좋은 슬라이드가 완성되는 것은 아니다. 슬라이드라는 넓은 공간에 내가 구한 이미지를 가장 효과적으로 배치하는 작업이 완성돼야 그 이미지는 성공적으로 임무를 완수했다고 할 수 있을 것이다.

이미지와 키워드를 슬라이드에 배치할 때는 청중의 시선 이동 방향을 고려해야 좀 더 자연스러운 슬라이드를 만들 수 있다. 청중의 시선 방향은 우리가 책을 읽는 방향과 같이 왼쪽 → 오른쪽, 위 → 아래 순서로 이동하는데 이런 시선의 기본 이동 방향을 감안해 글과 이미지를 배치해야 한다. 즉 같은 이야기를 하더라도 왼쪽에 오는 개체(글 이미지 등)가 오른쪽에 오는 개체보다 위쪽에 자리하는 것이 좋다. 그런 예시로 다음 슬라이드에서는 같은 글과 이미지를 사용했지만, 두 번째 슬라이드가 더 자연스럽다. 시선의 이동 방향을 지킨 슬라이드이기 때문이다. 즉 왼쪽의 슬라이드는 '수박의 효능'이라는 글을 보고 이미지를 보려 하는데, 부자연스럽게도 수박 이미지가 글보다 위에 위치해 있다. 우리가 활자 매체를 보면서 아래에서 위로 시선이 향하는 경우는 존재하지 않는다. 따라서 부자연스러운 것이다. 반면 두 번째 슬라이드는 가장 먼저 왼쪽 상단에 위치한 '수박의 효능'이라는 글을 먼저 읽을 수 있고, 자연스럽게 아래에 있는 수박 이미지를 볼 수 있게 키워드와 이미지가 배치돼 있다. 즉 우리가 다른 글을 읽어오던 것처럼 왼쪽 → 오른쪽, 위 → 아래 방향을 지키는 것이 슬라이드 디자인에서 무엇보다 중요한 포인트가 된다.

⊚ 검색 키워드: **수박**

▲ 왼쪽 슬라이드보다는 오른쪽 슬라이드가 거부감이 덜하다. 시선의 이동 방향을 지키고 있기 때문이다.

시선의 이동 방향은 한 슬라이드 내에 더 많은 양의 자료를 실어야 하는 컨설팅 형식에서 더욱 엄격히 지켜야 한다. 즉 청중이 슬라이드를 처음 봤을 때 어느 부분부터 읽을지를 예상하면서 슬라이드를 만들어야 한다. 다음 슬라이드의 화살표 방향이 왼쪽 → 오른쪽이 아닌 오른쪽 → 왼쪽으로 향해 있고 좌우가 뒤바뀌어 있다고 가정한다면 어떨까? 무의식적으로 왼쪽 상단부터 글씨를 읽어가던 청중은 혼란에 빠질 것이다. 따라서 불가피한 경우가 아니라면, 컨설팅 형식의 자료든, 젠 형식의 슬라이드든 왼쪽 → 오른쪽, 위 → 아래의 시선 흐름을 언제나 지켜가면서 슬라이드를 작성하는 게 좋다. 다음 예시를 보자.

다음 슬라이드를 청중에게 처음 보여줬을 때 청중은 어떤 순서로 이 슬라이드를 읽게 될까? 먼저 헤드 메시지 부분을 읽고 다음으로는 '스마트폰에 대한 고객 니즈 변화'를 읽게 될 것이다. 옆으로 넘어가려는 찰나, 컬러 박스가 끝나면서 바로 옆으로 넘어가지 못하게 막는다. 따라서 아래로 내려가서 두 선의 고객 니즈 변화와 관련된 내용을 읽게 될 것이다. 휴대폰 이용 시간이 더 길어지기를 바란다는 내용을 다 읽은 이후에야 짙은 청색 박스로 다시 눈을 돌린다. 우선적으로 '고객 니즈에 따른 스마트폰 제조사들의 기술 동향'을 읽은 뒤 차례로 '베젤 너비 슬림화', '접을 수 있는 디스플레이 채택', '배터리 고용량화, 저전력 설계 도입 및 최적 배터리 충전 방식 도입'과 관련된 내용을 읽음으로써 슬라이드를 읽는 과정을 끝마칠 것이다. 시선의 이동 방향을 지켰기 때문에 청중에게 별도로 가이드를 주지 않아도 혼자 슬라이드를 읽어 내려가는 데 큰 불편이 없다.

스마트폰 화면의 대형화를 위해 각 제조 업체들은 베젤 너비 슬림화 및 접을 수 있는 디스플레이를 채택하고,
대형화된 디스플레이의 전력소모를 견딜 수 있는 설계 및 최적화 충전 설계 도입

스마트폰에 대한 고객 니즈 변화

1 동일한 크기, 더 넓은 화면
- 화면 크기가 대형화됨에 따라 사람이 한 손으로 잡을 수 있는 휴대폰의 크기가 한계에 다다름
- 큰 화면은 유지하면서도 휴대폰 크기가 추가적으로 커지는 것은 원하지 않음

2 더 긴 사용 시간
- 대형화된 화면과 함께 다양한 무선 기기를 연동하면서도 휴대폰 이용 가능 시간이 더 길게 유지되기를 원함

고객 니즈에 따른 스마트폰 제조사들의 기술 동향

A 베젤 너비 슬림화
- 더 이상 폰 자체의 크기를 확대하지 않으면서도 더 큰 디스플레이 탑재를 위해 베젤 폭을 줄이거나, 측면 베젤을 없애는 시도를 하고 있음

B 접을 수 있는 디스플레이(Folderable Display) 채택
- 일부 스마트폰 업체는 펼쳤을 때 태블릿 수준의 화면 크기를 보여줄 수 있는 폴더블 폰을 출시하고 있음
- 폴더블 폰을 통해 하나의 휴대폰에서 서로 다른 크기의 디스플레이를 활용할 수 있다는 장점이 존재

C 배터리 고용량화, 저전력 설계 도입 및 최적 배터리 충전 방식 도입
- 디스플레이의 대형화 및 무선 기반 액세서리 연동으로 인해 전력 소모가 늘어남
- 이를 위해 배터리 고용량화가 필요; 단, 추가적인 두께가 늘어나는 것을 방지하기 위해 배터리 구조 재설계 필요
- 실사용 시 사용 전력을 최소화하는 저전력 설계 도입 및 최적화된 배터리 충전으로 배터리 노후화 현상 지연

▲ 이 슬라이드에서는 가장 먼저 헤드 메시지를 읽고 왼쪽을 모두 읽은 다음 오른쪽을 읽게 된다. 해당 슬라이드로 프리젠테이션을 진행할 때도 읽어 내려가는 순서가 청중의 시선 이동 방향과 일치하면 된다.

시선의 이동 방향을 따라야 한다는 기본적인 사항 외에도, 이미지를 배치할 때 여러분이 고려해야 하는 사항은 다음과 같다.

이미지 배치 기본 원칙

1. 원본 비율의 이미지 사용
2. 배경과의 조화
3. 청중의 시선 방향에 따른 이미지 배치

원본 비율의 이미지 사용

프리젠테이션 슬라이드에 이미지를 사용하면서 억지로 늘려 화면에 가득 채우는 광경을 종종 목격하곤 한다. 물론 화면에 이미지를 가득 채우는 것이 언제나 나쁘다고 말할 수는 없다. 하지만 그것은 슬라이드의 비율과 이미지의 비율이 비슷할 때로 한정해야 한다. 많은 사람이 비율이 맞지 않음에도 화면에 이미지를 가득 채우는 이유는 생각보다 단순하다. 그것이 더 좋다고 생각하거나 또는 가득 채우지 않은 화면이 허전하다고 느끼기 때문이다. 하지만 이것은 옳은 방법이 아니다. 다음 예시를 보면 이미지를 늘리는 것, 특히 이미지가 가진 고유의 비율을 유지하는 게 왜 필요한지 직접 확인할 수 있다.

ⓖ 검색 키워드: **닥스훈트**

◀ 다리가 짧기로 유명한 견종인 '닥스훈트'의 사신이나. 왼쪽이 이 개의 원래 모습인데, 이 개의 이미지를 화면에 꽉 채우겠다고 오른쪽처럼 늘리면 기존의 닥스훈트가 가진 고유 속성을 전혀 전달할 수가 없다.

이미지 비율을 왜곡한다면 이미지의 본질 자체가 망가지고, 사용한 이미지가 크기가 작은 경우에 억지로 늘리게 되면 '계단 효과'가 발생한다. 또한 해상도가 떨어지는 이미지의 사용은 청중에게 '준비를 제대로 하지 않은 슬라이드'라는 인상을 줄 수 있다. 이유가 무엇이든 비율이 맞지 않는 이미지를 억지로 늘리기보다는 그냥 남은 슬라이드를 빈 공간으로 두자. 해당 이미지를 꽉 채우는 것보다는 청중에게 가장 효과적으로 이미지의 본질을 나타낼 수 있는 위치에 적절하게 배치하는 일이 훨씬 더 중요하다.

배경과의 조화

보통 슬라이드를 만들 때는 검은 배경 또는 흰색 배경을 가장 많이 이용한다. 이런 배경과 우리가 구한 이미지의 배경 색상이 다르다면 이 역시 올바른 이미지를 사용했다고 할 수 없다.

ⓖ 검색 키워드: 신문(Newspaper)

▲ 분명 같은 이미지를 사용했음에도 두 슬라이드의 느낌은 확연히 다르다. 왼쪽의 슬라이드는 슬라이드 배경 색상과 이미지의 배경 색상이 같아서 일체감을 주는 반면, 오른쪽 슬라이드는 색상이 일치되지 않아 이질감을 준다.

배경을 지우기 위해 포토샵 같은 이미지 보정 프로그램을 직접 다룰 수 있다면 가장 좋다. 파워포인트 프로그램은 2010 버전부터 완전하지는 않지만 배경을 지울 수 있는 기능을 제공하기도 한다. 마찬가지로 완전하지 않으나, 아이폰에서는 물체를 길게 누르면 물체만 따로 떼어서 투명 배경을 만들어주기도 한다. 하지만 이것만으로는 여의치 않다면 검색창에 새로운 검색어를 추가해보자. 어떤 검색 엔진에서든 찾고자 하는 검색어에 .png라는 검색어를 추가한다면 배경이 투명한 이미지를 자동적으로 걸러서 검색해줄 것이다. 다만 이 방법을 사용할 경우 검색되는 이미지의 수가 현저하게 줄어들므로, 간단한 이미지 보정 프로그램을 통해 그림의 배경을 지우는 방법을 익혀놓기를 권장한다. 물론 생성형 AI가 발전함에 따라 별도로 포토샵을 익힐 필요 없이 특정 이미지를 업로드하고 배경을 지워달라는 프롬프트를 입력함으로써 간단히 해결할 수도 있다. 아직 완전하지는 않지만 빠른 시간 내에 완전해질 것으로 예상된다.

이미지의 배경 색상이 너무 복잡해 슬라이드의 배경 색상과 맞추기가 어렵다면, 배경의 명도를 생각해 색상을 맞춘다. 밝은 색상의 슬라이드 배경색을 사용했다면 이미지의 배경 색상 역시 밝은 슬라이드를 선택하는 게 좋고, 슬라이드를 어두운 색상으로 사용했다면 배경 색상이 어두운 이미지를 사용한다.

◎ 검색 키워드: **오렌지 / 지구**

▲ 오렌지 관련 이미지는 배경색이 밝은 계열이므로 슬라이드 색상은 검은색보다 흰색이 어울린다. 그러나 지구 관련 이미지의 경우, 이미지가 가진 배경색이 어두운 계열이므로 슬라이드 색상은 검은색이 더 좋다.

키워드의 배치

슬라이드에 이미지를 실제로 배치하는 방법을 알아봤으므로, 이제는 슬라이드에 키워드를 배치하는 법을 알아볼 차례다. 앞서 나왔던 조건을 모두 만족하는 이미지라고 해서 언제나 프리젠테이션 용도로 사용하기에 적합한 것은 아니다. 프리젠테이션 슬라이드에는 이미지를 삽입하더라도 키워드가 들어가는 경우가 대부분이기 때문에 키워드를 삽입할 공간이 있는 사진을 선택해야 한다. 다양한 사진 유형에 따른 키워드에 배치에 대해 지금부터 알아보자.

가로가 세로보다 더 긴 사진

이 경우에는 여백 또는 슬라이드 배경색과 같은 계열 색상의 사진을 고른다. 키워드는 이미지에서 피사체가 없거나 배경 처리된 부분에 삽입하면 된다.

실제 예를 보자. 첫 번째의 독서 관련 이미지는 이미지 자체가 전체 화면에 가득 차는 형식이지만 책 부분은 흐릿하게 표현돼 있기 때문에 이 부분에 키워드를 삽입하면 된다. 두 번째 사진은 검은 색 부분이 있기 때문에 이곳에 키워드를 넣으면 된다. 세 번째 사진의 경우는 명확한 빈 공간이 없다. 위쪽에 키워드를 삽입하려면 튀어 오른 물고기 때문에 공간이 잘 나오지 않는다. 이럴 경우에는 비어 있는 어항 쪽에 키워드를 삽입한다. 네 번째 슬라이드의 경우는 왼쪽 윗부분이 비어 있으므로 여기에 키워드를 넣으면 된다. 또한 이는 고양이가 왼쪽 방향을 쳐다보고 있기 때문에 키워드를 이미지에 나온 고양이의 시선 이동 방향대로 배치하는 방법이 옳다.

▲ 프리젠테이션 슬라이드 제작 용도를 목적으로 만들어진 이미지는 키워드를 삽입할 수 있는 공간이 의도적으로 존재하는 경우가 대부분이다.

앞서 등장하는 사물의 시선 방향에 따라 키워드의 위치가 결정된다고 이야기했는데, 이는 사물이라도 마찬가지다. 다음 슬라이드를 보면 자동차가 왼쪽으로 틀어져 있음을 확인할 수 있다. 따라서 키워드는 차량이 바라보고 있는 방향인 왼쪽에 배치해야 한다. 즉 '시선 방향성'을 갖는 사람, 동물뿐 아니라 사물 역시 시선 방향성을 고려해 키워드를 배치해야 한다.

◎ 검색 키워드: **자동차**

▲ 자동차 방향이 왼쪽을 향하기 때문에 키워드는 왼쪽 상단에 배치한다.

키워드 배치에 있어 앞서 살펴본 예시보다는 조금은 더 난이도가 있는 예시를 살펴보자. 연인이 함께 소파에 앉아 노트북을 응시하고 있는 이 사진은 어떤 부분에도 이전에 봤던 사진처럼 눈에 띄는 빈 공간이 있다거나, 흐릿하게 처리된 부분이 보이지 않는다. 하지만 많은 이들은 직감적으로 키워드를 오른쪽 소파 쪽에 배치해야 한다는 걸 알았을 것이다. 두 연인의 시선이 왼쪽에서 오른쪽으로 향하기 때문이다. 사실 위의 사진처럼 키워드를 배치해도 크게 문제는 없지만, 키워드가 도드라져 보이지 않는 것은 확실하다. 이럴 경우 점차 검은색이 짙어지는 박스를 오른쪽에 삽입한다. 사실 이 사진은 연인이 서로 나란히 앉아서 화면을 쳐다보는 지점까지만 중요하고 그 뒤에 이어진 다리는 그다지 중요한 포인트가 아니다. 그렇다고 해서 사진을 잘라 사용하면 슬라이드 배경 화면과 이미지의 배경 화면이 지나치게 이질감 있게 보이기 때문에 이 역시 좋은 방법이 아니다. 이런 종류의 사진은 다음 예시와 같이 오른쪽에 점차 어두워지는 그러데이션 박스를 배치하면 이미지가 갖고 있는 고유의 느낌을 그대로 살리면서도 키워드를 더욱 강조해 표현할 수 있다.

◎ 검색 키워드: lovers

◀ 그러데이션 박스를 활용하면 키워드를 더욱 돋보이게 할 수 있다.

비슷한 예시를 하나 더 살펴보자. 연인이 자전거를 타는 풍경이 나온 이 이미지에 '서울 근교 자전거 여행 추천 장소 30선'이라는 키워드를 넣는다고 가정해보자. 여러분은 어디에 키워드를 삽입하겠는가? 다양한 의견이 있을 수 있으나, 가장 적당하다고 생각하는 부분은 바로 구름이 펼쳐진 부분일 것이다. 하지만 이 곳에 키워드만 덩그러니 삽입하면 키워드와 사진이 이질감을 갖게 되고 키워드가 도드라져 보이지 않는다. 하지만 앞서 설명했듯이 그러데이션 박스를 사용해 오른쪽에 배치하고, 그 위에 키워드를 삽입하면 사진에서 얻을 수 있는 전체적인 느낌을 해치지 않으면서도 키워드는 더욱 돋보이는 효과를 얻을 수 있다.

여백이 없는 사진

여백이 없는 사진은 앞서 제시된 사진보다 더 난이도가 있다. 키워드를 배치할 공간을 별도로 주지 않는 이미지이기 때문이다. 지금의 예시와 같은 그림에 '균형 잡힌 식단을 위한 채소 섭취 방법'이라는 키워드를 넣는다고 생각해보자. 그림 위에 그냥 키워드를 넣자니, 그림 때문에 글씨가 제대로 보이지 않을 것 같다. 글씨 색을 바꾸자니 노란색 파프리카 같은 부분에는 어두운 계열의 글씨가 잘 보이고, 오른쪽에 있는 녹색 채소를 보면 이곳에는 흰색 계열의 글씨가 잘 보인다. 일일이 키워드를 얼룩덜룩하게 삽입하는 것도 별로 좋은 방법은 아니다. 프리젠테이션 전용 용도로 나오지 않은 이미지를 삽입할 때 많은 사람이 난감해하는데 이를 간단하게 해결할 수 있는 방법이 있다. 사실 이 책의 앞 부분에서 상당히 여러번 사용한 방법이기도 하다.

⚙ 검색 키워드: 채소

▲ 화면에 꽉 찬 이미지를 슬라이드에 삽입할 때, 어떤 방식을 사용하면 좋을까?

다음 네 장의 사진을 보면 사진 위에 반투명 검은색 도형을 같은 크기로 덮어 씌우고, 그 위에 키워드를 배치했다. 이런 방법을 사용하면 이미지도 청중에게 노출시키면서 여러분의 키워드를 가독성 있게 배치할 수 있다. 소셜미디어 등에서 '카드 뉴스(이미지에 담고 싶은 내용을 담아서 공유하는 뉴스)'를 보신 이들은 알겠지만, 카드 뉴스를 만들 때도 전달하고 싶은 내용을 담기 위해 이 방법과 동일한 방법을 자주 이용한다. 대부분의 사진은 키워드를 담을 공간이 확보돼 있지 않기 때문이다.

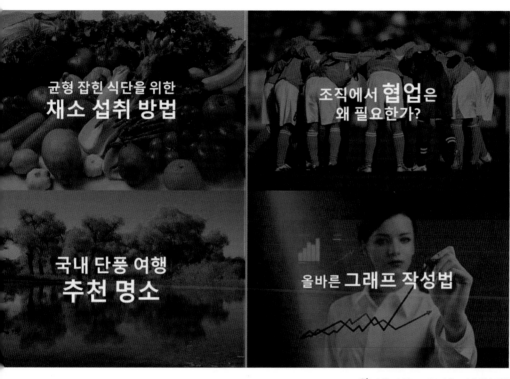

▲ 화면이 가득 차는 이미지에서 가독성을 확보하기 위해서는 반투명 도형을 삽입하고, 그 위에 키워드를 적는 방식을 활용하면 좋다.

다만 이 방식을 사용하면서 원래 이미지가 선명하게 보이지 않는 경우를 우려하는 이들도 있을 것이다. 그러나 이 경우에도 해법은 있다. 여러분이 준비하는 프리젠테이션에 슬라이드 페이지 수에 제한이 없는 경우에는 원본 이미지를 한 장에 싣고, 바로 그다음 장에 키워드를 포함한 이미지를 삽입해 설명을 진행하며 자연스레 슬라이드를 넘기는 방식을 활용하면 된다.

▶ 반투명 도형이 덮여 있어 원래 보여주려는 이미지가 잘 보이지 않는 경우가 있다면 두 장의 슬라이드를 연이어 배치하거나 애니메이션 효과를 활용해 원래 이미지와 키워드를 모두 청중에게 보여줄 수 있다.

지금 보는 예시처럼 우선적으로 원본 이미지를 보여준 다음, 발표를 진행하면서 자연스레 키워드가 더해진 슬라이드로 화면을 넘기면 청중은 원본 이미지도 볼 수 있고, 키워드가 삽입된 이미지도 볼 수 있다. 만약 여러분의 프리젠테이션 슬라이드가 페이지 수 제한이 있다면, 애니메이션 효과를 활용해 키워드를 담고 있는 반투명 도형을 뒤늦게 표시해주는 방식을 사용하면 슬라이드에 수 제한이 있다 하더라도 크게 문제될 게 없다.

세로형 이미지

고양이의
의사 표현 이해하기

국가별
군복 특징 소개

조리개 조절을
통한 사진 촬영 기법

반려 동물
건강 관리법

◎ 검색 키워드: **전사 / 카메라 / 고양이(고양이 사진은 직접 촬영)**

▲ 세로형 이미지는 슬라이드의 절반 정도를 차지한다. 이때 고려해야 할 사항은 이미지가 갖고 있는 시선 방향과 이미지 고유의 배경 색상이다.

이번에는 세로형 이미지에 키워드를 배치하는 방법을 알아보자. 세로가 가로보다 더 긴 사진의 경우는 슬라이드 전체의 절반을 이미지로 채운다고 생각하면 된다. 세로 이미지의 사용은 가로 이미지를 사용할 때보다 신중해야 하는데, 세로 이미지를 사용하는 경우 이미지로 슬라이드 전체를 채울 수 없기 때문이다. 따라서 이미지가 슬라이드 배경 화면과 부조화를 이룰 수 있다는 위험부담이 있다.

세로 이미지는 슬라이드의 절반 정도를 차지한다고 생각하고 배치하고 여백에 키워드를 배치하도록 한다. 이때 이미지는 이미지에 있는 사물의 시선이 여백을 향하도록 배치한다. 첫 번째 예시인 '고양이의 의사 표현 이해하기' 슬라이드에서는 고양이의 시선이 오른쪽을 향하고 있다. 따라서 이미지는 왼쪽에 배치하고 오른쪽에 키워드를 배치한다. 반면 '국가별 군복 특징 소개' 슬라이드에서는 군인이 왼쪽을 보고 있다. 이런 경우에는 이미지를 오른쪽에 삽입하고 키워드를 왼쪽에 배치하는 편이 자연스럽다. 그러나 '반려 동물 건강 관리법' 같은 슬라이드는 특정 방향을 향하지 않기 때문에 이미지를 좌우 어느 쪽으로 배치하더라도 크게 상관은 없다.

또한 세로 이미지의 경우 가로보다 배경색과의 조화를 생각해야 한다. '조리개 조절을 통한 사진 촬영 기법' 슬라이드의 경우는 전체적인 이미지의 색상이 어둡기 때문에 배경 역시 어두운 색으로 처리한 반면, '고양이의 의사 표현 이해하기' 슬라이드는 배경이 전체적으로 밝은 색을 띠므로 슬라이드의 배경색 역시 밝게 처리했다. 만일 세로형 이미지가 갖고 있는 고유의 배경 색상이 있다면 최대한 슬라이드의 배경 색상을 비슷한 계열로 맞추되, 중간에 반투명 그러데이션 박스를 삽입해 자연스레 배경과 사진이 융화될 수 있게 하자.

여러 이미지를 동시에 담아야 하는 경우

보통 젠 형식의 슬라이드를 디자인할 때는 메시지가 섞이는 것을 방지하기 위해 한 페이지에 하나의 키워드와 한 장의 이미지를 수록하는 방법을 권장하지만, 복수의 이미지를 실어야 할 때도 있다. 보통 전체를 마무리하는 내용일 경우 정리를 하면서 지금까지 나왔던 이야기를 정리할 때 앞서 사용했던 대표적인 이미지를 모두 가져와서 한 장의 슬라이드에 배치하는 경우, 또는 목차 등을 젠 형식으로 사용했을 때 현재 이 발표가 어느 정도까지 진행됐다고 알려주고 싶다면 모든 목차를 동시에 표시하는 것도 방법이기 때문이다. 이런 경우에는 상황에 따라서 다른 방식의 접근이 가능하다.

모든 내용이 동등한 중요도가 있는 경우

프리젠테이션을 요약하는 페이지에서 주로 등장하는 마무리 페이지는 다음과 같은 경향이 있다. 지금까지 이야기한 주요 포인트를 한 화면에 담는 과정인데, 이럴 경우 각 콘텐츠는 동등한 수준의 중요도를 가진다. 예를 들어 '일자리 대책'과 관련해 주장하는 경우에는 근로시간 단축, 비정규직 축소, 소상공인 지원 확대, 장애인 고용 확대 등의 주장이 있다고 할 때 이 네 가지는 동등한 수준의 중요도를 가진다. 따라서 이런 경우, 발표 당시 나왔던 순서대로 배치해 순서대로 읽을 수 있게 한다. 총 네 가지의 주제가 좌우, 상하와 같이 시선이 이동하는 대로 읽히게 된다. 이런 슬라이드는 결론 부분에 이르러 여러분이 어떤 주장을 했는지에 대해 정리하는 데 사용하면 좋다.

@ 검색 키워드: Time / Stress / Bakery / Wheel chair

▲ 일자리 대책이라는 주제로 총 네 개의 이야기를 진행할 때 마지막 마무리 부분에 지금까지 주장한 내용을 한 번에 담은 슬라이드. 각 주제는 동등한 중요도를 갖기 때문에 기본적인 시선의 이동 방향을 따른다.

내용 중에서 더 중요한 주제가 있는 경우

여러 가지 주제를 한꺼번에 나열하고는 있지만, 이 중에서 지금 가장 중요한 주제가 있는 경우도 있다. 대표적인 예시는 목차에서 이제 설명할 부분을 돋보이게 해야 하는 부분이다. 만약 '프로젝트 개요', '프로젝트 상세 추진 전략', '프로젝트 팀 구성', '프로젝트 성공을 위한 요청사항'이라는 네 가지의 주제 중 이제부터는 '프로젝트 상세 추진 전략'에 대해 설명하려고 한다면, 이 부분만 다른 세 부분과 다르게 처리해야 할 것이다. 여러분이라면 어떻게 처리하겠는가? 내가 추천하는 방법은 다음과 같다. 여러분도 이런 방식에 동의하는가? 만약에 생각해온 방법과 조금 다르다면 그 이유는 무엇일까?

▲ 일반적으로 한 부분을 돋보이게 하려면 돋보이고 싶은 부분을 밝게 처리하지만, 실제로는 어둡게 처리했다. 키워드가 보여야 하기 때문이다.

▲ 발표 시작 지점에서 청중은 이미 전체 내용이 들어있는 슬라이드를 보게끔 구성해야 한다.

아마도 많은 사람이 처음에 '가장 돋보이게 하고 싶은 슬라이드를 밝게 처리하고' 나머지 슬라이드는 어둡게 처리하는 방법을 생각했으리라 짐작한다. 그러나 예시로 등장하는 슬라이드는 그 반대로 하고 있다. 왜 그럴까? 바로 이 슬라이드에서 이야기하고자 하는 바를 잘 보이게 하기 위함이다. 우리가 지금 강조하려는 것을 굳이 한 가지 꼽아보라면 '프로젝트 상세 추진 전략'이라는 목차이지, 로켓이 위로 솟구치는 그림이 아니다. 만일 그림을 밝게 처리했다면 '프로젝트 상세 추진 전략'이라는 키워드는 가독성을 확보하기 어려웠을 것이다. 키워드의 글씨 색상을 바꾼다 해도 로켓 이미지 자체가 갖고 있는 색상이 일정하지 않기 때문에 가독성을 쉽게 확보하기가 어렵다. 또한 이 네 장의 사진을 모은 장면은 프리젠테이션의 진행 과정상 이전에 이미 한 번 전체 화면이 청중에게 노출됐을 것이다. 발표를 시작하면서 "오늘 진행 순서는 총 네 가지이며 그중 첫 번째인 프로젝트 개요부터 설명하겠습니다."라는 말을 했을 가능성이 매우 높기 때문이다. 정확히는 이런 형식으로 목차를 구성하려면 반드시 처음에 이 슬라이드를 보여줘야 한다. 이후 강조할 슬라이드를 차례로 어둡게 하면서 키워드를 강조하는 식으로 다음 목차를 구성하면 된다.

지금까지 정보의 종류를 단순화하는 방법에 대해 모두 설명했다. 기존에 있었던 슬라이드에서 꼭 필요한 글을 남기고, 나머지 부분을 시각화해 보여주는 것, 이것만 기억한다면 여러분의 슬라이드는 한층 더 알아보기 편하고 명확해지리라 장담한다. 뿐만 아니라 수준 높은 슬라이드를 통해 프리젠테이션을 진행하면 청중 주목도도 함께 향상돼 좀 더 성공적인 프리젠테이션을 할 수 있다.

Chapter 4 Perfect Point

1. 직관적인 **이미지의 사용**을 통해 청중의 시선이 슬라이드에 머무르는 시간을 줄일 수 있다.

2. **해상도가 높고, 발표자가 주장하고자 하는 뜻에 부합하는 이미지**를 골라야 한다. 이때 검색 엔진의 '고급 검색' 기능을 활용한다면 원하는 결과를 좀 더 쉽게 얻을 수 있다.

3. 컨설팅 형식의 슬라이드에서는 **아이콘 형태의 이미지를 사용**해야 슬라이드의 복잡도를 줄일 수 있다.

4. 이미지를 검색할 때 추상 명사(형용사)를 검색하고 싶다면, **그 속성을 가진 구체적 명사**를 떠올린다. 이것을 **역발상 이미지 검색법**이라고 한다.

5. 다양한 언어를 활용해 이미지를 검색하는 것도 큰 도움이 된다. 특정 국가와 관련된 이미지를 찾아야 한다면 **해당 국가의 언어로 번역해 검색**해보는 것 역시 좋은 시도다.

6. 이미지를 사용할 때는 저작권 관련 사항에 주의해야 한다. 특히 준비하는 프리젠테이션이 **상업적이거나 불특정 다수 배포용일 경우**에는 반드시 이미지를 구입해 사용하자.

7. 이미지와 키워드의 배치는 기본적으로 청중의 시선 이동 방향을 고려해야 한다. 시선의 이동 방향은 **왼쪽 → 오른쪽, 위 → 아래**다.

8. 이미지를 선택할 때는 **키워드가 들어갈 수 있는 위치, 사진 인물과 동물의 시선 방향**을 고려한다.

9. 이미지는 이미지 **고유의 비율을 유지**해야 한다. 억지로 늘릴 경우 계단 효과가 발생하며, 기존 이미지가 가진 속성이 깨질 수 있다.

10. **이미지 자체의 배경색과 슬라이드의 배경 색상을 일치시키자.** 슬라이드 배경색은 처음부터 일관적인 경우가 대부분이므로, 이미지를 선택할 때 내가 작성하는 슬라이드의 배경 색상이 어떤 것인지 고려하자.

11. 이미지의 배경 색상이 일관적이지 않다면 **명도를 고려해 이미지를 선택**한다.

12. 여러 이미지를 동시에 담아야 하는 경우, 모든 이미지가 갖고 있는 주제가 동등한 중요도를 가진다면 동일한 수준의 명암 처리를 하고, 중요도가 다른 주제가 섞여 있다면 해당 주제만 돋보일 수 있게 명암을 다르게 처리한다.

ⓖ 검색 키워드: Drinking water / Fire fighter

▲ 물을 주기적으로 마시는 것은 분명 건강에 도움이 되지만 아래 사진처럼 소방 호스로 나에게 물을 쏜다면 어떻게 될까? 마시는 양보나 흘리는 양이 훨씬 많을 것이다. 프리젠데이션 슬라이드의 정보도 마찬가지다. 청중에게 한 번에 노출되는 양을 조질해야 한다.

05

정보의 단순화 II : 정보의 양 단순화

정보의 단순화 I에서 우리는 다양한 정보를 한 번에 한 가지씩 전달하는 방법인 SIT 원칙과 해당 원칙을 실제 프리젠테이션 슬라이드에 적용하기 위해 정보의 종류를 단순화하는 방법에 대해 알아봤다.

그러나 앞에서도 이야기했듯이, 정보의 종류를 단순화하는 방법을 컨설팅 형식의 슬라이드에 모두 적용하기에는 분명한 한계가 따른다. 정보의 종류를 단순화하는 가장 핵심적인 작업이 글의 이미지 대체인데, 컨설팅 형식의 슬라이드는 프리젠테이션만을 목적으로 사용하는 것이 아니라 그 자체가 문서의 기능도 하기 때문이다. 따라서 컨설팅 형식의 자료를 만든다면 그 자료는 발표자가 없는 상태에서도 문서를 읽게 되는 사람이 내용을 이해할 수 있어야 한다.

젠 형식은 발표자 없이 슬라이드만을 봤을 때, 무슨 이야기인지 알기 어려울수록 좋은 슬라이드라고 할 수 있다. 그만큼 프리젠테이션에서 발표자의 의존도가 높다는 증거이기 때문이다(물론 발표자가 완벽하게 준비됐을 때 가능한 이야기다). 반면 컨설팅 형식의 슬라이드는 발표자가 전혀 없더라도 슬라이드만을 보고 사람들이 이해가 가능하도록 해야 한다. 회사 업무에서 사용하는 대부분의 자료는 프리젠테이션 자료인 동시에 문서로서의 기능을 수행해야 하기 때문이다. 실제로 컨설팅사에서 프리젠테이션 용도로 만드는 발표본 역시 기존 산출물 문서 중에서 몇 가지를 선택해 발표하는 형식이다. 이때 젠 형식의 문서를 만들어 다시 발표하는 경우는 거의 없다.

4장에서 예시로 등장했던 젠 형식의 슬라이드만으로 우리의 업무 환경에 맞는 프리젠테이션을 제작할 수 있을까? 이 부분에서 고개를 갸우뚱거리지 않는다면, 아직 회사 실무 경험이 없는 사람일 것이다. 실무를 접해 본 사람이라면, 모든 슬라이드를 키워드와 한 장의 이미지, 그리고 발표자의 이야기만으로 구성할 수 없다는 사실을 알고 있다(그런 슬라이드를 들고 보고에 들어갔을 때 떨어질 상사의 불호령이 먼저 눈 앞에 아른거릴 것이다).

젠 형식의 슬라이드가 청중에게 효과적인 전달을 할 수 있다는 사실 자체에 대해서는 필자 역시 이견이 없다. 그러나 이 형식을 실무에 맞게 적용하기에는 분명한 한계가 있다. 슬라이드 단순화에 대한 책을 읽고도 그것을 직접 적용하지 못하는 이유가 바로 여기에 있다. 우리가 알고 있는 프리젠테이션 서적은 기업 실무에 사용되는 슬라이드가 아닌 프리젠테이션 전용 슬라이드에 대한 이야기만을 하기 때문이다.

어떤 책에서는 보고서를 작성하고 그것을 토대로 발표용 슬라이드를 추가로 작성하라고 하고 있다. 나 역시 이 방법이 최고의 방법이라고 생각한다. 그러나 완벽해 보이는 이 방법에도 분명 문제가 존재한다. 역시나 시간 부족이 그 이유다.

임원 보고용 슬라이드를 작성하면서 중간관리자(팀장/부장급)의 요구사항에 맞추다 보면 보고서 형태의 슬라이드를 만드는 일조차도 시간에 쫓기는데, 과연 프리젠테이션 전용 슬라이드를 (그것도 예쁘게) 만들 수 있는 시간이 주어질까? 결국 '보고도 하지만, 자료로도 남겨야 하는' 그런 슬라이드를 제작할 수밖에 없는 것이 대부분 직장인의 현실이다.

그렇다고 해서 지금껏 여러분이 사용해왔던 업무 슬라이드가 고칠 부분이 없다는 말은 절대로 아니다. 청중에게 원활히 정보를 전달하고 프리젠테이션을 성공적으로 수행하기 위해서라도 SIT 원칙은 글이 많은 슬라이드에서도 반드시 지켜야 하고, 지킬 수 있다. 물론 앞에서 언급했던 방법과는 다른 방법으로 말이다. 그렇다면 글과 도표가 많은 컨설팅 형식의 슬라이드에서 SIT 원칙을 지키는 방법을 알아보자.

슬라이드 분할 기법

⊘ 검색 키워드: **피자**

▲ 슬라이드에 있는 정보를 쪼개서 청중에게 제공할수록 청중이 정보를 받아들이기 쉬워진다.

나는 피자를 참 좋아한다. 길게 늘어나는 뜨거운 치즈와 다양한 토핑을 마음대로 골라서 맛볼 수 있다는 장점이 있는 음식이다. 라지 사이즈 한 판이면 가족이나 친구들과 함께 먹기에도 부족함이 없어 간단한 외식거리로도 그만이다. 아마도 이 책을 읽는 분들 중에도 내가 느끼고 있는 피자의 매력에 대해 공감하는 분들이 많을 것이다.

그럼 우리가 피자를 먹을 때로 돌아가서 생각해 보자. 피자가 나오면 가장 먼저 우리는 무엇을 할까? 아마도 미리 썰어서 나온 부분을 따라 피자를 떼어내는 일을 할 것이다. 만일 피자가 잘려서 나오지 않는다면 어떻게 할까? 피자를 자르는 둥근 칼을 이용해 피자를 자르는 일을 먼저 할 것이다. 잘라놓지 않은 피자는 너무 커서 먹을 수 없기 때문이다.

우리가 만들고 있는 슬라이드 역시 마찬가지다. 청중에게 공개되는 한 장의 슬라이드에 너무 많은 정보가 담겨 있을 경우, 청중은 슬라이드를 어디부터 읽어야 할지, 언제 발표자의 이야기에 주목해야 하는지 등에 대해 매우 혼란스러워한다. 슬라이드에 너무 많은 정보가 한꺼번에 청중에게 노출되기 때문이다. 아무리 똑똑한 청중이라 하더라도 이렇게 많은 양의 정보를 한 번에 받아들이기는 불가능하고, 이는 청중의 집중력 저하로 이어진다.

따라서 정보의 양을 한 번에 얼마만큼 공개하는가는 프리젠테이션의 성패를 가를 수 있는 아주 중요한 요소가 된다. 슬라이드에 나오는 전체 정보의 양을 청중에게 조금씩 공개한다면, 발표자가 어디를 설명하는지도, 어떤 부분에 대해서 이야기하는지도 명확하게 알 수 있을 것이다. 이를 가능하게 만들어주는 것이 바로 슬라이드 분할 기법이다.

슬라이드 분할 기법은 글과 도표로 가득 차 있는 슬라이드를 좀 더 효율적으로 청중에게 전달하기 위해 사용하는 방법이다. 정보의 종류가 다양하게 유입될 때 사람이 한 가지 정보에만 집중하고 나머지 정보는 버리는 취사 선택을 하는 것과 마찬가지로, 슬라이드에 장황하게 펼쳐진 수많은 콘텐츠를 여과 없이 청중에게 노출한다면 청중은 그 자료를 어디부터 읽어 내려가야 하는지 정확히 알지 못한 상태로 헤매게 된다. 각 청중이 모두 다른 부분을 읽고 있는 상태에서의 발표자의 설명은 무의미할 뿐이다.

슬라이드 분할 기법을 좀 더 구체적으로 알아보자.

시선의 이동 방향에 따른 슬라이드 분할

앞에서 여러 차례 언급했던 시선의 이동 방향은 슬라이드 분할 기법에서 가장 기본이 된다. 즉 청중의 시선이 이동할 방향에 따라 자연스럽게 콘텐츠를 배치하는 것만으로도 슬라이드 분할 효과를 구현할 수 있다.

4장에서 언급했듯이 청중의 기본적인 시선 이동 방향은 왼쪽 → 오른쪽, 위 → 아래다. 모든 슬라이드를 구성할 때는 그 정보의 양이 많든 적든 반드시 이 방법을 따르는 게 좋다. 특히 이미지와 키워드로 슬라이드가 구성되는 젠 형식의 슬라이드의 경우 청중이 슬라이드에 시선이 머무는 시간이 그리 길지 않지만, 한 장의 슬라이드에 정보의 양이 매우 많은 컨설팅 형식의 슬라이드는 청중의 시선이 움직여야 하는 방향을 지정해줘야 청중의 혼란을 방지할 수 있다.

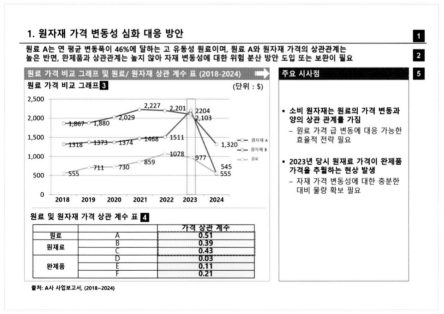

▲ 컨설팅 형식은 슬라이드에 정보를 가득 실어놓지만, 사실상 슬라이드를 여러 부분으로 나눠서 설명하기 때문에 부분으로 따지면 한 번에 그리 많은 설명을 하고 있는 것이 아니다.

컨설팅 형식의 슬라이드는 시선의 이동 방향을 철저하게 지킴으로써 청중의 혼란을 방지한다. 앞서 제시된 슬라이드의 경우 발표자가 특별한 설명을 해주지 않더라도 청중이 보는 순서는 정해져 있다고 할 수 있다. 가장 먼저 1번의 제목을 보고, 그 다음 아래에 위치한 2번 헤드 메시지를 본다. 시선은 왼쪽으로 이동해 3번 '원료 가격 비교 그래프'를 살피게 된다. 일반적인 시선 이동 방향을 따라 오른쪽으로 시선이 이동하는 것이 정상이지만, 이 슬라이드에서는 하늘색의 사각형 박스가 시선을 곧바로 오른쪽으로 이동하려는 것을 막아주는 역할을 한다. 따라서 청중은 자연스럽게 4번 '원료 및 원자재 가격 상관 계수 표'까지 읽은 다음 5번 '주요 시사점'으로 시선이 이동하게 된다.

이와 같은 방법으로 청중의 시선이 이동할 방향에 따라 콘텐츠를 배치한다면 정보의 양이 많이 들어오더라도 한순간에 들어오는 정보의 양을 슬라이드 구조화를 통해 인위적으로 나눠 놓음으로써, 청중은 큰 혼란을 겪지 않은 상태로 슬라이드를 읽을 수 있고, 발표자 역시 자신이 설명할 순서가 청중에게 노출된 상태에서 프리젠테이션을 진행할 수 있으므로 집중도가 높은 상태에서 프리젠테이션을 진행할 수가 있다. 다음 예시를 보자.

앞서 설명한 것과 마찬가지로 이 슬라이드 역시 청중이 보게 될 정보는 분할돼 제공된다. 제목과 헤드 메시지를 읽은 다음 그래프를 읽게 되고, 그 이후 시사점으로 이어지며 정보가 차례로 이어진다. 4부분으로 분할해 청중에게 정보를 제공함으로써, 한꺼번에 정보가 청중에게 쏟아지는 일을 방지할 수 있다.

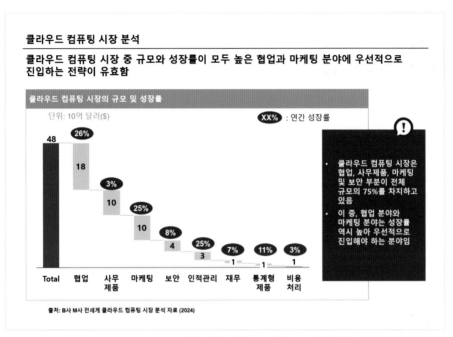

▲ 컨설팅 형식의 슬라이드는 박스, 선, 화살표 등을 통해 슬라이드를 분할하고, 그에 따라 청중이 어느 부분을 먼저 읽어야 하는지에 대해 안내를 해준다. 이것이 컨설팅 형식 슬라이드에서 사용하는 슬라이드 분할 기법이다.

지금부터는 슬라이드 분할 기법을 여러분이 사용하는 슬라이드에 어떻게 적용할 수 있는지 단계적으로 알아보자.

애니메이션 효과를 통한 슬라이드 분할 구현

앞에서 설명했던 슬라이드 분할 효과는 젠 형식이나 컨설팅 형식. 어디든 사용할 수 있다. 특히 컨설팅 형식의 슬라이드에서는 슬라이드 분할을 통한 정보의 제공이 필수적이라고 할 수 있는데, 이런 슬라이드 분할을 좀 더 효과적으로 할 수 있는 방법이 있다. 바로 애니메이션 효과를 통해 슬라이드 분할을 더 극적으로 진행하는 방법이다.

애니메이션 효과란, 슬라이드에 나타나는 개체를 움직이거나 축소/확대하고, 나타나게 하거나 사라지게 하는 모든 효과를 총칭한다. 대부분의 슬라이드 제작 프로그램은 애니메이션 효과를 기본적으로 탑재하고 있다.

시선의 이동 방향에 따라 슬라이드 개체를 배치하고, 이를 순차적으로 청중에게 보여줌으로써 슬라이드 분할을 좀 더 극적으로 표현할 수 있다. 즉 모든 슬라이드의 글을 키워드만 남기는 방식으로 구성할 수 없다면, 그 슬라이드를 세부적으로 나눠 한 슬라이드 안에 여러 장의 슬라이드가 있는 듯한 효과를 내면 되는 것이다.

다음은 시중에서 유료/무료로 흔히 접할 수 있는 템플릿이다. 우리가 빈번하게 사용하는 다음과 같은 양식의 템플릿을 그대로 사용하면 재빨리 슬라이드를 만들 수 있다는 장점은 있겠지만 청중에게 효과적으로 메시지를 전달하기는 어려울 것이다.

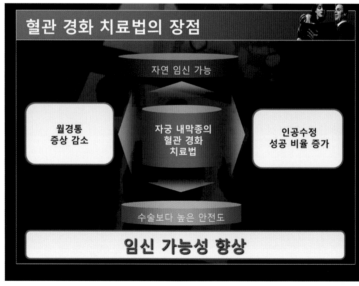

▲ 흔히 볼 수 있는 슬라이드 형식. 그러나 이 슬라이드에서는 어떤 내용이 핵심인지, 어디부터 봐야 할지 알기 어렵다. 시선의 이동 방향을 지키지 않는 슬라이드이기 때문이다.

이 슬라이드의 여러 가지 문제점 중 가장 큰 부분은 청중이 끊임없이 집중해야만 한다는 점이다. 혹시라도 발표에 순간적으로 집중하지 못하거나, 잠깐 다른 곳을 봤다가 다시 슬라이드를 볼 경우 발표자가 어느 부분을 말하는지 알아차리기가 매우 어렵다.

이를 반대로 생각해보면, 설령 청중이 딴짓을 하다가 다시 발표자의 설명을 듣는 상황이 오더라도, 지금 발표자가 어느 부분을 말하고 있는지 알 수 있게 슬라이드를 디자인해야 한다는 결론에 이르게 된다.

앞의 슬라이드만을 보고 발표자가 첫 번째로 설명할 내용이 '자연 임신이 가능하다'라는 항목인지, '월경통 증상이 감소한다'는 것인지 누구도 정확히 말할 수 없을 것이다. 즉 이런 슬라이드는 발표자만 진행 방향을 알기 때문에 청중 주목도는 현저히 떨어질 수밖에 없다.

이 슬라이드를 다음과 같은 형식으로 바꿔봤다.

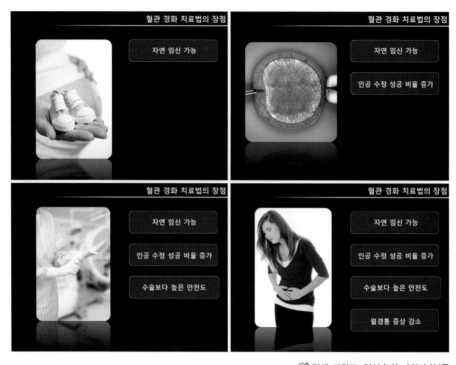

▲ 한 장의 슬라이드를 애니메이션 효과를 활용해 분할한 모습. 좀 더 직관적이고 청중이 이해하기 쉬운 슬라이드가 완성됐다.

바뀐 슬라이드의 흐름을 보면 누가 보더라도 현재 발표자가 어느 부분을 설명하는지 정확하게 알 수 있다. 지금 설명하고 있지 않은 부분은 화면에 아예 표시되지 않기 때문이다.

또한 바뀌기 전의 슬라이드에 있던 불필요한 도형을 빼는 대신, 직관적인 이미지를 사용하고 부분마다 애니메이션 효과를 통해 이미지를 바꿔줌으로써, 오른쪽 글 없이 이미지만으로도 발표자가 어떤 이야기를 할지에 대해 짐작할 수 있게 했다.

이 슬라이드에서 궁극적으로 하려는 이야기는 '임신 가능성이 향상된다는 것'이었기 때문에, 이 부분을 애니메이션 효과로 더욱 강조할 수 있다. 바로 다음의 슬라이드와 같이 표현하면 된다.

▲ 발표자가 최종적으로 강조하고 싶었던 '임신 가능성 향상'이라는 주제를 강력한 형식으로 도출했다.

앞에서 제시한 슬라이드는 애니메이션 효과를 활용했으므로, 책에서는 여러 장으로 보이는 슬라이드가 실제로는 한 장의 슬라이드인 것이다. 즉 애니메이션 효과를 활용하면 슬라이드의 페이지 수는 동일하게 유지하면서 슬라이드의 내용을 조금씩 청중에게 공개할 수 있어 슬라이드 분할 효과를 좀 더 효과적으로 표현할 수 있다.

인쇄용 슬라이드에서의 슬라이드 분할 기법 차별 적용

이제 여러분은 슬라이드 분할 기법을 통해 효과적이고 효율적으로 청중에게 노출되는 정보의 양을 조절할 수 있게 됐다. 그러나 앞에서 제시한 예시가 모든 상황에서 가능하진 않다. 애니메이션 효과를 활용해 이미지 위에 이미지를 덧붙이거나, 글을 겹쳐 사용한 슬라이드를 인쇄한다면 모든 글과 이미지가 다 겹쳐버린다. 특히 회사에서 업무용으로 작성하는 슬라이드는 거의 모든 경우 인쇄할 수 있는 상태로 디자인해야 하므로 더욱 세심한 주의가 필요하다. 다음의 예시를 보자.

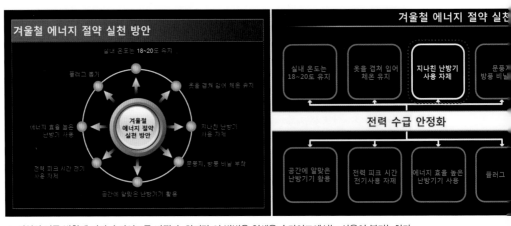

▲ 시선의 이동 방향에 따라 슬라이드를 바꿨다. 하지만 이 방법은 인쇄용 슬라이드에서는 사용이 불가능하다.

슬라이드 분할 기법과 청중의 시선 이동 방향을 고려해 왼쪽에 있는 슬라이드를 오른쪽과 같이 바꿨다. 오른쪽 슬라이드를 보면 현재 발표자가 '지나친 난방기 사용 자제'와 관련한 이야기를 하고 있음을 누구나 쉽게 눈치 챌 수 있다.

문제는 이런 슬라이드를 프리젠테이션하는 데만 사용한다면 괜찮지만, 인쇄했을 때는 엉망이 된다는 점이다. 이 슬라이드를 실제로 인쇄한다면 다음과 같은 모습이 된다.

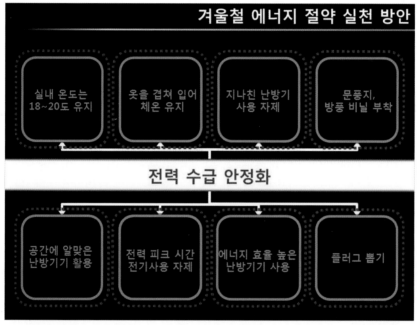

▲ 인쇄용 슬라이드에서는 애니메이션 효과를 무작정 써서는 안 된다. 슬라이드를 띄워놓고 발표를 진행할 때는 문제가 없지만, 인쇄할 경우 이처럼 망가져 버리기 때문이다.

디자인 자체가 우스꽝스러워지는 건 말할 것도 없고, 슬라이드 분할 기법 자체가 무용지물이 돼버린다는 사실이 치명적이다. 애니메이션 효과는 프리젠테이션을 실시할 때 슬라이드를 좀 더 돋보이게 할 수 있지만, 인쇄용 슬라이드에서는 사용할 수 없는 경우가 많으므로 주의해야 한다.

애니메이션 효과를 입히는 데 흥미를 느낀 사람들이 자주 하는 초보적인 실수는, 자신이 만드는 슬라이드를 인쇄할 가능성을 염두에 두지 않아 글씨가 겹치고 알아볼 수 없는 슬라이드를 인쇄하는 것이다. 프리젠테이션 전용으로 쓰이는 슬라이드만큼 효과를 주기는 어렵지만, 이 경우에도 방법은 있다.

첫째는 실제로 슬라이드를 여러 장으로 분할하는 것이다. 앞부분에서 예시로 나왔던 '혈관 경화 치료법'과 관련한 슬라이드를 애니메이션 효과를 사용해 한 장으로 만들지 않고 슬라이드 다섯 장으로 쪼개 만들었다면 인쇄를 하더라도 이미지가 겹치는 일은 발생하지 않는다.

그러나 이런 방식도 사용할 수 없는 경우가 있다. 바로 제출해야 하는 슬라이드의 페이지 수가 제한돼 있을 경우다. 물론 이 경우에도 방법은 있다. 효과 자체는 단순해지지만 기본적으로 청중 주목도를 높게 유지할 수 있다는 점에는 변함이 없다. 다음의 예시를 보자.

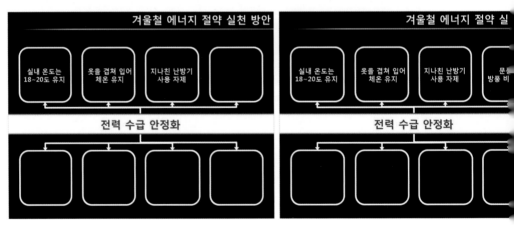

▲ 글씨가 나타나는 간단한 애니메이션 효과를 활용해 청중은 발표자가 어디를 설명하는지 쉽게 알 수 있다.

예시에서는 왼쪽 슬라이드에 있는 '지나친 난방기 사용 자제'에 대해 설명한 이후 애니메이션 효과를 사용해 '문풍지, 방풍 비닐 부착'이라는 글씨를 새로 띄우며 다음 주제로 넘어가고 있다.

이 슬라이드에서와 같이 글씨를 나중에 표시해주는 애니메이션 효과만으로도 현재 발표자가 어느 부분을 설명하는지 청중이 헷갈리지 않을 수 있다. 이런 방식으로 차례차례 여덟 가지 주제를 모두 설명하고 난 뒤의 슬라이드는 역시 한 장이며, 이 슬라이드를 인쇄하더라도 글이나 이미지가 겹치는 현상이 없이 정상적인 인쇄물을 얻을 수 있다.

프리젠테이션 슬라이드를 인쇄할 필요가 없을 경우에는 좀 더 극적 효과를 만들 수 있기 때문에 한 장에 다양한 이미지와 글을 삽입할 수 있지만, 불가피하게 인쇄용으로 병행해야 하는 슬라이드라면 다음의 방식을 통해 SIT 원칙은 유지하면서도 인쇄가 가능한 슬라이드를 만들 수 있다. 하지만 인쇄용 슬라이드를 만들기 위한 추가적인 단계가 남았다. 여러분이 인쇄물에 쓰는 슬라이드를 만들고 있다면 배경이 검은 슬라이드는 만들지 않는 편이 좋다. 간단하게 배경은 흰색으로, 글씨는 검은색이나 청색 계열로 바꿔주면 된다. 다음과 같이 우리는 애니메이션 효과를 적절히 활용하면서도 인쇄해도 알아볼 수 있는, 게다가 인쇄하면서 불필요하게 잉크를 사용하지도 않는 친환경적(!) 슬라이드를 만들 수 있다.

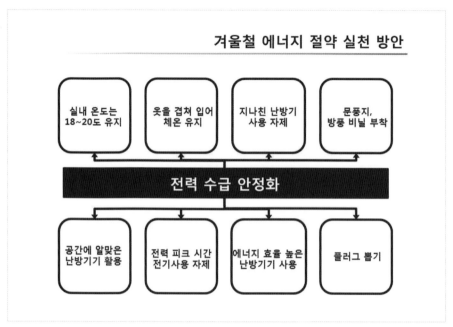

겨울철 에너지 절약 실천 방안

| 실내 온도는 18~20도 유지 | 옷을 겹쳐 입어 체온 유지 | 지나친 난방기 사용 자제 | 문풍지, 방풍 비닐 부착 |

전력 수급 안정화

| 공간에 알맞은 난방기기 활용 | 전력 피크 시간 전기사용 자제 | 에너지 효율 높은 난방기기 사용 | 플러그 뽑기 |

▲ 실제 인쇄물을 만들 예정이라면 검은 배경에 흰 글씨를 사용하는 것보다는, 흰 배경에 검정/청색 계열의 글씨와 도형을 사용하는 편이 훨씬 보기 편하다.

앞선 페이지에서도 두 장의 컨설팅 형식 슬라이드를 예로 들며 이야기했듯이, 슬라이드 분할 기법이 최적화된 슬라이드가 바로 '컨설팅 형식'의 슬라이드다. 비록 슬라이드 한 장이 담고 있는 정보의 양은 많은 편이지만, 줄글로만 이어서 내용을 작성하는 슬라이드나, 시선의 이동 방향을 지키지 않는 슬라이드와 비교했을 때 한 번에 받아들여야 하는 정보의 양이 제한되기 때문이다. 다음 자료를 보자. 다음의 자료는 크게는 네 부분(제목, 헤드 메시지, 왼쪽 도형, 오른쪽 도형)으로 나눠지기 때문에 청중이 집중하는 양이 많이 줄어든다. 특히 본문 부분에서는 왼쪽 도형 안에 삽입된 부분도 고객, 온라인/모바일/오프라인이 연동된 모습, 그리고 각각에 대한 설명 등으로 나뉘어 있으므로 발표 중에도 청중의 시선 이탈을 막을 수 있다. 청중이 왼쪽의 도형을 모두 본 이후에는 오른쪽 글상자로 넘어가 주요 내용에 대한 자세한 내용을 볼 수 있다. 상상해보자. 이 모든 내용을 한 장의 슬라이드에 줄 글로 적어놓았다면 어떤 결과를 가져올까? 청중은 발표자가 어느 부분을 설명하는지 알아듣기가 훨씬 어려워질 것이다.

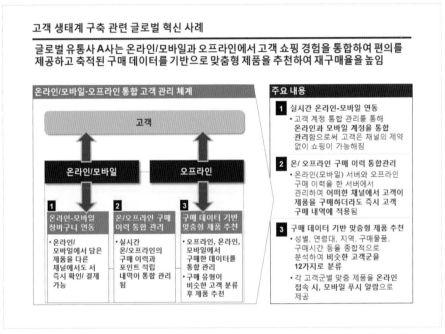

▲ 컨설팅 형식의 슬라이드는 슬라이드를 여러 부분으로 나눠 청중에게 노출되는 정보의 양을 줄이는 방식을 쓴다. 또한 인쇄가 가능하도록 흰 배경에 검정이나 청색 글씨를 활용하는 것이 기본이다.

폴더링 기법

정보의 양을 조절할 수 있는 또 다른 방법으로 폴더링^{foldering} 기법이 있다. 폴더링 기법 역시 정보를 조금씩 청중에게 공개해 청중 주목도를 높게 유지한다는 점에서 슬라이드 분할 기법과 비슷하지만 슬라이드 분할 기법과 적용되는 대상이 다르다.

슬라이드 분할 기법이 슬라이드 낱장에 적용될 수 있는 방법이라면 폴더링은 이보다 좀 더 넓은 한 가지 주제에 관해 정보를 조금씩 공개하는 방법이라고 생각하면 쉽다. 가끔 컴퓨터를 사용하면서 바탕화면에 온갖 파일을 벌려 놓는 사람을 볼 수 있다. 컴퓨터 속도가 느려지는 문제는 둘째 치고, 그렇게 정리가 되지 않은 파일은 실제로 필요한 파일을 찾을 때도 문제가 된다. 한꺼번에 너무 많은 파일이 한 눈에 뒤엉킨 나머지 정작 원하는 파일을 찾을 수 없기 때문이다. 그렇기 때문에 컴퓨터에는 '디렉터리' 또는 '폴더'라는 개념이 있고 여기에 자신이 원하는 파일을 잘 정리해두면 좀 더 체계적으로 파일을 관리할 수 있다.

폴더링은 정보의 공개 측면에서 한 가지 주제에 관련된 정보를 한 장의 슬라이드에 입력하는 것이 아니라 여러 장의 슬라이드에 분할해 정보의 양을 분산시켜 청중 주목도를 높이는 방법이다. 실제 폴더링이 사용된 예시를 보자.

컨설팅 형식을 활용해 작성한 이 슬라이드는 불필요한 배경의 삽입 등을 최소화하고 페이스북의 기업 로고와 비슷한 색상을 사용하는 등, 전체적으로 크게 문제가 될 부분은 없어 보인다.

틱톡(Tiktok)의 성공 요인 분석

틱톡은 1분 미만 짧은 동영상인 숏폼을 선보이고 손쉬운 꾸미기 효과 제공 및 다양한 챌린지 활동으로 급속도로 성장

숏폼 영상 도입
- 1분 미만의 짧은 영상에 어린 세대가 반응한다는 것을 인지하고, 1분 미만의 영상을 지속적으로 감상할 수 있는 플랫폼 구축
- 최초 1분 미만이던 영상은 최대 15분 길이까지 확대되며, 다양한 콘텐츠를 담을 수 있는 플랫폼으로 진화

손쉬운 꾸미기 기능 제공
- 전문 동영상 편집 툴이 없이도, 틱톡 앱 자체에서 다양한 효과 및 필터 제공
- 모든 유저가 크리에이터가 될 수 있는 환경 제공으로 콘텐츠 수의 급속한 성장을 견인

다양한 챌린지
- 초기 틱톡 성장에 가장 큰 기여를 한 '해시태그 챌린지'를 기반으로 다양한 형태의 챌린지를 진행하여 '틱톡=챌린지'라는 공식을 완성

▲ 일상적으로 자주 활용되는 컨설팅 형식의 슬라이드다. 지금의 상태도 큰 문제는 없지만, 폴더링 기법을 사용하면 청중에게 노출되는 정보의 양을 좀 더 효과적으로 조절할 수 있다.

다만, 한 슬라이드 안에 많은 양의 글이 들어가 있다고 생각되는 경우에는 이를 조절하는 것이 가능하다. 우선 폴더링 기법을 사용하는 것을 알아보기 전에, 앞서 설명했던 슬라이드 분할 기법을 사용해 정보의 양을 조절해보자. 방법은 아주 간단하다. 총 세 개의 주제가 한 페이지에 나와 있으므로 주제별로 청중에게 노출해주면 된다.

눈치가 빠른 사람이라면 앞 부분에서 설명했던 '에너지 절약 방안' 슬라이드에서의 슬라이드 분할 기법과 조금은 다른 부분을 찾을 수 있었으리라 생각한다. '에너지 절약 방안' 슬라이드에서는 앞서 설명한 부분의 글도 유지하면서 다음 글을 공개하는 식으로 진행했지만 이번 슬라이드 분할에서는 앞부분에서 설명했던 부분은 지우고, 현재 설명하는 부분만 표시를 하는 기법을 사용했다. 이 방식은 현재 어느 부분에 대해 설명하는지 좀 더 명확하게 알릴 수 있다.

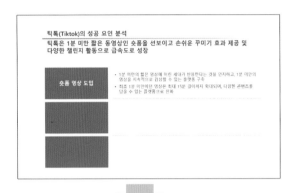

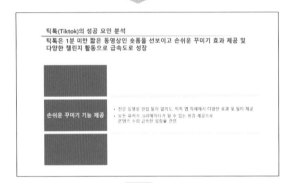

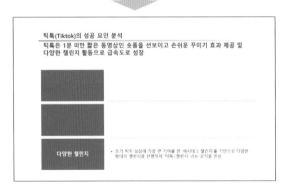

▲ 슬라이드 분할 기법을 사용한 정보의 양 단순화 방법

하지만 청중이 발표자의 설명을 처음부터 끝까지 집중해서 듣지 않아 앞부분 설명을 놓쳤을 경우 앞부분을 다시 볼 수 없다는 단점도 동시에 존재한다. 이런 단점은 설명이 모두 끝난 이후에 다시 전체 글이 모두 나타난 슬라이드를 잠시 띄워놓고 간단히 요약해 설명함으로써 어느 정도 보완할 수 있다. 만약 이런 문제를 없애고 싶다면 앞서 설명한 '겨울철 에너지 절약 방안'의 슬라이드처럼 모든 내용을 그대로 띄우면서 신규 내용을 추가해 띄우는 방법을 사용하면 된다.

이번에는 같은 형식의 슬라이드를 폴더링 기법을 사용해 바꿔보자. 폴더링 기법을 사용하려면 먼저 큰 주제로 슬라이드를 구분해야 한다. 이 슬라이드에서 말하려는 바는 총 세 가지다. 첫째는 '숏폼 영상 도입', 둘째는 '손쉬운 꾸미기 기능 제공', 셋째는 '다양한 챌린지' 다.

폴더링 기법을 적용할 때는 이런 대주제별로 한 장의 슬라이드를 할애해 작성하고, 전체적인 대주제를 묶을 수 있는 슬라이드를 한 장 더 작성하면 된다. 이는 마치 우리가 스토리라인을 작성할 때 사용한 트리 구조 만들기 기법과 유사하다. 폴더링 기법이 적용된 슬라이드는 다음과 같다.

▲ 앞부분에 있었던 메인 주제만을 글로 남기고 나머지 글을 삭제했다. 글이 줄어들어 가독성이 향상되는 효과가 있다.

폴더링 기법을 적용하기 위해 세 가지 대주제가 모두 포함된 슬라이드가 등장한다. 주제만 적어 넣으면 되기 때문에 나머지 부분은 직관적인 이미지 처리를 통해 청중이 해당 주제를 좀 더 쉽게 이해할 수 있게 한다. 대주제가 열거된 슬라이드 이후에는 '숏폼 영상 도입', '손쉬운 꾸미기 기능 제공', '다양한 챌린지'와 관련한 세부 화제가 이어진다.

다음은 숏폼 영상 도입과 관련해 세부적인 설명이 이어지는 슬라이드다. 대주제가 열거된 슬라이드에서 먼저 제목이 등장하고, 이 슬라이드에도 같은 제목이 등장하기 때문에 반복적으로 청중에게 각인시키는 효과를 줄 수 있다.

한 장의 슬라이드로 세 가지 대주제를 담기에는 어떤 부분이 시사점이고 어떤 부분이 사실인지 구분하기도 매우 어렵다. 하지만 폴더링 기법을 사용하면 글을 적을 수 있는 공간이 훨씬 늘어나기 때문에 좀 더 효과적으로 메시지를 전달할 수 있다는 장점이 있다. 앞의 슬라이드에서 '+'로 연결된 글상자는 근거이며 해당 근거를 통해 '콘텐츠 수의 급속한 성장을 견인'이라는 결과가 도출됐음을 도형을 통해 쉽게 파악할 수 있다.

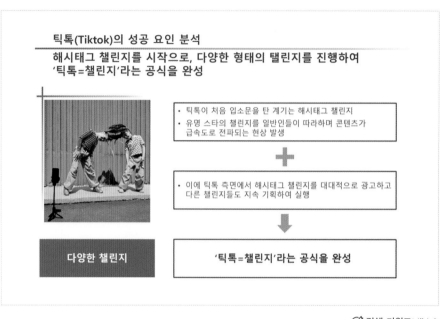

◎ 검색 키워드: tiktok

▲ 메인 주제에 대한 설명을 세 장에 걸쳐 자세히 풀어놨다.

마지막 대주제인 '다양한 챌린지' 부분에 대한 설명까지 마침으로써 한 장의 슬라이드
를 네 장으로 계층화하는 폴더링을 완성했다. 앞서 나온 슬라이드는 다음과 같이 계
층화할 수 있다.

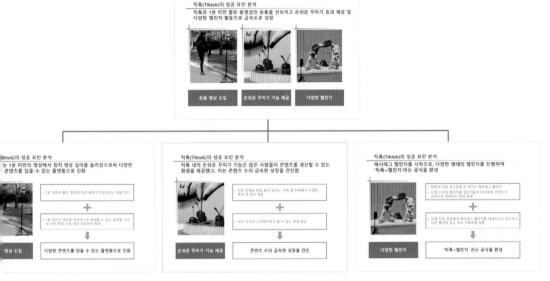

▲ 한 장에 담겨 있던 내용을 폴더링 기법으로 네 장으로 만들며 가독성과 디자인의 완성도를 높였다.

즉 전개되는 이야기 자체를 세분화해 한 장의 슬라이드에 일부의 정보만을 삽입함으로써 슬라이드의 복잡도를 줄일 수 있다.

폴더링 기법을 세련되게 구사할 수 있다는 것은 성공적인 기획 단계를 거쳤다는 증명이기도 하다. 앞에서 언급했다시피 모든 프리젠테이션에서는 병렬 구조가 포함되는 경우가 많은데, 폴더링을 사용해 이야기를 진행했다는 사실은 전체 프리젠테이션 중 어느 부분을 병렬 구조로 인식하고 이야기를 진행해나가야 하는지를 정확하게 알고 있다는 뜻이기 때문이다.

또한 폴더링 기법을 사용하면 슬라이드의 가독성을 높일 수 있다. 많은 양의 글을 한 장의 슬라이드에 담으려다 보면 글씨 크기가 지나치게 작아지는데, 프리젠테이션을 넓은 장소에서 실시할 경우 뒤쪽에 앉은 청중에게 슬라이드 글씨가 보이지 않는 경우가 발생한다. 아무리 좋은 내용을 담았다 하더라도 청중이 볼 수 없다면 아무 소용이 없다. 이런 경우를 미연에 방지하기 위해서 폴더링을 사용한다면 좋은 결과를 얻을 수 있을 것이다. 이런 구조는 컨설팅 형식의 슬라이드에 자주 등장한다. 가장 상위에 위치하는 페이지를 일반적으로 '뚜껑 페이지'라고 이야기하는데, 그 이후에 나올 슬라이드들의 상위 레벨에서 이야기를 전체적으로 펼쳐주는 역할을 수행하고, 이후에 등장하는 페이지들은 각각 내용의 상세한 이야기를 담아서 보다 자세하게 설명하는 페이지로 활용된다.

그리고 눈치가 빠른 분들은 이미 눈치를 채셨으리라 생각한다. 앞서 언급했던 빅테크에서 많이 활용되는 '하이브리드' 슬라이드는 내용을 막연히 줄이고 없애는 것이 아니라 바로 이 폴더링 기법을 사용해서 만드는 슬라이드다.

무엇보다 중요한 사실은 자신이 속해 있는 곳의 슬라이드 디자인 스타일에 따라 자신에게 가장 적절한 스타일을 알고 디자인을 하도록 해야 한다는 점이다. 광고 회사에서 좋은 슬라이드라고 이야기를 듣는 스타일과 컨설팅 회사에서 좋은 슬라이드라고 평가받는 스타일은 서로 다르다. 이는 슬라이드 디자인에 하나의 정답이 있는 것이 아니라 상황에 맞춰 유연하게 디자인 형식을 변경할 수 있어야 한다는 의미로도 해석될 수 있다. 하지만 음악에서 일반적인 화성 진행을 잘 알고 있다면 어떤 연주가 오더라도 즉흥적으로 곡을 연주할 수 있는 재즈와 같이, 이 책에 나온 형식을 잘 이해하고 있다면 여러분이 어떤 비즈니스 환경에 소속돼 있다고 하더라도 그에 맞는 디자인이 가능해질 것이다.

ⓖ 검색 키워드: **폴더**

1. 정보의 종류를 단순화하기 어려운 컨설팅 형식의 슬라이드에서는 **정보의 양을 단순화**하는 방법을 통해 청중에게 명확한 메시지를 전달할 수 있다.

2. 정보의 양을 단순화하기 위해 슬라이드에 있는 내용을 조금씩 청중에게 공개하는 방법을 사용하는데, 이것을 **슬라이드 분할 기법**이라고 한다

3. **애니메이션 효과**를 사용한다면 청중에게 좀 더 극적인 슬라이드 분할 기법을 선보일 수 있으나, 인쇄용 슬라이드에서는 제한적인 슬라이드 분할 기법을 사용한다. 이때 슬라이드의 배경 색상은 되도록 흰색으로, 글씨는 흑색이나 청색 계열로 작성해 인쇄할 경우를 고려한다.

4. 특히 컨설팅 형식의 슬라이드는 슬라이드 분할 기법을 잘 활용해야 한다. 일반적으로 컨설팅 형식의 슬라이드는 보고서로도 병행되므로 글이 많을 수 밖에 없기 때문이다.

5. **내용 자체를 여러 장으로 나눠 디렉터리 구조를 만드는 것을 폴더링 기법**이라고 한다.

6. 폴더링 기법은 기획 단계의 **트리 구조 스토리라인 작성**과 같이 대주제와 소주제로 구분해 각각 슬라이드를 별도로 작성하는 방법이다. 이는 **컨설팅 형식의 슬라이드에서 전체를 요약해서 보여주고, 각 페이지에서 자세한 내용을 설명하는 형태로 활용**된다.

7. 폴더링 기법은 특히 하이브리드 슬라이드에서 자주 활용되는 방식이다. 빅테크에서는 슬라이드 분할 기법보다 폴더링 기법이 더 자주 사용되고 있음을 참고하자.

06

매력적인 슬라이드 작성을 위한 팁

지금까지 익힌 방법을 잘 적용하고 또 응용할 수 있다면, 아마 여러분의 슬라이드 디자인 감각은 그 이전과 비교해 상당히 향상됐으리라 생각한다(물론 앞의 내용을 몸에 직접 익히기 위해 부단한 연습은 필수다). 그러나 이보다 더 나은 방법을 생각하는 분을 위해서 적용할 수 있는 팁을 함께 이야기하고자 한다.

지금까지 이야기했던 것이 큰 그림의 밑그림이었다면, 이제부터는 실제로 색을 잘 골라서 칠해 넣는 작업이라 생각하고 함께 이야기를 진행해보자. 좋은 슬라이드를 만들기 위해서 여러분이 고려할 사항은 청중에게 혼란을 줄 수 있는 것은 철저하게 배제한다는 점이다.

앞서 살펴본 정보의 양을 조절하는 방법 역시 청중의 혼란을 방지하는 수단 중 하나라고 말할 수 있지만, 이번 절에는 SIT 원칙과 직접 관련이 없더라도 슬라이드 디자인을 통해 청중의 혼란을 배제함으로써 더욱 완벽한 프리젠테이션 슬라이드 디자인으로 다가가는 방법을 알아보자.

◎ 검색 키워드: **팔레트**

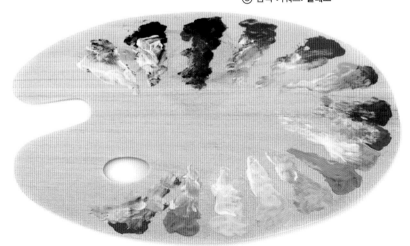

템플릿의 사용

5장에서 슬라이드 분할 기법과 폴더링 기법의 개념 및 활용 방안에 대해 알아볼 당시 제시된 슬라이드를 다시 한번 상기해보자. 눈치가 빠르다면 '고치기 전의 슬라이드'로 제시된 슬라이드는 대부분 다른 프리젠테이션에서 자주 사용됐던 형식임을 알 수 있을 것이다. 어디에서나 흔히 구할 수 있는 슬라이드 형식. 이를 '템플릿^{template}'이라고 부른다.

본래 템플릿은 '견본, 본보기'라는 뜻을 지닌 영어 단어로, 우리가 프리젠테이션 슬라이드에서 상당히 많이 사용해온 단어이기도 하다. 그러나 이 책을 읽고 있는 여러분이라면, 앞으로는 기존의 템플릿을 사용하기보다는 스스로 만든 자신만의 템플릿을 사용하는 편이 더 나은 결과를 낼 수 있다는 데 공감했으면 한다.

먼저 젠 형식의 슬라이드를 만들면서 기존에 있는 템플릿을 사용한다는 건 아예 말이 안 되는 이야기다. 키워드에 이미지만 잘 배치하면 되는 젠 형식의 슬라이드에서 복잡한 템플릿은 아무런 소용이 없기 때문이다.

컨설팅 형식의 슬라이드의 경우, 내부에서 한 명이 팀원 전체가 사용할 수 있는 템플릿을 만들어서 배포하기는 하지만 외부 사람들이 미리 만들어 놓은 템플릿을 그대로 가져와서 사용하는 경우는 극히 드물다.

왜 좋은 슬라이드는 외부에서 구입한 템플릿을 사용하지 않고 스스로 만들어 낸 경우가 많을까? 그 이유는 원론적으로 돌아가서 '슬라이드는 프리젠테이션의 일부'라는 데서 답을 찾을 수 있다. 간단한 예시를 함께 살펴보자.

▲ 시중에서 구할 수 있는 템플릿. 그 안에 글씨를 추가해 슬라이드를 만들었다.

이 슬라이드는 시중에서 흔히 구할 수 있는 도형 템플릿을 활용해 만들었다. 이 도형을 이용해 마케팅 원리에서 배울 수 있는 '4P 분석'을 설명하려고 슬라이드를 만들었다. 사실 이 슬라이드의 경우는 큰 문제가 없다. 발표자가 이야기하려는 주제도 네 가지이고, 실제 도형도 네 조각으로 이뤄졌기 때문이다.

그런데 만약 발표자가 말하고자 하는 주제가 네 가지보다 더 적거나, 더 많은 경우라면 어떻게 될까? 당연히 해당 주제의 개수와 맞는 도형 또는 템플릿을 찾으면 된다고 생각하지만 실상은 그렇지 않다.

놀랍게도 굉장히 많은 사람이 이미 구한 도형 안에 자신의 이야기를 억지로 줄이거나 늘려서 끼워 맞춘다. 이 책을 읽는 여러분 중에도 이런 실수를 범해본 사람이 있으리라 생각한다. 다섯 가지 이야기를 하려던 발표자가 해당 템플릿에 이야기를 끼워 맞추기 위해 한 가지 이야기를 버리거나 다른 주제와 섞어 버린다든지, 세 가지 주제를 다루려던 발표자가 억지로 한 가지 이야기를 더 만들어서 끼워 맞추곤 한다. 그런 대표적인 예시는 앞서 본 슬라이드에도 있는데, 바로 '겨울철 에너지 절약 실천 방안'의 예시로 나왔던 템플릿이다. 이 템플릿을 그대로 쓰려는데, 이유가 여덟 가지가 안 되면, 템플릿을 수정하려는 노력을 하는 대신, 자신이 갖고 있던 이야기를 어떻게든 여덟 가지로 늘리려 할 것이다. 혹은 자신이 필요한 이야기가 여덟 가지가 넘어가더라도 어떻게든 줄여서 여덟 가지에 끼워 맞추려고 한다는 뜻이다. 슬라이드 디자인을 하면서 우선적으로 '템플릿'을 찾는 사람은 아직 슬라이드를 디자인하는 데 익숙하지 않음을 반증하는 뜻과 같다.

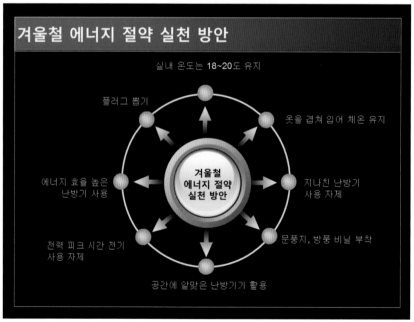

▲ 여러분이 작성하려는 이야기의 개수와 시중에서 판매되는 템플릿이 같을 가능성은 그리 많지 않다. 이럴 경우 템플릿을 고쳐야하지만, 대다수 템플릿을 원하는 사람은 슬라이드 디자인 역량이 떨어지므로, 자신의 이야기를 뜯어고치다 스토리라인이 망가지게 되는 결과를 낳는다.

이는 새로 산 옷이 크다고 해서 억지로 살을 찌우는 경우와 마찬가지다. 슬라이드는 프리젠테이션을 구성하는 요소 중 하나이므로 슬라이드 디자인 때문에 전체 이야기가 뒤집혀버리면 주객이 전도되는 셈이다.

스토리텔링을 중시해야 하는 프리젠테이션에서 필요 없는 부분을 자꾸 넣는다면 이야기의 매끄러운 진행을 방해하는 결과를 낳는다. 이런 슬라이드가 늘어날수록 청중은 당신이 지금 진행하는 프리젠테이션의 주제가 무엇인지 헷갈릴 것이다.

이런 이유 외에도 기성 템플릿 중에는 시선의 기본 이동 방향을 지키지 않는 경우가 매우 많다. 앞에서 예시로 등장한 도형의 경우도 기본적인 시선의 방향과는 거리가 멀게 디자인돼 있다. 이럴 경우 청중의 시선을 발표자가 마음대로 조절할 수 없고, 청중의 주목도는 떨어지고 만다

앞에서 설명했듯이 우리가 이야기하려는 주제의 개수와 정확하게 맞아 떨어지는 도형이 있다면 해당 템플릿을 사용해도 무방하다. 실제로 다수의 컨설팅 업체에서는 다양한 상황을 표현하기 위한 도형 모음을 직원에게 제공하고 있고, 그 도형 중에서 적절한 템플릿을 선택해 사용하기도 한다. 그러나 일반적인 입장에서 슬라이드를 작성할 때 사용하는 템플릿은 주로 무료로 다운로드 가능한 것이고, 이런 무료 템플릿에서는 특정 도형의 예시만을 제시할 뿐, 내가 이야기하려는 주제의 개수와 정확하게 일치하는 경우를 찾기가 매우 어렵다. 때로는 검색하는 시간이 직접 그리는 시간보다 더 많이 걸릴 수도 있다.

템플릿을 그때그때 구매해 사용하는 방법도 대안이 될 수 있겠지만, 유료로 판매되는 템플릿은 그 가격이 몇만 원에서 수십만 원에 이르기까지 매우 비싸다. 따라서 이 방법 역시 수시로 프리젠테이션을 준비하는 입장에서는 부담스러울 수밖에 없다.

기존에 받은 도형을 스스로 편집해 쓰는 방법도 고려할 수 있다. 하지만 예시로 제시된 저 도형을 3개의 퍼즐 모형이나 5개의 모형으로 변환할 수 있는 사람은 얼마나 될까? 만약 그렇게 변형시킬 수 있는 정도의 실력을 가진 사람이었다면 처음부터 별도의 도형을 검색해 사용하려고 하지 않고 직접 작성했을 것이다.

기본 도형만을 활용하더라도 충분히 내가 원하는 도형을 작성할 수 있다. 다음 예시는 앞에서 등장했던 도형을 단순화해 직접 파워포인트 프로그램을 활용해 그린 것이다.

▲ 가독성을 향상시키면서 내가 말하려는 주제의 개수에 따라 자유자재로 변형할 수 있는 도형을 직접 만들 수 있다.

왼쪽이 기존 도형이고, 오른쪽이 파워포인트 프로그램을 활용해 만든 도형이다. 형태는 단순화시켰지만 의미를 전달하는 데는 아무런 제약이 따르지 않는다. 오히려 각 글이 평행하게 위치해 시선의 이동 방향을 준수할 수 있다. 기본 도형을 활용해 작성했기 때문에 발표자가 이야기하려는 주제가 늘어나거나 줄어들더라도 수정하기가 쉽다. 또한 도형 내부의 색상을 자유자재로 바꿀 수 있다는 점 역시 큰 강점으로 작용한다. 뒤에서 자세히 설명하겠지만 각 기업은 자신들의 고유 색상을 쓰는 경우가 많은데, 슬라이드에 활용되는 도형의 색상을 바꿀 수 있다는 점은 그 기업의 색상을 효과적으로 표현할 수 있다는 의미가 된다.

수정된 도형 옆에 있는 네 가지 작은 도형은 '파이 차트'라고 한다. 컨설팅 형식의 슬라이드에서 자주 사용되는 도형이며, 현재 어떤 주제를 설명하는지 시각적으로 청중에게 알려주는 역할을 수행한다. 다음 예시를 보면 슬라이드의 오른쪽 상단에 파이 차트가 위치해 있고, 이 파이 차트에서 붉은색 부분이 표시돼 있다. 즉 바로 직전에 4P를 설명하며 붉은 왼쪽 상단 사분원은 장소를 설명하는 부분이었는데, 이 파이 차트를 통해 현재 설명이 장소와 관련된 사실을 청중에게 일러주고 있는 것이다.

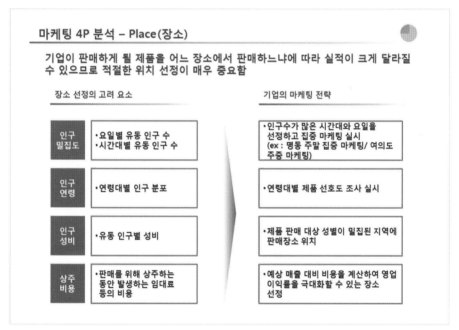

▲ 4P 분석에서 첫 번째 부분인 '장소'를 이야기하고 있음을 오른쪽 위에 있는 파이 차트를 통해 파악할 수 있다.

앞선 슬라이드에서 4P에 대해 전체적으로 설명한 이후 장소, 홍보, 가격, 제품과 관련한 슬라이드가 차례로 등장할 때, 현재 어느 부분을 설명하는지에 대해 상단의 파이 차트만 보면 알 수 있다. 이런 파이 차트를 효과적으로 활용하면 효과적으로 폴더링 기법을 사용하는 것과 같은 효과를 낼 수 있다는 사실 역시 알아두자.

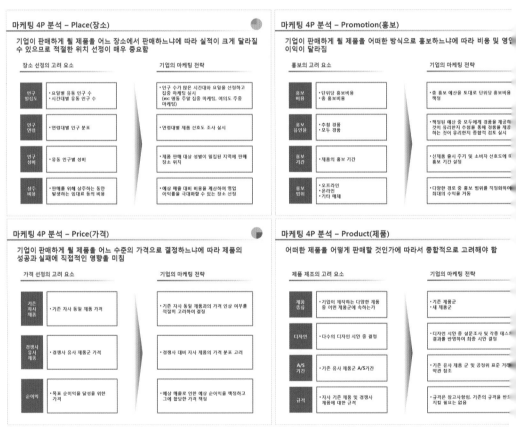

▲ 파이 차트의 실제 사용 예시. 청중은 오른쪽 위에 있는 파이 차트를 통해 현재 주제의 진행 상황을 시각적으로 파악할 수 있다.

시중에 나와 있는 모든 템플릿이 나쁘다는 뜻은 아니다. 하지만 템플릿을 사서 사용하는 것보다 스스로 여러 번의 연습을 통해 만든 나만의 템플릿이 쌓여간다면 그 누구보다 훌륭하고 강력한 프리젠테이션 무기가 생기는 것임을 꼭 알아두자.

실제로 나의 경우, 강연 때 사용하는 모든 슬라이드는 시중의 템플릿을 사용하지 않고 기본 도형을 활용해 만들며, 이 책에 수록된 슬라이드 역시 기본 도형을 활용해 만드는 것을 원칙으로 했다. 또한 업무 중에 만드는 슬라이드에도 비슷한 형식의 도형은 계속적으로 등장하기 때문에 새로운 도형을 만들 때면 기존에 작성했던 자료를 검색해 해당 도형을 사용하곤 한다. 이 편이 템플릿을 검색할 때보다 시간이 훨씬 덜 걸린다.

실제로 수준이 높은 회사에서는 남에게 템플릿을 달라고 하는 경우가 단 한 경우밖에 없다. 바로 같은 발표 자료를 함께 만들어나가야 하는 팀의 경우다. 그렇다고 해서 이 경우 역시 시중에 있는 템플릿을 갖고 와서 팀원들에게 공유하는 일은 일어나지 않는다. 팀원 중 한 명이 새로 템플릿을 작성하거나 아니면 기존 자료의 내용을 지우고 팀원들에게 공유한다. 이런 템플릿을 공유하는 이유는 문서에 통일성을 기하기 위해서다. 헤드 메시지 위치나 본문의 위치가 심하게 다른 여러 장의 슬라이드를 빠르게 넘기다보면 자료의 완성도가 낮아보이게 되고 이는 프리젠테이션의 실패로 이어질 가능성을 높이기 때문이다.

이제는 더 이상 슬라이드를 잘 만드는 친구에게 '템플릿 좀 달라고' 사정하지 말자. 여러분이 직접 만들어볼수록 여러분의 슬라이드 디자인 실력이 늘어난다는 사실을 잊지 말자.

쉬어가기: 코파일럿과 듀엣 AI는 슬라이드 디자인을 필요 없게 해줄까?

최근 급격하게 발전하고 있는 생성형 AI가 다양한 분야에 접목되며 그 존재감을 드러내고 있다. 긴 문장을 쉽게 요약해주고 알지 못했던 내용을 정리해주고 번역을 척척해내는 등 그 존재감은 점차 우리 일상 속을 파고들 것으로 예상된다. 특히 최근에는 단순히 텍스트로 결과물을 출력하는 것이 아니라 이미지, 소리 나아가 동영상까지 새로운 것을 만들어내는 것을 보고 있으면 놀라울 지경이다.

업무 쪽으로도 이러한 움직임은 이어지고 있다. 대표적인 빅테크인 마이크로소프트 MS와 구글은 생성형 AI를 업무에 접목한 서비스를 속속들이 선보이고 있는데 각 사의 코파일럿Co-Pilot(부기장이라는 뜻)과 듀엣 AIDUET AI다. 데모 시연에서 단순한 몇 줄의 텍스트 입력 만으로도 슬라이드를 디자인하거나 엑셀 시트를 채워 나가는 장면은 상당히 인상적이었다.

그러면 우리는 프리젠테이션을 공부하는 사람으로서, 이런 질문을 생각하게 될 것이다. "내가 직접 슬라이드 디자인에 대한 공부를 하지 않아도, 코파일럿/듀엣AI에게 그냥 시키면 되는 것 아닌가?"

여러분은 어떻게 생각하는가? 내 의견은 **"언젠가는 그리 될지도 모르겠지만 그 정보는 대중에게 공개되지 않을 가능성이 크다."**라고 정리할 수 있을 듯하다. 어떤 의미인지 조금 풀어서 설명해보겠다. 일단 생성형 AI가 대중에게 공개된 버전일 경우 공개돼 있는 프리젠테이션 슬라이드를 기반으로 디자인을 학습하게 될 것이다. 그런데 주변 사람들의 슬라이드를 돌아보면 '정말 잘 만든 슬라이드군'이라는 생각이 드는 경우가 10번 중 몇 번이나 있었을까? 우리가 둘러싸여 있는 현실은 이른바 '못난 슬라이드'로 아직 가득 차 있다. 심지어 『퍼펙트 프리젠테이션』이 최초 세상에 빛을 보인 게 2012년인데도, 그 당시 책에서 문제점이라고 짚었던 내용을 전혀 현장에서 활용하지 못하는 경우가 여전히 존재한다. 그러면 이 생성형 AI가 학습할 수 있는 데이터 중 수준급의 슬라이드는 그리 많지 않다는 것이다. 철학이 없고, 여전히 눈을 괴롭히는 슬라이드로 학습한 모델은 그를 뛰어넘는 결과물을 생성할 수 없다. 이미 데이터가 훌륭하지 않으면 결과물이 점점 나빠진다는 것은 업계에서 사실로 받아들여지고 있기 때문이다.

"그럼 훌륭한 데이터만 모아서 학습을 시키면 되지 않을까?"라는 생각에 다다를 것이다. 하지만 이 역시 쉽지 않다. 실제로 맥킨지에서는 자신들의 자료를 생성형 AI에 학습해 내부적으로 활용 가능한 생성형 AI 릴리^{Lilli}를 발표했다. 참고로, 이 이름은 1945년 맥킨지에서 첫 여성 직원으로 채용된 릴리언 돔브로브스키^{Lillian Dombrowski}를 기리기 위한 것이라고 한다. 마찬가지로 세계적인 투자은행 모건 스탠리^{Morgan Stanley}, 골드만 삭스^{Goldman Sachs}, JP 모건 체이스^{JP Morgan Chase} 등도 독자적인 생성형 AI를 내부 활용 용도로 만들었다고 발표했다. 이 모델들의 특징은 지금까지 인간이 만들어낸 자료 약 10만 건 정도를 학습시켜 그 성능을 구현했다고 하는 것이다. 다시 말해, 글로벌에서 가장 수준 높은 자료로만 학습을 시켜서 그 성능을 확보했다고 이야기하는 것과 같다. 이런 자료로만 학습을 가능하게 하려면 지금까지 훌륭한 지식으로만 쌓아올려진 데이터 베이스를 갖추고 있어야 하며, 이 데이터 베이스 자체는 엄청나게 큰 가치를 지닌다. 기업의 입장에서 이렇게 학습시킨 모델을 외부에 공개하고 마음껏 사용하게 두겠는가? 그런 일은 일어날 가능성이 매우 낮고, 설령 일어난다 해도 막대한 비용을 지불해야만 고도로 학습된 생성형 AI 모델에 접근이 가능하리라 생각한다. 즉 실제로 그런 '똑똑한' 모델이 있다 하더라도 일반적인 사람들은 우리의 슬라이드 디자인에 그 모델을 접목해서 쓸 수 없다는 의미다.

AI가 모든 것을 번역해주니 이제는 영어나 중국어 같은 다른 나라의 언어를 공부하지 않아도 된다고 주장하는 사람들에게 되묻고 싶다. 비용만 들이면 얼마든지 전문

통역사를 활용할 수 있는 시대는 이미 몇 십 년 전부터인데, 왜 사람들은 직접 언어를 구사하려 할까? AI든 사람이든 다른 존재를 한 번 거쳐서 나에게 전달되는 것과 내가 직접 그 언어를 이해한다는 것의 차이를 안다면 그리 말할 수 없다. 전문 통역사는 비싸기 때문에 간단한 일을 하려는 사람, 예를 들어 해외 여행에 가서 식사 주문 등의 간단한 일을 처리하는 데에는 AI를 쓰는 것으로 충분하다고 주장할 수도 있다고 본다. 하지만 우리는 가장 고도화된 슬라이드 디자인을 이 책에서 배우고 있지, 그냥 불릿 포인트로 몇 줄만 적어놓는 슬라이드를 배우고자 함이 아니다. 아주 간단한 여행 회화 같은 수준의 슬라이드를 만들 것이라면 얼마든지 슬라이드를 만들어주는 AI에 의존해도 좋다. 물론, 이 프로그램은 발전을 반복해 언젠가는 인간이 작성하는 수준의 슬라이드를 뚝딱 디자인해줄지도 모르겠다. 하지만 대중에게 공개되는 소프트웨어가 그 수준까지 올라가기 전까지 우리가 소화해야 하는 프리젠테이션들은 그 시간을 기다려주지 않을 것이다. 언제 발전될지 모르고, 발전된다고 해서 내가 원하는 수준까지 도달할지 모르는 존재에게 자신의 운명을 맡기는 선택은 하지 않기를 권하고 싶다.

슬라이드 배경 부분의 활용

지금 보고 있는 슬라이드는 예전 프리젠테이션 벤처를 운영할 당시 작성했던 슬라이드의 일부다. 왼쪽 사진을 보면 기묘하게 생긴 육각형이 슬라이드에 덮여 있는 것을 알 수 있다. 다음과 같은 슬라이드는 어떻게 만들었을까? 기본 도형을 아무리 찾아봐도 비뚤어진 육각형 같은 도형은 찾을 수가 없을 것이다. 해당 모형을 포토샵 등의 프로그램으로 만들어내도 좋지만 해답은 생각보다 간단하다. 이 슬라이드를 편집 화면에서 보게 되면 그 비밀을 아주 간단히 알 수 있다.

▲ 슬라이드 밖을 활용하는 방법을 생각하는 사람은 생각보다 많지 않다. 하지만 이를 활용해 얻을 수 있는 효과는 매우 상당하다.

복잡하게 보였던 모양은 사실 슬라이드 바깥 공간을 활용해 만들어진 것이다. 이와 같이 화면에 투사했을 때 보이지 않는 곳까지 활용해 디자인한다면 슬라이드 내부에서만 작성할 때보다 다채로운 디자인을 만들 수 있다. 만약 슬라이드 내부에서 왼쪽 슬라이드를 디자인하려 했다면 손이 훨씬 많이 가는 작업을 해야 했을 것이다. 물론, 저런 육각도형을 아예 만들 수 없는 것은 아니다. '점편집'이라는 기능을 활용하면 육각형의 형태를 지금 본 것과 같이 만들 수도 있다. 하지만 점편집으로 도형을 만들기에는 마우스를 조금만 이동해도 선의 방향이 바뀌기 때문에 정확하게 수평 수직을 만드는 것이 상당히 어렵다. 방금 설명한 방식이 훨씬 간단한 것이다.

실제로 많은 사람이 슬라이드 내부에 모든 내용을 실어야 한다고 생각한다. 그러나 그것은 옳은 생각이 아니다. 청중에게 비춰지지 않는 슬라이드 외부를 활용해 남들이 예상하지 못하는 독특한 슬라이드를 만들어 낼 수 있기 때문이다.

앞서 프리젠테이션 기획에 '하이힐' 슬라이드가 등장했었다. 이를 유사하게 작성해 본 또 다른 버전의 '하이힐' 슬라이드를 한 번 보자. 이 슬라이드는 하이힐과 관련된 이미지를 감각적으로 삽입해 활용했다. 그런데 다시 생각해보자. 저 이미지가 과연 처음 이미지 구매 사이트에서 다운로드받을 당시에도 정확하게 슬라이드에 실린 것처럼 제작돼 나왔을까? 실상은 전혀 그렇지 않다. 치음 다운로드를 받았을 당시의 이미지는 오른쪽 아래 이미지와 같았다.

▲ 감각적으로 보이는 슬라이드의 하이힐 이미지는 처음부터 저런 구도였을까?

이 사진을 그대로 다운로드받고 회전시키거나 일부를 잘라내는 작업 없이 그대로 사용한다면 이미지가 좋다는 느낌도 들지 않아 잘 만든 슬라이드라고 할 수 없었을 것이다. 그러나 앞서 등장했던 예시와 마찬가지로 이미지의 일부분을 잘라내고, 회전시켜 원하는 구도의 슬라이드를 만드는 데 활용했다. 이 작업을 진행하면서 모든 사진을

▲ 원래 이미지는 슬라이드에 사용하기 상당히 어려운 형태의 이미지였다.

잘라서 슬라이드 안에 집어 넣어야 한다고 생각했다면 위의 사진과 같은 구도가 나오기 어렵다. 실제 슬라이드를 만드는 편집 화면을 보게 되면 다음과 같이 사진이 배치돼 있음을 볼 수 있다.

이미지 배치를 반드시 슬라이드 안에만 해야한다고 생각하고 있었다면, 다음과 같은 형태로 이미지를 배치할 수 없었을 것이다. 이미지를 회전한 다음 정교하게 잘라내는 것은 단순히 파워포인트 프로그램으로는 불가능하고 포토샵 등의 프로그램을 활용해야하지만, 굳이 어려운 프로그램을 사용할 필요 없이 슬라이드의 바깥 부분을 활용하는 것만으로도 충분히 감각적인 슬라이드를 작성할 수 있음을 알아두자.

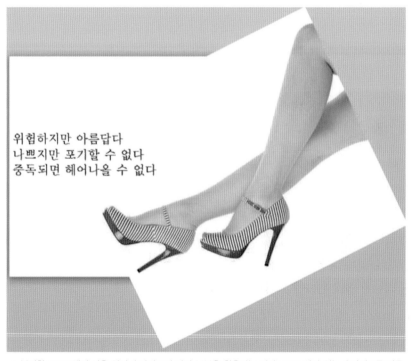

▲ 복잡한 프로그램의 사용 없이 슬라이드의 바깥 부분을 활용하는 것만으로도 감각 있는 슬라이드를 만들어낼 수 있다.

색상의 선택

"컬러로 말해요"라는 광고 문구가 있을 정도로 적절한 색상의 선택은 많은 분야에서 상당히 중요하다. 옷을 입거나 특정 물건을 고를 때도 각자가 자신의 취향에 맞는 색상을 선택하는 것은 물론, 같은 제품이라 하더라도 색상의 차이에 따라 그 제품의 판매량이 크게 차이가 나는 경우도 생긴다.

때로 색상의 선택은 개인의 취향 문제가 아닌 사회적 약속이기도 하다. 간호사를 '백의의 천사'라고 부르는 것도, 장례식장에 참석할 때 검은색 옷을 입는 행동 역시 사회적 약속에 색상을 활용하는 예라고 할 수 있겠다.

마찬가지로 프리젠테이션 슬라이드 디자인에서도 이런 색상의 선택은 매우 중요하다. 다음의 예시를 통해 색상 선택의 중요성을 알아보자. 여러분이 삼림 보호 방안을 위한 프리젠테이션 슬라이드의 디자인을 맡았다고 가정해보자. 그리고 슬라이드 디자인을 의뢰한 사람이 첫 장만큼은 꼭 두 가지 시안 중 하나를 선택해 달라고 한다.

▲ 분명히 똑같은 그림과 '삼림 보호 방안'이라는 같은 키워드를 삽입했는데 왜 이렇게 두 슬라이드는 느낌이 다를까? 그 이유는 바로 색상의 차이에 있다.

여러분의 선택은 무엇인가? 두 번째 슬라이드를 선택한 사람이 있을까? 같은 그림임에도 왼쪽 그림은 따뜻하고 포근한 삼림의 분위기가 그대로 느껴지지만 오른쪽은 을 씨년스러운 분위기마저 느껴진다. 모두의 선택은 당연히 첫 번째 슬라이드였을 것이다.

앞의 예시는 좀 극단적이었지만 색상은 그저 취향의 문제에 그치지 않고 추상적 이미지와 단단하게 결합돼 있음을 알 수 있다. '자연=녹색', '위험=붉은색', '경고=노란색', '죽음=회색/검은색', '자유=하늘색' 등, 사람들은 색상과 그 색상이 주는 추상적인 생각을 연계하기 때문에 이런 특성을 적절히 활용한다면 청중의 공감을 쉽게 이끌어내는 프리젠테이션 슬라이드를 작성할 수 있다.

비즈니스 프리젠테이션에서의 색상의 중요성

앞서 언급한 색상별 특징은 특히 경영/경제 분야에서 두드러지게 나타난다. 마케팅 또는 경영학과 관련된 사람이라면 CI[Corporate Identity]/BI[Brand Identity]라는 말을 들어본 경험이 있을 것이다. 이는 특정 회사의 정체성과 브랜드 정체성을 의미한다.

해당 기업의 마크 또는 색을 이야기할 때 빈번하게 CI/BI라는 용어를 사용하는데, 실제로 국내 모 기업 종사자들은 "파란 피가 흐른다.", "파란 것만 보면 가슴이 뛴다."는 말을 하기도 하고, 이와 반대로 증권사 직원에게 파란색은 주가의 하락을 의미해 파란색 넥타이도 매고 다니지 않는다는 우스갯소리까지 존재한다.

이렇듯 기업에서는 자신의 이미지를 특정한 색으로 형상화하려 노력하고 있다. 어떤 특정 색을 봤을 때 해당 기업이 떠오를 수 있게 하는 방법인 것이다.

우리의 프리젠테이션 주제가 상당 부분 비즈니스와 밀접한 연관이 있음을 감안할 때, 디자인할 슬라이드 색상에 신경 써야 하는 건 어쩌면 당연한 일이다. 다음의 예시를 통해 슬라이드의 색상이 얼마나 큰 역할을 하는지 알아보자. 다음에 나오는 사이트는 국내의 IT 기업과 관련된 설명이 담긴 내용이다. 단 이 슬라이드의 내용을 자세하게 읽지 않은 상태에서 이 사이트는 어떤 곳일지 머릿속으로 생각해보자.

그 다음, 이번에는 내용을 자세히 읽어보자. 처음 생각했던 사이트와 맞는 설명인가 고개를 갸웃거리는 사람들이 분명 있으리라 생각한다. 오히려 그것이 자연스러운 현상이다.

OOO사 사업 현황

OOO사는 전 국민의 95% 이상을 포괄하는 사용자 수를 기반으로 광고, 커머스, 음악, 게임, 간편결제, 은행, 모빌리티 등의 플랫폼과 콘텐츠 사업을 전개하는 기업

국내 최초의 스마트폰 메신저	• 스마트폰이 도입되고 메신저 서비스를 실시하여 기존 휴대폰의 문자메시지를 대체 • 메신저 기능을 넘어 커머스와 콘텐츠를 포괄하는 한국의 슈퍼앱으로 성장
광고 수익 극대화	• 전 국민의 95% 이상을 포괄하는 서비스임을 활용하여 메신저 내에 광고를 삽입하여 매출을 올리는 비즈니스 영위 • 처음에는 이미지 광고로 시작되었으나, 확장형 동영상 광고로 그 폭을 확대하고 있음
계열사 서비스와 함께 생활 필수 앱으로 자리매김	• 생활에 반드시 필요한 밀착형 비즈니스를 지속 전개하여 한국 내 필수 생활 앱으로 자리매김 • 현재는 B2B 비즈니스 확장, AI 접목 등으로 지속적인 발전을 거듭하고 있음

▲ 이 슬라이드는 무언가 부자연스럽다. 무엇이 잘못된 것일까?

여러분이 처음에 생각했던 사이트와 지금 생각하는 기업이 같은가? 대부분의 사람은 그렇지 않다고 이야기할 것이다. 이것이 바로 우리가 해당 기업에 맞는 색을 선택해야 하는 이유다. 기업을 상징하는 특정 색이 있다면, 그 색을 사용하는 것만으로도 여러분은 "나는 귀사와 관련된 이야기를 하려는 것입니다."라고 상대방에게 말하고 있는 셈이다.

앞서 제시된 슬라이드를 내용은 그대로 놔둔 채, 일부 도형의 색상만 변경했다. 이제는 내용과 색상이 일치가 된다고 느끼는가? '카카오톡'으로 유명한 카카오에 대한 설명을 적어둔 것이었다. 그렇기 때문에 초록색으로 전반적인 슬라이드 색상을 꾸몄을 때보다 내용이 훨씬 자연스럽게 들어온다. 그 기업이 갖고 있는 고유의 아이덴티티 색상인 노란색을 기본으로 했기 때문이다.

OOO사 사업 현황

OOO사는 전 국민의 95% 이상을 포괄하는 사용자 수를 기반으로 광고, 커머스, 음악, 게임, 간편결제, 은행, 모빌리티 등의 플랫폼과 콘텐츠 사업을 전개하는 기업

국내 최초의 스마트폰 메신저
- 스마트폰이 도입되고 메신저 서비스를 실시하여 기존 휴대폰의 문자메시지를 대체
- 메신저 기능을 넘어 커머스와 콘텐츠를 포괄하는 한국의 슈퍼앱으로 성장

광고 수익 극대화
- 전 국민의 95% 이상을 포괄하는 서비스임을 활용하여 메신저 내에 광고를 삽입하여 매출을 올리는 비즈니스 영위
- 처음에는 이미지 광고로 시작되었으나, 확장형 동영상 광고로 그 폭을 확대하고 있음

계열사 서비스와 함께 생활 필수 앱으로 자리매김
- 생활에 반드시 필요한 밀착형 비즈니스를 지속 전개하여 한국 내 필수 생활 앱으로 자리매김
- 현재는 B2B 비즈니스 확장, AI 접목 등으로 지속적인 발전을 거듭하고 있음

▲ 슬라이드의 내용이 바뀌지 않았지만 이제는 자연스럽다. 해당 회사의 색상을 사용했기 때문이다.

만약 입장을 바꿔 여러분이 실제 그 회사의 직원으로 경쟁 PT를 심사하는 입장이고, 이것이 공모전 또는 프로젝트 수주를 위한 경쟁 PT라고 생각해보자. 여러분은 어떤 프리젠테이션 슬라이드를 사용한 팀을 선택할 가능성이 크겠는가? 굳이 말할 필요 없이 해당 기업의 색상을 사용하는 팀이 더 큰 주목을 받을 테고 더 높은 점수를 받을 것이다. 내용이 완전히 동일하다고 해도 말이다.

즉, 처음부터 여러분이 카카오를 대상으로 슬라이드를 만들어야 한다면 지금 보는 그림과 같이 카카오의 색상을 디자인에 활용함으로써 이질감을 줄이고 회사에 관심이 있다는 사실을 표현할 수 있다.

이런 기법은 컨설팅 업계에서도 많이 활용된다. 컨설팅 업체에서 제안서를 제출할 때 고객사 브랜드의 색상을 슬라이드에 삽입하는 경우가 상당히 많다. 실제 예시를 보자. 다음 슬라이드에서는 많은 도형에 파란색이 사용되고 있음을 확인할 수 있다. 이런 슬라이드를 상대 회사에 제출했다면 그 회사의 대표 색상은 파란색일 것이다.

만일 고객사를 대표하는 색상이 노란색이라면 해당 부분에 노란색을, 고객사를 대표하는 색상이 붉은색이라면 붉은색을 삽입하면 된다. 이는 앞부분에서 제시한 카카오 관련 슬라이드와 마찬가지지만 슬라이드 글씨와 도형의 모든 부분에 기업의 색상을 삽입하지는 않는다. 가독성이 떨어질 위험을 미연에 방지하기 위해서다. 실제로 노란색을 대표 색상으로 하는 고객사에게 제안서를 보낸다고 해서 슬라이드에 사용하는 글씨 색상을 노란색으로 하지는 않는다. 글씨는 언제나 흑색이나 짙은 청색 계열로 고정해 슬라이드 전체에 가독성을 확보하는 것이 우선되기 때문이다.

주로 삽입되는 부위는 제목 부분, 도형의 색상이며, 고객사의 색상이 너무 강렬하거나 해당 슬라이드에 도형이 너무 많이 들어가는 경우에는 글머리 기호bullet point를 고객사의 색상으로 바꿔 슬라이드를 볼 때 느끼는 피로도를 최소화하면서도 고객사에 특화된 슬라이드를 만들었다는 인상을 주는 것도 한 방법이다.

1 스마트폰 운영체제별 특징

각 모바일 제조사는 자신들의 환경에 맞는 모바일 운영체제를 채택해 활용하고 있음

모바일 운영체제별 특징 및 채택 기업

운영체제	주요 특징	주요 채택 기업
iOS	• 애플 사의 고유 소프트웨어로 자사제품인 아이폰, 아이패드에만 설치, 운영됨 • 전체 스마트폰 OS시장의 시장점유율 2위를 차지하고 있지만 단일 제품이기 때문에 실질적 파급력은 좀 더 강력한 편임	🍎
Android OS	• 구글 사가 만든 고유 소프트웨어로 개방형 소스를 지향 • 현재 애플 사를 제외한 대다수 스마트폰 제조업체의 OS로 시장 점유율 1위임 • 사용자 수와 애플리케이션(응용프로그램)의 개수에서 1위를 차지하고 있음	SAMSUNG LG mi
Windows phone	• 마이크로소프트에서 개발한 소프트웨어로 폐쇄형 소스 • 윈도우 모바일 이후 점유율 축소 • 소셜네트워크 서비스 연계 특화폰을 발매하고 있음	NOKIA ASUS

▲ '파란색'이 기업의 대표 색상인 고객사에 보낼 슬라이드의 가상 양식. 지금과 같이 도형과 글머리 기호에 색상을 사용함으로써 고객사의 가장 기본적인 사항에 관심이 있음을 암묵적으로 표현하는 효과를 줄 수 있다.

지금까지 설명은 주로 '고객사'가 갖고 있는 고객사의 대표 색상을 기준으로 설명했다. 하지만 만일 여러분이 속해있는 조직, 또는 회사가 고유의 색상이 있고, 그것이 대외적으로도 잘 알려진 경우라면 여러분의 조직 또는 회사가 가진 고유의 색상을 활용하는 것도 좋다. 실제로 세계적으로 유명한 3대 경영 컨설팅 회사(맥킨지, 베인, BCG)는 각각 파란색, 붉은색, 초록색

▲ 경영 컨설팅으로 유명한 3사는 각 로고에서 자신들의 고유 색상을 드러내며, 실제로 이 색상 계열을 슬라이드에 활용하고 있다.

의 대표 색상이 있으며 실제로 자료를 작성해 고객사에 보낼 때도 자신들의 고유 색상을 활용해 슬라이드를 만들고 있다.

색상 추출법

이제 프리젠테이션 슬라이드에서 색상의 선택이 중요하다는 사실은 모두가 공감하리라 생각한다. 그러나 우리는 원하는 색상을 사용하는 데 아주 사소한 문제에 맞닥뜨리게 된다. 바로 원하는 색상을 '어떻게 추출하는가'다. 아무리 눈썰미가 좋은 사람이라고 하더라도 프로그램에서 제공되는 수천만 가지의 색상 중, 정확하게 해당 색상을 집어내는 일은 불가능에 가깝다.

"에이 어때! 비슷한 색으로 그냥 하면 되지"라고 안일한 생각을 가져서는 안 된다. 특히 기업이나 특정 단체와 관련된 색상이라면 더더욱 조심해야 한다. 해당 기업의 임직원이라면 분명히 "어딘가 이상하다"는 사실을 직감적으로 느낄 수 있기 때문이다. 이런 고민을 하는 사람들을 위한 가장 확실한 해결책이 있는데 매우 간단하다. 최근의 파워포인트/구글 프레젠테이션의 슬라이드 소프트웨어에서는 이미 색상을 추출할 수 있는 기능을 제공하고 있기 때문이다. 아주 간단하니 함께 알아보자.

1. 색상을 바꾸고자 하는 도형을 선택한 뒤, 오른쪽 마우스 버튼 클릭 → 도형 서식 메뉴로 진입한다.

2. 여기서 선 혹은 채우기로 들어가면 다음과 같은 메뉴를 볼 수 있는데 가장 아래 부분에서 '스포이트'를 선택할 수 있다(텍스트의 경우 글씨 색을 고르는 메뉴 옆 아래 삼각형 화살표를 선택하면 동일한 메뉴를 볼 수 있다).

3. 마우스 커서가 스포이트 모양으로 변경되면 추출하고자 하는 색상 위에서 마우스를 클릭해준다. 색상 위에 스포이트 모양의 마우스 커서를 올려두면 그 색상의 RGB값(색상 고유값을 숫자로 표현한 것)을 알려준다.

4. 마우스를 클릭하면 지정됐던 도형의 색상/테두리 색상/글씨 색상이 변경된다.

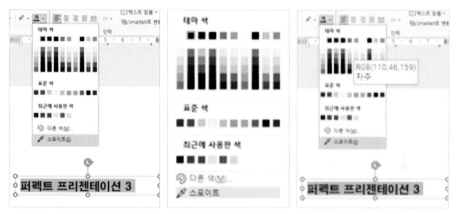

▲ 슬라이드 소프트웨어에서 제공해주는 색상 추출 프로그램을 활용하면 정확한 CI/BI 준수가 가능해진다.

과거에는 슬라이드 소프트웨어 내에 스포이트 기능이 없어 그림판을 사용해야 하는 번거로움이 있었으나, 이제는 대부분의 슬라이드 소프트웨어에서 색을 추출할 수 있는 기능을 제공하고 있다. 이 방법을 사용해 특정 기업의 로고 색상을 정확하게 추출하고 CI/BI를 준수하는 슬라이드 디자인을 할 수 있게 된다.

글씨체의 활용

슬라이드를 디자인하면서 색상만큼이나 중요한 것이 바로 글씨체다. 글씨체는 많은 기업체에서 자신의 로고를 고유의 글꼴로 작성해 사용할 만큼 BI와 관련된 중요한 요소다. 비단 여러분이 하려는 프리젠테이션이 비즈니스와 연관이 없다고 하더라도 여러분의 주제를 드러내는 데 좀 더 효과적인 글씨체가 있다면 해당 글씨체를 사용해야 한다. 글씨체 자체도 디자인의 한 요소이기 때문이다.

⊘ 검색 키워드: Whiskey

▲ 왼쪽 슬라이드의 경우 일반적으로 가장 자주 사용되는 글씨체인 에어리얼(Arial)을, 오른쪽 슬라이드에는 에드워디언 스크립트 ITC(Edwardian Script ITC)를 글씨체로 사용했다. '위스키'가 주는 분위기를 생각할 때 좀 더 세련되게 디자인된 슬라이드는 오른쪽이라 할 수 있겠다.

여러분이 글씨체를 활용할 때 반드시 고려해야 하는 두 가지 요소는 가독성과 글꼴이 지닌 특성character이다. 그중에서도 가독성을 무엇보다 우선적으로 고려해야 한다. 아무리 예쁘고 주제에 잘 맞는 글씨체를 사용하더라도 가독성 자체가 떨어진다면 그 글씨체는 의미가 없기 때문이다.

글꼴을 글꼴이 지닌 특성과 가독성 측면에서 나눠 접근한다면 앞으로 여러분이 어떤 글씨체를 상대하게 되더라도 '이 글꼴이 다음 슬라이드에 어울리는지'를 곧바로 알 수 있을 것이다. 다음의 예시를 보자.

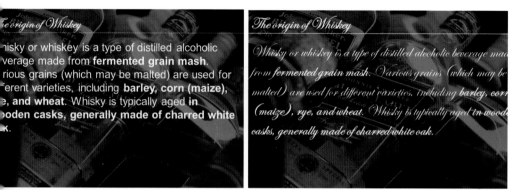

▲ 멋스런 글꼴은 보기에는 좋지만 가독성 측면에서 심각한 타격을 준다.

앞에서 사용했던 두 가지 글씨체인 에드워디언 스크립트 ITC와 에이리얼을 사용한 슬라이드인데, 오른쪽 슬라이드의 경우 왼쪽 슬라이드에 비해 현저하게 가독성이 떨어진다. 이는 단순히 글씨 크기를 키운다 해서 해결되는 일이 아니라 글씨체 자체의 가독성이 떨어지기에 발생하는 문제다(실제로 에드워디언 스크립트 ITC를 사용한 슬라이드는 글씨 크기를 두 단계 더 키웠다). 제목처럼 한두 단어로 구성되는 키워드나 한 문장 이내의 짧은 문장에는 주제와 잘 어울리는 글꼴을 사용하는 게 좋지만 한 줄을 넘어가는 길이의 글에서는 가독성이 우수한 글꼴을 사용하는 편이 훨씬 더 효과적인 디자인 방법이다. 그리고 컨설팅 형식의 슬라이드는 한글, 영문의 글씨체를 대체로 지정해놓고 글씨체를 섞어서 쓰지 않는데, 이는 일관적인 가독성을 확보하기 위해서다.

이는 슬라이드 안에 너무 많은 글을 담으면 안 된다고 했던 설명과도 일맥상통한다. 슬라이드의 가독성을 확보하는 일은 청중 주목도를 높일 수 방법 중 하나이기 때문이다. 글씨체가 알아보기 어렵다면 청중은 그 글씨를 아예 읽지 않거나 글을 읽느라 많은 시간을 소비해 발표자가 하는 말을 놓치게 되고, 결국 실패하는 프리젠테이션이 되고 말 것이다.

글의 가독성을 확보하는 일은 컨설팅 형식의 슬라이드에서 더욱 중요하다. 컨설팅 형식의 슬라이드는 젠 형식의 슬라이드보다 글과 도표가 많이 등장하기 때문이다.

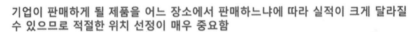

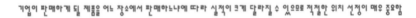

▲ 위의 경우 '맑은 고딕'을, 아래의 경우는 'HY얕은샘물M'을 사용했다. 두 글꼴은 크기를 같게 지정하더라도 확연히 차이가 나기 때문에 가독성 역시 크게 차이가 난다.

공모전에 제출하는 문서도 컨설팅 형식의 슬라이드가 주를 이룬다. 학생 공모전에서 많이 저지르는 실수 중 하나가 "개성 있는 글꼴이 내 슬라이드를 더욱 개성 있게 만들어 줄 것이다."라는 착각이다. 이런 착각으로 인해 만들어지는 슬라이드 중 '귀여운 글꼴'을 활용하는 경우가 많다. 단언컨대 이는 개성을 배가시키는 활동이 아니라 심사위원으로 하여금 점수를 깎게 만드는 실수임을 명확히 알아두자. 더 좋은 슬라이드를 디자인하려다 오히려 더 나쁜 슬라이드를 만들게 되는 것이다.

아이들을 대상으로 하는 프리젠테이션이 아니라면 개성 있는 글꼴로 프리젠테이션 슬라이드를 작성하는 일은 지양하자. 프리젠테이션은 그 어떤 경우에도 '가장 공적인' 활동이기 때문이다. 따라서 자신의 개성을 뽐내겠다고 슬라이드 전체를 개성 있는 글꼴로 작성해버리면 오히려 슬라이드의 무게감이 떨어지고 만다.

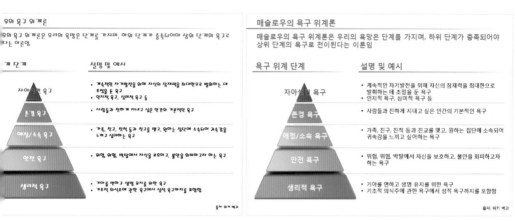

요의 욕구 위계론			매슬로우의 욕구 위계론	
요의 욕구 위계론은 우리의 욕망은 단계를 가지며, 하위 단계가 충족되어야 상위 단계의 욕구로 전이된다는 이론임			매슬로우의 욕구 위계론은 우리의 욕망은 단계를 가지며, 하위 단계가 충족되어야 상위 단계의 욕구로 전이된다는 이론임	

▲ 왼쪽 슬라이드와 오른쪽 슬라이드는 글씨체를 제외한 모든 것이 똑같다. 그러나 왼쪽의 슬라이드는 글꼴로 인해 진지하다는 생각이 들지 않는다. 프리젠테이션은 공적인 활동이기 때문에 점잖은 글씨체를 사용하는 것이 좋다. 물론 가독성 측면에서도 맑은 고딕 글씨를 사용한 오른쪽 슬라이드가 월등하다.

그렇다면 어떤 글꼴을 선택해야 할까? 컨설팅 프로젝트를 진행할 때 글꼴을 선택하는 과정은 다음과 같다. 우선적으로 고객사마다 지정하는 글꼴이 있을 경우 해당 글꼴을 우선적으로 사용한다. 상당히 많은 기업이 자신만의 특성을 드러내기 위해 고유의 글꼴을 지정하거나 개발해 보유하고 있다.

그러나 고객사에서 특정 글꼴을 지정해주지 않는 경우 대개는 가독성이 좋은 글꼴을 우선적으로 선택해 사용한다. 이 책의 앞에서 제시한 컨설팅 형식의 슬라이드는 대부분 이런 부분을 염두에 두고 작성한 것이다.

 추천 글꼴

- 한글: 맑은 고딕, 나눔 고딕, 나눔 명조 HY헤드라인M, 윤고딕150(헤드 메시지), 윤고딕130(본문), 윤명조340(헤드 메시지), 윤명조330(본문)
- 영어: 에어리얼(Arial), 트레부쳇 MS(Trebuchet MS), 헬베티카(Helvetica)

* 알림: 파란색 글꼴은 유료, 이외는 무료 글꼴이다.

추가적으로 윤고딕과 윤명조는 글꼴 뒤에 세 자리의 숫자가 붙는다. 이 숫자가 커질수록 글꼴의 굵기가 굵어지므로 참고하자. 참고로 윤명조의 경우 '윤명조330'과 '윤명조 340'을, 윤고딕의 경우는 '윤고딕130', '윤고딕150'을 추천한다. 좀 더 굵은 글씨는 헤드 메시지 등의 제목 부분에 활용하고 본문에는 조금 더 얇은 글씨를 활용하자. 일반적으로 헤드 메시지는 본문의 글보다 글씨 크기가 큰 경향을 보이기 때문에 좀 더 굵은 글씨체를 사용해도 글씨가 뭉개지는 효과가 발생하지 않는다. 반면 상대적으로 글씨 크기가 더 작은 본문의 글꼴은 굵기가 굵으면 글이 뭉개져서 보이는 현상이 발생하기 때문에 같은 형태의 글꼴이라 하더라도 좀 더 가는 글꼴을 사용하는 편이 가독성 측면에서 유리하다.

프리젠테이션 주제에 따른 글꼴 선택

프리젠테이션 슬라이드에 사용되는 글꼴은 대체로 세리프^Serif와 산세리프^Sans-serif로 나뉜다. 세리프는 획의 끝이 돌출된 형태를 뜻하며, 산세리프는 돌출된 곳이 없는 형태를 뜻한다. 이 개념이 잘 와닿지 않는다면 세리프는 일반적 명조 계열, 산세리프는 일반적인 고딕 계열이라고 생각하면 편하다. 아래의 예시를 보면 더 이해가 빠를 것이다.

세리프(Serif)는 명조 계열이고,
산-세리프(Sans-serif)는 고딕 계열입니다

이 두 가지 폰트 스타일은 각기 다른 용도로 사용하면 좋다. 일반적으로 고딕 계열 글꼴은 전문성을 강조하고자 하는 컨설팅 형식의 슬라이드에 사용하는 편이 좋고, 감성을 자극하려는 슬라이드에는 명조 계열 글꼴을 사용하는 것이 좋다. 단 컨설팅 형식의 슬라이드에서 인터뷰 등을 인용할 때가 있는데, 이 경우에는 명조 계열로 처리하면 본문과 차별화할 수 있어서 좋다.

▲ 이런 감성적인 슬라이드를 만들 경우 명조 계열의 글씨체를 사용하면 분위기를 더 잘 살릴 수 있다.

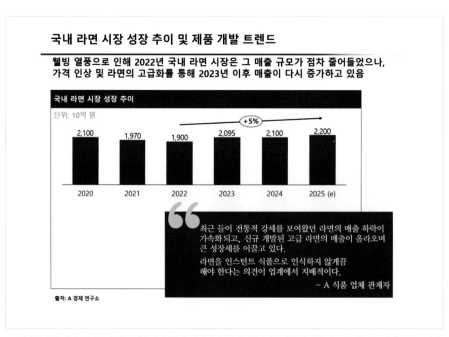

▲ 컨설팅 형식의 슬라이드에서는 전문가나 업체 관계사의 인터뷰를 싣는 경우가 있는데, 이 경우 글씨체를 본문의 슬라이드와 다르게 표현하면 차별화를 꾀할 수 있다.

마지막으로 글씨체의 선택도 중요하지만 글씨 크기도 중요하다. 젠 형식의 슬라이드는 삽입한 이미지의 이해를 방해하지 않는 수준에서 얼마든지 크게 디자인할 수 있다. 일반적으로 컨설팅 형식의 슬라이드에 추천하고자 하는 글씨 크기는 다음과 같다.

– 헤드 메시지: 18포인트(추천), 최소 16포인트를 유지
– 본문: 14포인트(추천), 최소 12포인트를 유지

컨설팅 회사마다 조금씩 규칙이 다르기는 하지만 슬라이드를 청중이 뒤에서 바라볼 때 프로젝터를 기준으로 이 정도면 가독성을 확보하기에 충분하다. 한 가지 덧붙이자면, 어떤 컨설팅사에서는 글의 계층 구조에 따라 글씨 크기를 차등화하는데, 이는 별로 좋은 방법이 아니라고 이야기하고 싶다. 앞서 여러 차례 언급했듯이 슬라이드는 그 어떤 것보다 가독성을 최우선시해야 하는데, 하위 개념이라고 해서 글씨 크기를 줄여버리면 가독성이 떨어지므로 올바른 방법이 아니다. 글이 많은 컨설팅 형식의 슬라이드라 하더라도 최소한의 가독성을 확보하기 위한 노력을 기울여야 함을 반드시 기억하자.

그래프의 주관화

지금껏 우리는 글과 이미지를 집중적으로 다뤄왔다. 글과 이미지 외에도 큰 비중을 차지하는 슬라이드 요소가 있는데, 바로 도표와 그래프다. 사람들에게 도표와 그래프가 무엇이냐고 물었을 때 돌아오는 답변을 대략적으로 정리하면 다음과 같다.

"도표 및 그래프는 명확한 수치를 제공함으로써 객관화된 정보를 청중에게 제공한다."

맞는 말이다. 우리가 표와 그래프를 사용하는 이유는 내가 주장하는 내용에 객관성을 확보하기 위해서다. 그리고 표와 그래프는 단순한 글의 서술 형태의 글보다 정돈된 느낌을 준다(컨설팅 업체에서 줄글을 사용하기보다 글머리 기호를 사용하고 글을 끊어서 쓰는 것도 마찬가지 이유다). 서술형으로 나열하는 것보다는 잘 정리된 표나 그래프로 보여주면 청중이 쉽게 이해할 수 있다. 아마 대다수의 사람들이 이에 대해 공감할 것이다.

그러나 여기까지만 생각한다면 그래프를 완전히 활용하지 못하고 있는 것이다. 이 책의 처음 부분에서 언급했듯이 슬라이드는 프리젠테이션의 일부이고 프리젠테이션의 목적은 청중으로 하여금 특정한 행동을 유발하는 데 있다. 그렇다면 슬라이드 안에 포함되는 도표나 그래프 역시 마찬가지로 청중을 설득할 수 있는 요소여야 할 것이다.

청중을 설득하려면 청중이 도표 또는 그래프를 이해할 수 있어야 한다. 우리는 앞서 청중이 쉽게 이해할 수 있는 슬라이드를 만드는 것을 목표로 했다. 따라서 도표나 그래프 역시 이해하기 쉽게 만들어야 한다.

실제 예시를 보면서 그래프가 어떻게 바뀌는 것이 좋은지, 그래프를 주관화한다는 게 어떤 의미인지 알아보자.

누구나 쉽게 다음 모형의 그래프를 만들어낼 수 있다. 그리고 아마 많은 사람이 이런 그래프를 그대로 이용하고 있으리라 생각한다. 다음 장으로 넘어가기 전에 지금까지 우리가 함께 이야기해온 방식에 의거해 이 그래프의 문제점을 생각해보자. 이 그래프에는 몇 가지 문제점이 있는가?(메모지 등에 잘못된 점을 정리해보자. 그냥 다음 장을 보는 것보다 문제점을 생각해본 뒤에 답을 비교해보면 실력 향상에 큰 도움이 된다)

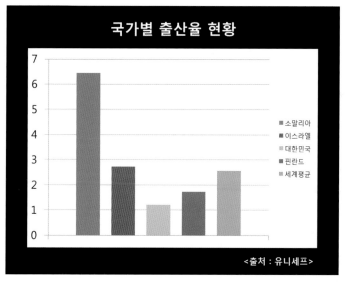

▲ 지극히 평범한 그래프지만, 그대로 사용하면 문제가 아주 많은 그래프이기도 하다.

각자의 생각을 정리해봤는가? 위에 제시했던 그래프는 다음과 같은 문제점이 있다.

1. **시선의 이동 방향을 고려하지 않음**: 모든 슬라이드를 구성할 때는 왼쪽 → 오른쪽, 위 → 아래로 이어지는 시선의 이동 방향을 기본적으로 사용해야 한다. 그러나 이 그래프의 경우 시선의 이동 방향을 전혀 고려하지 않고 있다. 청중은 첫 번째 막대와 오른쪽 끝에 있는 국가명을 서로 일치시켜야 한다. 즉 이 그래프만을 보는 데만도 총 9번의 시선 이동이 일어난다.

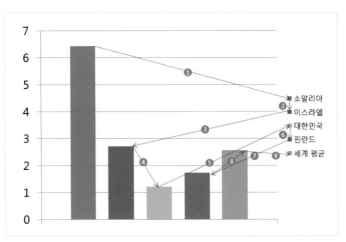

▲ 한눈에 보기에도 복잡한 시선의 이동 방향. 이렇게 복잡한 경로로 시선이 이동한 경우 가장 처음에 봤던 그래프가 무엇을 의미하는지 기억하기조차 쉽지 않다.

한 장의 슬라이드에서 이렇게나 많은 시선의 이동이 일어날 경우 청중의 집중력을 떨어뜨리는 결과를 낳는다. 특히 오른쪽에서 왼쪽으로 이동하는 역방향 시선 이동으로 인해, 청중은 그래프를 읽는 데 피로감을 느끼고 집중력이 떨어진다.

2. 배경 색상과 그래프 배경 색의 불일치: 그래프 역시 이미지와 마찬가지로 배경 색상을 전체 슬라이드와 맞춰야 한다. 기본적으로 그래프를 만들면 흰색 배경이 나오는데, 슬라이드의 배경이 원래 흰색일 경우에는 큰 문제가 없지만 그렇지 않을 경우에는 해당 색상을 바꿔서 슬라이드 배경색과 일치시켜주는 것이 좋다. '대충 만든 슬라이드'라는 느낌을 청중에게 주는 순간, 여러분은 프리젠테이션 자체를 대충 준비한 사람으로 각인될 수 있기 때문이다.

3. 무의미한 숫자 기준선: 프로그램을 통해 만든 그래프에는 기본적으로 숫자 기준선이 존재한다. 하지만 대개 이 기준선은 의미가 없다. 실제로 이런 그래프와

관련해 각각의 막대 그래프가 정확하게 몇 퍼센트를 가리키는지 읽을 수 있는가? 그럴 수 없다면 이는 수치를 제시해주는 기준선으로서의 역할을 제대로 하지 못하고 있다는 의미이기도 하다. 따라서 이런 경우에는 '청중의 가독성'을 고려해 기준선을 지워주는 편이 더 좋다.

그러나 반드시 해당 그래프가 얼마만큼의 수치를 가리키는지 필요한 그래프가 있을 수 있다. 이런 경우에도 물론 해결책이 존재한다. 숫자를 그래프의 바로 위 또는 그래프 속에 새겨 넣는 것(데이터 레이블 삽입)이다. 이 방식대로라면 실제로 숫자 기준선을 놔둘 때보다 정확한 정보 제공이 가능함과 동시에 청중의 가독성 역시 올려주는 효과를 볼 수 있다.

지금까지 짚어본 문제점을 수정한 그래프는 다음과 같다.

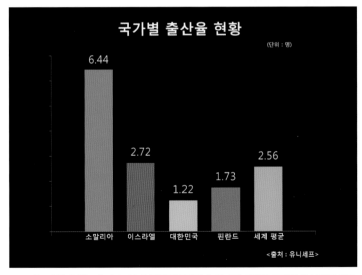

▲ 그래프가 앞에 있는 슬라이드보다 훨씬 깔끔해졌다. 하지만 여전히 고쳐야 할 부분이 많다.

이 부분까지 완성했다면 청중이 이해하기 쉬운 그래프를 만들어낸 것임에는 틀림없다. 슬라이드의 배경 색상과 그래프 색상을 일치시켰고 직접 숫자를 집어넣어 정확한 수치를 기록했으며, 역방향의 시선 이동이 일어나는 것도 방지했기 때문이다. 그러나 이 그래프는 아직까지 '객관적인' 그래프일 뿐, 이 그래프로 발표자가 어떤 주장을 할지 알 방법은 없다. 소말리아가 지나치게 출산율이 높으므로 인구 억제 정책을 실시해야 한다고 할지, 대한민국이 출산율이 현저하게 낮으므로 출산 장려 정책을 펼쳐야 한다고 할지 그래프만을 보고서는 알 수가 없는 것이다.

이런 그래프에 자신의 주장을 넣는 것이 바로 그래프의 주관화다. 국가별 색상과 국가 간에는 아무런 연관성이 없음을 알 수 있다. 이는 앞에서 언급했던 BI(브랜드 특성)와 연계해 생각해봤을 때 굳이 색상을 나눌 필요가 없는 것이다.

해당 국가를 상징할 수 있는 색상을 선정해 그래프를 꾸미거나 국기로 막대 그래프를 만드는 방법도 있으나 이 역시 좋은 방법이라고 할 수는 없다. 다른 나라의 국기 모양에 대해 청중이 모두 알고 있을 가능성은 극히 낮기 때문이다. 의미가 크지 않은 일에 굳이 시간을 쓸 필요는 없다.

색상이 실제 국가와 연관이 없다는 건 막대 그래프의 색상을 없애더라도 크게 상관이 없다는 이야기와 일맥상통한다. 오히려 이 부분에서는 색상을 이용해 내가 이 그래프를 통해서 이야기하려는 바가 무엇인지 명확하게 만들 필요가 있다.

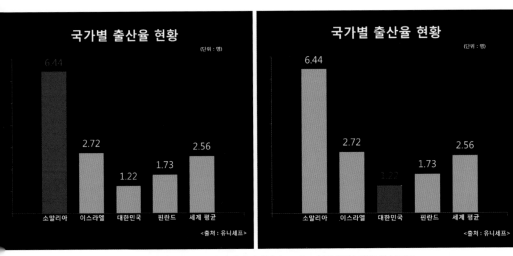

▲ 어느 곳을 강조하느냐에 따라 주제 자체가 달라진다. 그래프의 주관화를 위한 첫 단계다.

발표자는 이 그래프를 통해 무엇을 말하고자 하는가? 그래프의 색상만 바꿨음에도 두 그래프가 이야기하려는 바는 확연히 달라짐을 알 수 있다. 왼쪽 슬라이드는 소말리아의 출산율이 지나치게 높기 때문에 인구 억제 정책이 필요하다는 이야기를 할 것이라고 예상이 가능한 반면, 오른쪽의 슬라이드는 대한민국의 출산율이 현저히 낮아 출산 장려 정책을 펼쳐야 한다는 주장을 할 것임을 예상할 수 있다. 여기서 한 단계 더 나아가, 그래프에 자신이 주장하고자 하는 바를 직접 삽입한다면 발표자가 별도의 언급을 하지 않더라도 청중은 그래프가 의미하는 바를 확실히 알 수 있게 된다.

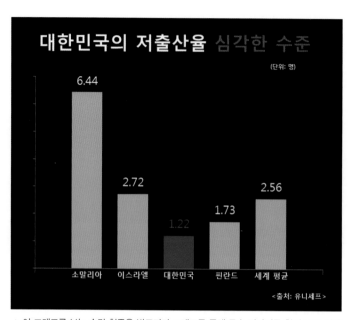

▲ 이 그래프를 보는 순간 청중은 발표자가 그래프를 통해 무슨 이야기를 할지 모두 짐작하게 됐다. 발표자는 자신의 주장을 말로 설명할 필요가 없어졌으므로 그만큼의 프리젠테이션 시간을 추가로 확보할 수 있다.

젠 형식의 슬라이드를 작성하는 입장이라면 이 그래프를 그대로 사용하면 되고, 컨설팅 형식의 슬라이드를 작성하는 입장이라면 대한민국의 저 출산율이 심각한 수준이라는 주장을 헤드 메시지로 옮겨서 작성하면 된다.

그래프의 주관화를 통해서 얻을 수 있는 가장 큰 효과는 '추가 시간의 확보'다. 대부분의 경우, 발표할 수 있는 시간은 정해져 있고 그 시간은 넉넉하게 주어지지 않는다. 즉 정해진 시간 내에 가장 더 효과적으로 내가 전달하고자 하는 바를 전달하는 것이 프리젠테이션의 성패를 가르는 척도가 되는 것이다.

가장 처음에 제시한 그래프로도 내용을 전달할 수는 있다. 하지만 그래프의 주관화를 이용하면 청중에게 주장하려는 바를 좀 더 신속하게 말할 수 있고, 발표자는 더 많은 부연 설명을 할 수 있는 시간을 확보할 수 있다.

많은 이가 프리젠테이션을 진행하면서 시간 부족으로 고통을 호소한다. 따라서 그래프의 주관화가 가져다주는 효과는 체감상 굉장히 클 것이다. 처음의 그래프에서부터 발표자가 말하려는 주장을 이끌어내는 시간을 모두 줄이고, 단 한 장의 단순해진 슬라이드로 더 많은 주장/부연설명을 할 수 있는 시간을 확보한 것이다. 이는 앞에서 무수한 글을 이미지로 대체하면서 얻은 효과와 동일하다.

두 번째로 그래프의 주관화를 통해 발표자의 발표 준비 부담을 덜어줄 수 있다. 많은 사람이 실제로 프리젠테이션을 진행하면서 분명 내가 만든 슬라이드임에도 '이 부분에서 무슨 이야기를 하려고 했었는지'에 대해 말문이 막히고 막막해지는 경험을 한 번쯤은 해 봤을 것이라 생각한다.

그래프를 주관화하면 그래프 안에 어떤 주장을 할지에 대해 정보가 수록돼 있기 때문에 발표자는 처음에 그래프를 통해 하려는 이야기를 잊어버리지 않고 정확하게 이야기할 수 있게 된다. 이는 앞부분에서 글의 양은 줄여야 하지만 '키워드'는 반드시 남겨야 한다는 것과 같은 원리다.

막대 그래프가 아닌 다른 그래프에서도 그래프의 주관화는 얼마든지 가능하다. 막대 그래프와 함께 가장 빈도 높게 사용되는 꺾은선 그래프를 예로 들어 살펴보자.

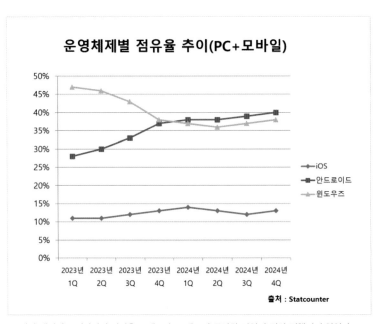

운영체제별 점유율 추이(PC+모바일)

출처 : Statcounter

▲ 어떤 메시지도 전달하기 어려운 그래프다. 그래프의 주관화 작업이 전혀 진행되지 않았다.

 이 그래프 역시 흔히 사용되는 꺾은선 그래프다. 다만 막대 그래프에서는 시선의 이동 수를 줄이기 위해 오른쪽의 표식을 지울 수 있었으나, 꺾은선 그래프의 경우 그래프가 계속적으로 겹치는 경우가 많기 때문에 표식을 지우는 것은 옳지 않다. 또한 데이터를 자세하게 나타내기 위해서 지점별로 몇 퍼센트인지를 모두 나타낼 수도 있지만, 그렇게 하면 그래프가 지저분해지고 가독성도 떨어진다. 따라서 그래프를 통해 주장하고자 하는 바가 무엇인지에 대해 명확히 한 다음 그래프를 변형해야 한다.

만일 이 그래프에서 안드로이드 OS가 지속적인 성장세를 통해 2024년 4분기 현재 점유율 40%를 돌파했다는 사실이 중요하다면 다음과 같이 그래프를 변형한다.

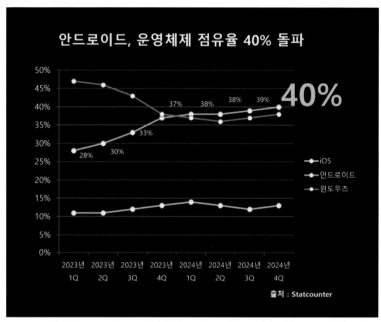

▲ 안드로이드 OS의 상징 색인 초록색을 사용했다. 점유율 40%를 돌파했다는 부분이 중요하기 때문에 40%를 넘는 점유율을 기록한 부분에 대해서는 수치를 크고 밝게 기록했다.

막대 그래프에서는 주로 설명하려는 대상 이외의 그래프를 회색 처리하더라도 큰 문제가 없었지만, 꺾은선 그래프는 주 그래프가 아니라 하더라도 모두를 회색 처리해서는 안 된다. 다른 그래프끼리 서로 전혀 구분할 수 없다는 문제점이 있기 때문이다. 따라서 주 그래프가 아닌 다른 그래프를 음영 처리할 때는 선의 형식을 바꿔서 차이점을 두거나 선의 형태를 다르게 표현해야 한다.

만일 iOS의 점유율 확대가 필요하다는 메시지를 담기 위해서는 그래프를 어떻게 나타내면 좋을지 알아보자.

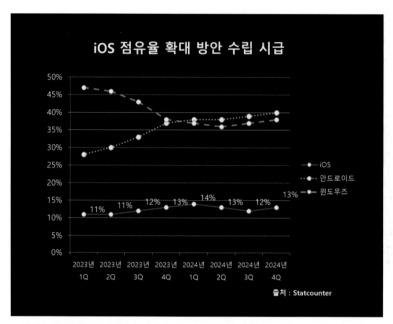

▲ 위기와 관련된 색은 붉은색이다. 따라서 이 그래프가 주장하려는 바를 살리는 데 도움이 된다.

붉은색은 애플 사와 연관은 없다. 애플은 흰색이나 은색을 BI로 주로 사용하는 기업이지만 이럴 경우 강조 효과가 일어나지 않기 때문에 기업의 색상을 사용하는 방법도 한계가 있다. 점유율 확대를 위한 대책이 필요하다는 위기의식을 반영하고자 붉은색으로 그래프를 표시했다. 실제로 그래프에서 점유율이 정체되고 있음을 볼 수 있으나 구체적으로 얼만큼 정체되는지 나타내기 위해서 수치를 적었다.

지금 예시로 제시한 그래프 외에도 우리가 사용하는 다양한 그래프에도 그래프의 주관화는 가능하다. 여러분은 청중에게 불필요한 요소는 배제한다는 원칙하에 차트를 만들면 된다. 대표적으로 쓰이는 그래프 중 원 그래프가 있다. 원 그래프를 주관화하는 방법에 대해 알아보자.

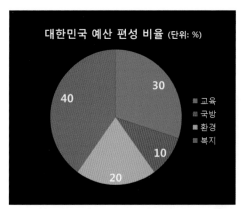

대한민국 예산 편성 비율 (단위: %)

30
40
10
20

■ 교육
■ 국방
■ 환경
■ 복지

▲ 단순히 숫자만 나열하는 그래프로는 발표자가 주장하고자 하는 바를 알 수 없다.

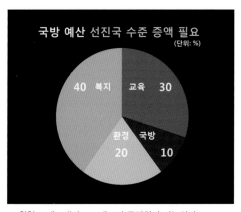

국방 예산 선진국 수준 증액 필요
(단위: %)

40 복지   교육   30
환경   국방
20   10

▲ 원형 그래프에서도 그래프의 주관화가 가능하다.

앞서 그래프의 주관화 방법을 이미 익힌 여러분은 이제 이 그래프를 보고도 "무얼 말하려는지 알 수가 없다."고 생각할지도 모르겠다. 프로그램을 이용해서 만드는 그래프는 다음과 같이 나타날 뿐, 발표자가 무슨 말을 하려는지 그래프만으로는 알 수가 없다. 이 그래프에서 주장하고자 하는 바가 만일 "국방 예산의 확충이 필요하다."라면 다음과 같이 그래프를 수정하면 된다.

이 그래프를 보면 주장하고자 하는 '국방 예산' 부분을 주목받을 수 있는 색상으로 표시했고, 그 외의 다른 종류의 예산은 회색으로 처리하되 각 음영을 다르게 넣어 화면으로 보나, 인쇄를 하더라도 각 부분을 구분할 수 있게 했다. 또한 교육, 국방, 환경, 복지라는 표시를 원 안에 삽입해 시선이 불필요하게 좌우로 이동하는 것은 방지했다. 그래프를 다음과 같이 만들면 청중에게는 가장 좁은 부분일지라 하더라도 '국방' 부분이 눈에 가장 뜨일 것이다.

만약 복지 예산이 지나치게 높으므로 그 비중을 줄이자고 하려면 어떻게 표현하면 좋을까? 많은 이들이 이제는 그래프의 주관화에 익숙해졌으므로 쉽게 생각할 수 있을 것이다.

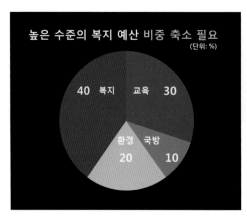

▲ 다른 부분보다 튀어 보이는 색상을 반드시 붉은색으로 사용할 필요는 없다.

여러분이 생각한 그래프와 비슷한가? 복지 부분을 연상시킬 수 있는 푸른 색상을 '복지' 부분에 해당하는 곳에 표시하고 다른 부분은 회색으로 음영처리 해 '복지' 부분을 부각시켰다. 앞선 예시와 매우 비슷한데 여기서 설명하고자 하는 바는 부각시키려는 부분을 반드시 붉은 색상 등을 사용해서 만들 필요는 없다는 점이다. 비록 그것이 무언가를 개선시켜야 하는 일이라 하더라도 언제나 붉은색을 사용할 필요는 없다. 다른 색상을 사용하더라도 말하려는 주제와 연관된 부분이 가장 돋보이게끔 그래프를 주관화하면 된다.

이번에는 도표의 주관화에 대해 알아보자. 도표의 경우 그래프보다 쉽게 주관화할 수 있다. 우리가 일반적으로 사용하는 도표는 다음과 같다.

주요 국가 국제 신용등급

	S&P		무디스		피치	
	등급	전망	등급	전망	등급	전망
그리스	CCC	부정적	Caa1	부정적	CCC	부정적
이탈리아	A+	부정적	Aa2	안정적	AA-	안정적
아일랜드	BBB+	안정적	Ba1	부정적	BBB+	부정적
영국	AAA	안정적	Aaa	안정적	AAA	안정적
미국	AAA	부정적	Aaa	부정적	AAA	안정적
한국	A	안정적	A1	안정적	A+	안정적

출처 : S&P / 무디스 / 피치

▲ 객관적인 정보를 담고 있는 표다. 독자들도 이제 주관화를 시키고 싶어 근질근질할 것이다.

앞서 그래프의 주관화를 진행할 때와 마찬가지로, 이 표를 그대로 가져갈 경우 다양한 근거를 뒷받침하기 위한 자료는 되지만 짧은 프리젠테이션 시간 동안에 청중이 이 표를 모두 읽을 수 있을 만큼 충분한 여유를 줄 수 없으므로, 여기서 강조해야 하는 부분을 부각시킨다. 만일 이 표를 통해 그리스의 신용 위기에 대해 이야기하고 싶다면 다음과 같이 표시하면 된다.

그리스 신용 위기 지속. 전망도 부정적

	S&P		무디스		피치	
	등급	전망	등급	전망	등급	전망
그리스	CCC	부정적	Caa1	부정적	CCC	부정적
이탈리아	A+	부정적	Aa2	안정적	AA-	안정적
아일랜드	BBB+	안정적	Ba1	부정적	BBB+	부정적
영국	AAA	안정적	Aaa	안정적	AAA	안정적
미국	AAA	부정적	Aaa	부정적	AAA	안정적
한국	A	안정적	A1	안정적	A+	안정적

출처 : S&P / 무디스 / 피치

▲ 그리스의 신용 등급이 좋지 않다는 사실을 강조하기 위해 경계/위험의 느낌을 줄 수 있는 붉은 띠를 사용했다.

도표의 메시지를 바꾸고 그리스와 관련된 문구만을 굵은 글씨 처리한 다음 붉은 띠를 둘러 줌으로써 그리스의 신용 등급 및 차후 전망이 좋지 않음을 강조하는 도표를 만들었다. 띠를 두르는 것이 지저분해 보인다고 생각한다면 더 간단한 방법이 있다. 바로 글씨 색상만 바꿔주는 것이다. 다만 이 방법을 사용할 경우 흑백 프린터로 인쇄했을 경우 오히려 눈에 더 띄지 않을 수도 있으므로 컬러 인쇄에는 적합하지만, 흑백 인쇄를 할 경우 앞의 방법대로 띠를 두르는 방법을 사용해 원하는 내용을 강조하자.

그리스 신용 위기 지속. 전망도 부정적

	S&P		무디스		피치	
	등급	전망	등급	전망	등급	전망
그리스	CCC	부정적	Caa1	부정적	CCC	부정적
이탈리아	A+	부정적	Aa2	안정적	AA-	안정적
아일랜드	BBB+	안정적	Ba1	부정적	BBB+	부정적
영국	AAA	안정적	Aaa	안정적	AAA	안정적
미국	AAA	부정적	Aaa	부정적	AAA	안정적
한국	A	안정적	A1	안정적	A+	안정적

출처 : S&P / 무디스 / 피치

▲ 띠를 두르는 것이 지저분하다고 생각된다면 다음과 같이 글씨 색상을 바꾸는 것도 방법이다.
단 흑백 프린터로 인쇄할 경우 오히려 더 잘 보이지 않을 수 있으니 주의하자.

이번에는 "영국을 중심으로 유럽 재정 위기의 해법을 모색해야 한다."는 주장을 펼치고자 한다면 어떤 식으로 도표를 수정하는 것이 좋을까? 비슷한 방식으로 작성할 수 있다. 이번에도 띠로 강조하거나 강조하려는 부분의 색상을 바꿔주면 된다.

다음 표에서는 영국의 신용 등급 및 전망이 강조되고 있음을 누구나 알 수 있다. 그러나 앞부분의 그리스를 강조한 도표와 한 가지 차이점을 보이는데, 바로 강조하고자 하는 띠의 색상이다.

유럽 재정위기 속에서도 영국 신용등급 견고

	S&P		무디스		피치	
	등급	전망	등급	전망	등급	전망
그리스	CCC	부정적	Caa1	부정적	CCC	부정적
이탈리아	A+	부정적	Aa2	안정적	AA-	안정적
아일랜드	BBB+	안정적	Ba1	부정적	BBB+	부정적
영국	AAA	안정적	Aaa	안정적	AAA	안정적
미국	AAA	부정적	Aaa	부정적	AAA	안정적
한국	A	안정적	A1	안정적	A+	안정적

출처 : S&P / 무디스 / 피치

유럽 재정위기 속에서도 영국 신용등급 견고

	S&P		무디스		피치	
	등급	전망	등급	전망	등급	전망
그리스	CCC	부정적	Caa1	부정적	CCC	부정적
이탈리아	A+	부정적	Aa2	안정적	AA-	안정적
아일랜드	BBB+	안정적	Ba1	부정적	BBB+	부정적
영국	AAA	안정적	Aaa	안정적	AAA	안정적
미국	AAA	부정적	Aaa	부정적	AAA	안정적
한국	A	안정적	A1	안정적	A+	안정적

출처 : S&P / 무디스 / 피치

▲ 강조하고자 하는 부분의 색상을 바꿔 표현했다. 특히 안정적인 이미지를 주기 위해 푸른색을 활용했다.

일반적으로 붉은색은 위험/위기를 나타내는 색상이고, 푸른색은 안정을 나타내는 색 상이기 때문에 색상을 바꿔 강조함으로써 강조된 요소의 속성을 청중에게 곧바로 전 달할 수 있는 효과를 내는 것이다.

실제로 헤드 메시지를 지운 상태에서 두 표를 나란히 두고 각각 어떤 것을 강조하는 지 물었을 때, 그리스의 위기와 영국의 안정성에 대해 이야기하려 한다고 쉽게 짐작 이 가능해진다.

그래프와 도표를 조금만 수정하면 청중이 내 주장을 바로 알아챌 수 있는 '주관화된 그래프/도표'로 바꿀 수 있다. 가장 객관적 부분인 표나 그래프 역시 여러분이 원하는 바를 위해 주관화할 수 있다는 사실을 잊지 말자. 프리젠테이션은 단순한 설명이 아닌 설득을 위한 작업이고, 그래프와 표 역시 프리젠테이션의 일부이기 때문이다.

자료의 특성에 따른 그래프 선택

생각보다 많은 사람이 그래프를 사용하면서 내가 말하려는 주제를 가장 효과적으로 표현하고자 할 때 사용하는 그래프를 선정하는 데 어려움을 겪는다. 일반적으로 많이 사용하는 그래프는 막대 그래프, 꺾은선 그래프, 원형 그래프 정도가 대표적이다. 하지만 내가 표시하고자 하는 데이터가 어떤 특성을 갖는지 명확히 알고 있다면 좀 더 효과적으로 전달이 가능한 그래프를 선택할 수 있다.

우리가 흔히 사용하는 그래프 중 대표적인 그래프는 이미 앞서 예시로 제시한 막대 그래프, 꺾은선 그래프, 그리고 원형 그래프가 있다. 그에 추가해 앞서 예시로 등장한 그래프 중 '워터폴Water fall 그래프'가 있다. 이 네 가지의 그래프를 잘 활용하면 거의 모든 데이터를 효과적으로 담아낼 수 있다. 실제로 맥킨지에 재직하면서 극히 일부의 경우를 제외하고는 이 그래프들로 거의 모든 수치를 표현했으니 이 정도를 알아두면 여러분의 실무에서도 충분히 기능을 할 수 있으리라 생각한다.

여러분에게 추천하는 자료 특성별 그래프는 다음과 같다.

- 구조와 점유율 분석: 워터폴 그래프(1순위), 누적형 막대 그래프(2순위), 원형 그래프(3순위)
- 추세 분석: 막대 그래프(1순위), 꺾은선 그래프(2순위)
- 여러 계열의 동시 추세 분석: 꺾은선 그래프(1순위), 막대 그래프(2순위)
- 단순 수치 비교: 막대 그래프(1순위), 워터폴 그래프(2순위)

구조와 점유율 분석

우선적으로 구조 분석과 점유율 분석을 할 경우를 알아보자. 예를 들면 어떤 회사의 매출 구조를 분석한다든가, 비용 구조를 분석할 때는 워터폴 그래프를 가장 강력하게 추천하고 싶다. 예시를 보자.

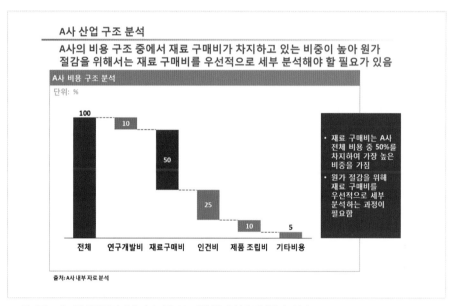

▲ 워터폴 그래프를 활용하면 매출이나 비용 구조 분석을 손쉽게 전달할 수 있다.

워터폴 그래프는 전체적인 양과 각 요소가 차지하는 비중을 쉽게 보여줄 수 있다. 다만 일반적인 환경에서 워터폴 그래프를 그리기가 쉽지는 않다. 기본적으로 엑셀 프로그램에서 워터폴 그래프를 그리는 기능을 지원하고 있지 않기 때문이다. MS 오피스 2016 버전 이후부터는 이러한 워터폴 그래프를 그릴 수 있도록 지원하고 있고, 이 방법 외에도 씽크셀Think-cell이라는 프로그램을 사용하면 워터폴 그래프를 그리는 것이 가능하지만, 약 100만 원 정도의 소프트웨어 구매 비용이 발생한다.

이 가격이 부담스럽다면 그냥 그림 막대를 이용해서 워터폴 그래프를 만들 수도 있다. 숫자를 입력하면 자동으로 차트가 배율에 맞게 조정되지는 않지만 개인이 소프트웨어를 구매하는 것이 부담되는 가격이기 때문에 이 방법을 권한다. 아주 간단한 팁이 있다. 전체를 포괄하는 막대의 그래프 높이를 10cm 혹은 20cm 등으로 고정한 다음, 나머지 요소들의 퍼센트에 따라 막대의 높이를 비율에 맞게 조정하는 것이다. 앞서 나온 워터폴 그래프를 예로 들자면, '전체' 부분은 10cm로 지정하고, 연구 개발비는 1cm, 재료 구매비는 5cm 등으로 지정하면 도중에 숫자가 바뀌더라도 손쉽게 비율 조정이 가능하다.

만약 이런 수고를 덜고 싶을 때 권장하는 그래프는 누적 막대 그래프다. 다만, 누적 막대 그래프를 사용할 경우에는 차지하는 비중이 작은 부분에 글을 입력하는 것이 어렵다. 이 경우 옆에 설명을 입력하는 방식으로 단점을 극복할 수 있다.

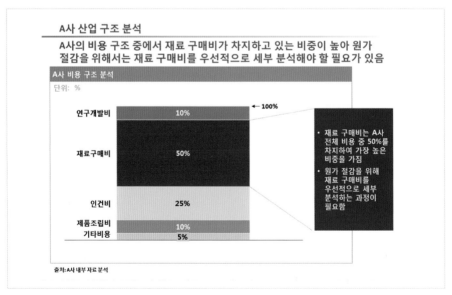

▲ 앞서 나온 자료와 동일한 자료를 누적 막대 그래프로 작성했다.

원형 그래프는 많은 사람이 즐겨 사용하는 그래프 형태이긴 하지만, 일반적으로 원형 그래프를 대체할 수 있는 다른 방법이 있다면 되도록 하지 않기를 권장한다. 이유는 원형 그래프가 시선의 이동 방향을 지키기 어려우며, 사각형인 슬라이드에 원형 도형이 들어가면 나머지 공간의 활용도가 떨어지기 때문이다. 다행히 대부분은 워터폴 그래프나 막대 그래프로 해결할 수 있으므로 원형 그래프는 참고로만 알아두자.

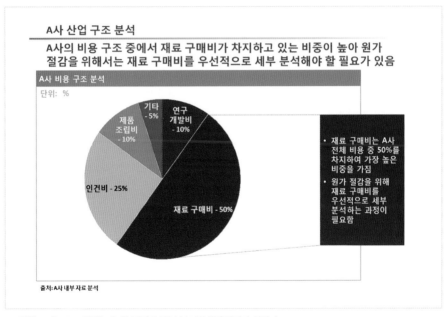

▲ 원형 그래프로 표현했는데, 빈 공간이 많이 남지만 활용하기가 어렵다.

여기서 한 가지 또 중요한 사실이 있다. 필자는 프리젠테이션 전문가의 입장에서 차트를 추천하는 것이 맞다. 하지만 직장 상사가 다른 형태의 그래프를 선호한다면 가급적 직장 상사의 스타일에 맞춰주는 것이 낫다. 실제로 나는 워터폴 그래프가 가장 구조 분석에 적합하다고 생각하지만, 내 직장 상사가 원형 그래프를 선호하는 사람일 경우에는 원형 그래프로 구조 분석을 실시했다. 참 안타깝지만 더 좋은 방법을 알고 있다 하더라도 직장 상사와 마찰이나 충돌을 일으킬 만큼의 일은 아니다. 가급적 그 사람의 스타일에 맞춰주되 정말 말이 안 되는 경우가 아닌 이상 충돌을 빚을 필요는 없다. 다만 무엇이 더 좋은 방법인지, 무엇이 더 잘 맞는 차트인지 알고 있는 것은 필요하다.

추세 분석

이번에는 추세 분석 그래프에 대해 알아보자. 일반적으로 '추세 분석 = 꺾은선'이라고 생각하는 사람들이 많다. 하지만 오히려 추세 분석을 할 때는 막대그래프를 사용하기를 권하고 싶은데, 꺾은선 그래프로 했을 때보다 월등한 장점이 하나 있기 때문이다. 바로 평균 상승률을 별도로 표시해줄 수 있기 때문이다. 실제 회사를 다니는 직장인들은 연평균 성장률$^{CAGR, Compound Annual Growth Rate}$이라는 말에 대해서 한 번쯤은 들어봤을 것이다. 꺾은선 그래프는 각 요소들이 시간에 따라 달라지는 추세를 보여줄 수는 있지만, 이 그래프에 연평균 성장률 같은 그래프를 추가하면 보기가 매우 어색해진다. 다른 요소와 연평균 성장률은 같은 범주^{level}가 아니기 때문이다. 따라서 추세 분석 그래프를 작성할 때에는 막대 그래프를 활용해 우리가 원하는 정보를 한 그래프에 모두 표시할 수 있게 하자. 예시를 보자.

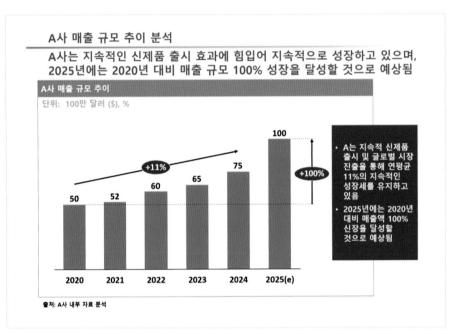

A사 매출 규모 추이 분석

A사는 지속적인 신제품 출시 효과에 힘입어 지속적으로 성장하고 있으며,
2025년에는 2020년 대비 매출 규모 100% 성장을 달성할 것으로 예상됨

A사 매출 규모 추이

단위: 100만 달러 ($), %

+11%

100

75

65

60

52

50

+100%

- A는 지속적 신제품
  출시 및 글로벌 시장
  진출을 통해 연평균
  11%의 지속적인
  성장세를 유지하고
  있음
- 2025년에는 2020년
  대비 매출액 100%
  신장을 달성할
  것으로 예상됨

2020   2021   2022   2023   2024   2025(e)

출처: A사 내부 자료 분석

▲ 막대 그래프로 추세를 표현했다. 막대 그래프로 추세를 나타내면, 연평균 성장률, 초기값과 결과값의 비교 등 부가
정보를 추가로 수록할 수 있다는 강점이 있다.

이 그래프를 만약 꺾은선 그래프로 그리게 되면 다음과 이 그래프가 그려질 것이다.
정보를 표시할 수는 있지만, 같은 범주가 아닌 두 개의 선이 연결돼 있어 청중에게 혼
란을 줄 수 있다.

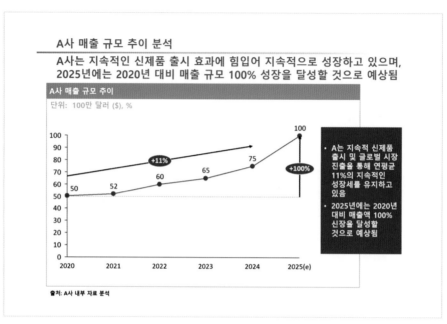

▲ 꺾은선 그래프로 표현한 그림. 막대 그래프보다 그래프가 깔끔하게 느껴지지 않는다.

여러 계열의 동시 추세 분석

많은 이에게 막대 그래프로 추세를 나타내면 좋다고 이야기할 때 되돌아 오는 질문이 있다. "여러 가지 계열을 한꺼번에 비교해야 하면 막대 그래프로 추세를 보여주는 것은 불가능하지 않느냐?"라는 것이다. 하지만 결론부터 말하자면 가능하다. 다음과 같이 하면 된다. 예시로 등장했던 '안드로이드 점유율'과 관련된 꺾은선 그래프를 보도록 하자. 여기에는 총 3개의 계열(iOS, 안드로이드, 윈도우즈)이 등장한다. 이 세 계열의 합이 100%가 되지 않기 때문에, '기타'라는 계열을 추가하면 100%가 완성된다. 즉 막대 그래프는 iOS, 안드로이드, 윈도우즈와 기타라는 4개의 계열을 갖게 된다. 이 계열을 막대 그래프로 표현하기 위해서는 누적된 막대 그래프를 사용하면 된다.

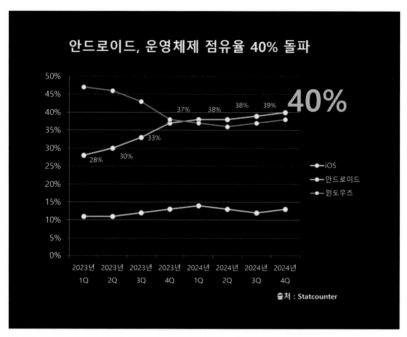

안드로이드, 운영체제 점유율 40% 돌파

▲ 여러 계열이 동시에 등장하는 경우에는 꺾은선 그래프를 사용하는 것이 좋다.

이렇게 완성한 막대 그래프는 다음과 같다. 앞서 한 가지의 계열이 등장할 때는 막대 그래프를 사용해 주는 것이 더 다양한 정보를 담을 수 있고, 심미적 관점에서도 좋기 때문에 꺾은선 그래프보다 막대 그래프를 사용하는 편이 좋지만, 다양한 계열을 동시에 봐야 하는 경우에는 꺾은선 그래프를 사용해 주는 것이 역동성 측면에서 더 좋다. 실제로 두 그래프를 비교해보면 꺾은선 그래프가 심미적 관점에서 더 보기 좋다는 사실을 알 수 있다.

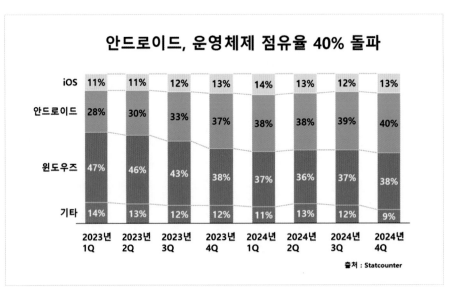

▲ 누적 막대 그래프를 활용해 다양한 계열을 한 번에 보여줄 수 있다.

단순 수치 비교

단순 수치 비교를 하기 위해서는 막대 그래프를 사용하는 방법이 가장 효율적이다. 원형 그래프나 인포 그래픽스를 사용할 수도 있다. 하지만 전달하는 정보의 양이 많은 컨설팅 형식 슬라이드는 슬라이드의 공간 활용도를 높일 수 있는 디자인을 선택하는 것이 좋다. 그에 최적화된 그래프는 막대 그래프라고 할 수 있다. 예시를 보자.

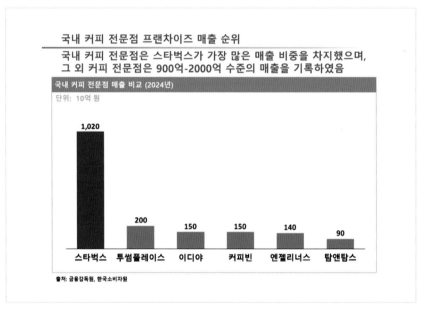

국내 커피 전문점 프랜차이즈 매출 순위

국내 커피 전문점은 스타벅스가 가장 많은 매출 비중을 차지했으며,
그 외 커피 전문점은 900억-2000억 수준의 매출을 기록하였음

국내 커피 전문점 매출 비교 (2024년)

단위: 10억 원

출처: 금융감독원, 한국소비자원

▲ 단순한 비교를 하기 위해서는 막대 그래프를 활용해주는 것이 좋다.

일반적으로 워터폴 그래프도 단순 비교를 하는 데 사용할 수 있다. 다만 워터폴 그래프로 단순 비교를 하기 위해서는 전체 양을 알아야 한다. 만약 앞의 그래프를 예시로 든다면, 워터폴 그래프로 매출 순위를 그리기 위해서는 전체 매출 규모 역시 알아야 한다. 만약 전체 매출 규모를 알지 못한다면 워터폴 차트를 그리기가 불가능하기 때문에 막대 그래프로 그리는 편이 더 좋다.

만약 제시된 브랜드 외의 기타 브랜드가 500억 원 정도의 매출을 올린다고 가정하고, 워터폴 그래프로 작성하면 다음과 같을 것이다. 이 경우에는 전체 시장 규모를 알기 때문에 조금 더 자세한 분석이 가능해진다. 하지만 전체 규모를 알지 못하는 경우에는 일반 막대 그래프를 사용하는 것이 더 좋다는 사실을 알아두자(사실 전체 규모를 알고 워터폴 그래프를 그리는 순간, 이미 이것은 처음 언급했던 구조 분석 또는 점유율 분석이 된다).

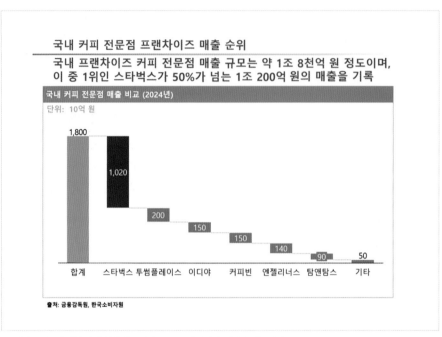

국내 커피 전문점 프랜차이즈 매출 순위

국내 프랜차이즈 커피 전문점 매출 규모는 약 1조 8천억 원 정도이며,
이 중 1위인 스타벅스가 50%가 넘는 1조 200억 원의 매출을 기록

국내 커피 전문점 매출 비교 (2024년)

단위: 10억 원

1,800 / 1,020 / 200 / 150 / 150 / 140 / 90 / 50

합계 / 스타벅스 / 투썸플레이스 / 이디야 / 커피빈 / 엔젤리너스 / 탐앤탐스 / 기타

출처: 금융감독원, 한국소비자원

▲ 워터폴 차트를 활용하기 위해서는 전체 규모를 알아야만 작성이 가능하다.

지금까지 나열된 그래프를 활용한다면 대부분의 비즈니스 환경에서 등장하는 데이터를 그래프로 표현할 수 있다. 하지만 지금까지 설명했던 그래프만큼 자주 사용되는 그래프는 아니라 하더라도 조금은 독특한 환경에서 사용되는 그래프를 추가적으로 소개하고자 한다. 바로 2차원 점 그래프scatter graph다.

이 그래프는 여러 가지 요소가 있을 때 그 요소가 갖고 있는 대표성 2가지로 점을 찍어 표현하는 방식이다. 일반적으로 컨설팅 형식에서는 어떤 요소를 중요도를 나눠 산정할 때 많이 쓰인다. 구체적인 예를 들자면 어떤 아이디어가 실행됐을 때 금액적으로 미치는 영향과 실제 실현 가능성을 각각 X축과 Y축으로 나누고 각 아이디어를 나열해 우선적으로 취급해야 하는 아이디어를 선정하는 작업을 거칠 때 사용한다.

지금까지 설명한 바를 충실히 실행하면 여러분은 그 어떤 데이터로 그래프를 만들더라도 최적의 형태를 골라 강조하는 바를 명확히 강조할 수 있는 그래프를 그릴 수 있을 것이다.

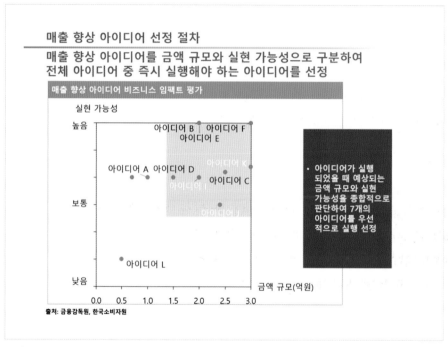

▲ 어떤 요소를 두 가지 기준으로 놓고 판단할 때 사용하는 2차원 점 그래프

컨설팅 형식 슬라이드 디자인: 5대 매직 템플릿 가이드의 활용

젠 형식의 경우는 이미지를 검색해서 찾고, 키워드를 배치하는 것으로 마무리하기 때문에 본인이 하고자 하는 이야기가 존재하고, 그와 연관된 이미지를 찾으면 사실 디자인이 거의 끝났다고 해도 무방하다. 하지만 많은 사람이 컨설팅 형식의 슬라이드를 디자인할 때는 매우 애를 먹는다. 연습을 많이 하면 할수록 실력이 늘겠지만, 처음 컨설팅 형식으로 슬라이드를 디자인하려면 솔직히 막막한 기분이 들 것이다. 이것은 나도 처음 컨설팅 회사에 입사했을 때 똑같이 겪었던 일이다. 따라서 만일 컨설팅 형식의 슬라이드를 만드는 데 익숙하지 않다면 이 부분을 꼼꼼하게 읽고 따라 해보길 바란다. 컨설팅 형식 슬라이드를 만드는 데 있어, 다음의 5대 매직 템플릿을 기억해 둔다면 여러분은 지금까지 슬라이드의 구성을 어떻게 해야 하는지 모르는 어려움에서 빠져 나올 수 있다.

컨설팅 형식의 슬라이드를 디자인해보지 못한 사람은 자신이 갖고 있는 이야기를 어떤 도형 안에 삽입해야 효과적인지 정확히 모르는 경우가 대부분이다. 하지만 이런 도형은 몇 가지로 유형화돼 있고, 해당 유형만 명확하게 익힌다면 초기적인 구조를 잡는 것이 그리 어렵지 않다. 그리고 그 구조를 결정하는 핵심 요소는 다름 아닌 '접속사'다. 다음의 매직 템플릿 가이드를 보자.

단 이 매직 템플릿 가이드에 대해 설명하기 전에 반드시 당부하고 싶은 사항이 있다. 많은 사람이 이미 학창 시절에 수학 문제를 보고 답을 바로 보면 풀 수 있을 것 같지만, 실제로 답안 해설을 덮고 혼자 풀어보려면 다시 잘 풀리지 않는 경험이 있었을 것이다. 마찬가지로 이 책에 나오는 예시를 보고 그냥 지나가기만 하면 실력이 늘지 않는다. 책에 등장하는 예시 문장을 실제로 내가 바꾼다면 어떻게 될지 내가 작성한 슬라이드를 보기 전에 반드시 직접 생각해보자. 이런 연습 과정이 반복돼야 여러분의 컨설팅 형식 슬라이드 실력이 향상될 수 있음을 반드시 머릿속에 인지하고 책을 읽자. 그럼 지금부터 매직 템플릿 가이드를 소개하겠다.

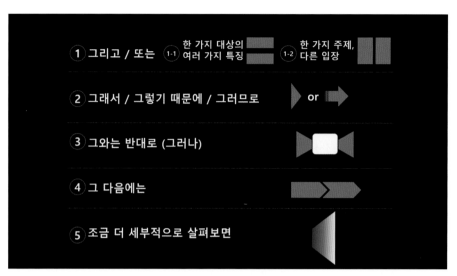

① 그리고 / 또는	①-1 한 가지 대상의 여러 가지 특징	①-2 한 가지 주제, 다른 입장
② 그래서 / 그렇기 때문에 / 그러므로	or	
③ 그와는 반대로 (그러나)		
④ 그 다음에는		
⑤ 조금 더 세부적으로 살펴보면		

▲ 줄글에서 등장하는 접속사가 있다. 그 접속사가 슬라이드의 틀을 결정해준다.

매직 템플릿 가이드를 사용하는 법은 아주 간단하다. 여러분이 줄글을 적어본 다음 그 줄글 사이에 나오는 접속사에 따라 도형을 선택하면 된다. 예를 들어 다음과 같은 문장이 있다고 하자.

"자사가 이번에 출시한 휴대폰은 다음과 같은 특징을 지닌다. 그 첫째는 자사 기준 휴대폰 최초로 온 디바이스(on Device) AI 탑재로 네트워크가 없는 환경에서도 AI 기능을 휴대폰 자체 연산으로 사용할 수 있다는 점이고, 둘째는 휴대폰 바디 소재를 티타늄으로 변경해 전작 대비 무게를 20%나 감소시켰다는 점이다. 셋째는 카메라 기능 강화로 최대 100배의 줌을 제공하며, 사진 여러 장을 촬영 시 가장 잘 나온 사진을 골라주고 불필요한 배경은 편리하게 삭제할 수 있는 기능을 탑재했다는 점이다."

이 문장을 사용해 컨설팅 형식의 슬라이드를 디자인한다면 어떻게 해야 할까? 일단 "우리가 이번에 출시한 휴대폰은 다음과 같은 특징을 지닌다."는 조금 더 가다듬어 헤드 메시지에 삽입하는 것이 맞다. 앞서 헤드 메시지는 그 페이지 전체를 포괄하는 주장을 담아야 한다고 언급했듯이, 새로 출시된 휴대폰이 갖는 특징에 대해 전반적으로 설명하는 문장은 헤드 메시지에 위치하는 것이 맞다. 그 이후에 있는 문장은 어떤가? 첫째, 둘째, 셋째가 등장한다. 그리고 각 문장과 문장 사이에는 사실 '그리고'라는 접속사가 숨겨져 있다. '그리고'라는 접속사가 등장하기 때문에 우리는 매직 템플릿에서 1번에 해당하는 그리고/또는 부분에 있는 도형을 선택하면 된다. 이 중에서 예시로 등장한 문장은 한 가지 대상의 여러 가지 특징을 나열하고 있으므로 1-1번을 선택하면 된다. 특징이 세 가지 나왔으므로 당연히 박스의 개수는 3개가 될 것이다. 앞서 여러 장의 컨설팅 형식 슬라이드를 예시로 이미 봤듯이, 컨설팅 형식의 슬라이드를 만들 때는 그 문장의 소주제와 자세한 설명을 축약할 수 있는 설명이 포함된다. 앞선 문장을 예시로 들어보자.

"온 디바이스$^{\text{on device}}$ AI 탑재로 AI 기능을 네트워크가 없는 상황에서도 휴대폰 자체 연산으로 사용할 수 있다."

이 문장은 '온 디바이스 AI가 자사 기준 최초 탑재됐다'는 부분과 '네트워크가 없는 환경에서도 AI 기능을 휴대폰 자체 연산으로 사용할 수 있다'로 나눠서 생각할 수 있다. 이 경우 앞부분이 현상을 이야기하고 있고, 뒷부분은 그에 대한 부연 설명을 하고 있다. 이런 경우 불릿 포인트를 다르게 해서 작성해주면 된다.

두 번째 문장을 보자 '휴대폰 바디 소재를 티타늄으로 변경해 전작 대비 무게를 20% 감소시켰다' 역시 '소재를 티타늄으로 변경한' 사실과, 그로 인한 결과인 '전작 대비 무게를 20% 감소시켰다'는 이야기로 나뉠 수 있겠다. 마지막 문장은 어떨까? 이번에는 세 가지의 이야기가 등장한다. '카메라 기능이 강화돼 100배의 줌을 제공한다'는 부분, '사진 여러 장을 촬영 시 가장 잘 나온 사진을 골라준다'는 부분, '불필요한 배경은 편리하게 삭제할 수 있는 기능' 부분으로 나뉜다. 두 번째 문장과 세 번째 문장은 한 불릿으로 설명해도 크게 문제는 없지만, 지금은 연습을 하는 과정이므로 최대한 엄격하게 원칙을 지키며 디자인하도록 하자.

이를 토대로 컨설팅 형식으로 만들어본 슬라이드는 다음과 같다.

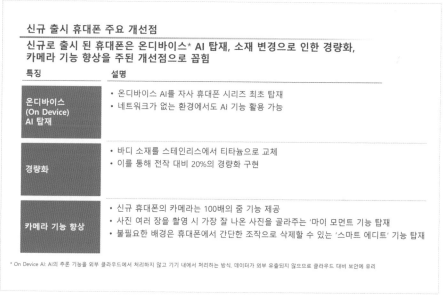

▲ 매직 템플릿 가이드를 활용해 만들어 낸 컨설팅 형식의 슬라이드. 앞서 줄글로 된 슬라이드를 깔끔한 컨설팅 형식의 슬라이드로 만들어냈다.

처음 적었던 줄글에서 내용이 조금 더 첨가되기는 했고 문장이 다듬어지기는 했으나 매직 템플릿 가이드에서 제시한 1-1을 사용해 컨설팅 형식의 슬라이드를 만들어냈다.

이번에는 매직 템플릿 1-2를 활용하는 예시를 알아보자. 위의 그림에서도 알 수 있 듯이 매직 템플릿 1-2는 한 가지 주제에 대해서 다른 입장을 지니고 있는 경우 선택 하면 좋은 템플릿이다.

예를 들어 '각 나라의 복지정책'이라고 하고 한국, 중국 미국 세 나라의 복지 제도를 설명한다고 할 경우 각국의 복지정책에 대해 열거하게 될 텐데, 이 경우는 1-2의 템 플릿을 선택하는 편이 보다 배치에 좋다.

그런데 복지 정책을 한 줄씩만 적는 경우가 아니라면 어떻게 될까? 각국의 복지 정책 이 세부적으로 갖고 있는 정보, 예를 들면 각국의 복지 예산이 전체 예산에서 차지하 는 비중, 주요 복지 정책, 향후 복지 정책 확대 기조 등에 대해서 공통으로 삽입해야 한다면 어떻게 하면 될까? 이 슬라이드를 디자인해보라고 한다면 초심자의 경우 혼 란에 빠질 것이다. 여러 나라가 존재하고 여러 가지 정책이 뒤섞여 있는 줄글을 보면 어떻게 정리를 해야 할지 막연한 경우가 생길 수 있다. 하지만 차근차근 생각해보면 쉽다. 매직 템플릿 1-1과 1-2를 섞어서 사용하면 간단히 해결할 수 있다.

일단 줄글 예시를 보자.

한국의 복지 정책은 전체 예산에서 5%를 차지한다. 주요 정책으로는 노인 연금 60세 이상 월 30만 원 지급, 셋째 출산 시 출산 장려금 500만 원 지급 등이 있고, 향후 복지 정책은 지속 확대될 것이다.

중국의 복지 정책은 전체 예산에서 2%를 차지한다. 주요 정책으로는 장애인 복지 수당 지급 저소득자 복지 수당 지급, 향후 복지 정책은 점차 축소될 것으로 예상된다.

미국의 복지 정책은 전체 예산에서 7%를 차지한다. 주요 정책으로는 의료보험 적용 항목 확대, 노인 연급 지급 등이 있고, 향후 복지 정책은 현재 상태를 유지하거나 부분적으로는 축소될 것이다.

앞서 설명했듯이 한국, 미국, 중국은 각각 세로의 틀을 가지고, 전체 예산비율, 향후 복지 정책 확대 여부는 가로의 틀을 가진다고 보면 된다.

이런 형태를 바탕으로 슬라이드를 작성해봤다. 이 슬라이드는 매직 템플릿 가이드를 통해 다음과 같이 작성할 수 있다.

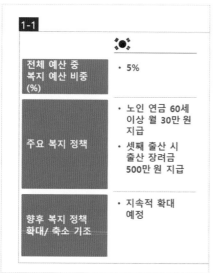

◀ 한국의 복지 예산 정책은 위의 예시로 등장했던 휴대폰 특성과 그 구조가 완전히 같다. 이때는 매직 템플릿 1-1을 활용한다.

앞서 설명했듯이 한국, 미국, 중국은 각각 세로의 틀을 갖고, 전체 예산 비율, 향후 복지 정책 확대 여부는 가로의 틀을 가진다고 보면 된다. 이는 앞서 예시로 나왔던 신규 휴대폰의 특징 세 가지를 디자인하는 것과 동일하게 1-1의 매직 템플릿을 활용해 한국의 복지 예산 비중, 주요 복지 정책, 향후 복지 정책 확대/축소 기조를 적는다.

그다음 중국과 미국의 경우에 동일한 내용을 작성해주는 것이다. 동일한 주제에 대한 다른 국가의 이야기는 '한 가지 주제, 다른 입장'과 일치한다. 그러므로 이 경우에는 1-2의 매직 템플릿이 활용된다. 양식을 복사 붙이기한 다음 내용을 채운다고 생각하면 쉽다.

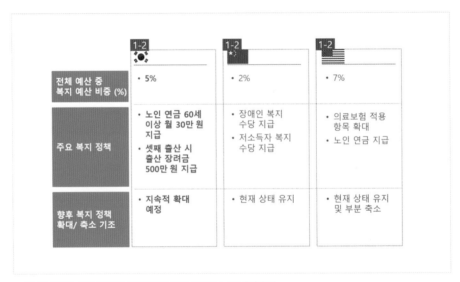

▲ '한 가지 주제, 다른 입장'에 해당하므로 매직 템플릿 1-2를 활용한다.

여기에 헤드 메시지를 작성해보면 다음과 같다.

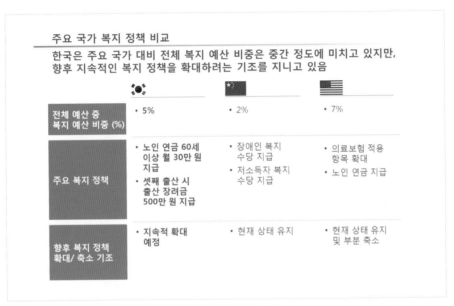

주요 국가 복지 정책 비교

한국은 주요 국가 대비 전체 복지 예산 비중은 중간 정도에 미치고 있지만, 향후 지속적인 복지 정책을 확대하려는 기조를 지니고 있음

	🇰🇷	🇨🇳	🇺🇸
전체 예산 중 복지 예산 비중 (%)	• 5%	• 2%	• 7%
주요 복지 정책	• 노인 연금 60세 이상 월 30만 원 지급 • 셋째 출산 시 출산 장려금 500만 원 지급	• 장애인 복지 수당 지급 • 저소득자 복지 수당 지급	• 의료보험 적용 항목 확대 • 노인 연금 지급
향후 복지 정책 확대/ 축소 기조	• 지속적 확대 예정	• 현재 상태 유지	• 현재 상태 유지 및 부분 축소

▲ 가로 부분과 세로 부분이 겹쳐서 사용돼야 하는 슬라이드다. 이때는 매직 템플릿 가이드의 1-1과 1-2를 혼합해서 사용하면 된다.

다소 복잡해보였지만 매직 템플릿 1-1과 1-2를 혼합해서 슬라이드를 디자인하면 다수의 정보도 정돈해서 제시할 수 있다는 사실을 알았다. 참고로, 이 형태의 슬라이드를 '매트릭스형 슬라이드'라고 한다. 헤드 메시지가 한국과 관련된 이야기를 주로 하고 있으므로 한국과 연관돼 있는 부분은 굵은 글씨로 처리해 강조했다. 이로써 주장하고자 하는 바를 강조하고, 자료의 가치도 함께 가지는 슬라이드가 완성됐다.

이는 빅테크에서 활용되는 하이브리드 슬라이드에도 그대로 적용될 수 있다. 앞서도 언급했지만 하이브리드 형식 슬라이드는 완전히 다른 형태의 슬라이드가 아니라 컨설팅 형식의 슬라이드를 폴더링 기법으로 글의 양을 줄인 것이기 때문이다. 이 슬라이드는 프리젠테이션 컴퍼니의 연간 고객 수, 신규 고객 수, 연간 매출액 및 연간 성장률을 보여주고 있는데, 각각의 내용은 '그리고'로 연결돼 있다. 사실 이 경우에는 가로로 쓰든 세로로 쓰든 큰 차이가 없다. 그 이유는 앞서 예시로 등장했던 컨설팅 형식의 슬라이드와 같이 설명이 불릿 포인트 형태로 나오지 않고 단어 한두 가지로 맺음하고 있기 때문이다. 컨설팅 형식 슬라이드를 디자인하는 데에 익숙해지면 글을 덜어내는 것은 내용의 문제로 넘어가는 일이지, 형식 자체가 어려운 것은 아니다.

▲ 하이브리드 형식 역시 매직 템플릿 가이드를 활용할 수 있다.

▲ '그래서'라는 순접 접속사가 활용될 경우에는 화살표를 사용하면 된다.

이번에는 매직 템플릿 가이드 2번에 해당하는 접속사를 어떻게 활용하면 되는지 알아보자. 2번에 해당하는 접속사는 '그래서, 그렇기 때문에, 그러므로' 등으로 요약할 수 있다. 여러분이 쓴 줄글 중에 이런 접속사가 쓰여 있거나 숨어 있다면 두 번째 템플릿을 사용하면 된다. 보통 컨설팅 형식에서는 "현재 상태는 이런데, 앞으로는 이렇게 개선해야 한다"는 식의 표현이 빈번하게 사용된다(이를 As-Is, To-Be 표현한다). 또는 "원인이나 과정이 다음과 같아서 이런 결과가 나왔다" 등을 표현할 때 사용하는 방식이다. 어떻게 보면 모든 매직 템플릿 중에서 가장 직관적으로 이해가 될 만한 대목이다. 아주 간단한 예시를 만들어보자.

우리 업체는 지난 3년 간 연구 개발, 구매처 발굴 및 마케팅 비용 절감을 통해 연간 10%의 비용 절감을 달성했음

이를 슬라이드에 삽입한다고 하면 다음과 같이 만들 수 있을 것이다.

▲ 세 곳의 절감 분야를 통해 연간 10%의 비용 절감을 달성했다는 내용

처음 제시된 문장에서 '비용 절감을 통해' 이 부분은 '비용 절감 활동을 했다. 그래서'라고 바꿔쓸 수 있다. 즉 '그래서'라는 말이 나왔으므로 가운데 화살표를 삽입해 순접의 의미를 적용했다. 매직 템플릿 가이드를 보면 삼각형 화살표가 아닌 일반 화살표가 나오기도 했는데, 이 화살표는 상대적으로 가로의 길이가 길기 때문에 이를 억지로 늘려서 쓰려다 보면 모양이 예쁘게 나오지 않는다. 그렇다면 이 화살표는 언제 사용하면 될까? 바로 화살표를 상단에 위치시켰을 때다.

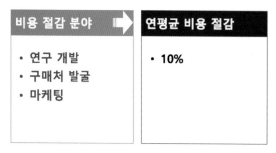

비용 절감 분야 ➡	연평균 비용 절감
• 연구 개발 • 구매처 발굴 • 마케팅	• 10%

▲ 두 종류의 화살표 중 원하는 모양을 쓰면 된다.

두 화살표의 사용 용도는 조금 다르다. 먼저 첫째 예시로 보여준 삼각형의 화살표의 경우는 왼쪽의 내용에 따라 오른쪽의 내용이 연결mapping돼야 할 때 사용한다. 다음의 예시를 보자. 이 슬라이드를 보면 제품 제조의 고려 요소와 기업의 마케팅 전략이 나와 있고, 제품 제조 고려 요소는 각 제품 종류, 디자인, AS 기간, 규격으로 4등분돼 있다. 이 고려 요소별로 마케팅 전략 역시 각각 별도로 제시돼 있다. 즉 제품 종류와 관련된 마케팅 전략이 따로 제시되고, 디자인과 연관된 마케팅 전략이 따로 제시되고 있는 것이다. 이럴 경우에는 삼각형 형태의 화살표를 사용하는 것이 맞다. 박스 상단에 화살표를 위치시키는 방법을 사용하면 각각의 박스 요소들이 연결돼 있음을 표현하기가 어렵기 때문이다.

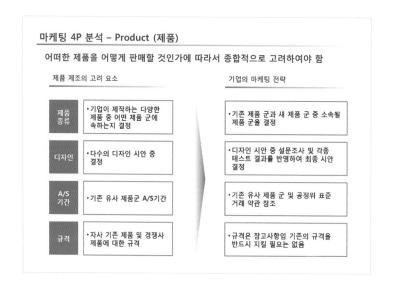

박스 상단에 화살표를 위치시키는 방법을 사용할 때는 오른쪽의 결론이 통합돼 있어야 가능하다(왼쪽은 현재와 같이 분할돼 있어도 상관 없다). 예시를 보자.

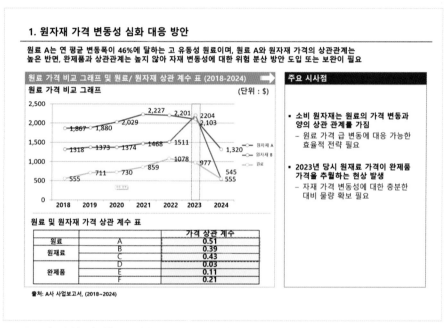

▲ 오른쪽 박스가 왼쪽의 내용과 일대일로 연결돼야 하지 않을 경우에는 박스 위에 화살표를 놓는 방식이 여러 측면에서 더 좋다.

이 예시에서는 박스 상단에 화살표를 표시해 그래프가 나타내는 바를 설명하고 시사점을 도출했다. 그래프를 통해 원료 유동성이 높고, 원자재 가격의 상관 관계가 높다. '그래서' 그 이후에 주요 시사점이 나열되는데, 이 시사점은 전체를 아우르는 시사점이다. 따라서 이 경우에는 박스 위에 화살표를 삽입하는 방식을 사용하면 된다. 물론이 경우에도 앞서 사용했던 삼각형 화살표를 사용해도 된다. 하지만 디자인 관점에서 공간을 좀 더 많이 활용할 수 있는 방법은 박스 상단에 화살표를 삽입하는 방식이므로, 오른쪽에 위치하는 박스가 왼쪽에 있는 항목과 반드시 1대 1로 연결돼야 한다면 삼각형 화살표를 활용하고, 그 외의 경우에는 박스 상단에 화살표를 삽입하는 방식을 활용하기를 추천한다.

앞에서 제시된 예시를 다시 보면, 이는 사실상 매직 템플릿 가이드의 1번과 2번이 조합돼 있음을 알 수 있다. 왼쪽에 위치한 두 그래프 '원료 가격 비교 그래프'와 '원료 및 원자재 가격 상관 계수 그래프'는 각각 '그리고'로 연결돼 있으며, 오른쪽의 박스로 넘어가면서 시사점 박스로 넘어갈 때는 '그래서', '그러므로'라는 접속어로 연결돼 있기 때문이다.

화살표를 사용하는 또 다른 방법 하나를 소개하겠다. 바로 5각형을 눕혀서 사용하는 것이다. 이는 결과는 간단하게 작성할 수 있고 그 앞부분에 설명할 거리가 많을 때 쓰면 유용하다. 슬라이드는 좌우 대칭 수준의 2분할이 이뤄지는 경우가 많다. 앞서 설명했던 대다수의 예시는 좌우의 콘텐츠 양이 대칭을 이루는 수준으로 비슷하다. 하지만 지금 보는 예시처럼 그렇지 않은 경우도 존재한다. 물론 앞서 언급했던 화살표를 아예 쓰지 못한다는 이야기는 아니다. 다만 순접/인과에 대해서 표현할 수 있는 다른 방식도 존재한다는 것을 알려주기 위함이다. 이미 눈치채신 분들도 있으실 테지만, 현황/원인 분석/문제 해결 방안은 각각 이 주제에 대해서 동등한 중요도를 갖고 있어 매직 템플릿 1-1을 사용했다. 여기에서도 마찬가지로 현황 → 원인 분석 → 문제 해결 방안이라고 해석할 수도 있기 때문에 위에서 아래로 내리는 화살표(↓)를 사용해도 무방하다.

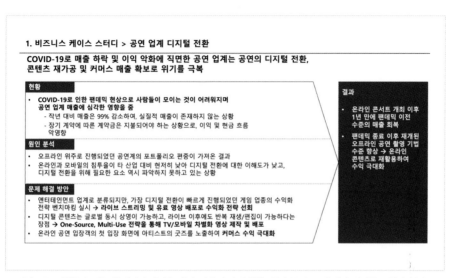

1. 비즈니스 케이스 스터디 > 공연 업계 디지털 전환

COVID-19로 매출 하락 및 이익 악화에 직면한 공연 업계는 공연의 디지털 전환, 콘텐츠 재가공 및 커머스 매출 확보로 위기를 극복

현황
- **COVID-19로 인한 팬데믹 현상으로 사람들이 모이는 것이 어려워지며 공연 업계 매출에 심각한 영향을 줌**
  - 작년 대비 매출은 99% 감소하여, 실질적 매출이 존재하지 않는 상황
  - 장기 계약에 따른 계약금은 지불되어야 하는 상황으로, 이익 및 현금 흐름 악영향

원인 분석
- 오프라인 위주로 진행되었던 공연계의 포트폴리오 편중이 가져온 결과
- 온라인과 모바일의 침투율이 타 산업 대비 현저히 낮아 디지털 전환에 대한 이해도가 낮고, 디지털 전환을 위해 필요한 요소 역시 파악하지 못하고 있는 상황

문제 해결 방안
- 엔터테인먼트 업계로 분류되지만, 가장 디지털 전환이 빠르게 진행되었던 게임 업종의 수익화 전략 벤치마킹 실시 → **라이브 스트리밍 및 유료 영상 배포로 수익화 전략 선회**
- 디지털 콘텐츠는 글로벌 동시 상영이 가능하고, 라이브 이후에도 반복 재생/편집이 가능하다는 장점 → **One-Source, Multi-Use 전략을 통해 TV/모바일 차별화 영상 제작 및 배포**
- 온라인 공연 입장객의 첫 입장 화면에 아티스트의 굿즈를 노출하여 **커머스 수익 극대화**

결과
- 온라인 콘서트 개최 이후 1년 만에 팬데믹 이전 수준의 매출 회복
- 팬데믹 종료 이후 재개된 오프라인 공연 촬영 기법 수준 향상 → 온라인 콘텐츠로 재활용하여 수익 극대화

▲ 화살표를 표현할 수 있는 창의적인 방법은 많다. 다음과 같이 현황, 원인 분석, 문제 해결 방안을 종합해 결과를 도출할 때 5각형을 활용하는 방법도 있다.

이제 많은 분이 매직 템플릿 가이드에 나온 내용들을 사용하거나 조합해서 사용한다면 원하는 슬라이드를 구조화해 디자인할 수 있다는 사실을 알게 됐을 것이다.

다음 유형을 보자.

③ 그와는 반대로 (그러나)

▲ '그러나', '그와는 반대로'라는 역접 접속사가 붙었을 때 유용한 매직 템플릿

이번에는 표현하고자 하는 내용에 '역접' 접속사가 있을 때의 매직 템플릿 가이드를 활용해서 슬라이드를 만들어보자. 보통 이 내용은 한 가지 주제를 갖고 상충되는 의견이 있을 때 사용하면 좋은 템플릿이다. 가운데 둥근 사각형에는 서로의 입장이 상

충되는 주제를 적어놓고, 양쪽의 삼각형 부분을 활용해서 양측의 입장을 기술하면 된다. 반드시 둥근 사각형일 필요는 없다. 하지만 원이나 다른 형태의 도형을 사용할 경우 도형 안에 텍스트가 들어갈 공간이 부족해지므로 둥근 사각형 정도가 적합하다 (사실 각진 사각형이어도 상관은 없으니 본인의 취향에 맞게 사용하자). 슬라이드를 디자인할 줄글을 먼저 보자.

한미 FTA 협상과 관련해 양국은 농산물 수출입과 관련된 부분에서 가장 첨예하게 대립하고 있다. 한국은 농축산물 수입 관련 관세를 20년간 5단계에 걸쳐 현재 20%에서 10%까지 낮추고 쌀은 협상 대상에서 제외하겠다는 입장이지만, 미국은 농축산물 수입 관련 관세를 1차 즉시 인하 및 5년 이후 완전 개방하며 쌀도 포함시키는 방안을 주장하고 있어 협상이 쉽지 않은 상황이다.

앞서 나왔던 주제 대비 상당히 난이도가 높다는 것을 느끼리라 생각한다. 하지만 모든 슬라이드의 요소는 슬라이드 분할 기법에 의해 작게 분해할 수 있고, 하나하나를 퍼즐 맞추듯 끼워 나간다면 우리가 원하는 형태의 디자인을 달성할 수 있게 된다. 그리고 여러 차례 연습을 통해 이를 체득하면 어떤 형태의 문장이 오더라도 구조를 어떻게 만들어야 효과적인지 떠오르게 된다. 이 줄글에서는 일단 한국과 미국이 서로 상반된 입장을 취하고 있다. 어떤 문제에 대해서 대립하고 있는지 살펴보기 전에 스스로 생각을 해본 다음 모범 답안을 보는 편이 실력 향상에 도움이 된다. 충분히 생각했다면 다음 페이지를 읽어도 좋다. 이 줄글에서 대립하고 있는 항목은 세 가지로 볼 수 있다. 바로 1) 관세 인하 시기, 2) 관세 인하 폭, 3) 관세 인하 대상이다. 여러분은 위의 줄글을 보고 바로 이 세 가지를 추출해낼 수 있었는가? 만약 어려움을 느꼈다면 다음의 방법을 활용해보기를 권한다. 바로 '표'로 각각의 대립된 입장을 정리해보는 것이다. 일단 표에 한국과 미국이 들어갈 것이고, 어떤 항목들에 대한 각자의 입장이 있을 것이다. 이를 표로 만들어보면 다음과 같다.

	한국	미국
관세 인하 시기	20년간 5단계에 걸쳐 단계적 인하 실시	1차로 즉시 인하 실시 후, 추가 인하를 통해 완전 개방
관세 인하 폭	현행 20% → 최종 10% 관세 유지	2회 인하를 통해 완전 개방 (20% → 0%)
관세 인하 대상	쌀을 제외한 농산물	쌀을 포함한 농산물

어떠한가? 줄글로만 봤을 때는 바로 보이지 않았던 대립 항목이 이제 선명하게 드러났다. 이를 갖고 매직 템플릿 3번을 활용해 슬라이드를 만들어보면 다음과 같다. 이번에도 마찬가지지만, 특히 매직 템플릿 가이드를 활용하는 부분은 반복적인 연습과 먼저 모범 답안을 보기 전 스스로 생각해본 뒤에 모범 답안을 봐야 더욱 큰 도움이 된다.

이제 스스로 고민을 끝마쳤는가? 모범 답안은 다음과 같다.

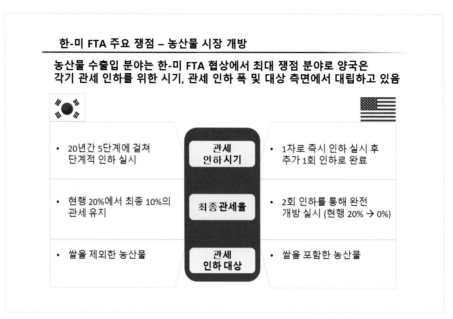

▲ 동일한 주제에 대해 서로 상반된 견해를 보이는 경우 매직 템플릿 가이드에서 3번의 템플릿을 활용하면 효과적으로 원하는 바를 표현할 수 있다.

다만 이 템플릿이 가진 단점이 있다. 시각적으로는 확실히 양 입장이 대립하고 있다는 사실을 보여주기 좋은데, 여러 가지 소재가 섞여 들어오게 되면 많은 내용을 담아 내기에는 어렵고, 시선의 이동 방향을 완전히 지키고 있지는 않기 때문에 기사 등에서는 자주 볼 수 있는 그래픽이지만 프리젠테이션 슬라이드에서는 간혹 등장하는 형식이기도 하다.

또한 매직 템플릿 3번은 여러 가지 주제가 섞일 경우에는 구획을 나누기가 어려워지므로 이 템플릿을 활용하는 것이 효과적으로 작용하지 않을 수 있다. 예를 들어 이 슬라이드에서 농산물과 관련된 FTA 수출입 협상 내용만을 다루는 것이 아니라 자동차, 반도체를 함께 다룬다고 하면 이 슬라이드의 디자인은 효과적이라고 할 수 없다. 따라서 이 경우에는 매직 템플릿에서 보기 1–1과 1–2를 섞어서 만드는 '매트릭스 구조'를 활용하는 편이 더 좋다. 매트릭스 구조를 활용해 만든 슬라이드 예시는 다음과 같다.

한-미 FTA 주요 쟁점 분야

농산물, 자동차 및 반도체 분야는 한-미 FTA 협상에서 최대 쟁점 분야로, 양국은 관세 인하를 위한 시기, 관세 인하 폭 및 대상 측면에서 대립중임

	시기	관세 인하 폭	관세 인하 대상	시기	관세 인하 폭	관세 인하 대상
농산물	• 20년간 5단계에 걸쳐 단계적 인하 실시	• 현행 20%에서 최종 10%의 관세 유지	• 쌀을 제외한 농산물	• 1차로 즉시 인하 실시 후 추가 1회 인하로 완료	• 2회 인하 통해 완전 개방 (20%→0%)	• 쌀을 포함한 모든 농산물
자동차	• 10년간 2단계에 걸쳐 인하 실시	• 현행 20%에서 1차 15%로, 2차 5%로 인하	• 승용차 및 SUV	• 현행 유지	• 현행 유지	• 대상 없음
반도체	• 즉시 인하	• 현행 20%에서 5%로 인하	• D-Ram, Nand flash	• 10년간 1차례에 걸쳐 인하	• 현행 20%에서 15%로 5% 인하	• D-Ram

▲ 주제가 많아질 경우 3번의 템플릿을 활용하는 것보다 매트릭스 구조를 활용하는 것이 청중의 이해도 향상에 더 좋다.

이 예시에는 농산물만 등장하는 것이 아니라 자동차와 반도체와 관련된 내용이 등장한다. 따라서 내용 자체를 3번 매직 템플릿에 담기에는 내용이 너무 많고, 내용을 담았을 경우에도 눈에 쉽게 들어오지 않는다. 이런 경우에는 매트릭스 구조를 활용해 슬라이드를 구성하는 것이 바람직하다.

④ 그 다음에는

이번에는 '그 다음에는'이라는 접속사를 사용할 때 어떤 템플릿을 사용하면 좋은지 알아보자. 아마 여러분도 사용해 본 적이 있는 이 템플릿은 주로 어떤 순서에 따라 이야기가 진행돼야 할 때 주로 사용된다. 주로 프로젝트가 진행되는 순서를 표시할 때나 어떤 과정이 진행될 때 이 형식을 사용한다. 이 책에서도 여러 번의 예시에서 다음의 템플릿을 사용했는데, 이런 템플릿을 '프로세스process 템플릿'이라고 부른다.

일반적으로 프로세스 템플릿은 다음과 같은 문장 구조에 사용하면 좋다.

어떤 일을 하기 위해서는 A를 하고, 그 다음 B를 하고, 그 다음 C, D를 차례대로 진행한다.

앞서 프리젠테이션의 진행 순서에 대해 설명한 그림을 다시 보자. 이 그림에서 볼 수 있듯이, 순차적으로 어떤 일이 진행되는 경우는 프로세스 템플릿을 활용하는 것이 좋다.

기획　　슬라이드 디자인　　준비 / 연습　　실전 발표

▲ 프리젠테이션의 4단계를 컨설팅 형식으로 만든다면 프로세스 템플릿을 사용하면 된다.

앞서 기획 단계에서 발표자와 발표자를 돕는 사람들이 팀으로 프리젠테이션을 준비할 때 어떻게 준비해야 하는지에 대해서 설명을 한 사항이 있다. 이를 줄글로 풀어 쓰면 다음과 같을 것이다.

프리젠테이션을 준비할 때 혼자 준비하는 것이 아닌 다수가 준비할 경우, 단계별로 역할을 나눠 준비하는 것이 효과적이다. 우선 기획 단계에서 스토리라인 총괄 담당이 스토리라인을 작성한다. 그리고 나머지 팀원들은 소주제별로 자료 조사를 담당한다 **그 다음** 슬라이드 디자인 단계에서는 우선 슬라이드 템플릿 작성을 맡은 사람이 팀 전체가 사용할 슬라이드 템플릿을 작성해 공유하고, 앞서 맡아서 조사했던 소주제를 조사한 사람들이 해당 슬라이드를 담당해 제작한다. 그리고 슬라이드 취합 담당은 완성된 슬라이드를 취합해 하나의 파일로 만든다. **그 다음** 준비/연습 단계에서는 발표자와 발표자의 발표를 지켜보는 피드백 담당으로 나눠 연습을 진행한다. **마지막으로** 실전 발표 단계에서는 발표 전 장비를 점검하는 인원이 있어야 하고, 실제 발표를 진행하는 발표자가 필요하며, 질문 시 보충 답변을 해줄 사람이 대기하며 발표자가 대처하지 못하는 질문에 대신 답변을 해준다.

이 줄글을 슬라이드로 표현하면 다음과 같이 된다. 앞서 자세히 봤다면 눈치를 챈 독자도 있겠지만, '그 다음'이라는 말이 나오는 때마다 프리젠테이션 단계가 한 단계씩 넘어갔음을 알 수 있다. 그리고 같은 단계에서는 담당 인력별로 어떤 일을 해야 하는지 동등하게 기술했는데, 이는 '그리고'라는 접속사로 이어질 수 있다. 즉 다음에서 볼 수 있는 슬라이드는 매직 템플릿 가이드의 1번과 4번을 조합해 만든 슬라이드임을 알 수 있다.

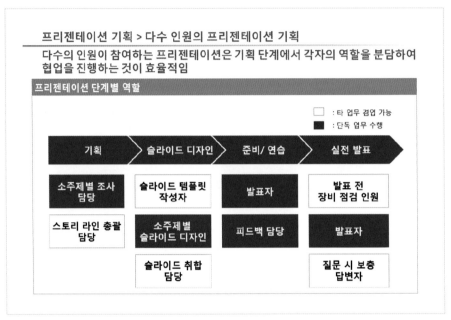

프리젠테이션 기획 > 다수 인원의 프리젠테이션 기획

다수의 인원이 참여하는 프리젠테이션은 기획 단계에서 각자의 역할을 분담하여 협업을 진행하는 것이 효율적임

프리젠테이션 단계별 역할

□ : 타 업무 겸업 가능
■ : 단독 업무 수행

기획	슬라이드 디자인	준비/ 연습	실전 발표
소주제별 조사 담당	슬라이드 템플릿 작성자	발표자	발표 전 장비 점검 인원
스토리 라인 총괄 담당	소주제별 슬라이드 디자인	피드백 담당	발표자
	슬라이드 취합 담당		질문 시 보충 답변자

▲ 프리젠테이션 4단계를 컨설팅 형식 슬라이드로 바꿨다. 이 슬라이드를 만들기 위해 매직 템플릿 가이드의 1번과 4번을 조합했다.

⑤ 조금 더 세부적으로 살펴보면

드디어 매직 템플릿 가이드의 마지막 단계다. 5번 템플릿은 '조금 더 세부적으로 살펴보면'이라는, 지금까지와는 조금은 다른 긴 문장이다. 우리가 슬라이드 디자인을 하다 보면, 여러 예시를 들지만, 그중에서 특정 부분을 조금 더 자세하게 살펴봐야 하는 내용을 담아야 할 때가 있다. 바로 이럴 때 이 5번 템플릿을 활용하는 것이다. 이런 예시가 되는 문장을 살펴보자.

삼국지는 위, 촉, 오나라가 각축을 벌이는 내용으로 구성돼 있다. 위나라는 삼국지에 등장하는 국가 중 인구수를 약 58% 정도 차지하는 등 가장 막강한 권력을 가졌던 국가다. 위나라에 대해 좀 더 자세하게 알아보자. 위나라는 220년에 조조의 셋째 아들 조비가 황제가 돼 세운 왕조로, 삼국 시대에 북방과 서역을 포괄하는 광대한 영토를 차지했던 가장 강력한 왕조다. 수도는 낙양이었으며, 고대 중국어를 공용어로 사용했다. 도교와 유교를 국교로 채택했으며, 인구는 약 450만 명이었다.

이 내용을 컨설팅 형식의 슬라이드로 바꾸면 어떻게 될까? 위 나라에 대해서 조금 더 자세히 알아보기로 했으므로 위나라와 관련된 내용을 펼쳐 보여주는 식으로 슬라이드를 구성하면 된다. 주어진 내용을 컨설팅 형식으로 작성한 슬라이드는 다음과 같다.

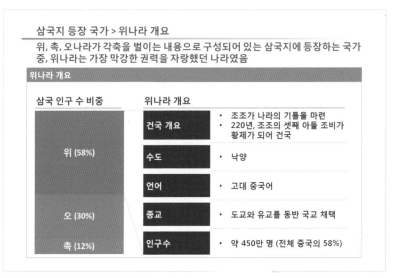

▲ 위나라에 대해 조금 더 자세히 알아보기 위해 점선을 사용해 확장하는 형태를 만들었다. 매직 템플릿 가이드의 5번에 해당하는 방식과 동일하다.

흔히 이런 구조는 실제 회사와 관련된 보고서에서 매출 관련 분석을 하거나, 비용 구조 관련 분석을 하고 그 세부 내역을 더욱 자세히 들여다볼 때 자주 사용되는 방식이다. 흔히 더블 클릭$^{double\ click}$/딥 다이브$^{deep\ dive}$라는 용어로 설명하는 한 단계 더 들여다보는 방식은 다양한 곳에 활용할 수 있다. 예를 들면 기업 조직도에서 지면 관계상 사업 부서 이름까지만 적혀있는 조직도에서 한 단계 들어가서, 조직별로 몇 명의 사람들이 있고, 각각의 개인정보 등이 있는 수준까지 보는 조직도가 또 존재할 수 있는데, 이런 경우 다섯 번째 매직 템플릿 가이드를 활용할 수 있다.

우리는 지금까지 매직 템플릿 가이드와 템플릿별 조합을 통해 거의 대다수의 컨설팅 형식 슬라이드를 만들어 낼 수 있다는 사실을 알았다. 이제는 최종 연습단계로, 앞서 언급한 5대 템플릿을 조금 더 복잡하게 조합했을 때도 슬라이드를 디자인할 수 있어야 한다. 이번 파트를 시작하면서도 강조했듯이, 다음 주어지는 예시를 스스로 작성해본 다음, 뒤에 나오는 예시 답안을 보자. 직접 해봐야 실력이 는다는 사실을 꼭 명심하고 반드시 직접 작성해보자.

 예제 1

당사의 작년 매출 구조를 살펴본 결과, 국내 매출이 60%, 국외 매출이 40%인 것으로 조사됐다. 이 중에서 국외 매출은 중국 20%, 북미 대륙이 10%, 유럽이 5%, 그 외의 지역이 5%인 것으로 조사됐다. 현재 국외 매출은 중국 의존도가 높아 타 지역의 매출 비중을 향상시키는 노력이 필요하다.

예제 2

인간의 생애 주기는 총 유아기 → 청소년기 → 청년기 → 장년기 → 노년기로 구분된다. 유아기는 0~10세까지, 청소년기는 11~19세, 청년기는 20~39세, 장년기는 40세~59세, 노년기는 60세 이상으로 구분한다. 이 중 청소년기에 대한 특징을 좀 더 자세히 알아보자. 청소년기는 유아기 이후 신체 발달이 2차적으로 급격하게 발달하고, 남성과 여성의 신체 특성을 지니게 되는 시기다. 감정적으로는 공격적이고 반항하는 성향이 나타나는데 이를 '사춘기'라고 부른다. 청소년기에는 EQ가 집중적으로 발달하므로 부모와의 대화 시간을 확보하고, 자존감을 세워주는 칭찬을 자주 해주는 것이 정서 발달에 좋다.

 예제 3

생성형 AI는 LLM(Large Language Model)으로 불리며, 메이저 플레이어로는 OpenAI, 구글, 메타가 있다. 각 사는 GPT 시리즈(OpenAI), Gemini(구글), LLaMA 시리즈(메타)를 모델로 보유하고 이를 활용한 다양한 파생 서비스를 만들고 있다. 이 중에서 구글의 Gemini는 총 세 가지의 버전으로 공개됐다. 그 이름은 제미나이 울트라(Gemini Ultra), 제미나이 프로(Gemini Pro), 제미나이 나노(Gemini Nano)다. 각 모델은 성능 차이를 보이며 특히 제미나이 나노는 휴대폰 자체에서도 처리가 가능한 수준의 모델로 제작돼 구글의 스마트폰인 픽셀과 삼성전자의 스마트폰 갤럭시 시리즈에 탑재됐다.

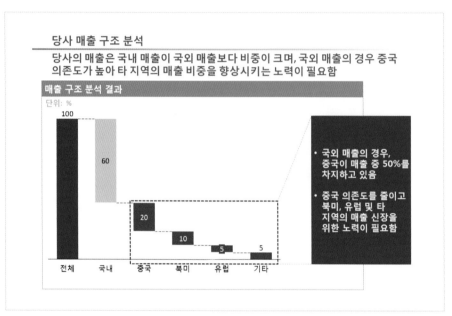

당사 매출 구조 분석

당사의 매출은 국내 매출이 국외 매출보다 비중이 크며, 국외 매출의 경우 중국 의존도가 높아 타 지역의 매출 비중을 향상시키는 노력이 필요함

▲ 예제 1의 문장에 대한 모범 예시. 그래프의 주관화를 위해 국외 부분을 붉게 처리했으며, 국외 매출에 대한 내용을 확장해 시사점을 도출했다.

1번 예시에 대한 모범 예시 답안을 알아보자. 여러분이 만든 슬라이드와 비교하면 어떤가? 이 부분에서는 마스터 템플릿 가이드의 2번과 5번을 수정 적용했다. 특히 2번의 '그래서'라는 이야기 다음 결론이 등장하는데 결론이 별도로 분리된 박스에 배열돼 있다. 이 효과는 2번의 화살표를 사용하는 것과 동일한 효과가 있으므로 알아놓고 활용하자.

2번 예시에 대한 모범 예시 답안을 알아보겠다.

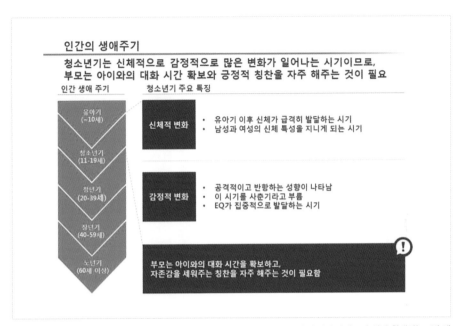

▲ 생애 주기는 4번의 프로세스 템플릿을 사용했으며 청소년기에 대해 조금 더 자세히 알아보기 위해 확대하는 5번 템플릿을 사용했다.

이 예시에는 4번과 5번 매직 템플릿을 활용하는 것이 중요하다. 그리고 별도의 화살표가 없더라도 결론을 나타내는 부분이 아래 위치한다는 사실을 알 수 있다. 물론 화살표를 표시해 '그래서'와 연관된 내용이 뒤따라오게 하더라도 상관없지만, 최대한 슬라이드를 단순하게 구조화하는 것이 청중 주목도를 올릴 수 있다는 사실은 참고하자.

3번 예시는 실제 업무 상황에서 적용될 만큼 실전 예시라고 할 수 있다. 위에 작성돼 있는 줄글에 추가 조사를 통해 다음의 자료를 완성할 수 있다. 3번 예시의 모범 답안을 알아보자.

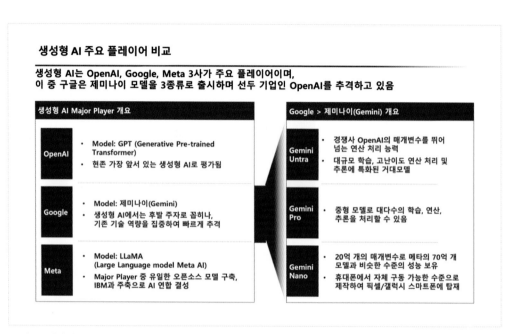

생성형 AI 주요 플레이어 비교

생성형 AI는 OpenAI, Google, Meta 3사가 주요 플레이어이며,
이 중 구글은 제미나이 모델을 3종류로 출시하며 선두 기업인 OpenAI를 추격하고 있음

생성형 AI Major Player 개요	
OpenAI	• Model: GPT (Generative Pre-trained Transformer) • 현존 가장 앞서 있는 생성형 AI로 평가됨
Google	• Model: 제미나이(Gemini) • 생성형 AI에서는 후발 주자로 꼽히나, 기존 기술 역량을 집중하여 빠르게 추격
Meta	• Model: LLaMA (Large Language model Meta AI) • Major Player 중 유일한 오픈소스 모델 구축, IBM과 주축으로 AI 연합 결성

Google > 제미나이(Gemini) 개요	
Gemini Untra	• 경쟁사 OpenAI의 매개변수를 뛰어 넘는 연산 처리 능력 • 대규모 학습, 고난이도 연산 처리 및 추론에 특화된 거대모델
Gemini Pro	• 중형 모델로 대다수의 학습, 연산, 추론을 처리할 수 있음
Gemini Nano	• 20억 개의 매개변수로 메타의 70억 개 모델과 비슷한 수준의 성능 보유 • 휴대폰에서 자체 구동 가능한 수준으로 제작하여 픽셀/갤럭시 스마트폰에 탑재

▲ 개요 중에서 더 자세히 살펴볼 분야에 대해 5번의 매직 템플릿을 활용했다.

이 슬라이드는 현재 전 세계적으로 기술적인 주목을 크게 받고 있는 생성형 AI와 주요 플레이어(이를 서비스하는 회사)에 대해서 소개하고 있다. 이 중 구글의 모델인 제미나이에 대해서 보다 자세하게 알아보고자 구글 부분을 확대해 제미나이를 더 심층적으로 알아보고 있다. 이때 중간에 위치한 펼쳐지는 도형이 바로 매직 템플릿 5번에 해당한다. 여기서 우리는 한 가지를 더 알 수 있는데, 매직 템플릿 가이드에 등장하는 구조와 도형은 일반적인 가이드일 뿐, 프리젠테이션을 준비하는 사람의 디자인 역량에 따라 얼마든지 다른 형태로 변형해서 활용할 수 있다는 점이다.

세 가지의 예시 답안과 여러분의 슬라이드를 비교했을 때 어떠한가? 예시 답안과 비슷한 슬라이드를 작성했는가? 매직 템플릿 가이드는 아무것도 모르는 상황에서 구체적인 지침을 주는 게 맞다. 하지만 이 지침을 알고 있는 것만으로는 부족하다. 반드시 지속적인 연습과 노력이 뒷받침돼야 비로소 매직 템플릿 가이드는 체득될 것이다. 매직 템플릿 가이드와 함께 연습한다면 여러분의 컨설팅 슬라이드 디자인/하이브리드 슬라이드 디자인 실력은 매우 빠르게 향상될 것임을 장담한다.

프로페셔널 슬라이드 디자인 방법

이번 절은 순수한 슬라이드 디자인이라기보다는 전략 컨설팅에서 슬라이드를 만들 때 고려하는 요소들을 담아봤다. 논리적으로 청중을 설득해야 하는 회사원이나 사업가라면 반드시 알아둬야 하는 내용이다. 실제 전략 컨설팅 업체와 프로젝트를 하거나 본인이 전략 컨설팅 회사에 재직하지 않는 이상 이런 팁을 직접 얻는 것은 쉽지 않은데, 이번 절을 통해 어떤 식으로 자료를 만드는지 그 기초를 다질 수 있을 것이다. 앞서 배웠던 매직 템플릿 가이드와 마찬가지로 한 번 이 부분을 읽는다고 해서 바로 자유롭게 사용하는 것은 불가능하다. 꾸준한 연습만이 여러분의 역량을 향상시켜줄 수 있음을 꼭 알고 다소 복잡하고 어렵더라도 포기하지 말기 바란다.

#1. 핵심 요약문 작성 고도화

앞선 기획 단계에서도 핵심 요약문executive summary을 작성하는 법을 간단히 이야기했지만, 이번에는 조금 더 심화적으로 어떤 방식으로 작성해야 하는지 알아보겠다. 일반적 핵심 요약문은 다음과 같은 형식을 띤다.

핵심 요약 (Executive summary)

- 국내 자동차 시장은 그 성장률이 2% 미만으로 유지됨으로써 시장 성장성이 둔화되어 있는 상태이며, 소비자들의 수입차 브랜드 선호로 인한 수입차의 약진으로 그 점유율이 5년 전 대비 8% 증가하였음

- 반면, 해외 시장의 경우 국산차의 판매량은 매년 2% 수준으로 소폭 증가하고 있으나, 자동차 1대 판매당, 수출용 자동차의 이익은 내수용 자동차의 이익률 대비 70% 수준으로 이익률 개선에 미치는 영향력은 내수용 자동차 대비 미미한 수준임

- OO사는 지속적으로 원가 절감 활동을 진행해 왔으나 원가 절감 액수는 연간 XX억 원으로 전체 생산 금액의 0.1% 수준에 그치고 있음

- 따라서 지속적인 수익성 개선을 위해 국내 자동차 시장의 점유율 방어와 동시에, 글로벌 전체에서 생산되는 모든 차종의 원가 절감 활동이 병행되어야 함

▲ 일반적 형태의 핵심 요약문. 높은 직급의 사람은 시간이 바빠서 정해진 시간 동안 모두 발표를 듣지 못하는 경우도 빈번하게 일어나는데, 이 경우를 대비한 슬라이드다.

앞서 이 슬라이드 작성을 하는 방법에 대해 이야기한 내용을 기억하고 있는가? 일단 헤드 메시지를 전부 적고, 모은 다음 3~5개 정도의 불릿 포인트로 줄이고 중요한 포인트를 강조 표시해주면 된다고 이야기했다. 하지만 이건 1차 작업일 따름이고 여기에 더 중요한 포인트를 알고 있어야 한다.

Summary가 아닌 Synthesis를 작성: 단순히 합치는 것(Summary – 요약)이 아니라 융합해 인사이트를 함께 적어줘야 한다(Synthesis – 종합/통합/합성).

아마도 Summary와 Synthesis의 차이점을 모르는 사람이 많으리라 생각한다. 그 차이점을 알아보자. 만약, 다음과 같은 2개의 문장이 있다고 해보자.

1. XX산업은 글로벌에서 10% 성장 중
2. 국내에서는 3% 성장 중

이걸 만약 Summary로 말한다면, 'XX산업은 글로벌에서 10% 성장 중이고, 국내에서는 3% 성장 중에 있음'이 전부이겠지만, 만약 Synthesis를 한다면 이야기가 달라진다. Synthesis는 요약에 인사이트를 덧붙이는 과정이 들어가야 한다. Synthesis 버전은 다음과 같다

'XX산업은 글로벌에서 10% 성장 중이고 국내에서는 3% 성장 중에 있으므로 **중장기 관점에서 성장률이 높은 글로벌 진출을 고려해야 함**'

앞서 헤드 메시지를 작성하는 방법을 이야기할 때 헤드 메시지는 페이지를 포괄하는 주장을 담아야 한다고 말했다. 마찬가지로 그 헤드 메시지를 다시 모으고 모아 응축된 버전으로 보여주는 핵심 요약 역시 주장을 담아야 한다. 언제나 그럴 수는 없더라도 헤드 메시지가 단순히 본문을 요약해주는 것에서 멈춘다면 주장이 없는 슬라이드가 되고, 주장이 선명하지 않은 슬라이드의 합은 프리젠테이션이 힘을 받지 못한다는 의미이기 때문이다. 지금까지 써왔던 핵심 요약은 말 그대로 '요약'이었는지 아니면 '인사이트'를 담고 있었는지 돌이켜보자.

#2. 헤드 메시지 작성법

핵심 요약문의 기초를 이루는 것은 헤드 메시지라고 언급했듯이 헤드 메시지는 문서를 구성하는 가장 핵심 중 핵심이라 할 수 있다. 좋은 문서와 그렇지 않은 문서는 바로 이 헤드 메시지를 어떻게 썼느냐에 따라 갈린다고 볼 수 있다. 헤드 메시지는 보고받는 사람이 시간이 부족해 헤드 메시지만 읽더라도 프리젠테이션 전체의 내용이 이해될 수 있도록 작성돼야 한다. 마치 30분짜리 발표를 단 1분으로 줄여서 하는 엘리베이터 피치elevator pitch와 같은 역할을 한다고 기억하면 좋다.

헤드 메시지와 본문의 관계도 앞서 설명했듯이 헤드 메시지는 페이지 전체를 포괄하는 '주장'이며, 본문은 헤드 메시지를 뒷받침하는 '근거/상세 설명'이다. 따라서 헤드 메시지에 적혀 있지 않은데, 본문에 나와 있는 자료가 있다면 이는 불필요한 자료이므로 빼야 하고, 혹시 필요한 자료임에도 헤드 메시지에서 언급하고 있지 않다면 이는 헤드 메시지를 잘못 작성했다는 의미다.

헤드 메시지가 잘 쓰였는지 체크할 수 있는 7가지 항목을 제시한다.

1. **페이지 전체를 포괄하는가?**: 본문에 나온 모든 도표와 설명을 헤드 메시지가 축약해서 이야기하고 있는가? 혹시 본문에 나와 있는 내용 중 포괄하지 못한 내용은 없나? 본문에 나와 있지 않은 내용인데 주장하고 있지는 않은가?

2. **주장이 담겨 있는가?**: 헤드 메시지가 단순 본문 요약 용도로 활용되는 일이 반복되지는 않은가? 주장을 담고 설득을 위한 슬라이드로서의 역할을 제대로 수행하고 있는가?

3. **하나의 메시지만 담고 있는가?**: 한 페이지에 하나의 주장만 담아야 한다는 원칙을 지키고 있는가? 접속사를 사용하면서 서로 연관 없는 이야기를 한 페이지에서 이야기하고 있지는 않은가?

4. **여러 문장이 나열돼 있지는 않은가?**: 헤드 메시지가 한 문장으로 종료되고 있는가? 이유 없이 문장이 2~3개 이상으로 나뉘어 있지는 않은가?

5. **형용사/대명사가 포함돼 있지는 않은가?**: 보다 정확한 숫자나 명사 대신 '큰', '대단한', '엄청난', '빠른', '고속' 등의 측정 불가한 정성적 형용사가 활용되거나 ㅇㅇ산업 같은 명확한 명칭이 아닌 '그 산업' '당시 산업'과 같은 대명사로 주장을 흐리고 있지는 않은가?

6. **헤드 메시지에 괄호를 사용하고 있지는 않는가?**: 헤드 메시지에서 괄호가 허용돼야 하는 경우는 약어를 알려야 할 때 외에는 없다고 생각하면 좋다. 사실 약어도 괄호로 알려주기보다는 * 마크를 붙이고 왼쪽 아래에 자료 출처나 주석을 다는 공간을 활용해 작성하는 것만으로도 충분하다.

7. **헤드 메시지 이후 상세 설명을 시도하지 않는가?**: 헤드 메시지 아래에 서브 헤드 메시지를 두는 것은 올바른 방법이 아니다. 서브 헤드 메시지는 본문에 위치시켜 설명하면 그만이다. 그 내용이 중요하다고 느껴서 위치를 헤드 메시지 아래로 뒀다면 본문에 두고 볼드/색상 변경 등으로 강조하면 된다.

문서 작성에 이미 익숙한 대기업 팀장급에서도 이런 원칙을 명확히 모른 채 문서를 작성하는 모습을 많이 봤다. 그만큼 헤드 메시지 작성은 결코 만만한 일이 아니다. 사실 컨설턴트로 입사하고 1년 정도는 헤드 메시지를 잘 작성하는 것에 대해 정말 많은 도전을 받게 된다. 한두 번 읽고 말아도 되는 분야가 아니라는 의미다. 이 체크 항목은 대부분 읽으면 이해가 가는 부분이지만 특히 주의해야 할 점에 대해서 예시를 준비해봤다. 우선 5번이다. 형용사/대명사를 쓰지 말라는 것은 보다 명확하게 최대한 정량적으로 숫자와 그 대상을 직접 지칭하라는 이야기다. 대표적인 예시는 다음과 같다. 분명 명확하게 작성할 수 있는 부분에 대해서 형용사나 대명사를 활용하면 메시지가 선명하게 작성되지 못하고 주장이 흐릿해진다. 이는 전체 프리젠테이션의 품질을 떨어뜨린다고 해도 무방하다.

엄청난 성장 → 15% 성장
대단한 성과 → 매출이 1천억에서 1,300억으로 30% 상승
시급한 문제 → 3분기까지/9월 말까지 해결되어야 하는 문제
빠른 진행 → 3개월 내 결과물을 도출해야 하는
이 문제 해결을 위해 → DAU가 감소하는 문제 해결을 위해

▲ 컨설팅 형식의 슬라이드, 특히 헤드 메시지에서는 형용사와 대명사 사용은 지양해야 한다. 컨설팅 형식의 슬라이드는 업무 문서로서 가치를 지녀야 하며, 이 상황에서 형용사와 대명사는 불필요한 경우가 대부분이다.

이번에는 7번의 경우를 알아보자.

자사의 수많은 프로젝트 경험을 반영하여 발전시킨 지적 자산과 방법론 및 재활용 가능한 템플릿과 툴을 활용하여 구축 리스크를 최소화하고 생산성을 향상시킬 수 있습니다
- 자사의 방법론 및 핵심 자산은 관련 산업 모델, 세부 모델, 설계방법 모델, 참조 모델 등이 있음

자사 방법론 및 핵심자산	주요 구성항목 및 프로젝트 활용방안
관련 산업 모델 정의	• 자사는 해외 선진 업무 설계 및 구축 프로젝트를 통해 구축한 표준 Function, Capability, Process, System을 정의한 모델을 보유하고 있음 • 지속적인 업그레이드와 트렌드에 대한 연구활동을 통해 고객사가 추구해야 할 금융업무 운영 전략 및 시스템 요건에 대한 방안을 제시 가능
세부 모델	
설계 방법 모델	• 설계 방법 모델은 IT가 비즈니스의 효과적 지원을 달성하기 위한 현재와 미래 정보기술 역량을 체계적으로 제시하며, 현재 고객사의 조직 역량과, 기술체계 및 관리체계 진단을 위한 기본 Model로 활용함
참조 모델	• 미래 비즈니스 요건 지원을 위한 Application, Data, Technical Architecture 영역별 아키텍처 산출물에 대한 기준 및 설계를 위한 Guiding Principle을 제공

▲ 붉은색으로 표시된 부분을 적어야 안심하시는 사람이 의외로 많다. 이 부분은 본문에 녹이거나 발표자가 구두로 설명하면 충분한 내용이다.

이 슬라이드의 붉은색 부분을 작성하는 사람의 심리도 이해는 간다. 헤드 메시지만으로는 부족해서 부연 설명을 더 달고 있는 것이다. 오히려 이 방법이 좋은 방법이라고 생각하는 사람도 있지만, 단언컨대 이는 사족일 뿐 좋은 시도라고 할 수 없다. 그렇게 중요하게 생각이 드는 부분이라면 헤드 메시지에 포함시키면 되고, 그렇지 않다면 본문에 적은 다음 강조하면 그만이다. 더 상세하게 자료를 작성해야 한다는 압박감에 이런 슬라이드가 등장하는 경우가 많은데 전혀 그럴 필요가 없음을 알아두자.

#3. 추세, 비율, 절대값의 '비교'

만약 다음과 같은 슬라이드가 있다고 가정해보자. 어떤 생각이 드는가? 아마도 "100% 성장이면 굉장한데?" 같은 생각을 했을 것이다. 그럼 이 차트는 잘 그린 차트인가? 만약 그렇다고 생각했다면 이 페이지를 눈여겨볼 필요가 있다.

▲ 2년간 100%의 성장을 이뤄냈다면 뛰어난 성과가 맞을까?

이번에는 다른 그래프를 보자. 어떠한가? 방금 전 고성장이라고 생각했던 곳보다 더욱 높은 성장을 해낸 업계가 있음을 알게 됐다. 이제는 주황색 그래프로 그려진 업체가 아주 뛰어나다고 생각하는 사람은 상당수 줄었으리라 생각한다.

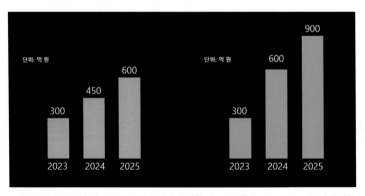

▲ 동종 업계에서 더 큰 성장을 이룬 업체가 존재한다는 사실을 알 수 있었다. 바로 '비교'를 했기 때문이다.

이제 이 그래프를 하이브리드 슬라이드 형태로 완성해본 모습을 보자. 자사는 산업 평균 대비 근소한 우위를 보였지만, 경쟁사에 비해서는 아주 뛰어난 성과를 낸 것이 아님을 알 수 있었다. 빠르게 성장하는 산업 속에서 산업 대비 성과를 냈지만 더 뛰어난 결과를 내고 있는 경쟁사도 존재했다는 점이다. 이처럼 비교를 하지 않으면 알 수 없었던 내용을 비교를 통해 알 수 있었다. 실제로 질의 응답^{Q&A} 시간에 보고를 받는 사람이 질문했을 때 유달리 대응을 못 하는 사람들이 있다. 대체로 임원들의 질문은 비슷하다. "그거 그래서 해야 하는 거야?" "그래서 우리가 얼마나 잘 한 거야?" 같은 질문들이 주를 이루는데, 이에 명확한 답을 하려면 예시로 등장했던 그래프처럼 경쟁사 혹은 산업군의 수치를 알고 있어야 하기 때문이다. 물론 자료를 만드는 데 시간은 더 들겠지만 자료의 완성도를 높이기 위해서 당연히 해야 하는 작업임을 명심하자.

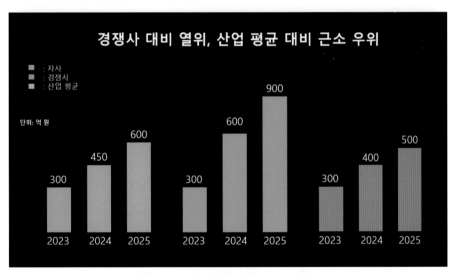

▲ 자사의 성과만 봤을 때는 알지 못했던 부분을 비교 분석을 통해 알 수 있게 됐다.

이렇게만 말하면 어떤 것을 비교하라는 것인지 감을 잡기 어려울 수도 있을 것이다. 다음의 가이드라인을 따라 비교 분석을 실시하면 더 정교한 자료 작성이 가능해진다.

▲ 비교 대상, 비교 시간 단위, 비교 항목, 비교 기준을 정리해놓은 가이드라인

#4. 사소하지만 슬라이드의 품질을 높이는 팁

이제 어느 정도 프로페셔널 슬라이드를 작성할 수 있는 지식은 갖추게 됐지만, 실제 예시를 보면서 슬라이드를 정교하게 고치기 위해 어떤 절차가 필요한지 알아보자. 우선 예시 슬라이드를 먼저 보자. 지금까지 책을 읽었다면 이 슬라이드가 갖고 있는 문제점을 짚어낼 수 있어야 한다. 어떤 문제점이 있는지 생각해본 후, 책의 다음 내용을 읽자. 참고로, 슬라이드를 어떻게 바꿔야 하는지 전후를 알려주는 『퍼펙트 슬라이드 클리닉 with 파워포인트』(에이콘, 2020)에서 젠/컨설팅 형식의 슬라이드를 원칙에 맞춰 디자인하는 방법과 다양한 비포-애프터 슬라이드를 제공하고 있으니 참고하길 권장한다.

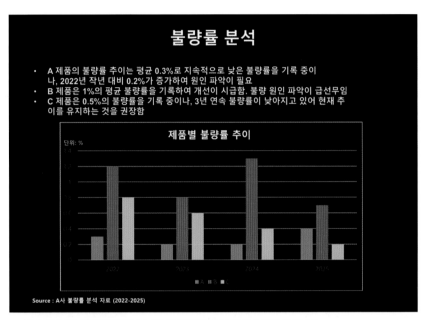

▲ 이 슬라이드가 어떤 문제점이 있는지 지금까지 학습한 내용을 토대로 알아보자.

이 슬라이드가 가진 문제점에 대해서 생각해봤는가? 이 슬라이드의 문제점은 다음과 같다.

1. **헤드 메시지 부재**: 헤드 메시지가 부재하고 3개의 불릿이 상단에 위치해 정확한 주장이 어떤 것인지 알기 어렵다.

2. **그래프 데이터 레이블 부재**: 앞서 그래프의 주관화 초입에 언급했듯이 기준선은 정확한 데이터를 짚어줄 수 없기 때문에 큰 의미가 없다. 데이터 레이블을 정확히 표시해야 한다.

3. **차트의 유형 선택 오류**: 이 차트는 여러 가지의 계열을 연도별로 보여주고 있으며 각각의 변화 추이를 보여줘야 하는 유형이나, 앞서 차트 선택 가이드에서 언급했듯이 이 경우에는 막대 그래프보다 꺾은선 그래프를 활용하는 것이 더 좋다.

이제 개선된 슬라이드 배경 색상이 검정색인 것은 잘못된 점은 아니지만, 일반적인 컨설팅 형식의 슬라이드는 흰색 배경을 더 많이 사용하므로 배경 색상으로 흰색을 사용하는 슬라이드로 변경해봤다. 이 슬라이드를 보면 어떤 생각이 드는가? 이제는 다 고쳐졌다고 생각하면 안 된다. 사소하지만 그 사소함까지 잡아낼 수 있어야 높은 품질의 슬라이드를 디자인할 수 있는 것이다. 이 슬라이드는 어떤 점이 고쳐져야 할까? 역시나 바로 모범 답안을 살피기 전에 스스로의 생각을 정리해보자.

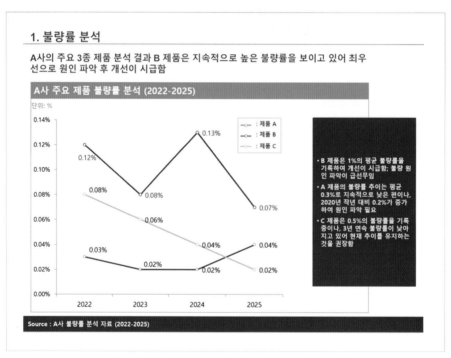

▲ 앞서 보여준 슬라이드 대비 많이 나아졌지만 아직도 사소하게 고칠 부분이 존재한다.

스스로의 생각이 정리됐는가? 바로 두 가지 정도를 개선하면 좋다.

1. **단어 잘림 현상 제거**: 한국어로 자료를 작성할 때 반드시 알아야 하는 부분이다. 책과는 다르게 단어가 잘린 형태로 자료가 작성돼 있으면 꼼꼼하지 못하다는 인상을 준다. 자료에서는 '최우선'이라는 헤드 메시지의 단어와, 본문 오른쪽 '원인'이라는 단어, '증가하여', '낮아지고'라는 단어 역시 잘려 있다. 슬라이드 소프트웨어마다 메뉴는 조금씩 다르지만, 이는 단어 잘림 허용을 해제해주면 쉽게 해결할 수 있다.

2. **글씨 크기**: 본문 오른쪽은 다른 본문 글씨들과 비교해도 글씨 크기가 작다. 앞서 언급했듯 본문의 글씨 크기는 최소 12포인트 이상이어야 가독성 측면에서 문제가 없다. 보통은 14포인트를 권장한다. 칸이 모자라서 글씨 크기를 줄이는 선택은 옳지 않다. 오히려 내용을 더 함축적으로 작성할 수 있어야 한다.

최종적으로 작성된 슬라이드는 다음과 같다.

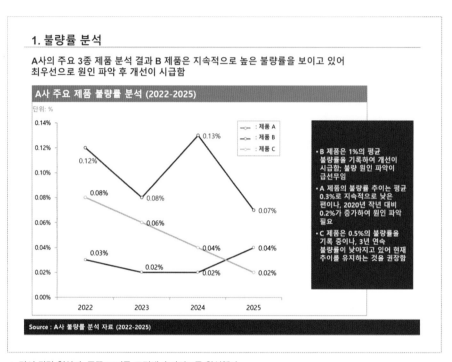

▲ 단어 잘림 현상과, 글꼴 크기를 조정해 슬라이드를 완성했다.

이로써 전략/경영 컨설팅사에서 활용하는 프로페셔널 슬라이드의 근간을 학습했다. 꾸준한 연습만이 이 내용들을 체득하게 하는 데 도움을 주니 꾸준한 연습을 권한다.

#5. 컨설팅 사의 자료 작성 방법

컨설팅 사는 일반적으로 프로젝트 투입 시 다음의 순서대로 업무를 진행한다. 만일 자신이 만드는 자료의 완결성이 부족하거나 완성도가 떨어진다고 여겨진다면 자신이 하는 일에서 무엇이 빠졌는지 점검해보는 것도 좋다.

1. **가설 수립**: 가장 먼저 문제에 대한 가설을 수립하는 것으로 일을 시작한다. 경험 기반으로 일하면 빠르게 처리할 수 있다는 장점이 있지만, 경험은 이미 지난 일이므로 최신 트렌드를 반영하기 어려울 수 있다는 단점이 존재한다. 이는 프로젝트의 성패에 큰 영향을 주므로 다소 시간이 걸리더라도 가설을 수립하고 검증하는 과정을 거치는 것이다.

2. **데스크 리서치**: 수립한 가설 기반으로 데스크 리서치를 진행한다. 데스크 리서치는 단순히 구글링만을 포함하는 것이 아니라 각 컨설팅 사가 운영하는 지식 포털의 자료를 참고한다. 그 외에 유료 사이트(예: CB Insight, 가트너, 포레스터 리서치, 블룸버그, 포브스, 스태티스타 등) 역시 리서치 대상에 포함된다.

3. **데이터 분석**: 데이터는 프로젝트를 의뢰한 고객사의 내부 데이터를 전달받아 분석을 실시한다. 데이터에서도 인사이트를 찾아낼 수 있기에 반드시 필요한 작업이다. 데이터 분석은 보통 데스크 리서치와 병행해 진행한다.

4. **실무 인터뷰**: 실무진과 함께 현재 상황에 대해 인터뷰를 진행한다. 이때 현업 인터뷰 대상자가 단편적으로는 알고 있으나, 앞서 수행한 데스크 리서치, 데이터 분석과 함께 연결지어 생각했을 때 인사이트를 찾아낼 수 있다.

5. **사내외 전문가 인터뷰**: 앞 단계에서 대부분의 이슈 사항은 도출되지만, 풀리지 않는 이슈도 존재하는 경우가 많다. 이때에는 사내에 있는 그 산업 전문가와의 인터뷰 혹은 벤치마킹을 위해 외부사 전직자를 인터뷰해서 그 이유를 알아낸다. 예를 들어 어떤 기업이 글로벌 진출 국가로 베트남을 택했다는 것은 언론 보도 등을 통해서 알 수 있지만, 그 기업이 왜 베트남을 진출 국가로 정했는지, 어떻게 베트남을 선정했는지 기준을 알아내는 것은 사실 전직자의 인터뷰를 통하지 않고서는 불가능하다. 또 다른 예시로 특정 국가에서 독보적인 지위를 보유하고 있는 소셜 플랫폼 회사가, 다른 소셜 플랫폼이 이 국가에 진입하려 할 때 어떻게 진입을 저지하는지 등의 문제 역시 그 일을 직접해본 사람이 아니고서는 절대로 알 수 없는 내용이다. 현상보다 숨겨져 있는 내용, 즉 '함의(함축된 의미)'를 파악하고 '왜'에 대한 대답을 얻어야 할 때 활용하는 방법이다. 이 중요한 작업을 위해 인터뷰를 진행하는 데 비용을 아끼지 않으며 시간당 약 100~200만 원이 드는 전화 인터뷰를 수차례 진행하기도 한다. 그만큼의 가치가 있다고 믿기 때문에 진행되는 일이다.

이런 순서를 기반으로 일을 진행하고 물론 그 사이사이 치열한 고민을 통해 좋은 결과물을 내기 위해 최선을 다한다. 그리고 슬라이드를 디자인하며 앞서 언급했던 다양한 방법을 통해 완성도가 높은 슬라이드를 작성해낸다. 이 간접 경험이 여러분의 업무에 도움이 될 수 있기를 바란다.

1. 반드시 필요한 경우가 아니라면 **나만의 템플릿**을 사용해 프리젠테이션의 완성도를 높이자.

2. 생성형 AI가 슬라이드를 만들어줄 수는 있지만, 고도화된 슬라이드일 가능성은 낮으며, 그 모델이 대중에게 공개될 가능성도 낮음을 인지하자.

3. 프리젠테이션에서 색상의 선택은 매우 중요하다. 특히, 비즈니스 프리젠테이션에서는 **CI/BI에 맞는 색상과 글꼴을 사용**해 슬라이드 자체에 정체성을 부여한다.

4. 그래프 및 도표의 주관화를 통해 청중들에게 직접 말할 수 있는 시간을 보다 확보하고 여유로운 프리젠테이션을 할 수 있도록 한다.

5. 주어지는 데이터 종류에 따라 더 효과적으로 전달할 수 있는 형태가 정해져 있다. **워터폴 그래프, 막대 그래프, 꺾은선 그래프**를 용도에 맞게끔 활용하자.

6. 슬라이드의 구조를 잡아주는 것은 바로 여러분이 줄글로 쓴 문장에 등장하는 **'접속사'**다. 이 접속사 별로 주어지는 매직 템플릿 가이드를 활용해 컨설팅/하이브리드 형식 슬라이드의 기본적인 구조화를 쉽게 진행할 수 있다.

7. **프로페셔널 슬라이드 작성법**을 통해 컨설팅/하이브리드 슬라이드를 더욱 완성도 높게 작성할 수 있다.

2부를 마치며

프리젠테이션의 두 번째 단계인 슬라이드 디자인과 관련된 이야기를 이제 마치고자 한다.

슬라이드 디자인은 프리젠테이션을 구성하는 다양한 분야 중, 혼자서 시간을 투자해 가장 높은 성과를 얻을 수 있는 분야이기 때문에 단시간 내에 가장 빠르게 프리젠테이션 능력을 향상시킬 수 있다.

상당히 많은 사람이 무대 공포증을 갖고 있기 때문에 실전에서 자신의 실력을 모두 발휘하기가 쉽지 않을 것이다. 이럴 때 잘 만들어진 슬라이드를 들고 있다면 한결 편한 느낌으로 청중을 마주할 수가 있다. 나에게 든든한 무기 하나를 장착하는 셈이다.

청중에게 내가 전달하고자 하는 바를 명확히 전달하고, 나아가 청중을 설득할 수 있는 위력적인 슬라이드를 만들어보자. 청중의 눈빛이 달라지는 것에서부터 여러분의 슬라이드가 특별해졌음을 느낄 수 있을 것이다.

검색 키워드: 요리

준비와 연습

/

왕도는 없다
빠른 길은 분명히 있다

ⓒ 검색 키워드: **야구공**

"연습이 최고를 만든다(Practice makes perfect)"는 유명한 격언이 있다. 노력 없이 얻을 수 있는 능력은 없듯,
프리젠테이션도 부단한 노력이 최고의 발표자를 만든다. 그러나 무엇을 준비해야 하는지에 대한
명확한 지침이 있다면, 좀 더 효율적으로 연습하는 데 큰 도움이 될 것이다.
3부에서는 프리젠테이션을 위한 준비와 연습법에 대해 함께 이야기해보자.

프리젠테이션을 위한 준비

요리에서 가장 중요한 것은 '재료의 선택'이라고 한다. 하지만 똑같은 쌀을 가지고도 다 태운 밥, 설익은 밥을 짓는 사람이 있는 반면 가장 맛있는 밥을 지어내는 사람도 존재하듯 프리젠테이션도 누가 하느냐에 따라 그 결과는 완전히 달라질 수 있다.

여러분은 슬라이드 디자인을 누구보다 효과적으로 할 수 있게 됨으로써 요리에 비유한다면 가장 신선한 재료를 손에 쥔 사람이 되었다. 이제 해야 할 일은 최고의 슬라이드에 맞는 최고의 발표 실력을 갖추는 것이다. 이를 위해 가장 필요한 것은 '준비와 연습'이라는 데 이견은 없을 것이다.

준비와 연습은 서로 없어서는 안 될, 반드시 필요한 조건이다. 훌륭한 요리사가 되려면 꾸준한 조리 연습과 함께 각종 조리 도구의 관리를 병행해야 하듯, 훌륭한 발표자가 되기 위해는 발표를 하러 가기 전에 프리젠테이션에 필요한 꼼꼼하게 살피고, 준비물과 발표자 스스로가 프리젠테이션에 완전히 녹아들 수 있을 만큼의 연습을 함께 해야 한다.

이번 단계에서는 우리가 실제로 프리젠테이션을 위해 무엇을 준비해야 하는지, 그리고 연습해야 하며, 어떻게 해야 효율적으로 연습을 진행할 수 있는지 살펴볼 것이다. 지금부터 누구보다 뛰어난 '프리젠테이션 요리 능력'을 갖추기 위한 방법을 함께 이야기해보자.

⊘ 검색 키워드: 야채

프리젠테이션의 3요소

본격적으로 '준비와 연습'에 대해 이야기하기 전에 프리젠테이션의 3요소에 대해 함께 알아볼 필요가 있다. 프리젠테이션에는 세 가지의 필수 요소가 존재하는데, 바로 발표자, 슬라이드, 청중이다.

프리젠테이션에 발표자가 존재하지 않는다면 영화 상영과 다를 바 없고, 슬라이드가 존재하지 않는다면 그것은 연설이나 스피치일 뿐 프리젠테이션이 아니다. 청중이 없는 상태에서 발표자와 슬라이드만 있다면? 그것은 독백이거나 연습일 뿐 실전 프리젠테이션이 아닐 것이다.

ⓒ 검색 키워드: speaker / presentation / audience

▲ 모든 프리젠테이션은 발표자, 슬라이드, 청중의 세 가지 필수 요소를 포함한다.

그렇다면 세 가지 요소 중 가장 중요한 요소는 무엇일까? 여러분의 생각은 어떤가?

3요소 중 우리의 의지대로 조절이 가능한 요소는 슬라이드와 발표자다. 청중은 우리가 노력한다 해서 바꿀 수 있는 요소가 아니다. 청중을 파악하고 청중에 대응할 수는 있으나, 근본적으로 청중 자체를 바꿀 수는 없기 때문이다.

슬라이드 역시 매우 중요한 요소이지만 가장 중요한 요소는 아니다. 슬라이드는 프리젠테이션을 뒷받침하는 보조 도구일 뿐, 가장 전반적으로 내세우는 요소는 아니기 때문이다. 앞에서 발표자가 주인공이 되는 프리젠테이션을 해야 한다고 한 말과 슬라이드에 청중의 시선이 머무르는 시간을 짧게 하는 것이 좋다고 말한 이유 등이 이를 뒷받침한다.

따라서 프리젠테이션에서 가장 중요한 요소는 발표자 자신이다. 발표자가 돋보이는 프리젠테이션을 하려면 어떻게 해야 할까?

많은 사람이 '프리젠테이션의 내용을 잘 알고 있는 것'이 가장 중요한 요소라고 생각한다. 자신이 준비한 프리젠테이션 내용을 잘 아는 건 당연히 중요한 요소이지만, 가장 중요한 요소는 아니다. 오히려 우리가 해야 하는 일은 바로 '프리젠테이션의 내용'에 대한 연습이 아닌 비언어적 연습이다.

캘리포니아 대학교 심리학과 교수인 메라비언의 연구 결과에 따르면 한 사람이 상대방에게서 받는 이미지는 시각이 55%, 청각이 38%, 언어의 내용이 7%를 차지한다고 한다. 즉 말 자체의 내용이 차지하는 비중은 7%밖에 되지 않고, 그 외의 요소가 무려 93%를 차지한다.

프리젠테이션으로 영역이 좁아지면 비언어적인 요소의 중요성은 더욱 높아진다. 많은 수의 프리젠테이션이 동일한 주제로 연달아 발표하는 경우가 많다. 학교 안에서의 학기말 발표가 그렇고, 컨설팅사의 경쟁 PT 역시 같은 주제로 연속적인 프리젠테이션이 이뤄진다. 세부 내용까지 완전히 똑같지는 않겠지만, 내용 자체가 유사한 것이 많을수록 비언어적 요소가 차지하는 중요성은 훨씬 더 커진다.

충실한 내용은 기본이요, 거기에서 한 발 더 나아간 성공적 프리젠테이션을 하기 위해는 말하는 내용보다 태도, 말의 속도, 몸짓(제스처), 아이 콘택트 등의 요소를 더욱 정확하고 효율적으로 할 필요가 있다.

발표자의 자유도 확보

@ 검색 키워드: **자유**

▲ 발표자가 발표에만 집중할 수 있게 하는 것을 발표자의 자유도를 확보한다고 이야기한다.

프리젠테이션의 3요소 중 가장 중요한 요소는 발표자다. 그렇다면 여러분이 생각하기에 프리젠테이션 발표자에게 있어 가장 중요한 사항은 무엇인가? 발표자에게 가장 필요한 요건으로 자신감을 드는 사람도 있을 테고, 철저한 준비나 빠른 임기응변 등 각자가 생각하는 다양한 요소가 있으리라 생각한다.

앞에서 나온 여러 가지 조건 역시 성공적인 프리젠테이션의 수행을 위해 없어서는 안 되지만 이를 모두 통틀어서 가장 필요한 요소는 바로 '발표자의 자유도'다. 자유도란, 발표자가 얼마나 자유로운 상태에서 발표에만 집중할 수 있는 정도를 의미한다.

좀 더 구체적으로 발표자의 자유도란, 발표자가 신체적, 정신적으로 프리젠테이션 외적인 요소에 스트레스를 받지 않고 프리젠테이션 자체에만 집중할 수 있는 상태를 의미한다. 즉 발표자는 발표하는 내내 발표자가 어떤 자세를 취하더라도 어딘가에 묶여 있는 듯한 느낌이 들어서도 안 되며, 손에 쥐고 있는 것이 너무 많아서 막상 손을 써야 할 때 손을 쓰지 못하는 상황에 이르러도 안 된다. 또한 돌발적인 상황이 일어날 수 있는 경우를 최대한 예방하고 프리젠테이션에 나설 수 있도록 준비해야 한다.

그런 의미에서 볼 때, 우리가 좀 더 효율적인 프리젠테이션을 위해 사용한다고 생각하는 수많은 발표 도구가 오히려 좋은 프리젠테이션을 가로막는 장애물로 작용하고 있음을 명심해야 한다. 다른 환경이나 요소에 전혀 신경 쓸 필요 없이 발표에만 집중할 수 있는 자유로움이 여러분에게 자신감을 심어주고, 그 자신감은 성공적인 프리젠테이션을 하는 데 큰 도움을 줄 것이다.

발표자의 준비 도구

프리젠테이션을 하기 위해 반드시 준비해야 하는 것에는 무엇이 있을까? 이 질문에 이미 여러분의 머릿속에 다양한 물품이 스쳐 지나갈 것이라고 생각한다. 자신이 지금껏 프리젠테이션을 할 때 실제로 사용했거나 무대에 들고 나갔던 물품에 대해 적어보자. 만약 물건이 아니라 사람이라면 어떤 역할을 하는 사람이었는지 그 부분에 대해서도 함께 적어본다.

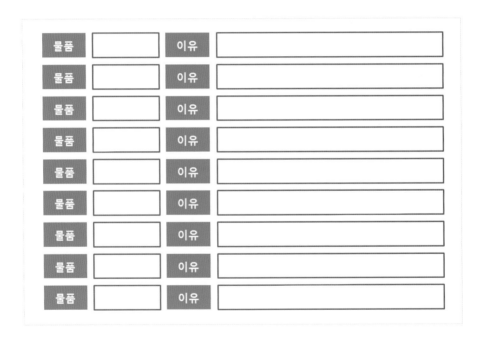

물품의 이름이나 사람의 역할을 적는 것도 중요하지만 그 물품이 왜 필요했는지, 그리고 그 물품 또는 사람을 프리젠테이션 시 왜 이용했는지를 적는 작업이 좀 더 중요하다.

생각나는 물품이나 사람을 모두 적었는가? 빈 칸이 넉넉한 사람도 있고, 빈 칸이 더 필요할 만큼 가득 채운 사람도 있을 것이다. 적힌 물건의 수도 중요하지만 물품 옆에 적힌 이유가 훨씬 더 중요하다. 내가 무언가를 들고 프리젠테이션 무대에 섰지만, 지금 돌이켜 생각해보면 그 물건이 왜 필요했는지에 대한 이유가 명확히 적혀있지 않은 칸이 많을 것이다.

스스로 생각해봐도 명확한 이유가 떠오르지 않는 그 도구를 들고 프리젠테이션을 할 필요는 없다. 명확한 이유 없이 사용되는 도구는 발표자의 자유도를 떨어뜨려 좋은 프리젠테이션을 방해하기 때문이다. 자기 자신조차 명확하게 이유를 모르면서 사용해온 다양한 도구는 청중이 보기에도 결코 '반드시 필요한 도구'로 여겨지지 않는다.

여러분이 스스로 "아, 이건 괜히 썼던 물건이군."이라고 생각하면서 다시 사용하지 않을 도구 외에도 늘 필요하다고 생각하고, 어쩌면 아직까지도 꼭 필요하다고 생각하고 있을 그 도구가 정말 필요한지, 필요하다면 왜 필요하고, 필요하지 않다면 왜 필요하지 않은지 함께 생각해보자.

프리젠테이션의 필수 도구

프리젠테이션 준비 도구는 사람에 따라 조금씩 다를 수 있다. 본인의 취향이나 습관이 반영되는 분야이기 때문이다. 그러나 취향과 습관이라는 이유로 방해가 되는 요소를 계속 사용하고 있다거나, 꼭 준비해야 하는 것을 챙기지 않고 있다면 이는 바로잡아야 한다. 이번 절에서는 프리젠테이션을 원활하게 진행하기 위해 반드시 챙겨야 하는 사항에 대해 알아보고, 이를 통해 다른 발표자와 차별화할 수 있는 전략을 함께 알아보자.

복장

"옷차림도 전략입니다."라는 광고 문구가 유행할 때가 있었다. 이 광고 문구처럼 실제로 일상 생활에서 상대방의 옷차림은 그 사람의 인상을 크게 좌우한다. 복장은 단순히 깔끔함만을 나타내는 수준에 그치는 것이 아니라 그 사람의 직책, 그 사람이 하는 일 등을 단적으로 보여주기 때문이다. 학생들이 교복을 착용하고 있을 때나 군인이 제복을 착용하고 있을 때, 자신의 신분을 의식함으로써 행동을 조심스럽게 한다는 연구 결과가 이런 주장을 뒷받침한다.

복장은 스스로의 행동을 달라지게 할 뿐만 아니라, 같은 사람이라도 어떤 옷을 입었는지에 따라 타인의 시선도 판이하게 달라질 수 있다. 복장은 그저 단순한 옷의 개념을 넘어 그 인물의 정체성을 표현하는 것이다.

여러분이 여행을 위해 비행기에 올랐을 때 당신에게 두 사람이 기내식을 권한다. 당신은 다음 두 사람 중 누가 권하는 기내식을 받을 것인가?

당신의 선택은?

🔍 검색 키워드: 스튜어디스 / 테러리스트

▲ 복장의 위력은 생각보다 더 엄청나다. 똑같은 사람이라 하더라도, 그 사람이 입은 옷에 따라 행동 양식이 규정되기 때문이다.

두말할 나위 없이 모두의 대답은 당연히 한쪽에 쏠릴 것이다. 단적인 예를 들었지만, 그 사람이 입은 옷은 그 사람에 대한 선입견을 결정하는 데 상당히 큰 영향을 미친다. 의사들이 가운을 입고 근무를 서고, 경찰이나 군인이 유니폼을 입고 근무하는 것, 운동 선수들이 각 운동에 적합한 유니폼을 입고 근무하는 것과 같이 프리젠테이션에서도 복장이 주는 영향력은 막강하다고 할 수 있다.

이는 사람이 타인을 평가하는 시간이 매우 짧다는 데서 이유를 찾을 수 있다. 누군가의 첫인상을 판단하는 데 걸리는 시간은 단 4초라고 한다. 우리 몸을 모두 덮고 있는 옷이야말로, 첫인상을 좌우하는 가장 큰 요소임을 알 수 있다. 따라서 전략적인 옷차림은 언제나 중요하다. 프리젠테이션 초반에 청중이 여러분에게 호감을 갖고 시작한다면 우리는 프리젠테이션을 좀 더 수월하게 이끌어갈 수 있다. 옷차림 자체만으로도 "저 사람이 하는 말은 믿을 수 있겠군"이라는 신뢰감을 얻을 수 있는 것이다. 프로젝트 제안 발표장에서 거의 모든 사람이 정장을 입고 프리젠테이션을 진행하는 이유도 이와 무관하지 않다. 수억 많게는 수백억 원의 자금 집행 여부가 결정되는 자리이므로, 상대방에게 신뢰감을 줘야 하는 것은 필수적이기 때문이다.

⚙ 검색 키워드: 정장

▲ 옷차림과 외모를 바르게 하면 프리젠테이션 주제에 신뢰감을 부여한다. 청중은 발표자의 내용을 보기 전에 여러분의 옷차림을 본다는 사실을 명심하자.

예의를 갖춰야 하는 자리에서는 보통 정장을 입는다. 그러나 언제나 정장이 모든 상황에서 가장 좋은 선택이 아닐 수도 있다. 프리젠테이션의 1인자로 꼽혔던 애플의 전 CEO, 스티브 잡스는 제품 발표회에서 정장이 아닌 터틀넥과 청바지, 그리고 운동화를 신고 자사의 신제품을 소개하는 무대에 올랐다. 이런 옷차림은 무려 10년이 넘게 이어졌다.

▲ 제품 발표를 할 때마다 같은 옷을 고집한 스티브 잡스 (출처: Wikipedia.org)

이런 옷차림으로 스티브 잡스가 얻을 수 있는 장점은 무엇이었을까? '터틀넥 + 청바지 + 운동화 = 스티브 잡스'라는 공식을 세울 수가 있었다. 실제로 그의 사망 이후, 추모객들은 검정색 터틀넥, 청바지, 그리고 운동화까지 스티브 잡스의 옷차림을 따라하기도 했다.

그는 독특한 옷차림을 통해 장기적으로 스스로를 상징물로 만들 수 있었다. 하지만 이 외의 이유도 존재한다. 이는 그가 어떤 산업에 종사했느냐와 분명 관련이 있다. 스티브 잡스가 만일 IT 기업의 CEO가 아닌 경비 업체나 금융권의 CEO였다면, 공식적인 무대가 있을 때 그가 입었던 터틀넥과 청바지 같은 옷차림을 고수했을까? 우리는 깔끔한 정장 차림의 스티브 잡스만을 볼 수 있었을지도 모른다. 즉 스티브 잡스는 제품 발표회에서 자신의 옷차림이 미칠 영향을 철저하게 계산하고 무대에 올랐을 가능성이 크다(그 스스로는 그저 그 옷이 좋았기 때문에 입었다고 말할지라도).

창의성을 무엇보다 우선시하는 IT 업계의 특성상, 그 정점에 서 있었던 스티브 잡스는 편안하고 자유 분방한 옷차림을 통해 '자유 분방한 옷차림 = 창의 = 애플'이라는 공식을 완성하고 있었다. 그것도 말 한마디도 없이 청중에게 그런 사실을 온몸으로 이야기하고 있던 것이다.

이런 현상은 스티브 잡스 사망 후 현재 애플을 이끌고 있는 팀 쿡의 복장에서도 볼 수 있다. 팀 쿡이 제품 소개 프리젠테이션을 할 때 그는 언제나 어두운 계열의 셔츠와 함께 편한 바지를 입고 무대에 올랐다. 복장이 완전히 똑같지는 않지만 스티브잡스가 했던 방식을 비슷한 방법으로 계승하고 있는 것이다.

◀ 팀 쿡 역시 공식 자리에서 발표할 때도 편한 복장으로 무대에 오른다. 이 역시 IT 기업의 자유분방함을 보여주려는 의도다. (출처: Wikipedia.org)

이 사례에서 알 수 있듯이, 옷차림도 프리젠테이션과 직접 연관을 지을 수 있는 주제라면 활용하는 것이 좋다. 발표하려는 주제가 보수적일수록 정장 차림이 좋으며, 창의성과 관련이 깊다면 편안한 옷차림도 괜찮다(물론 민소매 티셔츠, 슬리퍼 등 지나치게 파격적인 옷차림은 그 주제가 무엇이든 지양하는 편이 좋다). 자신이 발표하고자 하는 분야에서 유명한 사람들이 어떤 옷차림으로 발표하는지를 참고하는 것도 좋은 방법이다. 또한 최근에는 면접 시의 복장 문화도 많이 바뀌고 있다. 어떤 일을 하느냐에 따라 복장 규정은 달라지지만, 최근에는 정통 정장에서 비즈니스 캐주얼로 업무 복장뿐 아니라 면접 복장이 바뀌는 것도 전반적인 추세다.

⌖ 검색 키워드: 도복

특수한 주제의 프리젠테이션을 진행할 경우에는 그에 맞는 옷차림을 하는 것도 좋은 방법일 수 있다. 대학교 재학 시절, 외국인을 대상으로 태권도와 관련한 프리젠테이션을 진행하는 어떤 학생이 직접 도복을 입고 나와 프리젠테이션을 하는 장면은 매우 신선하게 다가왔으며, 전반적인 프리젠테이션에서도 외국인 청중에게 좋은 인상을 심어줄 수 있었다. 전통 주제와 관련된 프리젠테이션을 진행한다면 전통 복장을, 특정 주제와 관련된 프리젠테이션을 진행한다면 그 일에서만 입을 수 있는 복장을 입은 상태로 프리젠테이션을 진행하는 것도 청중에게 좋은 인상을 심어줄 수 있다. 단 이런 의상을 입어 주제와 깊은 연관성을 알릴 수 있더라도 반드시 그 전에 명심해야 할 사항은 아무리 프리젠테이션의 주제와 연관돼 있어도, 발표자의 자유도를 떨어뜨리는 옷차림을 하는 것은 결코 좋은 방법이 아니란 사실이다. 태권도복의 경우는 프리젠테이션을 진행하는 데 있어 큰 무리가 없는 복장이다. 그러나 만약 펜싱 경기와 관련된 프리젠테이션을 한다고 해서 펜싱 복장을 차려 입고 나온다면 어떻게 될까? 초반 주목을 끌기에는 좋겠지만, 상대방에게 눈이 보이지도 않는 투구를 그대로 쓰고 프리젠테이션을 진행하는 것은 발표자의 자유도를 심각하게 훼손해 결과적으로 좋지 않은 결과를 가져온다. 이렇게 연관된 복장이 발표 자체를 불편하게 하는 경우라면 관련된 도구를 가져와 보여주는 것만으로도 좋은 효과를 가져올 수 있다. 예를 들어 앞서 언급한 펜싱이라면 펜싱에 사용되는 검이나 투구를 가져오는 정도로도 충분한 주목을 끌 수 있다.

▲ 경기에서는 모든 도구가 필요하겠지만, 설령 펜싱을 주제로 프리젠테이션한다고 해도 최소한의 연관 도구만 준비하는 편이 좋다. (출처: Wikipedia.org)

컴퓨터

프리젠테이션 프로그램을 구동하려면 반드시 컴퓨터가 필요하다. 요즘은 노트북의 대중화로 인해 많은 사람이 자신의 노트북을 그대로 가져가서 프리젠테이션을 실시하는 경우가 많아졌지만 어떤 장소에서는 특정한 사유로 인해 정해진 PC를 사용해야 하거나 타인의 노트북을 빌려서 사용해야 할 때도 있다. 두 경우 모두 점검해야 할 사항은 존재한다.

자신의 컴퓨터를 사용한다면 절차는 매우 간소하다. 전원을 공급하는 충전기와 프로젝터 연결 시에 사용하는 변환기가 필요할 경우 이것만 준비하면 된다.

그러나 자신의 컴퓨터를 사용하지 못할 경우에는 신경 써야 할 사항이 좀 더 많다. 먼저 자신이 제작한 슬라이드 파일을 챙긴다. 또한 사용할 컴퓨터에 내가 사용한 글꼴이 있는지 알아둬야 한다. 만약 글꼴이 없다면 글꼴을 복사해 가져가야 글씨가 깨지는 현상을 막을 수 있다. 구글 프레젠테이션과 같은 온라인에서 작업이 가능한 슬라이드 소프트웨어를 사용했다면 현장에서 인터넷 연결이 가능한지 반드시 사전 점검이 필요하다. 만약 인터넷 연결이 불가하다면 휴대전화의 테더링^{tethering} 기능을 활용해 자료를 볼 수 있도록 조치하고, 재생해야 하는 동영상이나 애니메이션 효과가 존재하지 않을 경우에는 사전에 자료를 오프라인에서 사용 가능한 형태로 내려받아두는 일이 필요하다.

슬라이드를 제작한 컴퓨터와 프리젠테이션 화면을 보여줄 컴퓨터에 설치된 프로그램의 버전 역시 확인해야 한다. 상대방의 컴퓨터에 있는 버전이 상위 버전일 경우 큰 문제가 없지만, 슬라이드를 제작한 컴퓨터의 버전이 더 높을 가능성도 있으므로, 다양한 형식으로 파일을 저장해 준비한다. 사전에 장소를 관리하는 관리자에게 물어봐도 되지만, 그 관리자가 잘 모르거나 정확한 정보를 갖고 있지 않을 가능성도 대비해야 한다. 발표가 망가졌을 때 혹평을 받는 것은 그 장소의 관리자가 아니라 바로 발표자 본인이기 때문이다.

개인이 홀로 작업을 진행한 작업이 아니라 다수의 협동 작업으로 슬라이드를 만들었다면 최종적으로 슬라이드를 취합한 사람의 프로그램 버전, 글꼴을 프리젠테이션을 진행할 컴퓨터와 비교해보고 준비하자.

프리젠테이션 리모컨

이미 많은 사람이 프리젠테이션을 할 때 리모컨을 사용하고 있다. 프리젠테이션 리모컨을 사용하면 원거리에서도 편리하게 슬라이드의 페이지 이동을 할 수 있다.

7장의 도입부에서 효과적인 준비를 위해 발표자의 자유도를 높이라는 이야기를 했었다. 발표자가 신체적으로 편안해질 경우 정신적으로도 압박감이 적어지기 때문이다. 따라서 움직이기 불편한 옷을 입거나 두 손에 무언가를 잔뜩 들고 있는 행위 등은 하지 않아야 한다. 프리젠테이션을 진행할 때는 '최대한 발표자가 아무것도 들고 있지 않은 상태'로 임하는 게 좋다.

그러나 이 원칙에서 유일한 예외가 바로 프리젠테이션 리모컨이다. 발표자의 자유도를 어느 정도 포기하더라도 프리젠테이션 리모컨만은 반드시 손에 들고 진행하는 것이 좋다. 리모컨으로 인해 비록 한쪽 손이 자유롭지 못하더라도, 그에 비해 얻을 수 있는 장점이 훨씬 더 크기 때문이다.

리모컨 없이 프리젠테이션을 진행하는 경우, 슬라이드를 넘기기 위해 컴퓨터가 있는 쪽으로 돌아와 컴퓨터의 버튼을 누르는 일을 반복해야 한다. 이는 발표자로 하여금 필요 없는 동선을 늘리는 결과를 낳는다. 프리젠테이션 무대에서 쓸데없이 많이 움직이면 청중은 발표자의 움직임이 번잡하다고 느끼게 되고, 이는 집중력 하락으로 이어진다.

또 다른 방법으로 슬라이드를 넘기는 사람을 컴퓨터 앞에 배치하는 경우도 볼 수 있는데 이 방법도 추천하고 싶지는 않다. 발표자와 슬라이드를 넘기는 사람이 완벽한 호흡을 맞추지 않는 이상, 발표자는 슬라이드를 넘기는 사람에게 '다음 슬라이드'라는 말을 지속적으로 반복해야 하기 때문이다.

'다음 슬라이드'라는 말 자체는 프리젠테이션에서 전혀 필요한 말이 아니며, 청중이 들을 필요도 없는 말이다. 슬라이드를 넘길 때마다 계속 등장하는 '다음'이라는 말은 부드러운 스토리텔링을 망치는 결과를 가져오며 알게 모르게 시간도 잡아먹는다. 슬라이드를 넘겨주는 사람과 호흡이 잘 맞지 않는다면 몇 장의 슬라이드가 넘어가 버리거나 슬라이드가 넘어가지 않고 그대로인 경우도 생길 것이며, 이는 발표자를 당황시켜 매끄러운 프리젠테이션을 방해할 것이다. 따라서 슬라이드를 넘겨줄 사람과 호흡을 맞추는 연습을 하기보다는 그냥 혼자서 슬라이드를 넘기는 게 더 편할 것이다.

이렇게 편리한 프리젠테이션 리모컨의 경우도 조작법을 정확히 숙지하고 가야 실제 프리젠테이션 현장에서 실수를 범하지 않는다. 따라서 자신이 구매한 프리젠테이션 리모컨에 어떤 기능이 있는지, 각 버튼이 어떤 기능을 하는지 명확하게 이해한 이후에 무대에 오를 수 있도록 충분히 리모컨 사용법을 익혀두자.

또한 자신의 컴퓨터를 프리젠테이션 현장에서 이용할 수 없는 상황이라면 현장에 가기 전에 다른 컴퓨터에서도 리모컨이 정상 작동하는지 반드시 시험해보자. 현장에서 리모컨이 작동하지 않아 당황하는 일은 없어야 하기 때문이다.

추가적으로 휴대용 리모컨을 구입하기에 여건이 마땅치 않거나, 구입했음에도 불구하고 발표 장소에 가져가지 못한 경우가 있다. 이럴 경우에도 간단한 해법이 있다. 함께 발표를 하는 팀원이나 지인에게 '무선 마우스'를 빌리는 것이다. 요즘은 무선 마우스가 보편화돼 프리젠테이션 환경에서 리모컨과 같은 기능을 하는 데 아무런 문제가 없다. 물론 이 경우에도 프리젠테이션환경에서 무선 마우스가 올바르게 작동하는지 반드시 테스트 해봄으로써, 발표를 진행하면서 오작동할 가능성을 최소화하자.

ⓒ 검색 키워드: **리모컨**

발표 대본

누구나 손에 발표 대본을 들고 프리젠테이션을 진행해본 경험이 한 번쯤은 있을 것이다. 프리젠테이션을 처음 접하던 시기의 나 역시, 발표 대본을 작게 만들어서 손에 쥐고 프리젠테이션을 진행하곤 했었다. 하지만 이제는 그 어떤 경우에도 발표 대본을 손에 들고 강연을 진행하거나 프리젠테이션을 진행하는 법이 없다.

하지만 여전히 발표 대본을 사용하는 것이 더 좋다고 생각하는 사람에게 그 이유를 물어보면 '내가 하려는 이야기를 빠짐없이 전달하기 위해'라든지, '내가 내용을 잊어버렸을 때 곧바로 참고하기 위해'라는 말을 많이 듣게 된다.

그러나 실제로 발표 대본을 만들어서 발표 장소에 들고 올라갔을 때 자신이 생각한 만큼 유용했던 경험이 있냐고 물어보면 대부분 고개를 가로젓는다. 왜 그럴까?

그 첫 번째 이유는 발표 대본을 큰 글씨로 작성하기가 어렵기 때문이다. 너무 많은 양의 종이를 들고 발표를 진행하기에는 부담스럽기 때문에 발표 대본은 보통 작은 글씨로 작성한다. 한참 발표를 진행하다 갑자기 말이 막혔을 때 발표 대본을 보게 되는데, 너무 작은 글씨로 작성된 발표 대본 중에서 지금 내가 찾으려는 내용이 어느 위치에 있는지 곧바로 찾기가 불가능에 가깝다. 분명 발표 대본 어딘가에는 내가 바라는 내용이 적혀 있을 테지만 청중은 그 부분을 찾고 있는 모습을 보며 무언가 잘못됐다고 생각할 것이고, 당황한 발표자는 제대로 된 프리젠테이션을 진행하지 못한 채 발표를 마치게 될 것이다.

만일 수시로 발표 대본을 보면서 발표를 진행하는 방법을 통해 발표 대본을 넘기는 진도와 프리젠테이션의 진도를 똑같게 맞춘다면 어떨까? 이것만으로도 불가능에 가깝지만 설령 그런 일이 가능하다고 하더라도 이 역시 좋은 방법이 아니다. 발표자가 수시로 발표 대본에 신경 쓰면 청중과 슬라이드에 배분해야 하는 시선이 자꾸 발표 대본 쪽으로 가기 때문이다.

뉴스를 진행하는 아나운서가 고개를 떨군 상태로 카메라를 보지 않고 계속 대본만을 읽는다면 여러분은 그 광경을 어떻게 생각할 것인가? 기본도 돼 있지 않은 아나운서라고 생각하는 사람이 많을 것이다. 이는 프리젠테이션을 진행하는 발표자에게도 그대로 적용된다. 발표 대본을 자꾸 쳐다보느라 청중과 시선을 마주치지 못한다면 청중에게 준비가 부족하다는 인상을 심어주게 되고 그 프리젠테이션은 그대로 끝인 것이다.

물론 이에 대해서 반론을 가진 이들도 있으리라 생각한다. 발표 대본이 있어야 프리젠테이션에서 해야 할 말을 모두 빠뜨리지 않을 것이라는 생각이 그 이유다. 그러나 프리젠테이션의 대가들의 발표에서 그들의 손에서 발표 대본을 쥔 경우를 발견하기란 매우 어렵다. 대본이 없더라도 발표를 완벽하게 진행할 수 있을 만큼 연습을 계속한 결과다. 즉 발표 대본이 있어야만 발표를 잘할 수 있다고 이야기하는 것은 스스로 연습량이 부족하다고 고백하는 것이나 다름없다.

발표 대본이 오히려 발표의 흐름을 방해하는 요소라는 사실을 이제는 어느 정도 공감하는 분들이 있으리라 생각한다. 그러나 여전히 많은 사람이 발표 대본 없이 청중 앞에 서는 일에 부담을 느끼고 있을 것이다. 발표 장소에서 당황하는 바람에 중요한 말임에도 잊어버리고 그냥 지나칠 경우를 걱정하는 것이다. 하지만 이것은 두 가지 이유에서 걱정할 필요가 없다.

첫째로 청중은 내 프리젠테이션의 심판이 아니기 때문이다. 청중은 어떤 경우에도 발표자가 제작한 프리젠테이션에 대해 발표자보다 더 자세히 알 수가 없다. 즉 내가 해당 슬라이드에서 해야 하는 설명을 빠뜨렸다고 해서 "이 슬라이드에서는 이 이야기를 꼭 해야 하는데 발표자는 왜 말을 안 했지?"라는 식의 반응을 보일 수 없다는 뜻이다.

혹시 정말 중요한 이야기를 빠뜨린 경우에는 해당 목차가 끝난 상태, 또는 프리젠테이션이 끝난 이후에라도 "아까 말씀드렸던 ○○ 부분에 대해 부연설명을 하겠습니다."라고 자연스럽게 말한 뒤 해당 슬라이드로 돌아가 다시 설명하면 그만이다. 그런 행동을 한다고 해서 비난 하거나 야유를 보내는 청중은 절대로 없다.

두 번째 이유는 좀 더 실질적이다. 우리에게는 청중 몰래 보지 않더라도 당당히 볼 수 있는 커다란 스크립트가 있다. 바로 여러분이 준비한 슬라이드가 여러분에게 훌륭한 스크립트 역할을 한다. 슬라이드는 청중에게 보여주기 위한 것이기도 한 동시에, 발표자가 발표 내용을 지속적으로 참고하는 데 필요한 도구이기도 하다.

뉴스 아나운서가 방송을 진행하면서 한 번도 고개를 떨구지 않고 계속 말하는 모습을 보며 신기하다고 생각해본 적은 없는가? 아나운서는 일반인의 몇 배에 달하는 기억력을 가진 사람만 할 수 있는 특별한 직업일까? 그렇지 않다. 아나운서 역시 빈틈없는 뉴스 진행을 위해 많은 노력을 하지만 도구의 도움도 받기 때문에 고개를 떨구지 않는 상태로 계속적으로 멘트를 이어갈 수 있는 것이다.

▲ 오바마의 화려한 연설 뒤에는 자막기라는 든든한 지원군이 있었다. (출처: abc.net.au(왼쪽 위)/sacbee.com(왼쪽 아래)/cnn.com(오른쪽))

미국 전 대통령 버락 오바마^{Barack Obama}는 대통령에 당선되기 이전, 매우 뛰어난 연설로 세계의 주목을 받곤 했다. 그가 대통령에 당선된 뒤, 쏟아져 나온 오바마 관련 발표 서적들 이를 증명하곤 한다. 실제로 그의 연설 장면을 동영상 사이트에서 쉽게 찾아볼 수 있는데, 그가 연설을 하면서 고개를 떨구는 장면을 거의 볼 수 없다. 그렇다면 오바마는 암기의 달인이었기 때문에 한 번도 고개를 떨구지 않고 연설을 이어나갈 수 있었던 걸까? 그렇지 않다. 바로 이 사진에 오바마 연설의 비법이 담겨 있다.

오바마 옆에 서 있는 두 대의 기기를 발견할 수 있을 텐데, 이것이 오바마가 완벽한 연설을 할 수 있었던 비결인 자막기^{teleprompter}다. 오바마는 연설할 때 언제나 두 대의 자막기를 설치함으로써 매끄럽고 자연스러운 연설을 진행할 수 있었다. 이 방법은 이제 전 세계적으로 대중화돼, 각국 주요 정상이 연설할 경우에 많이 사용되는 방법으로 완전히 자리잡았다. 우리나라의 19대 문재인 대통령이 취임 선서를 할 때에도 이 자막기가 설치돼 있음을 확인할 수 있다.

▲ 자막기는 연설에서 널리 활용되는 도구가 됐다. (사진 출처: Wikipedia.org)

마찬가지로 뉴스를 진행하는 아나운서가 고개를 떨구지 않고 지속적으로 말을 이어나갈 수 있는 이유 역시 이 자막기 또는 대형 화면을 자막기로 활용하기 때문이다. 우리가 프리젠테이션을 하면서 자막기를 사용하진 않지만, 자막기 대신 슬라이드를 자막기로 활용한다면 막힘 없는 매끄러운 프리젠테이션이 가능하다.

게다가 여러분이 연습만 충실히 한다면, 청중은 발표자가 슬라이드를 살펴보고 있다는 사실조차도 알아챌 수 없다. 프리젠테이션 관련 강연을 할 때 "슬라이드를 한 번도 보지 않는 것 같은데 어떻게 막힘 없이 프리젠테이션을 한 시간 이상 진행할 수 있는가?"라는 찬사에 가까운 질문을 받아본 경험이 있다. 기본적으로 연습이 뒷받침돼야

겠지만, 원리를 이해한다면 누구나 가능한 기술이다.

슬라이드는 보통 발표자 본인이 직접 만들거나, 실제 무대에 서기 전에 수차례 연습을 하기 마련이므로 실제 프리젠테이션을 진행하면서 청중이 슬라이드를 보는 시간보다 발표자가 슬라이드를 보는 시간은 짧을 수밖에 없다. 청중에게는 생소한 슬라이드를 발표자 당사자는 여러 번 봐왔기 때문에 해당 슬라이드에서 내가 어떤 이야기를 할지를 그 장소에 있는 누구보다도 빠르게 알아챌 수 있다.

즉 발표자가 슬라이드를 넘기면 청중은 자연스럽게 바뀐 새 슬라이드로 시선이 이동한다. 청중의 시선이 슬라이드로 쏠려 있을 때 발표자도 함께 슬라이드를 볼 수 있는 틈이 생긴다. 이때 이 슬라이드에서는 어떤 내용을 이야기해야 한다는 것을 재빠르게 인식한 다음, 자연스럽게 다시 청중을 봐가면서 프리젠테이션을 진행하는 것이다.

청중의 시선이 슬라이드에서 다시 발표자로 돌아왔을 때 이미 여러분은 청중을 마주하고 있을 것이다. 따라서 청중은 슬라이드를 바라보는 발표자의 모습을 아예 볼 수 없는 것이다.

한 번 슬쩍 봤을 때 슬라이드를 모두 외우지 못했거나, 내가 이 슬라이드에서 무슨 말을 해야 하는지 바로 알아채지 못했다고 하더라도 걱정할 이유가 없다. 제대로 보지 못한 부분에 대해 설명을 하는 행동을 취하면서 슬라이드를 손으로 가리킨다. 자연스레 청중은 발표자의 손끝이 가리키는 슬라이드 부분을 주목하고, 발표자가 이 동안에 슬라이드를 보는지 청중을 보는지는 눈에 들어오지 않는다. 마찬가지로 자연스러운 프리젠테이션이 가능해지는 것이다.

이런 식으로 프리젠테이션을 진행한다면, 여러분은 청중에게 "어떻게 보지도 않고 매끄럽게 이야기를 잘 하나요?"라는 감탄사를 들으며 속으로 뿌듯해하는 경험을 할 수 있을 것이다.

단 슬라이드의 키워드와 내용을 잠깐 보고도 해당 슬라이드에서 무슨 말을 할지를 알아채도록 연습하는 일은 발표자의 몫이다. 아무리 훌륭한 도구가 주어진다 하더라도 그 도구를 훌륭하게 다루려면 도구를 사용하는 사람의 끊임없는 노력이 따라야 함을 잊지 않도록 하자.

마이크

마이크는 목소리가 작은 사람이나 청중이 많을 경우에 유용한 물건이다. 따라서 마이크 사용 자체가 무조건 나쁘다고는 할 수 없다. 목소리가 작은데 억지로 마이크를 사용하지 않는 것 역시 청중 주목도를 떨어뜨릴 수 있기 때문이다.

그러나 처음부터 "나는 목소리가 작으니 마이크를 써야겠다."라고 생각하기 이전에 육성만으로 프리젠테이션을 실시할 수 있는지에 대해 스스로를 시험해보자. 마이크를 사용할 때보다는 마이크를 사용하지 않고 육성으로 진행하는 프리젠테이션이 청중에게 더욱 자신감 있는 모습으로 비춰지기 때문이다.

또한 프리젠테이션을 진행하다 보면 마이크가 말썽을 일으켜서 프리젠테이션 시간을 허비하는 안타까운 상황도 종종 생긴다. 이는 육성으로 프리젠테이션을 진행했다면 일어나지 않았을 일이다. 프리젠테이션을 진행할 때 발표자가 당황하거나 예상하지 못할 상황은 모두 배제하는 것이 가장 좋다.

여러분이 육성만으로 프리젠테이션을 끝까지 마칠 수 있는지 알아보기 위해 가장 먼저 해야 할 일은 여러 차례의 연습을 통해 스스로가 어느 정도의 목소리 크기와 톤을 프리젠테이션 끝까지 유지할 수 있는지 정확히 파악하는 일이다.

일반적으로 발표는 평상시에 말하는 톤보다 한두 톤 더 높은 목소리로 진행되기 때문에 이를 토대로 연습해보고, 발표 시간 내내 이를 지속할 수 있는지 여러 번의 연습을 거쳐서 체득해야 한다. 악을 쓰는 듯한 목소리가 나거나 도저히 프리젠테이션 시간 내내 해당 톤과 목소리 크기를 유지할 수 없다면 마이크를 사용하고, 그렇지 않다면 육성으로 진행하기를 권장한다.

그럼 마이크를 사용한다고 가정하고 어떤 마이크를 사용하는 것이 올바른지 알아보자.

먼저 마이크의 위치가 고정돼 마이크를 들고 움직일 수 없는 형태라면 사용하지 않는 편이 낫다. 발표자는 프리젠테이션을 진행하면서 움직임을 구속받아서는 안 되며, 이것은 발표자의 자유도를 심각하게 침해하는 일이기 때문이다.

이동이 가능한 유선 마이크라도 되도록이면 피하는 편이 좋다. 유선 마이크는 선이 발표자의 동선보다 짧아서 발표자의 동선을 제한할 수 있기 때문이다. 또는 선이 지나치게 길 경우 선끼리 꼬일 수 있기 때문에 바람직하지 못하다. 최악의 경우엔 선이 꼬여 마이크에서 선이 뽑혀 버리는 경우도 발생한다.

무선 마이크는 유선 마이크보다는 상대적으로 상황이 나은 편이다. 그러나 무선 마이크라 하더라도 손에 들고 있어야 하기 때문에 발표자의 자유도를 떨어뜨리는 결과를 낳는다. 동선을 방해하지 않는다는 점만 다를 뿐이다. 발표자의 손에는 늘 프리젠테이션 리모컨이 들려 있다는 사실을 잊어서는 안 된다. 한 손에는 리모컨을, 한 손에는 마이크를 들고 프리젠테이션을 진행하다 보면 화면을 손으로 가리키는 일도 어렵고 폭넓은 제스처를 하는 데도 제약이 따를 수 밖에 없다.

따라서 마이크를 사용해야 할 때 가장 추천하고 싶은 종류는 '핀 마이크'다. 방송인들이 자주 사용하는 핀 마이크는 옷에 마이크를 부착해 사용하기 때문에 손에 들고 있을 필요가 없고, 발표자의 자유도를 떨어뜨리지 않는 유일한 형식의 마이크이기 때문이다. 다만 일반적인 시설에서는 핀 마이크를 구비해놓고 있지 않다는 사실이 단점으로 꼽힌다.

따라서 육성으로 프리젠테이션을 연습해봤지만, 마이크를 사용하는 편이 더 낫다고 판단될 경우 유선 마이크보다는 무선 마이크를, 손에 들어야 하는 마이크보다는 핀 마이크 사용을 권장한다. 이 부분에 대해서는 내가 프리젠테이션을 할 장소에 마이크가 설치돼 있는지, 그 종류는 무엇인지 미리 알아두자.

프리젠테이션을 진행할 장소에서 해당 시설에 핀 마이크가 존재하는지, 사용 가능한지 여부를 미리 알아보는 것도 좋은 준비 자세다.

코로나 팬데믹 이후로 온라인 발표가 더욱 많아지면서 팬데믹이 회복된 요즘도 온/오프라인 병행 발표가 많아졌다. 이 경우는 마이크 송출을 해야 온라인으로 발표를 듣는 사람들이 소리를 들을 수 있어 부득이하게 마이크를 사용해야 하는 경우가 있다. 하지만 이 경우에도 손이 너무 작아서 어려운 상황이 아니라면 마이크와 프리젠테이션 리모컨은 한 손으로 들어 나머지 한 손은 자유롭게 하거나, 마이크와 프리젠테이션 리모컨을 다른 손으로 잡되 프리젠테이션 리모컨을 든 손으로 화면을 가리키는 제스처를 담당하도록 하자.

레이저 포인터

프리젠테이션을 진행하면서 레이저 포인터를 사용하는 장면은 누구나 한 번쯤은 봤을 것이다. 판매되는 프리젠테이션 리모컨에는 일반적으로 레이저 포인터 기능이 같이 있는 경우가 많다. 하지만 프리젠테이션 리모컨 자체는 필요하더라도, 레이저 포인터 사용은 자제하는 편이 좋다. 많은 이의 예상과는 달리, 레이저 포인터를 통해서 특정 부분을 가리키는 행위는 오히려 프리젠테이션의 질을 떨어뜨릴 수 있기 때문이다.

우리가 레이저 포인터를 쓰는 손 자체가 완벽하게 고정돼 있을 수 없는 이상, 청중은 지속적으로 흔들리는 레이저 불빛을 보게 되는데, 이는 청중의 집중에 결코 긍정적인 역할을 하지 못한다. 사람이기 때문에 우리가 가리키려는 곳에 정확히 레이저 포인트를 맞출 수 없다는 사실도 청중의 집중도 저하에 한몫을 한다.

그보다 더 중요한 사실은 레이저 포인터의 사용이 슬라이드의 가독성을 떨어뜨린다는 사실이다. 발표자가 슬라이드와 멀리 떨어져서 레이저 포인터를 사용한다면 청중은 지금 발표자가 슬라이드의 어느 부분을 말하는지를 정확히 파악하지 못할 가능성이 크다. 보통 레이저 포인터는 사진과 같은 환경에서 사용되곤 한다.

◎ 검색 키워드: Presentation

▲ 발표자가 화면에서 멀리 떨어져 발표를 진행하고 있다. 발표자와 화면 사이에 넓은 간극이 생기기 때문에 청중이 집중하지 않으면 발표자가 슬라이드의 어떤 부분을 이야기하는지 놓칠 가능성이 매우 커진다.

레이저 포인터의 경우 사람의 팔 길이보다 멀리서도 사용이 가능하기 때문에 상대적으로 먼 거리에서 레이저 포인터를 사용하게 되는데, 이때 레이저 포인트가 스크린에 비친 점으로만 나타나므로 말을 하는 사람과 실제 레이저 포인터 사이에 공간적 괴리가 발생한다. 이 경우 소리는 발표자의 입에서 나오고, 봐야 하는 슬라이드는 다른 곳을 짚고 있으므로 시야 내에 들어오지 않는 두 곳을 동시에 봐야만 하는 상황이 벌어진다.

게다가 최근에는 TV가 대형화되는 추세여서 과거와 달리 프로젝터 스크린을 놓고 발표하는 경우도 있지만, 대형 TV에 슬라이드를 띄워놓고 발표하는 경우도 상당히 많아졌다. TV의 경우 유리가 화면 앞에 내장돼 있어 경우에 따라서는 레이저 포인터 불빛이 반사돼 청중 중 누군가를 불편하게 할 상황도 생길 수 있고, 레이저 포인터가 화면에 잘 보이지 않는 경우도 발생한다.

그렇다면 슬라이드의 특정 부분을 가리키기 위해 무엇을 사용해야 하는가? 두 말할 필요도 없이 여러분의 손을 직접 사용하면 된다. 이는 청중의 집중에도 긍정적인 영향을 미친다. 사람의 팔은 발표자로부터 출발하기 때문에 소리가 시작되는 곳에서부터 팔을 따라가면 슬라이드의 어디를 짚고 있는지 정확하게 알 수 있다. 발표자가 어느 곳을 짚고 있는지에 청중에게 좀 더 명확하게 일러줌으로써, 집중력을 떨어뜨리지 않은 상태에서 프리젠테이션을 진행할 수 있다.

그러나 손을 사용해 슬라이드의 특정 부분을 가리키기 어려운 경우도 생길 수 있다. 프리젠테이션을 해야 하는 장소의 스크린이 너무 크거나, 바닥으로부터 높이 올라가 있을 때는 손을 사용해 특정 위치를 가리켰을 경우, 오히려 더 불분명한 위치를 가리키게 될 때도 있다.

이런 경우에는 다시 슬라이드 디자인으로 돌아가서, 강조하려는 부분, 또는 가리키고자 하는 부분에 미리 박스 표시를 해두고 애니메이션 효과를 통해 강조하는 방법만으로도 현재 어느 곳을 이야기하는지에 대해 청중에게 정확하게 보여줄 수 있다. 또한 슬라이드에 직접 표시를 해줄 경우 레이저 포인터의 지속적인 떨림이나 흔들림을 사전에 예방할 수 있어 청중의 집중력을 흐트러뜨리지 않고 원하는 목적을 달성할 수 있다. 이런 준비를 사전에 하지 못했을 경우에만 레이저 포인터를 사용하자. 많은 발표 환경에서 무선 리모컨을 준비하지 않아 스스로 슬라이드를 넘겨야 하기 때문에 스크린과 멀찌감치 떨어져서 설명하고, 필요한 경우에는 레이저 포인터를 활용해서 화면의 특정 부분을 가리키는 경우가 많은데, 이는 반드시 지양해야 할 행동이다. 스크린 앞으로 나가서 직접 화면을 가리키며 설명하고, 페이지는 무선 리모컨으로 넘기면 아주 간단히 해결될 일이지만, 상당히 많은 사람이 이런 실수를 범하고 있다. 이런 일은 절대로 없도록 하자.

버리는 것도 준비의 일부분

준비는 '필요한 것을 챙기는 행위'로 인식하는 사람이 많다. 하지만 '프리젠테이션을 위한 준비' 관련 이야기를 하면서 우리는 필요 없는 것을 버리는 일도 또 다른 의미의 준비라는 사실을 알게 됐다. 꼭 필요하다고 생각해온 것들이 실제로는 더 매끄러운 프리젠테이션을 방해하는 요소로 작용할 수도 있다.

이 책에서 언급되지 않은 물건 중 여러분이 프리젠테이션을 진행할 때 꼭 필요하다고 느꼈던 것에 대해 다시 한번 되돌아보자. 그리고 그것이 반드시 필요한지 여부는 여러분의 자유도를 그 물건이 높여주는지 아닌지를 고민해봄으로써 간단히 판단할 수 있음을 상기하자.

『어린왕자』를 집필한 프랑스의 소설가 앙투안 드 생텍쥐페리는 "완벽하다는 것은 더 이상 더할 것이 없을 때가 아니라 더 이상 뺄 것이 없을 때"라고 말했다. 이 말은 프리젠테이션 준비에도 그대로 적용됨을 기억하자.

Chapter 7 Perfect Point

1. 프리젠테이션의 3요소는 발표자, 슬라이드, 청중이다. 그중에서도 **발표자가 중심이 되는 프리젠테이션**이 돼야 한다.

2. 프리젠테이션의 성패는 **발표자의 자유도**를 높이는 데서 판가름난다. 발표자는 프리젠테이션 외의 그 어떤 상황에도 신경 쓰지 않고 프리젠테이션에만 집중할 수 있는 환경에서 발표를 진행해야 한다.

3. 옷차림은 청중이 발표자의 첫 인상을 결정짓는 가장 중요한 단서다. **형식을 갖춘 정장**은 대부분의 경우에 무난하지만, **주제에 따른 맞춤 의상 선택**을 통해 경쟁자와의 차별화를 꾀할 수도 있다. 다만 이 경우에도 언제나 **발표자의 자유도**가 **최우선으로 고려**돼야 함을 잊지 말자.

4. 컴퓨터는 프리젠테이션 슬라이드를 보여주기 위해 없어서는 안될 도구다. **슬라이드를 제작한 컴퓨터를 그대로 사용할 수 있는 경우와 그렇지 않은 경우를 구분해 준비**해야 한다.

5. 온라인에서 활용되는 슬라이드 소프트웨어를 활용했다면 현장의 인터넷 접속 환경을 사전 점검하자.

6. **프리젠테이션 리모컨**은 반드시 필요한 도구다. 미리 사용법을 익혀두고, 슬라이드를 투사할 컴퓨터에서 **제대로 작동하는지 확인**하자. 만일 리모컨을 준비하지 못했다면 **무선 마우스**도 대안이 될 수 있다.

7. 발표 대본은 원활한 프리젠테이션의 진행을 방해한다. **슬라이드를 발표 대본처럼 활용**하면 청중에게 좋은 반응을 얻을 수 있다.

8. 마이크는 **육성으로 프리젠테이션을 진행할 수 없을 때만** 사용한다. 가능하다면 핀 마이크를 활용해 발표자의 자유도를 유지하자.

9. 레이저 포인터는 산만한 움직임으로 청중의 몰입을 방해한다. **손을 사용해 슬라이드를 가리키거나 슬라이드에 직접 표시를 해주는 방법** 등을 통해 청중 주목도를 높게 유지하자.

08

프리젠테이션 연습

1만 시간의 법칙에 대해 들어본 적이 있는가? 어떤 일에 전문가가 되기 위해 투자해야 하는 시간을 의미하는 법칙이다. 한 번도 접해보지 않은 것을 곧바로 잘할 수 있는 사람은 세상에 존재하지 않는다. 습득 속도에는 차이가 있을지언정, 연습을 하지 않고 무언가를 잘하기란 누구에게나 불가능하다.

프리젠테이션 역시 마찬가지다. 부단한 연습과 고민이 좀 더 뛰어난 프리젠테이션, 좀 더 뛰어난 발표자를 만들어낸다. 끊임없이 훈련하고 연습하자. 그래서 "프리젠테이션을 잘한다." 또는 "수준급의 프리젠테이션이다."라는 평가를 받는 수준을 넘어서서 프리젠테이션 자체에 여러분이 녹아있는 듯한 인상을 줄 때까지 연습해보자.

단 무턱대고 열심히 연습하기보다 정말 열심히 연습해야 하는 부분을 정확하게 안다면 좀 더 연습이 쉽고 목적이 뚜렷해질 것이다. 효과적이고 훌륭한 프리젠테이션 연습법을 지금부터 알아보자.

🎯 검색 키워드: 기타

아이 콘택트

프리젠테이션에 관심 있는 사람치고 '아이 콘택트eye contact'의 중요성을 모르는 사람은 없을 것이다. 아이 콘택트야말로 프리젠테이션에서 실제로 발표자가 청중을 '지켜봄으로써' 지속적으로 자리에 앉아 있는 사람을 긴장시키고, 그로 하여금 더욱 프리젠테이션에 주목할 수 있게 할 수 있는 가장 강력한 방법이기 때문이다.

하지만 이는 아이 콘택트를 잘했을 때나 기대할 수 있는 효과다. 실제로 많은 발표자에게 아이 콘택트는 공포의 대상이다. 무대에 올라갔을 때 자신에게 쏟아지는 시선을 감당하지 못하고 무대 공포증을 호소하는 사람이 많다. 아이 콘택트가 어려운데 무슨 방법 없냐는 말 역시, 강연장에서 빠지지 않는 단골 질문 손님이기도 하다.

더 심각한 문제점은 아이 콘택트에 대해 어려움을 토로하는 사람이 많은데도 불구하고 마땅한 해결책을 찾지 못하고 있다는 사실이다. 그 중요한 아이 콘택트를 어떤 방식으로 연습해야 하는지에 대해 제대로 알려진 방법 역시 없다. 학원 수강 등을 통한 방법으로 어느 정도 해결할 수는 있겠지만, 이는 장시간 연습해야 할 뿐만 아니라 항상 나와 눈을 맞춰줄 상대방이 곁에 있어야 한다는 제약이 있기 때문에 간단한 방법은 아니다.

◎ 검색 키워드: eye contact

이처럼 연습 자체를 시도하는 일조차 어려운 노릇이다 보니, 아이 콘택트에 많은 사람이 어려움을 토로하는 것이다. 그러나 아이 콘택트는 연습을 하지 않으면 안될 만큼 필수적이고 중요한 항목이다. 어떻게 아이 콘택트를 연습해야 효과적인지에 대해 지금부터 함께 알아보자.

1인 아이 콘택트 연습: 거울 연습법

앞서 짧게 언급했지만, 아이 콘택트를 연습하는 데 있어 사람들이 가장 많이 느끼는 어려움은 "연습해 줄 상대가 없다."는 것이다. 내 눈을 바라봐줄 사람이 없는데 혼자서 아이 콘택트를 연습하기란 불가능해보인다.

그러나 혼자서도 장소에 구애받지 않고 아주 간단히 이를 해결할 수 있는 방법이 있다. 다른 사람을 길게 잡아둘 필요도 없고 그저 여러분과 거울만 있으면 된다. 거울을 마주한 상태에서 내가 준비한 프리젠테이션을 연습하는 것이다. 이것을 '거울 연습법'이라고 부른다.

많은 사람이 아이 콘택트에 어려움을 느끼는 이유 중 하나가 한 사람의 눈을 지속적으로 마주하기가 어렵기 때문인데, 거울 연습법을 통해, 초보자 때 느끼는 아이 콘택트에 대한 막연한 두려움을 없앨 수 있다.

방법은 간단하다. 거울에 비친 '내 눈'을 오랜 시간 동안 똑바로 응시하면서 프리젠테이션을 연습하면 된다. 손에 스톱 워치를 들고 내가 프리젠테이션을 진행하면서 거울에 비친 내 눈을 연속적으로 응시하는 시간을 재보자. 아마 평소에 아이 콘택트를 어렵게 생각해왔던 사람이라면, 그 시간이 자신의 생각보다 매우 짧다는 사실에 놀랄 것이다. 이 시간을 점차 늘려 나가는 방식으로 연습을 진행한다. 연습이 진행될수록 아이 콘택트에 대한 두려움을 차츰 덜어낼 수 있을 것이다.

어느 정도 연습이 됐다고 생각한다면 처음부터 프리젠테이션 내용을 모두 마칠 때까지 거울에 있는 자신의 눈을 보며 단 한 번도 시선을 돌리지 않고 연습해본다. 도중 슬라이드를 보는 시간은 제외해도 좋다. 이 단계까지 완전히 성공했다면 여러분은 다른 사람의 눈을 볼 때도 이제 전과 같이 크게 겁이 나지는 않을 것이다.

전체 프리젠테이션에 대해 본인의 눈을 똑바로 쳐다보며 말하는 데 익숙해졌다면 이제는 실제 프리젠테이션을 진행하듯이 간단한 제스처나 움직임을 섞어가면서 연습해보자. 차차 아이 콘택트에 대한 막연한 두려움이 사라져가는 자신을 발견할 수 있을 것이다.

거울 연습법을 통해 어느 정도 아이 콘택트에 대해 두려움이 사라졌다면, 이제는 일상적인 생활에서 아이 콘택트를 연습해보자. 하루를 지내면서 사람들과 가장 많이 눈을 마주칠 수 있는 시간은 언제일까? 이는 단연코 식사 시간일 것이다. 누구나 식사는 하기 마련이고 대개 여러 사람과 함께 식사를 하기 때문에, 이때가 아이 콘택트를 연습할 수 있는 절호의 찬스다. 식사를 하는 사람들은 보통 나와 가까운 사람일 확률이 높기 때문에 부담도 크지 않다

⚲ 검색 키워드: 거울

◀ 거울을 활용한 아이 콘택트 연습은 아이 콘택트에 대한 두려움을 없애줄 것이다.

사람들의 눈을 마주칠 수 있는 시간이라면 언제든 아이 콘택트를 위한 연습 장소가 될 수 있다는 사실을 마음에 염두에 두고, 두려움이 사라질 때까지 아이 콘택트를 연습해보자.

아이 콘택트의 시간

사람과 눈이 마주치면 금세 피하는 사람이 있는가 하면 이야기하는 도중 상대방의 눈을 뚫어져라 쳐다보는 사람이 있다. 사람마다 편차가 있기 때문에 적절한 아이 콘택트 시간은 무수한 연습에 의해 체득해야 하지만, 일반적인 경우 다른 사람의 눈을 계속 쳐다봤을 때 상대방이 먼저 눈을 떼는 평균 시간이 있다. 그 시간을 기억해두자.

실제로 다른 사람과 이야기를 하면서 아이 콘택트를 시도했을 때 생각보다 훨씬 짧은 시간 동안 눈을 마주친 뒤에 고개를 돌린다는 사실에 놀라게 될 것이다.

우리가 아이 콘택트를 한 이후 눈을 돌리기까지 걸리는 시간은 보통 1~3초 정도다. 따라서 여러분은 3초만 연속해서 다른 사람을 바라볼 수 있으면 된다. 그러면 아이 콘택트를 잘 하는 사람이 될 수 있다는 뜻이다.

처음에는 어렵더라도 '3초만' 버틴다는 생각으로 상대의 눈을 응시하면서 이야기를 진행해보자. 3초 정도가 지나면 거의 대부분 사람이 시선을 돌리는 경우를 경험할 것이다. 이런 과정이 반복되면 "나만 아이 콘택트를 무서워 하는 게 아니라 상대도 아이 콘택트에 두려움을 갖고 있구나."라는 사실을 알게 되면서 자신감도 함께 키울 수 있다.

상대방이 먼저 눈을 피할 때까지 그 사람을 응시할 수 있다면 청중은 "발표자가 나를 주목하고 있다."는 인상을 지우기 어렵다. 프리젠테이션은 일대 다수의 환경에서 진행되기 때문에 대부분의 청중은 긴장감이 없는 상태에서 프리젠테이션을 듣는다. 그 상태에서 발표자가 적극적으로 아이 콘택트를 시도하게 되면 청중도 점차 발표자가 자신을 바라보고 있다고 느끼게 되고 발표자의 이야기에 집중할 수밖에 없다. 청중도 긴장하게 되는 것이다.

단 3초만 상대방의 눈을 바라보면 그 청중은 여러분을 주목할 것이다. 명심하자.

인원수에 따른 시선 분배 방법

청중 모두에게 고른 시선을 분배함으로써 내 이야기에 집중하는 사람의 비율을 늘리는 것이 아이 콘택트의 가장 큰 목적이다. 청중의 규모가 소수일 때는 배석해 있는 한 사람 한 사람에게 직접 아이 콘택트를 시도함으로써 프리젠테이션의 주도권을 쥘 수 있다.

하지만 청중이 100여 명을 넘어가는 대규모 프리젠테이션의 경우, 모든 사람의 눈을 일일이 바라본다는 건 매우 어려운 일이다. 만일 청중의 수가 소수인 경우와 같은 방법을 사용한다면 아이 콘택트에 신경을 쓰다 프리젠테이션 내용을 잊어버리는 주객전도의 상황을 맞이할 수 있기 때문이다.

자신의 프리젠테이션을 들을 인원수가 어느 정도 규모일지는 사전에 파악이 가능하다. 완전히 정확한 숫자까지 알 필요는 없다. 하지만 청중의 수가 10명 내외일지 100명이 넘어가는 대규모일지 정도는 반드시 파악해둬야 한다. 이에 따라 아이 콘택트 방법 자체가 완전히 달라지기 때문이다.

먼저 청중의 수가 소수일 경우에는 한 명, 한 명과 눈을 직접 맞춰가면서 프리젠테이션을 진행한다. 모든 청중이 집중하게 해 전체적인 청중 주목도를 끌어올려야 한다. 청중이 적은 상황에서는 한 사람만 내 프리젠테이션에 주목하지 않는다 하더라도 전체적인 주목도가 크게 떨어지는 것이므로, 모든 청중의 집중이 매우 중요하다.

하지만 청중이 너무 많다면 이런 방법을 사용할 수 없다. 아이 콘택트에 과도한 신경 쓰다 프리젠테이션 내용을 잊어버리고 당황하는 일이 벌어질 수 있기 때문이다. 절대로 이런 일이 일어나서는 안 된다. 따라서 다수의 청중이 배석한 경우에 사용하는 방법이 바로 무대 인사법이다.

연말 시상식을 보면 영화배우나 수상자가 나와서 인사하는 장면을 보게 된다. 그들이 서는 무대가 워낙 넓기 때문에 대개는 세 번에 걸쳐 인사를 한다. 정면, 왼쪽 측면, 오른쪽 측면. 이것을 프리젠테이션의 아이 콘택트 방법과 연계하는 것이 무대 인사법이다.

그림을 보며 더 자세히 알아보자. 다음과 같이 다수의 청중이 프리젠테이션을 보고 있을 경우 전체 청중을 세 구획으로 나누고, 각 구획을 골고루 돌아가면서 보는 것이다. 처음에는 붉은색으로 칠해진 부분에 있는 청중을 보며 아이 콘택트를 진행한다. 그 다음에는 푸른색 부분에 있는 청중을 보고, 그 다음에는 노란색 부분에 있는 청중을 보는 방식이다(물론 반드시 어느 부분을 먼저 봐야 한다는 순서는 없다. 다만 그 시간 비율을 같게 유지하면 된다).

▲ 반원형으로 구획을 나누는 경우가 가장 일반적이지만, 다른 방식으로 분할해 아이 콘택트를 해도 좋다. 중요한 건 모든 청중을 구획 안에 포함시키는 것이다.

어느 한쪽에만 치우치지 않는 자연스러운 아이 콘택트를 통해 청중은 발표자가 객석 전체에 신경을 쓰면서 프리젠테이션을 하고 있다는 느낌을 받을 수 있다. 언제 자신이 있는 곳을 바라볼 지 모른다는 부담감을 가진 청중은 지속적으로 발표자를 주목하게 된다.

즉 무대 인사법의 핵심은 청중이 배석한 곳의 구획을 나눠서 골고루 돌아본다는 것인데, 이를 응용하면 청중이 어떤 형태로 착석하고 있든(심지어 객석이 3층까지 있는 홀에서 프리젠테이션을 한다고 할지라도) 적절한 공간 분할을 통해 모두에게 "발표자가 나를 신경 쓰고 있다."는 느낌을 줄 수 있다. 그것만으로도 여러분의 아이 콘택트는 성공한 셈이다.

특별한 청중을 위한 시선 분배

방금 전, 아이 콘택트를 실시할 때 모든 사람이 골고루 시선을 받고 있다는 느낌을 주는 것이 좋은 방법이라고 설명했다. 대개는 이 말이 맞다. 그러나 이 말이 적용되지 않는 특별한 사람과 특별한 시기가 있다. 특별한 순간에는 특별한 사람에게 시선을 집중시키는 것도 뛰어난 아이 콘택트 기술 중 하나다.

이는 아이 콘택트를 잘 활용하면 상대방이 '어쩔 수 없이' 발표자의 이야기에 귀 기울일 수 밖에 없다는 사실을 이용 하는것이다(실제로 자신의 눈을 빤히 보며 이야기하는 사람의 시선을 외면하고 이야기를 듣지 않기란 상당히 어려운 일이다).

그렇다면 우리가 하는 프리젠테이션에서 특별한 청중은 누구인가? 여러분이 학교 발표를 위한 프리젠테이션을 하는 경우라면 해당 교실에서 가장 중요한 사람은 바로 여러분의 성적을 채점할 교수님일 것이고, 면접에서의 프리젠테이션이라면 면접관 중 가운데에 앉아 있는 직책이 높은 사람이 가장 중요할 가능성이 크며, 직장에서의 보고나 경쟁 PT라면 해당 발표에 대한 의사 결정권을 갖고 있는 최상급자가 가장 특별한 청중일 것이다.

즉 대개의 프리젠테이션에는 특별한 권한을 갖고 있는 한 명, 또는 소수의 핵심 인물이 존재하며, 우리는 그들에게 좀 더 강력하게 어필할 필요가 있다. 따라서 필요에 따라서는 핵심 인물에게 더욱더 많은 시선을 분배해야 한다.

그러나 그들이 중요한 인물이라고 해서 이들에게만 시선을 분배하고 청중에게 시선을 돌리지 않는 행위도 분명 지양해야 한다. 프리젠테이션에는 분위기라는 게 있고, 그 분위기를 지배하려면 전체 청중 역시 잘 챙겨야 하기 때문이다.

따라서 핵심 인물에게 시선을 고정시켜야 할 때가 언제인지 알아야 한다. 바로 결론을 말하는 부분이다. 앞서 기획 단계에서 설명했듯이 프리젠테이션은 결론 부분에서 지금까지 이야기했던 프리젠테이션 전체를 요약해서 말한다. 이때 핵심 인물에게 지속적인 아이 콘택트를 실시한다면 그는 발표자인 여러분의 이야기를 차마 외면할 수 없을 것이다.

앞으로 여러분이 프리젠테이션을 할 때는 결론 부분에서 핵심 인물의 눈을 뚫어져라 쳐다보면서 이야기를 하자. 자신을 끊임없이 바라보며 이야기하는 발표자 앞에서 핵심 인물은 아이 콘택트의 힘에 의해 여러분이 하는 말을 집중해 들을 수밖에 없을 것이며, 설령 핵심 인물이 여러분의 프리젠테이션 앞부분과 중간 부분을 주의 깊게 듣지 않았다고 하더라도 요약이 포함된 결론 부분에 강한 인상을 받을 것이다. 그 결과, 여러분의 프리젠테이션은 비슷한 내용을 발표하게 될 다른 프리젠테이션 경쟁자보다 훨씬 더 또렷한 내용으로 기억될 수 있다.

⊚ 검색 키워드: 군중

▲ 전체 청중 중에서도 의사 결정 권한을 가진 사람이 있다면 그에게 결론 부분의 아이 콘택트를 지속적으로 시도한다. 의사 결정 권한자는 여러분의 결론을 기억할 수밖에 없다.

제스처의 활용

제스처는 우리가 몸짓으로 표현할 수 있는 다양한 행동을 말한다. 손짓, 표정은 물론이거니와 여러분이 프리젠테이션을 하면서 취하는 포즈, 이동 동선 등이 여기에 포함된다.

이런 요소들을 효과적으로 조합해 활용한다면 좀 더 효과적으로 청중이 몰입하게 할수 있다. 지금까지 자신도 알지 못하는 사이 잘못하던 제스처에는 어떤 것이 있는지알아보고, 더 좋은 제스처는 무엇인지, 상황별 제스처의 활용법을 알아보자.

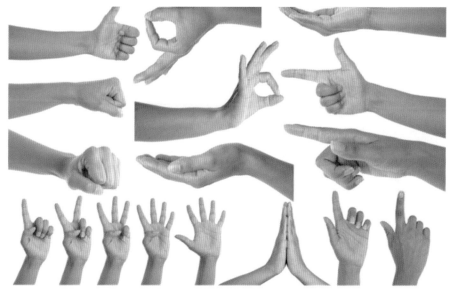

◎ 검색 키워드: 제스처

제스처의 기본 원칙

제스처의 기본 원칙은 당연하고 또 간단하다. 바로 "열린 자세로 움직인다."는 것이다. 이야기만 들으면 누구나 하고 있다고 생각하기 쉽지만 실상은 그렇지 않다. 정말 많은 사람이 소극적인 제스처를 한다. 아무리 좋은 내용을 준비했다고 하더라도 소극적인 제스처로 인해 그것을 다 표현하지 못하고 있다.

평소 인상적이라고 생각했던 프리젠테이션이 있는가? 아마 어떤 종류의 어떤 분야의 프리젠테이션인가를 막론하고 공통적인 특징이 있을 것이다. 바로 발표자가 자신감 있게 프리젠테이션을 진행한다는 점이다.

그들이 프리젠테이션을 하는 모습을 보면 긴장하고 있다는 느낌을 전혀 받을 수가 없다. 그러나 여러분의 생각과는 달리, 그들 역시 두근대는 상태로 무대에 오르고 긴장하면서 발표를 진행할 가능성이 크다.

강연을 전문적으로 하고 다녔던 시절의 나 역시 긴장하지 않은 상태에서 편안하게 프리젠테이션을 진행한 적은 한 번도 없었던 것 같다. 다만 특정 제스처를 의도적으로 사용함으로써 청중에게 자신 있어 보이는 모습을 효과적으로 연출했다고 하는 편이 더 옳은 표현이다.

더군더나 여러분의 프리젠테이션은 어떤가? 단순히 프리젠테이션 자체로 끝나는 게 아니라 그로 인해 학점이 결정되고, 시험에 합격하고 떨어지며 수십억 원의 돈이 왔다 갔다 하기도 하는데 긴장하지 않는다는 건 불가능에 가깝다. 하지만 우리는 그 두려움을 극복하고 청중에게 자신감이 없어 보이는 행동은 일절 배제해야 한다.

자신감 있는 자세를 알아 보기 전에, 발표할 때의 이동 동선과 관련해 지금껏 습관적으로 해왔던 잘못된 자세를 알아야 할 필요가 있다. 가장 먼저 고쳐야 할 점이 단상 뒤에 서서 하는 프리젠테이션 자세다.

생각보다 많은 사람이 단상 뒤에 서서 프리젠테이션을 진행하곤 한다. 이는 절대 피해야 하는 자세다. 단상 뒤에서 프리젠테이션을 진행하는 것은 방금 전에 언급했던 열린 자세를 유지하라는 이야기에 정면으로 배치되는 행동이기 때문이다.

발표자의 몸 중 절반이 넘는 부분을 가려놓으면 이 책 앞부분에서 언급했던 '발표자가 주인공이 돼야 한다는 원칙'에도 위배된다. 잠깐 동안 단상 뒤에서 기다릴 수는 있다. 그러나 이런 경우는 프리젠테이션이 진행되는 도중에 동영상 등의 시청각 자료를 청중에게 보여줄 때로만 한정해야 한다. 다음 사진을 보자.

⊘ 검색 키워드: speech

▲ 단상 뒤에만 서서 프리젠테이션을 하는 행위는 성우가 말하는 조잡한 영화를 청중에게 상영하는 것과 마찬가지다.

오른쪽 단상 뒤에 사람이 서서 발표를 진행하고 있다. 단상에서 사람이 움직이지 않고 계속적으로 이렇게 발표를 진행한다면 청중은 굳이 발표자를 바라볼 필요가 없게 된다. 슬라이드와 발표자의 거리가 떨어져 있기 때문이다. 따라서 청중이 슬라이드의 내용을 볼 때는 자연스레 발표자를 보지 않게 된다. 이 상황에서는 발표자가 무슨 행동을 하든 어떤 표정을 짓든 간에, 청중은 전혀 반응을 보이지 않는다. 발표자의 제스처가 무의미해지는 것이다.

제스처나 아이 콘택트 같은 기술은 슬라이드가 아닌 발표자로부터 나오기 때문에 발표자는 언제나 청중의 시선 범위 내에 들어가 있어야 한다. 이를 명심하고 적절한 움직임을 구사할 수 있게 하자.

프리젠테이션상에서의 움직임은 무턱대고 즉흥적으로 움직이는 것이 아니라, 무대 연출처럼 아주 철저히 계획해야 한다. 그렇다고 해서 이에 대해 너무 복잡하게 생각할 필요도 없다. 우리가 움직이는 방식은 그저 슬라이드와 발표자와의 연관관계만 정확히 파악하면 해결되는 일이기 때문이다.

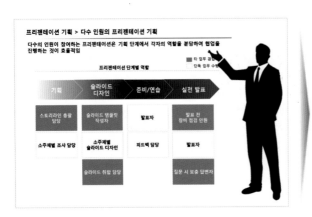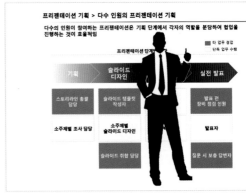

@ 검색 키워드: 사람

▲ 슬라이드가 처음 나왔을 때는 슬라이드 밖에서 설명을 하고, 청중이 슬라이드를 다 읽었다 판단되면 슬라이드 가운데에 서서 프리젠테이션을 한다.

발표자인 여러분이 슬라이드를 넘기는 순간, 청중은 바뀐 슬라이드에 자연스럽게 눈길을 돌리게 된다. 새 슬라이드가 청중에게 노출된 직후이므로, 이때는 슬라이드가 가려지지 않도록 발표자는 스크린 바깥에서 이야기를 한다. 그런 이후, 청중에게 슬라이드를 읽을 시간을 충분히 줬다고 생각하면 무대의 가운데로 이동해 설명을 계속하면 된다. 이 간단한 움직임만으로도 여러분은 프리젠테이션을 하는 내내 무대를 지배할 수 있다.

이번에는 발표자의 기본적인 자세를 알아보자. 앞에서 말했듯이 자신을 열린 자세로 유지하려면 팔로 자신의 몸통을 감싸지 않아야 한다. 팔짱을 낀 모습은 기본적으로 상대방으로부터 스스로를 방어하는 자세다. 심리적으로 상대방에게 나의 모든 것을 보여줄 준비가 돼 있지 않다는 의미이기도 하다.

프리젠테이션은 자신의 생각을 활짝 열고 보여줘야 하는 자리다. 이런 무대에서 청중을 향해 방어적인 자세를 취하고 이야기를 한다면? 청중은 여러분이 발표 내용에 자신이 없다고 생각해버릴 것이다.

청중에게 몸통을 열어라

 검색 키워드: Business man

▲ 이 사진처럼 팔짱을 끼고 있거나 손을 모으는 자세 등은 자신을 방어한다는 느낌을 청중에게 주기 때문에 프리젠테이션에서는 결코 좋은 자세가 아니다.

팔짱을 끼는 자세 말고도 손을 앞으로 모으는 자세라든지, 한쪽 손으로 다른 쪽 팔을 잡고 있는 자세 등은 프리젠테이션에 적합하지 않은 자세다. 특히 한쪽 팔로 다른 팔을 잡고 있는 자세는 너무나 많은 사람이 무의식적으로 범하고 있는 실수다.

이런 자세로는 자연스럽게 무대 위에서 이동하는 것 역시 어려워진다(실제로 두 손을 공손히 모은 상태로 좌우로 걸어본다면 얼마나 부자연스러운지 그 이유를 쉽게 알 수 있다). 무대에서는 누구보다 자연스럽고 자신감 있게 행동해야 한다. 청중에게 발표자가 부자연스럽고 굳어 있다는 인상을 주는 것만큼 성공적인 프리젠테이션을 방해하는 요소는 없다는 사실을 알아두자.

◎ 검색 키워드: Presentation

▲ 올바른 프리젠테이션 자세의 예시. 팔로 자신을 가리지 않고 넓게 벌려 몸통을 청중에게 드러냄으로써 자신감 있는 포즈를 취하고 있다.

프리젠테이션 리모컨의 사용법

준비 단계에서 언급했던 다양한 물품 중 거의 대부분은 준비하지 않는 편이 프리젠테이션에 도움이 된다고 이야기했지만, 단 한 가지만은 반드시 준비해야 한다고 이야기했는데, 바로 '프리젠테이션 리모컨'이다.

프리젠테이션 리모컨의 사용은 많은 경우에 도움을 주지만, 정확히 잘 알고 사용할 때 더 큰 도움이 된다. 사용법은 생각보다 아주 간단하다. 바로 '조용히' 사용하면 된다. 실제로 많은 사람이 프리젠테이션을 하면서 무선 도구를 사용하는데, 굳이 무선 도구를 사용하고 있다는 사실을 청중에게 각인시킬 필요가 없기 때문이다.

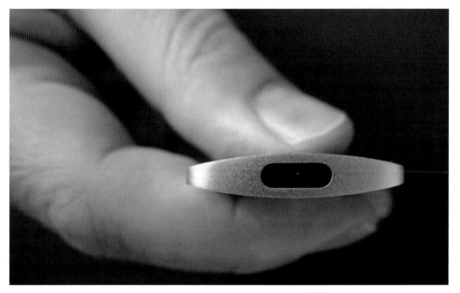

◎ 검색 키워드: Remote Controller

▲ 이와 같이 손을 들어 프리젠테이션 슬라이드를 넘기는 사람들이 참 많다. 하지만 이런 행동은 굳이 할 필요가 없는 행동이다. (사진 출처: Wikipedia.org)

지나치게 높이 손을 들어서 슬라이드를 넘긴다든지, 버튼을 지나치게 '딸깍' 소리를 내면서 슬라이드를 넘기는 행동 모두가 잘못이다. 이런 행동은 보통 TV 리모컨을 사용하던 습관 때문에 발생한다. 하지만 프리젠테이션 리모컨은 대부분 방향을 지정할 필요 없는 무지향성 방식이기 때문에 굳이 컴퓨터나 슬라이드 쪽을 향해 리모컨 버튼을 누를 필요가 없다. 그렇게 행동하지 않아도 리모컨은 문제없이 잘 작동한다.

이런 행동은 슬라이드를 넘길 사람을 따로 두고 슬라이드를 넘길 때마다 '다음'이라고 이야기하는 경우와 마찬가지로 프리젠테이션에서 필요 없는 행동이며, 이런 행동으로 인해 청중의 집중력이 떨어지는 결과를 낳게 된다(혹시 이런 행동이 필요한 순간이 있다면 그것은 일부러 연출을 한, 극히 드문 상황 정도가 될 것이다).

발표자가 리모컨을 이용해 버튼을 누르고 있다는 사실을 청중이 눈치채지 못하도록 부드럽게 다음 슬라이드로 이동해야 한다. 청중이 집중해야 할 대상은 오직 슬라이드와 발표자뿐이다. 다른 요소를 더 만들어서 청중의 주목도를 떨어뜨려서는 안 된다.

하지만 이런 습관을 고치려고 해도 자신도 모르게 버튼을 누를 때면 손이 저절로 올라가는 사람이 많다. 지금까지 리모컨을 사용하면서 굳어진 습관 때문이다. 꾸준히 연습하면 분명 잘못된 습관도 고칠 수 있으나, 당장 눈 앞에 닥친 프리젠테이션에서 이것을 고치기가 어렵다면 자신이 주로 사용하는 손의 반대편 손으로 프리젠테이션 리모컨을 사용해보자. 이렇게 하면 우리가 프리젠테이션을 연습하면서 어딘가를 가리켜야 할 때 주로 사용하는 손에는 아무것도 없기 때문에 방해를 받지 않고 편하게 가리켜야 할 곳을 가리킬 수 있으며, 자주 사용하지 않는 손은 생활 특성상 위로 쉽게 올라가지 않기 때문에 우리가 원하는 바를 달성할 수 있다.

무선 도구는 남에게 자랑해야 하는 물건이 아니다. 굳이 청중에게 내가 무선 도구를 갖고 있다는 사실을 알리지 않는 부드러운 진행을 하자.

정해진 시간 지키기

선거철 정치인들이 TV 정책 토론을 벌일 때는 질문 시간과 반론 시간이 정해져 있다. 정해진 시간이 초과되면 마이크가 꺼져 버림으로써, 더 이상 출연자가 열심히 말을 한다고 해도 입만 벙긋대는 장면을 본 경험이 있을 것이다.

프리젠테이션도 마찬가지다. 대부분의 프리젠테이션은 시간이 정해져 있으며, 이 시간을 반드시 지켜야 한다. 사람이 무언가에 집중할 수 있는 시간은 매우 짧으며, 집중할 수 있는 시간이 지나버리면 여러분이 아무리 장황하게 프리젠테이션을 하더라도 청중의 머릿속에는 남아 있는 내용이 극히 드물 수밖에 없다.

시간을 지키기 위해 우리가 가장 먼저 해야 할 행동은 프리젠테이션에 주어진 시간이 얼마나 되는지를 정확하게 알아둔 다음, 그 시간을 절대 초과하지 않도록 여러 번 연습하는 것이다.

가능하다면 청중 중에서 나에게 5분 단위로 시간이 지나는 사실을 알려줄 사람을 정해 미리 나에게 알려주도록 하면 좋다. 보통은 이런 훈련만으로도 정해진 시간을 지키는 데 어려움을 느끼지는 않을 것이다. 하지만 그럼에도 시간지키기가 어려운 사람이라면? 조금 더 강도가 높은 훈련이 필요하다. 바로 시간 제한 프리젠테이션 훈련이다.

시간 제한 프리젠테이션이란, 말 그대로 슬라이드별로 시간을 정해놓고 슬라이드에 할당된 시간이 지나면 슬라이드를 자동으로 넘겨버림으로써 발표자가 각 슬라이드에 대해 순발력 있게 훈련을 할 수 있게 하는 방법이다.

즉 내가 해야 하는 전체 프리젠테이션 시간을 슬라이드 개수로 나눠 슬라이드에 미리 자동 넘김 기능을 설정해두고 연습을 진행하는 식이다(10분짜리 프리젠테이션에 사용되는 슬라이드가 20장이라면, 슬라이드 한 장당 할당되는 시간은 30초가 된다). 실제로 이 연습 방법을 사용해보면, 할 말이 다 끝났음에도 슬라이드가 넘어가지 않고 한참 동안이나 머물러 있거나, 아직 설명을 다 마치지도 않았는데 슬라이드가 넘어가서 애를 먹는 경험을 하게 된다.

이 연습을 반복한다면, 시간이 남았을 때 추가적으로 어떤 이야기를 할지 미리 머릿속에 준비를 하게 되고, 시간이 모자란 경우에 좀 더 중요한 말만 하고 지나가는 훈련을 병행함으로써, 탁월한 임기응변을 지닐 수 있다는 장점도 있다.

실제로 이런 방법을 활용해 프리젠테이션 행사가 이뤄지기도 하는데, 그것이 바로 페차쿠차^{Pecha Kucha}다. 페차쿠차는 일본어로 '잡담'이라는 의미인데, 모든 프리젠테이션이 20초의 제한 시간을 가진 20장의 슬라이드로 구성되는 6분 40초의 프리젠테이션이다.

◀ 페차쿠차 프리젠테이션은 20장의 슬라이드를 20초 동안 발표하는 6분 40초간의 프리젠테이션 방법이다.

단 우리가 준비하는 프리젠테이션의 슬라이드가 반드시 20장으로 제한되는 것이 아니고, 주어지는 시간이 반드시 6분 40초로 한정되는 것도 아니므로 페차쿠차의 방식을 그대로 따를 필요는 없다. 그러나 유독 프리젠테이션 시간에 있어 지나친 미달 또는 초과를 하는 사람이라면 이 방식을 통해 프리젠테이션 시간을 지키는 훈련을 해보는 것도 효과적이다.

처음 시작할 때는 결코 쉽지 않다. 우물거리다가 슬라이드가 지나가기도 하고, 할 말을 다 했음에도 한참 동안이나 시간이 남아 여기서 무슨 설명을 더 해야 할지 몰라 머뭇거릴 수도 있다. 따라서 처음 시간 제한 프리젠테이션을 할 때는 주어질 전체 시간에 10% 시간을 더 추가해 연습하고, 최종적으로 연습할 때는 전체 시간에서 10% 시간을 줄인 다음 연습을 한다. 예를 들어 10분의 발표 시간이 주어진다면 처음 시간 제한 프리젠테이션을 할 때는 11분으로 연습하고, 최종적으로 연습할 때는 9분으로 연습하는 식이다. 이런 연습만으로도 자신이 얼마만큼의 발표를 제한 시간 동안에 소화할 수 있는지에 대해 감을 잡을 수 있다.

3배속 연습법

한 번의 프리젠테이션을 위해 수십 일을 투자해 연습할 수 있다면 얼마나 좋을까? 그러나 대부분의 경우 실제로 프리젠테이션을 준비할 수 있는 시간은 그렇게 넉넉하지 않다. 따라서 언제나 실전 연습과 함께 그보다 훨씬 빠르게 연습할 수 있는 3배속 연습을 소개하고자 한다.

3배속 연습은 여러분이 용어를 쉽게 기억하도록 붙인 이름이고, 그냥 "빠르게 전체 프리젠테이션을 되짚는다." 정도로 받아들이면 되겠다. 일반적인 연습이 슬라이드를 띄워 놓고 앞에 청중이 있다고 가정한 상태에서 지금껏 이야기한 모든 요소를 다 고려한 채 진행하는 '모의 프리젠테이션'이라면, 3배속 연습은 슬라이드를 띄워놓고 다른 모든 요소를 배제한 채 "이 슬라이드에서는 이런 이야기를 필수적으로 한다."라고 말하고 지나가는 방법이다.

실제로 반복적인 3배속 연습은 해당 슬라이드에서 이야기해야 하는 내용을 빠르게 상기하는 용도로 사용할 수 있다. 이 연습을 통해 앞에서 큰 비중을 차지하지 않기에 상대적으로 덜 중요하다고 했던(그러나 반드시 필요한) 프리젠테이션 내용 자체에 대한 연습을 진행할 수 있다.

실전 프리젠테이션에 들어가기 전에 3배속 연습과 일반 연습을 반드시 모두 해보고 실제 프리젠테이션에 임하자. 비언어적 요소와 언어적 요소 모두에 대해 대비해두면 좀 더 자연스러운 프리젠테이션이 가능해진다.

잘 된 프리젠테이션 감상

지금까지는 자신이 해야 하는 연습에 대해 함께 이야기를 진행했다. 하지만 자신이 노력하는 것 뿐만 아니라 다른 사람의 발표를 주의 깊게 살펴 보는 것도 상당한 도움이 된다. 뛰어난 프리젠테이션을 하는 사람을 통해 긍정 적인 요소에 대해서 배울 수 있으며 어설픈 프리젠테이션을 하는 사람들에 대해서는 '저러한 행동이 전체적으로 악영향을 미친다'라는 것을 배울 수 있기 때문에.

따라서 다양한 사람들의 다양한 프리젠테이션을 보는 것은 어떠한 경우에든 도움이 된다. 발표가 있는 곳을 직접 찾아 다니는 것이 가장 좋은 방법이 되겠지만, 시간적으로 여의치 않다면 온라인에서도 좋은 프리젠테이션을 많이 찾아 볼 수 있다. 우리가 잘 알고 있는 동영상 사이트 Youtube.com에서 프리젠테이션(프레젠테이션) 또는 Presentation이라고 검색 하는 것 만으로도 다양한 프리젠테이션 동영상을 접할 수 있으며, 최근 국내에서도 선풍적인 인기를 끌고 있는 TED.com에서도 다양한 명사의 프리젠테이션을 직접 감상할 수 있다. 또 한 가지 추천하는 방법은 빅테크들의 제품 발표회나 세계 최대 규모의 가전 전시회인 CES[Consumer Electronic Show]의 기조 연설을 보는 방법이다. 유수한 기업들이 공들여 준비한 프리젠테이션을 감상하면서 발표 자세뿐 아니라 슬라이드 디자인 그리고 전반적인 기획을 확인할 수 있는 좋은 기회가 될 것이다.

실무 환경에서의 프리젠테이션

지금까지 이야기한 프리젠테이션 방법론은 일반적인 경우에 적용될 수 있는 방법들이다. 하지만 언제나 임원 보고만 하거나 제품 발표회에 서는 것은 아니다. 대중 강연을 하는 경우도 있지만 그렇지 않은 경우도 존재한다. 이 경우에는 지금까지 배웠던 내용을 숙지하되 조금은 더 편안한 환경에서 발표를 진행해도 된다. 예를 들면 화면을 띄워놓고 반드시 앞으로 나가야 하지 않아도 된다면 자리에 앉아서 발표를 하더라도 무방하다. 다만 권하고 싶은 것은 발표하는 사람이 스크린과 가까운 곳에 앉아서 필요한 경우 즉시 일어나 앞으로 나가서 구체적인 설명을 할 수 있도록 준비돼 있어야 한다는 점이다. 이 이야기가 실무 환경의 프리젠테이션에서는 언제나 앉아서 발표해도 좋다는 의미는 아니다. 앞에 나서서 자신감 있는 제스처와 목소리로 발표를 하는 것이 더 효과적이라는 사실에는 여전히 변화가 없다. 다만 너무 힘을 주지 않아도 되는 장소에서 격식을 지나치게 차릴 필요는 없다는 의미다. 집에 와서도 편안한 옷으로 갈아 입지 않고 정장을 계속 입고 있다면 당연히 불편할 것이다. 직급 차이가 아주 많이 나는 경우가 아닌 이상 편안하게 앉아서 프리젠테이션을 진행하는 것도 괜찮을 수 있다.

한 가지 또 다른 상황도 있다. 바로 컴퓨터 화면 앞에서 화상 회의를 통한 발표를 진행할 때다. 완벽하게 방송 장비가 갖춰져 있는 것이 아닌 이상 이 경우에도 자리에 앉아 발표를 진행해야만 하는 경우다. 이런 불가피한 상황에서는 다소 유연하게 대처해도 좋다. 다만 이렇게 고정돼 있는 상황에서 발표를 진행할 때는 아이 콘택트와 제스처에 더욱 신경을 쓰고, 중요한 내용의 경우 목소리 톤을 올리거나 조금 더 큰 목소리로 내용을 강조한다면 제스처를 완전히 활용하지 못하는 상황을 어느 정도 상쇄시킬 수 있을 것이다.

발표 평가 방안

지금까지 프리젠테이션에 대한 준비와 연습 방법에 대해서 알아봤다. 그렇다면 지금 껏 준비한 요소를 갖고 얼마나 효과적으로 프리젠테이션을 진행하는지 평가를 하는 과정이 반드시 필요하다. 실제 시험을 보기 전에 모의고사를 여러 번 봐서 자신의 약점을 파악하고 고쳐 나가는 과정과 비견할 수 있다.

앞에서 언급했던 사항에 대해 '내가 잘 하고 있는지'를 알 수 있는 방법은 크게 두 가지가 있다. 첫째 방법은 직접 사람들 앞에서 발표를 해보는 것이다. 앞에서 언급했던 다양한 요소에 대해서 효과적으로 아이 콘택트와 제스처를 하고 있는지, 말이 너무 빠르거나 느리지는 않은지, 목소리가 충분히 크고 자신감 있는지, 적절하게 움직이며 슬라이드와 발표자가 고른 비율로 청중에게 노출되고 있는지 등을 평가할 수 있는 항목을 만들고, 이를 실제로 본 사람들에게서 잘하는 점과 고쳐야 할 점에 대해 평가를 받는 방법이다.

하지만 항상 많은 사람 앞에서 발표할 수 있는 여건을 조성하기는 매우 어렵다. 따라서 이럴 경우에 둘째 방법을 쓸 수 있다. 계속적인 연습을 통해서 발표 능력을 향상시키고 싶다면 스마트폰을 활용한 발표 장면 녹화를 권하고 싶다. 녹화를 하는 것에서 그치지 않고 자신이 어떠한 점에 미흡한지에 대해 반드시 여러 번 돌려보면서 문제점을 파악하도록 하자.

특히 이 과정에서 발견해야 하는 것은 자신이 전혀 인지하지 못한 상태로 행하고 있는 말과 행동이다. "음", "어~", "에~"와 같이 필요 없는 말을 하고 있지는 않는지, 서 있을 때 자꾸 짝다리를 짚고 있지는 않은지, 자꾸 필요 없는 인상을 쓰고 있는지 등에 대해 유심히 살펴보고, 다시 연습을 하거나 실전 발표에서는 그러한 행동을 하지 않도록 계속 노력해야 한다. 오랜 기간 무의식적으로 만들어진 습관을 한 번에 고치는 것은 분명 쉽지 않은 일이겠지만 노력한다면 분명히 극복할 수 있는 문제이기도 하다.

예행 연습과 비디오 녹화를 동시에 병행하고, 대인 피드백과 비디오를 통해 발견하게 되는 문제점을 찾아서 계속적으로 개선한다면 어느새 자연스럽고 자신 있게 프리젠테이션을 진행하고 있는 스스로를 발견할 수 있을 것이다.

영어 프리젠테이션을 위한 일곱 가지 가이드

강의 후에 정말 많이 받는 질문 중 하나가 바로 **"영어로 프리젠테이션은 어떻게 해야 잘합니까?"**다. 이 경우 내 대답은 정해져 있다.

"일단 영어를 잘 하세요."

냉정하지만, 현실이 그렇다.

모국어로 프리젠테이션을 하면서도 프리젠테이션 자체가 어려워 벌벌 떠는 사람이, 어떻게 순식간에 영어로 프리젠테이션을 잘할 수 있단 말인가? 프리젠테이션에서 '능숙하게' 이야기를 할 수 있는 능력을 가진 사람과 그렇지 않은 사람의 실력이 차이 나는 것은 어찌 보면 너무나 당연하다. 게다가 프리젠테이션 활동은 제2언어로 하는 모든 활동 중 공개 발표speech 다음으로 난이도가 가장 높은 활동이다. 대화는 상대방이 말을 하는 동안 할 말을 생각해서 할 수 있는 반면, 프리젠테이션은 혼자서 짧게는 수 분, 길게는 수십 분을 이끌어가야 하는 활동이기 때문이다. 당신이 말이 막히면 공간은 조용해진다. 그 순간 다가오는 긴장감을 극복해낼 수 있는 사람은 그리 많지 않다.

'그럼에도' 우리는 영어로 프리젠테이션을 해야 하는 상황을 종종 마주하곤 한다. 이 상황을 피할 수 없다면, 그리고 당장 순식간에 내 영어 실력을 향상시킬 수 없다면, 최대한 많은 준비를 해서 어떻게든 성공적으로 프리젠테이션을 끝마쳐야 한다.

완벽하지 않은 영어 실력으로 영어로 프리젠테이션을 '선방'하는 법을 지금부터 알아보자. 이 내용만으로 당신이 원어민처럼 능숙하게 발표를 할 수 있다는 이야기는 절대 아니다. 하지만 벌벌 떨고 아무것도 못하다 발표가 중단되는 일 정도는 충분히 막아줄 수 있다.

1. 내용을 줄여라

모국어로 말을 하는 것보다 영어로 말하는 것은 당연히 말하는 속도도 느리고, 생각해서 말을 내놓는 시간도 길 수밖에 없다. 다시 말해 모국어로 프리젠테이션하는 분량을 같은 시간 내에 영어로 소화하는 것은 불가능하다. 과감하게 필요한 내용만 남기고 최대한 내용을 줄이자. 시간을 늘리는 것도 방법이지만 솔직히 발표 시간을 늘리는 걸 선호하는 청중은 없을 테니 말이다.

적게는 모국어 프리젠테이션의 분량에서 80% 정도만 남기고, 영어에 자신이 없으면 없을수록 더 많이 줄이는 것이 좋다. 만약 가능하다면 50%까지 줄이는 방법도 권장하고 싶다.

2. 말을 천천히 하라

기본적으로 영어를 한 마디도 못 하는 사람은 그렇게 많지 않다. 말을 못하는 것뿐이지, 읽는 것 자체를 못하는 사람은 그리 흔하지 않다(그렇기 때문에 여러분이 영어 프리젠테이션 담당이 되었을 것이고). 따라서 당신이 생각하는 바를 아주 천천히 말하도록 하자. 앞서 내용을 줄인 이유는 바로 말을 천천히 할 시간을 벌기 위해서다. 빨리 말하려고 하다가 더듬대고 말이 생각나지 않아서 당황하는 모습을 보이는 것보다 천천히 말하며 발표를 이끌어 가면 사람들은 생각할 것이다.

"저 사람 영어를 아주 잘 하는 건 아닌데, 그래도 꽤나 요령 있게 발표를 이끌어 가고 있네."

3. 단어에 강조할 포인트를 명확하게 만들어라

말을 천천히 한다고 해서 발표가 지루해질 거라고 염려하는 사람들이 있는데, 절대 그렇지 않다. 당신이 강조해야 하는 포인트가 있다면 그 단어는 힘차게 강조해 말한다. 그것만으로도 당신이 무엇을 이야기하고 싶어하는지 청중은 눈치챌 수 있다. 단어만 자연스럽게 강조하는 것이 어렵다면 차라리 이 내용은 정말 중요하니 반드시 기억해두길 바란다. 'Next thing is the highlight of this presentation, please remember it after the presentation finished(다음 슬라이드는 이 프리젠테이션의 하이라이트입니다. 이 프리젠테이션이 끝난 다음에도 반드시 기억해 주세요). 이 내용도 길다면 Next thing is really important, please listen carefully(다음 내용은 정말 중요하니 주의 깊게 들어주세요) 정도로도 충분하다.

4. 특정 단어가 떠오르지 않는다면, 계속 시간 공백을 만들지 말고 그 단어를 설명하라

영어로 프리젠테이션해야 하는 경우는 대부분, 청중의 영어 실력이 당신보다 좋은 경우가 많다. 따라서 어떤 단어가 정확하게 떠오르지 않는 경우, 해당 단어를 설명하면 누군가가 그 단어를 말해줄 것이다. 예를 들어 'Box'라는 단어가 갑자기 생각나지 않는다면 'Paper... and...'라고 말하고 네모를 그리는 것만으로도 분명 누군가는 'Box?'라는 말을 해줄 수도 있다. 만일 해당 발표장에 당신과 친한 Bilingual(2개 국어를 원활히 하는 사람)이 있다면, 그에게 조용하게 모국어로 물어보는 것도 방법이 될 수 있다. 다시 말하지만 아무것도 하지 않고 멈춰 발표장을 침묵시키는 일이 가장 좋지 않은 방법이다. 몸부림치는 편이 포기하는 것보다 훨씬 낫다.

5. 스크립트를 들고 발표 무대에 절대 오르지 말아라. 당신의 커닝 페이퍼는 슬라이드다

많은 사람이 도저히 자신이 없어 스크립트를 들고 올라가 줄줄줄 읽고 내려오는 경우가 있다. 이것이야말로 외국어로 진행하는 최악의 발표법이다. 게다가 우리는 프리젠테이션을 하는 것이기 때문에 당신에게는 슬라이드라는 든든한 지원군이 있다. 슬라이드 위에 있는 두 줄의 헤드 메시지를 천천히 강조해 읽고 아래 내용에 대해서 천천히 설명하는 편이, 스크립트를 들고 올라가서 줄줄 읽고 내려오는 것보다 훨씬 더 강력한 방법이 된다.

6. 모국어로 제작하는 슬라이드보다 좀 더 많은 텍스트를 사용한다

많은 사람이 모국어로 제작한 슬라이드를 단순 번역해 그대로 영어 발표에 활용하는 경우가 종종 있는데, 이는 영어에 유창한 사람이나 할 수 있는 방법이다. 스크립트를 갖고 오르지 못한다고 하더라도, 내용을 모두 빼먹고 발표장을 내려올 수는 없는 법. 글이 많은 것이 비단 좋은 것은 아니지만, 영어가 좀 부족한 우리에겐 이와 같이 타협하는 방식이 훨씬 낫다. 조금 더 많은 글을 써도 된다. 도표를 어떻게 설명해야 할지 모르겠다면 도표 옆에 마치 원래 있어야 되는 것마냥 말풍선 등을 달아서 해당 도표에 대해 설명할 내용을 적어 넣어라. 슬라이드를 읽는 것이 차라리 스크립트를 읽는 편보다 훨씬 낫다.

7. 연습 또 연습

당신의 발표가 중요하면 중요할수록 끊임 없이 연습하는 것만이 당신의 실력을 향상시켜 줄 수 있다. 모국어로 하는 발표보다 3~5배는 더 많은 시간을 투자해 연습한다고 생각하면 좋다. 가장 완벽한 경우는 모든 내용을 완벽하게 암기하고 가는 것이지만, 만약 시간이 부족한 상황에서 이뤄져야 하는 발표라면 해당 페이지에서 어떤 내용을 반드시 말해야 한다는 것 정도는 반드시 익힌 상태에서 발표를 시작하자.

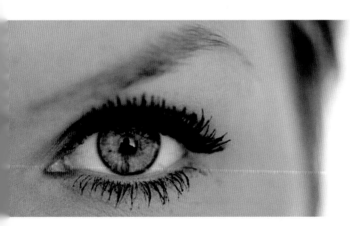

▶ 영어 프리젠테이션을 잘 하기 위해서는 더 특별한 준비가 필요하다.

1. 아이 콘택트는 프리젠테이션에서 정말 중요한 부분이다. 초심자는 **거울 연습법을 시작으로, 식사 시간을 활용**하며 점차 아이 콘택트에 익숙해지자.

2. 인원이 많은 장소에서 프리젠테이션을 할 때는 **구획을 나눠 골고루 시선을 배분**한다.

3. 프리젠테이션을 정리하는 때에는 가장 중요한 **의사 결정자에게 집중적으로 아이 콘택트를 실시**한다.

4. **몸통을 청중에게 열고 발표하는 것**은 제스처의 기본이다.

5. 프리젠테이션 리모컨은 청중에게 내가 리모컨을 사용하고 있다는 것을 알릴 필요 없이 물 흐르듯 조용하게 사용하는 편이 좋다.

6. **정해진 발표 시간의 90~95% 수준만 활용**해야 한다. 시간 준수를 하기 위해 연습이 필요한 분들은 **'시간 제한 프리젠테이션'**을 통해 시간 감각을 기를 수 있다.

7. 모든 프리젠테이션을 동일하게 하는 일반 연습과 빠르게 내용을 훑으며 점검하는 **3배속 연습법**을 병행해야 한다.

8. 잘 된 프리젠테이션을 감상하는 것은 내 역량을 향상시키는 데 큰 도움을 준다. 특히 **빅테크의 제품/서비스 발표회 및 세계적인 콘퍼런스의 기조 연설**은 그 기업의 역량이 집약된 프리젠테이션이므로 좋은 본보기가 된다.

9. 실무 환경의 프리젠테이션에서 온라인, 온/오프라인 복합 환경에서 발표할 경우 제스처를 자유롭게 활용하기 어려운데 이 경우 **목소리의 톤과 크기로 강조할 부분을 차별화할 수** 있다.

10. 발표 연습 후 **자신의 발표 모습을 녹화 후 모니터링**하면 개선해야 할 점을 발견할 수 있다.

11. 영어가 서툴더라도 영어 프리젠테이션을 진행해야 하는 경우 **내용을 다소 줄이고, 슬라이드 내 텍스트를 좀 더 많이 쓰며, 천천히 이야기하려 노력**하면 더 나은 결과를 기대할 수 있다.

3부를 마치며

3부를 읽으며 앞으로 프리젠테이션을 어떻게 준비해야 할지 자신감이 생겼는가? 이번 과정을 거치며 처음 마음먹었던 대로 '훌륭한 프리젠테이션 요리사'가 될 준비를 마쳤는가?

어떤 일이든 꾸준한 준비와 연습은 필요하다. 프리젠테이션도 마찬가지다. 3장에서 다양한 요소에 대해 이야기했지만, 마지막까지 강조하고 싶은 부분은 "발표자의 자유도를 높이자."는 것이다. 발표자의 자유도가 높아지려면 발표를 도와줄 수 있는 다양한 도구와 여러 번의 반복적인 연습. 그리고 연습에 대한 피드백이 모두 조화를 이뤄야 가능하기 때문이다.

발표자의 자유도가 높다는 것은, 그만큼 발표자가 자신의 프리젠테이션에 자신감을 갖고 있다는 뜻임을 강조하며 3부를 마치겠다.

◎ 검색 키워드: **자유**

4부

실전 발표

/

청중의 무관심을
요리하라

검색 키워드: **무대**

이제 이 수많은 자리에 사람들이 모일 것이고,
여러분에겐 이 수많은 사람을 매료시키는 일만이 남아 있다.
지금까지 한 완벽한 준비를 이제 청중에게 보여줄 시간이다.
준비는 되었는가?

09

청중의 무관심

드디어 모든 준비를 마쳤다. 여러분은 훌륭한 슬라이드와 꾸준한 발표 연습, 그리고 프리젠테이션에 필요한 다양한 도구와 의상까지 갖췄다. 그러나 이렇게 철저한 준비 했음에도 실제 청중 앞에 서면 한없이 작아지는 사람들이 대부분일 것이다. 일반인이 수많은 사람 앞에 서서 자신의 생각을 이야기한다는 건 그리 만만한 일이 아니기 때문이다. 적당한 긴장은 어떤 일을 하는 데 긍정적인 영향을 미치지만, 지나친 긴장은 지금껏 열심히 준비했던 일을 망칠 위험이 크다.

이쯤에서 한번 짚고 넘어가보자. 사람들은 무대에서 왜 긴장하는가? 여러분은 아무런 긴장 없이 무대에 서는 사람인가? 아니면 그 반대쪽인가? 만약 전혀 긴장하지 않고 자유자재로 무대를 누빌 수 있다고 생각하는 사람이 있다면, 자신이 외계에서 온 것은 아닐까 다시 한번 출생의 비밀을 알아보기 바란다. 거의 전 세계 사람 모두가 다 알고 있을 명사들은 무대 공포증에 대해 이렇게 말했다.

" 나는 무대 공포증을 결코 극복하지 못했다. 공연할 때마다 나는 무대 공포증에 시달렸다."
– 엘비스 프레슬리

"나는 연설이 두려워 국정 연설조차 직접 하려 하지 않고 남에게 시켰다."
– 토마스 제퍼슨(미국 3대 대통령)

" 수천 번 넘게 공연을 했지만 콘서트 당일 아침마다 긴장된다."
– 보노(아일랜드 출신의 세계적 락 그룹 U2의 보컬)

그 외에도 윈스턴 처칠, 존 F. 케네디, 마가렛 대처(영국 최초 여성 수상) 역시 대중 연설이 두렵다 말했으며, 아리스토텔레스, 아이작 뉴튼, 찰스 다윈, 윈스턴 처칠, 존 업다이크(미국의 시인 겸 소설가), 잭 웰치(GE의 전 CEO), 제임스 얼 존스(영화배우, 「스타워즈」의 다스베이더 목소리 역할)는 모두가 말을 더듬었으며 일생에서 한때는 자신 없는 연사였던 적이 있었다고 이야기했다.[*]

사람이라면 누구나 무대 앞에서 긴장한다. 너무나 자연스럽고 당연한 현상이다. 수백 명 앞에서 강연하는 일을 직업으로 삼았던 나도 그랬고, 앞서 이야기한 수많은 명사도 마찬가지 이야기를 했다. 이들 모두와 여러분이 같은 사람인 이상, 여러분이 무대 앞에서 긴장하는 것은 너무나 당연한 일이다.

그러나 너무 큰 두려움으로 인해 여러분의 발표를 망쳐서는 안 된다. 그리고 그렇게 두려워할 필요도 전혀 없다. 막연한 두려움에 휩싸여 긴장할 이유가 없다. 왜일까? 청중은 내 발표에 별 관심이 없기 때문이다.

이게 무슨 말인가? 청중이 내가 하는 발표를 듣기 위해 모였는데, 내 발표에 관심이 없다니?

하지만 이것이 사실이다. 내가 열심히 준비한 이 발표에 대해 청중은 내가 생각하는 만큼 관심이 없다. 이는 발표자에게 좋은 소식이기도 하지만, 극복해야 하는 과제이기도 하다. 무슨 뜻일까?

청중은 관심이 없다 #1: 청중은 당신보다 모른다

"청중이 내 프리젠테이션에 관심이 없다."는 말은 두 가지로 해석 가능한데, 그중 첫째는 "청중 가운데 내 프리젠테이션을 발표자인 나보다 더 잘 알고 있는 사람이

---

[*] 「명연사 명연설 명강의(Confessions of a Public Speaker)」(에이콘, 2011)에서 발췌

없다."는 뜻이다. 설령 있다 하더라도 그 가능성은 매우 낮다.

즉 여러분은 그 공간에 참석한 누구보다도 발표자인 여러분이 가장 잘 아는 내용을 발표하는 것이다. 그렇기 때문에 여러분은 그들 앞에서 위축될 필요가 전혀 없다. 이는 초등학생에게 기초적인 덧셈을 가르쳐주면서 여러분이 긴장할 필요가 없는 것과 마찬가지 이치다.

설령 내용상으로는 더 많은 지식을 가진 사람이 청중 안에 있을 가능성도 크다. 교수님들 앞에서 연구 결과를 발표하는 학생의 입장이라면 당연히 교수가 발표를 하는 학생보다 더 많은 지식을 갖고 있다. 그러나 그 교수님들조차도 여러분의 프리젠테이션 진행이 어떤 식으로 흘러갈지는 전혀 알 수 없다.

즉 내가 하는 발표는 내가 가장 잘 알고 있기 때문에 프리젠테이션 과정에서 나오는 사소한 실수를 청중이 눈치채지 못할 가능성이 크다. 프리젠테이션에서 발생하는 작은 실수에 대해 지속적으로 "죄송합니다."를 연발하는 사람들이 있는데, 이는 발표자가 실수했다는 사실을 눈치채지 못하는 청중의 특성을 파악하지 못한 채 저지르는 결정적인 실수다.

연달아 반복되는 "죄송합니다."라는 말은 청중에게 '제대로 준비하지 못한 프리젠테이션'이라는 인식을 심어주고, 결국 사소한 실수에 대한 사과가 오히려 프리젠테이션 전체를 망치는 경우가 생긴다. 스크린이 갑자기 꺼진다든지, 갑자기 마이크에서 소리가 나오지 않는 등의 누구나 알아챌 수 있는 사고나 실수가 아니라면, 여러분은 청중 앞에서 좀 더 뻔뻔해져도 괜찮다. 아니 뻔뻔해져야 한다. 누구보다도 발표의 진행 방식과 해당 발표 자체에 대해 가장 잘 알고 있는 사람은 발표자인 자신임을 명심하자.

청중은 관심이 없다 #2: 청중은 발표자의 생각만큼 내 이야기에 집중하지 않는다
첫 번째 청중의 무관심이 발표자에게 오히려 긍정적으로 작용했다면, 두 번째 청중의 무관심은 발표자가 반드시 극복해야 할 숙제다. 청중이 내 프리젠테이션에 관심이 없다는 사실은 내 예상보다 청중이 내 프리젠테이션에 집중을 하지 않는다는 의미이기 때문이다.

비록 여러분의 발표를 듣기 위해 그 자리에 앉아있지만, 머릿속엔 발표가 끝난 이후 해야 할 일에 대한 생각으로 가득할 것이다. 또는 노트북을 열어놓고 발표 내내 다른 일을 하거나 프리젠테이션이 끝난 후 만날 이성 친구를 생각하며 저녁 메뉴를 고르고 있을 수도 있다. 내게는 이 발표가 가장 중요한 일이지만, 청중에게는 어찌 됐든 남의 일이고 가장 중요한 일도 아니기 때문에 벌어지는 현상이다. 이 발표가 성공적으로 끝나서 투자 유치를 받더라도 내가 받는 것이고, A+ 학점을 받아도 내가 받는 것이다. 내가 이 발표를 망쳐서 취업에 낙방한다 하더라도 면접관인 그들이 아무 문제 없이 회사를 다닌다는 사실에는 전혀 변함이 없다.

하지만 여러분은 발표자다. 그들이 관심이 없는 상태라고 해서 그들이 딴짓을 하게 내버려 둔 채 프리젠테이션을 진행한다면 당연히 그 프리젠테이션은 실패로 끝날 것이다. 따라서 발표자는 프리젠테이션을 진행하는 동안 지속적으로 청중의 관심을 끌 수 있는 장치를 반드시 마련해야 한다.

물론 앞 장에서 밋밋하고 재미 없는 프리젠테이션을 극복하기 위해 효과적인 슬라이드 디자인 방법을 익히고 여러 번의 발표 연습을 거쳤지만, 실제 청중 앞에서만 적용 가능한 방법들을 활용한다면 좀 더 효과적인 프리젠테이션을 진행할 수 있다. 지금부터 청중의 주목을 지속적으로 유도할 수 있는 다양한 방법을 살펴보겠다.

⊚ 검색 키워드: **하품**

발표 시작 전의 준비

발표가 시작되기 전에 완벽한 발표를 하기 위해서 준비해야 하는 다양한 사항이 있다. 이미 다 준비를 했기 때문에 더 이상 추가적으로 준비할 것이 없다고 생각하는 것은 잘못된 생각이다. 발표장에서만 실제로 준비할 수 있는 것들이 있기 때문이다. 발표장에서 어떠한 것들을 준비해야 하는지 함께 알아보자.

10분의 마법

실전 발표에서도 역시 중요한 요소 중 하나는 '청중에게 잘 보이는 것'이다. 즉 누가 보더라도 준비를 많이 한 프리젠테이션, 정성을 쏟은 프리젠테이션으로 보여야 한다. 이런 요소 중 많은 것들이 생각보다 사소한 데서 비롯되고 또 결정된다. 준비 단계에서 언급했던 '신뢰를 주는 옷차림'과 등이 그 전형적인 예다. 발표 장소에 일찍 도착해 다양한 요소에 대해 먼저 문제점을 살펴볼 수 있는데, 이것을 바로 '10분의 마법'이라고 부른다.

청중에게 좋은 선입견을 심어주면 발표에서 지속적으로 유리한 고지를 점유할 수 있다. 이를 위해 가장 손쉽게 할 수 있는 방법이 약속 장소에 일찍 도착하는 것이다. 즉 청중이 도착하기 전에 미리 발표를 준비하고 있는 모습과 시작 시간이 다 돼서, 또는 발표 시간을 넘겨서 급하게 도착하는 모습은 분명 청중에게 주는 인상에서 커다란 차이가 있다.

또한 먼저 도착한 10분은 단순히 청중에게 잘 보이는 것 이상으로 발표를 준비하는 데 매우 유용하다. 발표장에 일찍 도착해 여러분의 발표가 원활하게 이뤄지도록 다양한 사항을 미리 점검해둔다. 점검을 하다 문제점이 발견되면 발표를 시작하기 전에 대처할 수 있기 때문에 발표장에 일찍 도착하는 일은 정말 중요하다.

나의 경우, 예정된 강연을 하기 위해 강의실에 약 10분 전에 도착했는데, 당연히 프로젝터가 있어야 할 자리에 프로젝터가 없었던 적이 있다. 강의를 주관하던 스태프들도 그 자리에 없었고, 깜짝 놀라 수위실에 수소문해보니 바로 어제 강의실에 있던 프로젝터를 정기 점검하기 위해 떼어 갔다고 했다. 나는 즉시 행사를 담당하는 스태프에게 이 사실을 알렸고, 스태프의 재빠른 조치 덕분에 아무런 문제 없이 그날의 강연을 마칠 수 있었다.

만일 내가 강의 당일 일찍 도착하지 않았다면 행사 스태프들도 프로젝터가 없다는 사실을 인지하지 못했거나 뒤늦게 알아차렸을 테고 강연은 지연됐을 것이다. 그러면 강의 지연으로 인해 청중이 내는 짜증이나 좋지 않은 피드백은 당연히 스태프가 아닌 강연자에게 쏠렸을 것이다. 내가 일찍 도착했던 단 10분이 나와 내 강의의 평가를 바꿔놓은 것이다.

이런 것들이 무시하지 못할 10분의 위력이다. 만약 여러분이 단독으로 발표하는 경우가 아니라 여러 명의 발표가 연결돼 진행되는 상황이라면 10분보다 좀 더 일찍 도착해서 발표 전에 필요한 사항을 점검하자. 분명 프리젠테이션에 들어갔을 때 더 큰 힘이 될 것이다.

또한 온라인 발표가 많아지고, 온/오프라인 병행 발표 빈도 역시 늘어난 요즘 상황에서는 화상 회의 프로그램 세팅도 매우 중요하다. 화상 회의 세팅이 잘못 돼서 시간이 오래 지연될 경우 발표할 시간이 줄어드는 것은 물론, 그것이 심지어 발표자의 탓이 아니라 하더라도 청중의 짜증은 발표자와 발표자를 향한 평가로 반영될 것이기 때문이다. 자신이 당일에 사용하게 될 화상회의 프로그램은 어떤 것인지 반드시 사전에 숙지하고 발표 당일 환경을 잘 점검해야 한다. 소리가 나오지 않는 경우, 메아리(하울링)가 생겨서 불편함을 주는 경우, 화면이 끊기거나 나오지 않는 경우 등 사전 점검을 통해 문제점을 파악하고 매끄러운 발표가 진행될 수 있도록 준비하자.

여러분의 원활한 프리젠테이션을 위해 미리 점검해야 할 항목은 다음과 같다.

🎤 프리젠테이션 직전 체크 리스트

1. **슬라이드 관련 확인**
   - 내가 사용하려는 슬라이드 소프트웨어가 정상적으로 설치돼 있는가?
   - 슬라이드 소프트웨어 버전은 내 파일과 호환이 되는가?
   - 사용한 글꼴이 깨지지 않는가?
   - 각종 콘텐츠의 레이아웃은 처음 슬라이드를 만든 컴퓨터에서 봤을 때와 같은가?
   - 적용한 애니메이션 효과는 정상적으로 작동하는가?
   - 슬라이드에 삽입한 각종 동영상 등의 첨부파일은 정상적으로 재생되는가?

2. **프로젝터 및 스크린 관련 확인**
   - 프로젝터는 제대로 작동하는가?
   - 스크린의 크기와 위치는 내가 예상한 크기와 위치인가?
   - 내가 연출하려는 효과를 해당 스크린에서 구현 가능한가?(스포트라이트 효과 등)
   - 프로젝터와 컴퓨터를 연결하는 케이블은 정상 연결이 되는가?
   - 프로젝터 케이블을 연결했을 경우에 슬라이드의 색상이 달라지지는 않는가?

3. **무선 도구 및 마이크 관련 확인**
   - 내가 가져온 무선 도구는 정상 작동하는가?
   - 무선 도구가 연결된 곳에서 상당히 멀리 떨어진 곳에서도 잘 작동하는가?
   - 마이크를 사용하는 경우, 마이크의 작동 상태는 양호한가?
   - 마이크를 들고 최대 이동할 수 있는 거리가 어디까지인가?
   - 무선 마이크인 경우 여분의 배터리는 휴대했는가?
   - 마이크를 잡고 이동했을 때 '삑' 소리가 나는 공간이 있는가?

4. **본인의 노트북으로 프리젠테이션을 진행하는 경우**
   - 프리젠테이션을 할 동안 노트북이 꺼지지 않을 만큼 배터리는 충전돼 있는가?
   - 전원 케이블을 지참한 경우 전원 케이블을 연결했을 때 정상적으로 동작하는가?

5. **멀티 미디어 관련 확인**

   – 동영상 등을 삽입했을 경우 링크가 제대로 연결돼 있는가?

   – 음향 효과가 적절하게 작동하는가?

6. **무대 관련 확인**

   – 무대에 내 동선을 방해할 만한 장애물이 없는가?

   – 무대에 패인 부분이나 걷다가 위험할 만한 곳은 없는가?

   – 바닥에서 삐걱 소리가 심하게 나지는 않는가?

   (그렇다면 그 부분을 밟지 않도록 스티커 등을 붙여 놓으면 좋다.)

7. **온라인 환경 확인**

   – 사용하려는 화상 회의 프로그램 기능에 대한 숙지를 마쳤는가?

   – 음성/영상 송출 및 수신에 문제는 없는가?

여러분이 청중보다 조금만 일찍 도착한다면, 이렇게 다양한 부문을 점검할 수 있고, 이를 통해서 여러분이 프리젠테이션을 진행하는 동안 일어날 수 있는 무수한 돌발 상황 중 대부분을 예방할 수 있다. 이쯤 되면 여러분이 일찍 도착한 발표장에서의 10분은 세상에서 가장 가치 있는 10분이라고 말해도 되지 않을까?

청중 분석에 다른 말투 변화

여러분이 준비를 마치고 나면 청중이 속속 입장하고 있을 것이다. '지피지기면 백전백승'이라는 말이 있다. 이와 마찬가지로 프리젠테이션에도 청중을 파악하고 있다면 좀 더 매끄러운 진행이 가능해진다.

일반적으로 청중을 나누는 기준에는 여러 가지가 있으나 프리젠테이션에서 청중을 구분할 때 가장 좋은 척도는 연령^{age}이다. 그리고 이런 연령대의 구분에 따라 우리가 사용하는 말투를 다르게 사용하면 된다. 이는 우리가 어린 아이에게 말을 할 때의 말투와 친구에게 말을 할 때의 말투, 그리고 자신보다 어른이나 선배, 직장 상사에게 하는 말투가 모두 다르다는 점을 상기한다면 아주 간단하다.

그러나 많은 사람이 공식적인 프리젠테이션 자리임에도 격식이 없는 말투를 사용하는 실수를 범할 때가 있다. 프리젠테이션은 공식 석상에 모습을 드러내는 것이므로 정중한 어투를 기본적으로 사용하되, 예외적으로 어린아이에게 하는 교육 같은 프리젠테이션일 경우에는 친근한 말투를 사용하자.

즉 일반적인 프리젠테이션에서는 '~합니다', '~입니다', '무엇입니까?' 같은 언어를 사용하면 되고, 어린이를 대상으로 한 프리젠테이션에서는 '~할까요?' '~이에요', '무얼까요?' 같은 식으로 표현하면 된다(TV에서 방송하는 어린이 대상 프로그램과 성인 대상 프로그램을 비교한다면 그 차이를 더욱 확실하게 알 수 있다).

만일 성인과 아이가 섞여 있는 청중이라면, 어떤 언어로 프리젠테이션을 하는 것이 좋을까? 이럴 때는 청중의 나이에 따라서가 아니라, 프리젠테이션 주제에 따라 말투가 정해진다.

여러분의 프리젠테이션 주제 자체가 주요 청중에 대해 이미 이야기하고 있기 때문이다. 예를 들어 '효율적인 육아법', '아이들을 위한 식단 관리' 같은 발표 주제는, 아이들의 손을 잡고 온 엄마들이 참석할 만한 주제이지만 그 이야기를 들어야 하는 대상이 성인임이 명확하므로 이럴 경우에는 공식적이고 정중한 말투로 프리젠테이션을 진행한다.

그러나 '예술가가 되는 법', '공부 잘하는 법' 등 그 대상이 아이들이라면, 비록 그 자리에 어른이 동석했다 하더라도 아이들이 주요 청중이므로 아이들을 위한 말투를 사용하면 된다. 청중과 주제에 따른 적절한 말투를 선택함으로써 청중과의 밀착도는 더욱 높아지고 청중은 좀 더 집중할 수 있게 된다.

청중 위치 정리

수업 시간에 선생님께서 "뒤에 있는 사람들 앞으로 앉아."라고 말씀하시는 상황을 누구나 한 번쯤은 경험했을 것이다. 선생님께서는 왜 이런 말씀을 하셨던 걸까? 뒤에 있는 사람들이 수업을 잘 듣지 않는다는 사실을 경험으로 체득하셨기 때문에 그렇게 말씀하셨을 가능성이 크다. 사실 내 경험을 돌아봐도 열심히 공부하고 싶을 때는 되도록 앞 자리에 앉았고, 수업 도중에 몰래 빠져 나갈 생각을 했을 때는 교실 뒤나 통로 근처에 앉곤 했다.

우리가 프리젠테이션을 할 때도 같은 경험을 하게 될 것이다. 뒤에 있는 사람들일수록 내 프리젠테이션에 관심이 없고 딴 생각을 할 가능성이 크다. 이에 대해서는 반드시 청중이 앉은 위치를 조정하고 지나가야 한다. 발표에는 분위기가 있기 때문에 다수가 긍정적으로 집중하는 분위기가 조성된다면 나를 평가할 입장에 있는 사람에게도 그 분위기가 전달될 수 있기 때문이다.

먼저 여러분의 프리젠테이션과 직접적으로 연관된 사람들. 즉 여러분을 평가해야 하는 교수님, 면접관, 심사위원 등은 일반적으로 가장 앞자리에 앉을 테니까 크게 걱정할 필요는 없다. 문제는 직접 연관되지 않은 사람이 프리젠테이션 자리에 배석할 때가 문제다. 이들은 직접적인 의사 결정권은 없지만 이들이 산만하게 행동한다면 전체적인 분위기가 안 좋아지고, 이는 의사 결정권자 역시 인지할 것이기 때문이다.

발표장이 청중으로 가득 찬 경우에는 위치 조정을 할 필요가 없다. 어차피 사람들이 가득 차 있는 상황에서 누구를 뒤로 보내고 누구는 앞으로 오게끔 할 수는 없기 때문이다. 일반적으로 심사위원들은 가장 앞자리에 지정석이 준비되므로 이에 대해 발표자가 걱정할 필요는 전혀 없다.

문제는 발표장이 청중으로 가득 차지 않았을 때 발생한다. 지하철이나 버스를 탈 때 여러분은 어떤 자리에 앉는가? 사람이 가득 차서 더 이상 앉을 자리가 없는 때가 아니라면 우리는 양쪽 옆에 사람이 없는 자리를 찾아서 앉게 된다. 이러한 심리는 발표장에서도 그대로 적용된다. 공간이 넉넉하고 옆에 앉은 사람과 잘 아는 사이가 아니라면 사람들은 사람이 없는 공간을 찾아서 앉을 게 분명하다.

이런 상태로는 전체적인 분위기를 압도하기가 상당히 어렵다. 사람들은 빈 곳을 찾아 앉을 테고, 뒤쪽에 앉은 사람들은 발표자의 목소리가 잘 들리지 않을 것이다. 또 슬라이드도 제대로 보이지 않을 것이다. 처음부터 "난 저 발표를 쳐다보지도 말아야지."라고 생각할 사람은 없다. 하지만 뒤에 앉은 사람은 자연스럽게 발표에 집중하지 않게 된다.

그러나 내가 교수나 선생님이 아닌 이상, 뒤에 있는 청중에게 앞으로 와서 앉으라는 강요를 할 수도 없다. 앞으로 오지 않느냐고 따진다면 청중은 발표자를 불쾌하게 생각할 테고, 결코 좋은 분위기에서 프리젠테이션이 이뤄질 수가 없다.

따라서 넌지시 청중이 가운데로 모이게 해야 한다. 청중에게 간단한 질문을 던짐으로써 이런 분위기 조성을 할 수 있다. 발표자인 내 목소리가 뒤쪽까지 잘 들리는지 묻고, 뒤쪽에 앉은 사람에게 내 슬라이드가 잘 보이는지 물어본다.

질문을 할 때에는 막연히 물어보지 않는 것이 중요하다.

"제 목소리 잘 들리나요?"

"제 슬라이드 잘 보입니까?"

라고 묻지 말고 가장 뒤쪽에 있는 사람의 인상 착의를 거론하며 묻는다. 손가락을 사용하지 않고 손바닥 전체를 통해 상대방을 가리킨다면 자신의 인상착의를 들었다 하더라도 지적받았다기보다는 존중받고 있다고 느낄 것이다.

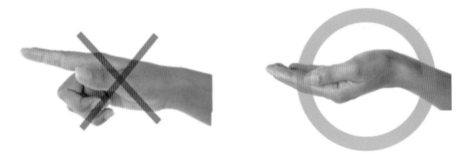

▲ 사람들을 가리킬 때는 손가락으로 가리키지 않는다. 상대방을 존중하는 느낌을 주기 위해서는 손바닥 전체를 사용해 가리키면 된다.

"가장 뒤에 계신 초록색 티셔츠 입으신 분. 제 목소리가 잘 들립니까?"

"뒤에 계신 안경 끼시고 모자 쓰신 분. 슬라이드 글씨 잘 보이나요?"

적어도 그 사람은 발표자의 직접적인 주목을 받은 사람이다. 일순간에 그에게로 모든 청중의 이목이 집중될 것이다. 이 상황에서 작정한 사람이 아닌 이상 이 사람은 앞으로 올 가능성이 커질 테고, 같은 줄에 앉은 다른 청중도 스크린 앞으로 모여들 가능성이 커진다.

더 중요한 일은 그 다음이다. 한 명의 청중을 중앙으로 오게 하는 것이 우리의 목적은 아니기 때문이다. 따라서 이 말을 한 이후에 바로 다음과 같은 말을 해보자.

"잘 보이지 않거나 목소리가 잘 안 들리시는 분은 앞쪽으로 오시면 더 좋습니다."

이 권유에 생각보다 많은 사람이 스크린 쪽으로 모여드는 광경을 볼 수 있다. 발표자는 발표장에서 권위를 갖기에 가능한 일이다.

이로써 프리젠테이션 내용을 발표하기 위한 모든 준비가 끝났다. 이제부터 여러분이 공들여 준비한 발표를 시작해보자.

실전 발표에서의 요령

이제 정말로 실제 무대 위로 올라가 인사를 하고 프리젠테이션을 시작하게 된다. 앞부분에서 연습한 대로 다양한 제스처, 아이 콘택트를 적절히 활용하면서 프리젠테이션을 진행한다. 다만 아이 콘택트와 제스처만으로는 내 프리젠테이션에 관심이 없는 청중을 사로잡기에 조금 부족하다. 따라서 청중을 사로잡으려면 좀 더 특별한 방법이 필요하다.

무대 위에서 프리젠테이션을 진행하는 동안 벌어지는 발표자의 모든 행동은 청중의 긴장과 이완을 조절하는 데 사용된다. 긴장과 이완을 적절하게 조절해야 청중에게 내가 말하려는 바를 정확하게 주지할 수 있기 때문이다. 지금부터 그 방법에 함께 알아보자.

발표자의 동선

드디어 두근거리는 발표가 시작됐고, 여러분은 그동안 준비해왔던 만큼 의욕적으로 발표를 진행한다. 하지만 안타깝게도 청중의 무관심은 여러분의 이런 열정을 잘 알아주지 못한다. 그들의 머릿속에는 발표가 끝난 뒤에 있을 저녁 약속, 사고 싶은 옷, 돌아가서 볼 TV 프로그램 등으로 가득 차 있을 가능성이 크다.

하지만 청중이 내 프리젠테이션을 듣고 있는 그 순간만큼은 그런 모든 생각을 다 잊고 내 프리젠테이션에만 집중하게 만들어야 한다. 앞에서 언급했던 아이 콘택트나 제스처도 청중을 집중하게 만드는 도구이지만, 이뿐만 아니라 무대 위에서의 동선도 적절히 활용하면 청중의 긴장감을 발표자가 마음대로 조절할 수 있다.

청중을 집중하게 하는 발표자의 움직임을 '발표자의 동선'이라고 한다. 발표자의 동선은 아주 간단하기 때문에 누구나 쉽게 익힐 수 있다. 이미 앞에서 한 번 설명을 했다시피, 좌/우로 이동할 때는 슬라이드가 청중에게 노출되는 것을 고려해 움직이면 된다. 슬라이드가 바뀌어 청중이 슬라이드를 봐야할 때는 발표자가 스크린 바깥으로 이동해 청중이 슬라이드를 보는 데 방해가 되지 않게 하고, 슬라이드를 더 이상 청중이 볼 필요가 없다면 다시 스크린 중앙으로 이동해 이야기를 이어가면 된다.

슬라이드를 청중에게 보여주기 위해 좌/우로 움직이면서 주의해야 할 점은 보폭이나 걸음걸이가 너무 바빠서 뛰어다니는 듯한 인상을 줘서는 안 된다는 점이다. 발표자는 아주 자연스럽고 시끄럽지 않게 무대를 이동해야 한다. 무대를 이동하면서 발생하는 신발 소리도 청중의 집중을 방해할 수 있기 때문이다.

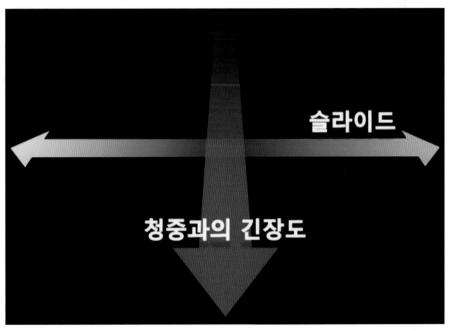

▲ '발표자의 동선'은 좌/우와 전/후로 나뉜다. 좌/우는 청중에게 슬라이드를 공개하는 차원에서의 움직임이라면, 앞과 뒤로 움직이는 것은 청중의 긴장감을 조절하는 데 사용된다.

또한 발표자가 앞/뒤로 이동하면 이를 통해 청중과의 긴장감을 올리거나 이완시킬 수 있다. 일반적으로 발표하는 사람이 청중에게 가까이 다가간다면 그 청중은 발표자와의 아이 콘택트에서 느끼던 것 이상의 압박감과 부담감을 갖게 된다(이는 수업 시간에 교수님이 내 앞으로 걸어 올 때 긴장하는 것과 같은 원리다).

그렇다 해서 청중과 언제나 바짝 붙어 이야기하는 것이 좋은 방법은 결코 아니다. 지속적이고 지나친 긴장은 청중에게 피로감을 주고, 이는 집중력의 빠른 하락으로 이어지기 때문이다. 따라서 발표자가 앞으로 나서는 행위는 프리젠테이션에서 중요한 부분에서만 사용한다. '청중이 이 부분은 반드시 기억해야 한다.'고 생각하는 부분이 나오면 두세 걸음 앞으로 다가가 이야기를 한다.

발표장의 중요한 사람이 내 이야기에 집중하지 않는 모습을 발견했을 때, 그에게 어느 정도 다가가서 이야기를 진행하다 무대 쪽으로 되돌아오는 것도 좋은 방법이다. 핵심 인물은 프리젠테이션이 진행되는 내내 계속 주시하면서 그들이 내 발표에 꾸준히 집중하도록 해야 하기 때문이다.

발표자인 여러분이 발표를 진행하면서 청중의 집중력을 완전하게 통제하고 있다는 느낌을 받는다면 분명히 성공적인 '발표자의 길'을 걷고 있는 것이다.

청중이 이해할 수 있는 언어의 사용

타인의 프리젠테이션을 지켜보다 보면 영어나 전문 용어를 지나치게 섞어가며 프리젠테이션을 진행하는 경우를 종종 목격하곤 한다. 불가피하게 활용되는 때도 간혹 있지만 꼭 그래야 할까 생각할 필요는 있다. 아마 여러분도 이런 일을 많이 겪어봤으리라 생각한다. 특히 비즈니스나 의학, 공학 등 전문 분야에서 이런 일이 빈번하게 일어난다. 직장 생활을 했던 사람이라면 아마도 수백 번은 들어봤을 것 같은 다음의 문장을 보자. 그리고 이런 이야기는 실제 업무상에서 또는 프리젠테이션상에서 너무나 빈번하게 사용하는 말이기도 하다.

"다음 주제 관련된 자료를 퀵하게 서치해서 인사이트를 도출하세요."
"다른 그룹과 애자일한 커뮤니케이션을 통해 이 주제에 대해 컨센서스를 이뤄야 합니다."
"우리 기업의 전사적 거버넌스에 따르면 이 문제는 다음과 같은 뷰로 접근해야 합니다."
"현재 마켓 시츄에이션에 따르면, 이 세그멘트에 해당되는 커스토머 니즈는 다음과 같을 것입니다."

이 말을 들었을 때 어떤 의미인지 바로 알아챌 수 있는가? 그렇다면 이 말은 어떤가?

"다음 주제 관련된 자료를 빠르게 검색해서 시사점을 도출해 주세요."
"다른 그룹과 기민한 의사소통을 통해 이 주제에 대해 합의점을 찾아내야 합니다."
"우리 기업의 전사적 방향성에 따르면 이 문제는 다음과 같은 관점으로 접근해야 합니다."
"현재 시장 상황에 따르면, 이 부분에 해당하는 고객의 상품 욕구는 다음과 같습니다."

들었을 때 어떤 의미인지 더 빠르게 와닿는 문장은 어떤 것일까? 당연히 후자 쪽 문장이다.

프리젠테이션은 지적 우월성을 뽐내는 경연장이 아니다. 따라서 단 한 사람이라도 내 이야기에 사용된 단어의 뜻을 알 수 없다면 우리는 그 청중의 집중을 잃어버리는 셈이다. 자신의 순간적 지적 우월성을 뽐내겠다는 짧은 생각에서 전체적으로 청중 주목도를 떨어뜨리는 일은 없어야 한다.

좀 더 심한 경우에는 이런 식으로까지 문장이 나열되는 경우도 있다.

> "커스터머의 니즈를 트래킹해본 결과, 우리가 생각한 전략적 메소드를 통해 레비뉴가 다음과 같이 인크리즈할 것이고, 그에 따라 이 뉴 비즈니스의 ROI는 다음과 같이 진행될 것으로 에스티메이트할 수 있습니다."

이쯤 되면 이 문장이 한글인지 영어인지 구분이 아예 되지 않는 수준이다. 위 문장을 한글로 순화하면 다음과 같다

> "고객의 욕구사항을 추적해본 결과, 우리가 생각한 전략적 방법론을 통해 매출이 다음과 같이 증가할 것이고, 그에 따라 이 신사업의 ROI는 다음과 같이 진행될 것으로 예상됩니다."

앞 문장보다 훨씬 더 이해가 빠를 것이다. 이는 발표자가 하는 말에만 해당되는 것이 아닌, 슬라이드에 담기게 되는 글에도 해당되는 내용임을 꼭 알아두자. 그러나 마지막 문장에서 조금 특이한 사항을 발견한 독자가 있을지도 모르겠다. 대부분 한국어로 순화했으나 ROI^Return on Investment(투자 자본 수익률)에 대해서는 그대로 영어를 사용했다. 이는 투자 관련 고유 용어이기 때문이다. 이런 용어를 다시 한글로 번역하면 오히려 문장이 어색해진다. 즉 모든 영문을 한글로 순화할 필요는 없다. 다만 한 가지 언어로 문장을 이어나가는 편이 청중의 이해에 더 도움이 된다(위와 같이 문장을 말하는 것보다는 차라리 처음부터 끝까지 영어로 이야기를 하는 편이 더 낫다).

발표장에 참석한 모두가 그 의미를 이해하고 있는 약어나 용어인 동시에, 언어적 효율성 측면에서 전체 이름을 다 말하는 것보다 훨씬 더 큰 효율성을 가진다면 활용해도 좋다. 예를 들어 FYI는 For Your Information의 약자인데, 참고삼아 알아야 하

는 정보를 상대방에게 전달할 때 쓰는, 비즈니스를 하는 사람이라면 당연히 아는 용어다. 게다가 단어 측면에서 영문 세 글자만 활용하면 되므로 언어적 효율성 측면에서 매우 우수하다고 할 수 있다. 이런 경우에는 앞서 사용했던 ROI와 같이 활용을 해도 좋다.

여기서 한 가지 또 명심해야 할 것은 약어를 사용할 경우 반드시 그 전체 단어를 알고 있어야 한다는 점이다. 약어를 사용했는데 그 정확한 의미를 모르고 사용한 것이 밝혀질 경우 진행하는 프리젠테이션의 신뢰도가 하락하게 된다. 만약 외우기 어려운 약어라면 질문이 나올 때를 대비해 슬라이드 왼쪽 아래 등의 위치에 적어놓는 방법을 추천한다.

무의미한 말의 제거: 침묵이 답이다

연습을 하면서 주어진 시간을 맞추려는 무수한 노력을 했겠지만, 아무래도 직접 무대에 올라서면 연습 때보다는 자신이 없어지는 게 당연하다. 급한 마음에 말을 빨리 서두르다 보면 필요 없는 말이 튀어나오는 경우가 흔하다. 그리고 이런 말의 가장 큰 문제는 자신이 그런 말을 쓴다는 사실을 인지하지 못하는 점이다.

사람들이 말을 연속적으로 이어나가지 못할 때 '어..', '음', '그러니까', '에…' 등을 자신이 사용한다고 생각하는 사람은 거의 없다. 그러나 실제로 발표를 듣고 있는 사람에게 이런 말투는 분명 좋지 않은 영향을 미친다. 무의미한 말을 반복할수록 청중의 집중력은 떨어질 수밖에 없다. 따라서 이런 버릇은 고치고 넘어가야만 한다. 이런 부분을 연습 단계에서 고치려고 여러 번 노력했겠지만, 이는 연습을 했다고 해서 곧바로 고쳐지지 않는 문제이기도 하다.

만일 자신이 프리젠테이션을 했던 예전 영상이 있다면 그 영상을 틀어놓고 그 짧은 시간 동안 얼마나 많은 양의 무의미한 말을 내뱉고 있는지 세어보라. 아마 생각보다 훨씬 많이 무의미한 말을 하고 있는 자신의 모습에 적잖이 놀라게 될 것이다.

이런 말을 왜 하게 될까? 타인과 대화를 할 때는 잘 나오지 않는 이런 말이 연설이나 프리젠테이션에 유독 많이 튀어나오는 이유는 한 사람이 연속적으로 이야기를 이끌어가야 하는 특수 상황이기 때문이다. 연설이나 프리젠테이션에서 청중은 그냥 발표자인 여러분의 말을 듣기만 한다. 아주 가끔씩 호응을 하거나 고개를 끄덕거리는 정도면 충분하지만 발표자인 여러분은 짧게는 몇 분, 길게는 몇 시간에 걸쳐 혼자 이야기를 해야 하므로 도중에 말이 막히는 경우가 생긴다. 그리고 이것은 아주 자연스러운 현상이다.

하지만 자연스러운 현상이라고 해서 고치지 않아도 된다는 의미는 아니다. 무의미한 말을 하는 대부분은, 다음 말을 해야 하는데 침묵이 흐르면 어색하기 때문에 이런 시간을 끌기 위한 신체의 반사적 대처라고 할 수 있다. 하지만 이런 반사적 대처는 청중에게는 능숙한 발표자가 아니라는 인상만을 심어줄 뿐이다.

이런 말은 주로 언제 튀어나올까? 프리젠테이션 환경에서는 슬라이드를 보지 않고 청중을 바라보면서 이야기를 진행할 때 나오는 경우가 대부분이다. 그렇다고 해서 이런 실수를 줄이기 위해 슬라이드만을 보면서 읽는 행동은 절대 금물이다.

그렇다면 이런 버릇을 어떻게 해결할 수 있을까? 만약 곧바로 다음 말이 생각나지 않는다면 차라리 말을 한 박자 쉬자. '음…'이라는 말을 할 시간에 그냥 꾹 참고 입을 다무는 것이다. 그 다음 할 말을 머릿속으로 차분하게 생각하거나 도저히 기억이 나지 않는다면 몸을 살짝 틀어 슬라이드를 다시 한번 본다. 이제 다시 이어갈 말이 생각났을 것이다. 그러면 계속해서 프리젠테이션을 이어나가면 된다.

침묵이 주는 효과는 절대적이다. 아주 사소한 내용 같아도 이런 습관이 프리젠테이션 전체 시간에 걸쳐 누적된다면 그 평가는 정말 판이하게 달라진다. 그리고 청중은 여러분이 다음 내용을 생각하기 위해서 말을 멈췄다는 사실을 결코 눈치채지 못한다. 그들은 발표자인 여러분이 일부러 여유롭게 프리젠테이션을 진행한다고 생각할 것이다.

다음 말이 생각나지 않는가? 그렇다면 일단 굳게 입을 다문 채로 다음 이어나갈 말을 떠올려보자. 그것이 의미 없는 말을 계속적으로 내뱉기보다는 흐름을 깨지 않는 데 훨씬 도움이 된다.

유머의 중요성

⊙ 검색 키워드: Water bottle

마라톤 경기를 보면 선수들이 도중에 식수대에서 물을 마시며 달리는 장면을 볼 수 있다. 식수대가 나타났는데 물을 마시지 않고 그냥 지나치는 마라토너는 거의 없다. 그리고 식수대 앞에서 물을 계속 마시는 마라토너 역시 없다. 물을 마시지 않고 먼 거리를 달리면 탈수 증상이 일어나지만, 지나치게 물을 많이 마셔도 달리는 페이스를 잃어버려 제대로 된 레이스를 할 수 없기 때문이다.

청중이 마라토너라면 유머는 청중에게 지급되는 식수와 같다. 청중의 집중도가 떨어지고 있을 때, 답답한 분위기를 풀어야 할 때 사용하는 시기 적절한 유머는 발표장의 분위기를 환기시키고 청중이 다시 여러분의 발표에 집중할 수 있게 한다.

그러나 그 빈도에 대해서는 다시 한번 되돌아볼 필요가 있다. 여러분은 프리젠테이션을 진행하면서 청중에게 유머를 던지는가? 청중에게 유머를 던진다면 얼마나 자주 하는가? 너무 유머를 적게 던져도 안 되지만, 유머를 지나치게 많이 던지는 것 역시 좋지는 않다. 유머가 없는 프리젠테이션은 분위기 자체가 경직돼 발표자에게 피로감을 주지만, 지나친 유머는 분위기 자체를 장난스럽게 만들어 청중에게 하고 싶은 이야기를 제대로 할 수 없는 상황이 돼버리기 때문이다.

어느 정도 수준에서 청중에게 유머를 던져야 할까? 바로 앞서 작성했던 스토리라인에서 '중간 주제'로 표시했던 부분을 간격으로 해 한 가지 정도의 유머를 준비하는 것이 좋다. 만약 특정 중간 주제의 분량이 특히 많은 상태라면 그 부분에서는 두 가지 이상의 유머를 던지면 된다. 결국 유머도 사전에 철저하게 계획된 상태에서 말해야 하는 것이다.

유머를 던지는 타이밍도 매우 중요하지만, 청중에게 말하는 유머의 종류 역시 중요하다. 프리젠테이션과 전혀 관련이 없는 유머로 청중을 웃겨봤자 아무런 소용이 없다. 유머는 그저 청중을 쉬게 하려는 게 아니라 내 프리젠테이션을 더 잘 기억하게 만드는 쉼표라는 사실을 잊지 말아야 한다.

따라서 유머로 사용하기에 가장 좋은 방법은 '공감 가는 비유' 또는 '예시'다.

청중에게 비유로 예시를 들면 어떤 점이 좋을까? 청중에게 생소한 개념을 설명하기 전에 이미 청중에게도 익숙한 대상을 말함으로써 청중이 좀 더 쉽게 새 개념을 받아들일 수 있게 된다. 방금 앞부분에서 유머는 마라톤의 식수와 같다고 말한 표현 역시, 프리젠테이션에서 유머가 지니는 속성을 여러분이 쉽게 이해할 수 있도록 비유를 들어 표현한 것이다.

이 방법은 실전 프리젠테이션에서 내가 즐겨 사용하는 방법이다. 그 일화를 간단하게 소개하고자 한다.

실전에서의 유머 활용법

준비와 연습 단계의 아이 콘택트 연습법 중, 다수의 인원 앞에서 아이 콘택트를 할 때는 무대 인사법처럼 구획을 나눠서 눈맞춤을 하면 좋다고 말했던 것을 기억하는가? 이 개념은 다른 데서는 들어보지 못한 생소한 개념이기 때문에 청중이 쉽게 받아들이지 못할 수도 있다고 생각했고, 나는 이를 좀 더 쉽게 설명하려고 이 개념에 대해 설명할 때 청중에게 비유를 통한 유머를 던졌다.

"저 혼자만 강의를 하려니까 힘드네요. 그래서 요즘 한창 뜨는 걸 그룹을 이 자리에 모셨습니다." → 1차 유머

그런 다음 동영상을 틀어놨다. 당시 선풍적인 인기가 있던 모 걸 그룹의 곡이 흘러나왔고, 동영상 속의 걸 그룹 멤버들은 하늘을 두 번 찌르고 땅을 두 번 찌르는 교대로 동작을 반복적으로 취했다. 동영상 상영이 모두 끝난 이후 나는 다시 무대 가운데로 걸어 나와 이렇게 말했다.

"아시다시피, 저분들이 요즘 정말 잘나가시잖아요. 그래서 다음 스케줄 소화하시느라 벌써 떠나셨네요. 남자분들 아쉬워하는 표정이 여기까지 보입니다." → 2차 유머

청중의 웃음이 터지고 어느 정도 분위기가 환기된 후, 나는 청중에게 질문을 던졌다

"자, 아까 보셨던 동영상 중에 걸 그룹이 반복적으로 했던 동작이 있었습니다. 무엇이었죠?"

청중은 예상대로 네 귀퉁이를 찌르는 동작을 조금씩 따라 했다. 그 타이밍을 놓치지 않고 나는 설명을 이어갔다.

"네. 바로 그것입니다. 많은 분이 따라 하시는 그 동작을 아이 콘택트에 응용하세요. 바로 청중의 구획을 나누는 것입니다."

라고 말하고 다음 그림을 보여줬다.

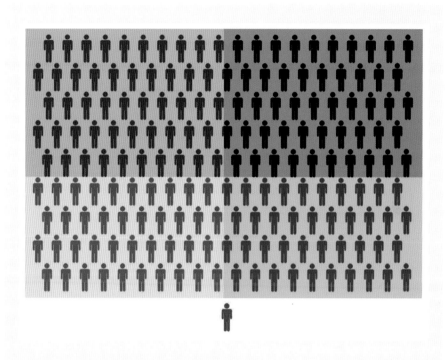

사람들이 "아!"하고 탄성을 지른 것은 물론이다.

이처럼 주제와 연관된 내용을 바탕으로 유머를 던지고, 그 환기된 상황을 그대로 받아들여 다시 청중이 집중할 수 있게 만드는 것이 유머가 가진 힘이다.

또한 유머를 말하는 행위는 발표자가 여유가 있음을 청중에게 보여주는 역할도 한다. 여유가 없는 사람이 농담을 하는 경우는 없다. 따라서 여러분의 내용이 설령 틀리거나 미심쩍더라도, 청중 앞에 자신 있고 여유 있어 보이는 발표자 앞에서는, 오히려 자신의 생각이 틀렸을 것이라고 생각을 바꾸는 경우도 더러 생긴다.

잘 던진 한 번의 유머는 열 마디 호소가 부럽지 않다.

다만 이런 유머 활용법은 경직될 만한 보고, 대표적으로 임원이나 CEO 대상으로 진행하는 보고에서는 너스레를 떨며 활용할 수 있는 사람이 그리 많지 않다. 하지만 이때도 그 강도만 다소 다를 뿐 유머를 활용할 수 있다. 정확히 말하면 이때에는 유머라기보다는 비유를 활용하는 것이다.

> "이 상황은 마치 양날의 검 같습니다."
>
> "이런 상황은 과거 페라리가 훨씬 더 큰 회사였던 폭스바겐을 인수하려고 하다 실패한 상황을 떠올리게 합니다."
>
> "기기 간 통신에서 네트워크 설계를 잘 해야 하는 이유는 마치 10와트 100개가 1,000와트 전구 1개 밝기의 76% 수준의 빛을 낼 수 없다는 것과 비슷하게 이해해주시면 됩니다. 전구 각각이 가진 효율 때문에 여러 개의 전구 모음은 열에너지로 전기가 소실되는 비중이 1개의 전구보다 큰 것이죠. 기기 간 통신 속도가 빠를수록 전체 성능 향상을 가져올 수 있다는 사실과 일맥상통합니다."

이런 이야기는 비즈니스 현장에서도 얼마든지 통용될 수 있는 수준이다. 이런 비유를 통해 청중들이 더 쉽게 내 이야기를 받아들일 수 있다면 당연히 활용해야 하는 전술이기도 하다.

청중의 졸음 쫓기

다양한 수단을 동원해봐도 청중이 도저히 집중을 제대로 하지 못할 때가 있다. 그건 날씨가 너무 더워서일 수도 있고, 발표 시간이 점심 시간 직후라 그럴 수도 있다(부디 여러분의 발표가 재미가 없어서가 아니길 빈다).

그 어떤 명연설가가 하는 연설이라도 그 연설을 들으며 조는 사람이 있을 수 있고, 아무리 대단한 사람이라 하더라도 딴짓을 하는 사람 역시 있다. 다만 그 수를 최소화하는 것이 발표자가 해야 하는 일이다. 프리젠테이션을 진행하면서 많은 사람이 집중을 못한다고 느낄 때는 청중에게 상황에 맞는 말을 하며 스트레칭을 유도해보자. 예를 들면 다음과 같이 말하면 된다.

"점심 시간 바로 이후에 들으시는 발표라 졸리시죠? 다 같이 팔을 위로 쭉 뻗어볼까요?"

이런 말을 할 때는 무작정 말로만 시키기보다는 발표자가 직접 행동을 먼저 하는 것이 중요하다. 발표자는 그 공간에서 가장 권위가 있는 사람이기에 청중은 발표자의 행동을 무시하지 않고 잘 따르게 돼 있다.

청중 간의 공간이 좁아서 스트레칭이 부담스럽다면 박수를 치는 방법도 있다. 스트레칭도 박수도 청중이 직접 몸을 움직이는 행동이므로 졸음을 쫓는 효과가 크다.

여러분의 프리젠테이션 내용 중 핵심 단어가 있다면 그것을 따라 읽게 하는 것도 좋은 방법이다. 이 경우 핵심 내용을 읽게 함으로써 청중의 잠을 깨우는 동시에 청중에게 내용을 각인시킬 수 있다는 장점이 있다.

하지만 이런 상황까지는 오지 않는 것이 최선이다. 앞서 언급했던 다양한 방법을 동원해 이번에 소개한 방법을 사용하는 일은 없도록 하자.

질문과 그에 대한 대처

드디어 길고 긴 프리젠테이션의 준비에서 연습, 그리고 청중 앞에서의 실제 발표까지의 모든 과정이 마무리됐다. 그러나 "이제 끝났다."라고 생각하고 있을 발표자에게는 아직 한 가지의 관문이 남아 있다. 거의 모든 프리젠테이션 이후에 주어지는 질의 응답 시간이 그것이다.

질문은 임기 응변이 가장 필요한 분야이기 때문에 정확하게 답이 정해져 있지는 않다. 하지만 질의 응답 시간에서도 다음 사항을 지킨다면 여러분은 효과적으로 질의 응답에 임하고, 프리젠테이션을 성공적으로 끝마칠 수 있을 것이다.

질의 응답의 기본 원칙

본 프리젠테이션 과정에서 그렇게 긴장하지 않는 사람들도 질의 응답에서는 상당히 긴장하는 경우가 많다. 상대방이 '내가 모르는 내용을 물어볼 때 대답을 못 하는 상황에 대한 두려움' 때문일 것이다. 하지만 이런 경우에도 크게 걱정할 필요가 없다고 말해주고 싶다. 질의 응답 시간에도 앞에서 이야기했던 청중의 무관심은 지속되기 때문이다.

즉 본인이 발표할 프리젠테이션을 열심히 준비해온 사람이라면 발표자인 여러분이 청중보다 적은 지식을 갖고 있을 가능성 자체가 매우 낮다. 따라서 대부분의 질문은 발표자가 알고 있는 범위를 벗어나서 나오지 않는다. 여러분이 알고 있는 범위 내에서 성심성의껏 답변을 하면 된다.

모르는 질문에 대한 대처

그럼에도 정말 모르는 질문이 나왔다면? 해당 질문에 대해 바로 대답을 하지 못한다고 해서 비난할 사람은 없다. 자신이 알고 있는 범위에서 설명을 마친 뒤에, 나머지 부분에 대해서는 추후 조사를 통해서 알려주겠다고 말하고 그 사람의 연락처를 받는 정도로 충분하다. 또는 팀으로 발표를 준비했다면 팀원들 중 발표자가 모르는 질문에 답변할 수 있는 사람이 있는지 먼저 알아본다. 팀원 중에 대답할 수 있는 사람이 있다면 그 사람에게 마이크를 넘겨 대답하게 하고, 팀원 중에도 없다면 아까와 마찬가지로 조사 후에 추가로 답변을 해드리겠다고 이야기하면 된다.

순간적으로 위기를 모면하려고 사실과 다르거나 모르는 내용을 아는 식으로 포장해 이야기하지 말자. 최근에는 검색과 SNS가 매우 발달했고, 스마트과 태블릿 PC의 대중화로 앉은 자리에서 손쉽게 궁금증을 검색하기가 편리해졌기 때문에 오히려 확실하지 않은 지식을 섣불리 말했다가는 청중에게 역공을 맞을 가능성이 크다.

잘못된 답변을 했는데 다른 청중 중에서 해당 사실에 대해 정확하게 알고 있는 사람이 존재한다면 지금껏 준비해왔던 전체적인 프리젠테이션의 신뢰를 통째로 잃어버릴 수 있다. 질문 하나에서 실수했다가 공든 프리젠테이션을 무너뜨리는 일은 없어야겠다.

답변을 할 때의 자세

질문은 청중이 나를 향해 하는 말이지만, 그 질문에 대한 답변은 청중 모두에게 한다는 사실을 잊지 말아야 하겠다. 발표자에게 묻는 것은 발표자의 개인적인 사항이 아닌 발표자가 했던 프리젠테이션에 대한 내용이기 때문이다. A라는 사람이 질문했다고 해서 A만이 그 질문에 대해 궁금하게 생각할 가능성은 매우 낮다. 따라서 청중 중에 해당 내용을 궁금하게 생각했는데도 차마 질문을 하지 못하고 있었거나 질문을 하려다가 A라는 사람이 먼저 해당 질문을 했을 가능성이 높다.

따라서 질문을 받은 이후에는 질문자가 무엇을 물었는지 전체 청중에게 다시 한번 이야기해줄 필요가 있다. 유명 강연자의 강연에서는 청중의 질문 시간을 위해 청중이 사용할 마이크를 사용하기도 하지만 유명 연사의 강연이 아닌 이상, 대부분의 현장에서는 발표자가 사용할 마이크 하나만 주어지고, 전체적인 프리젠테이션 시간도 촉박하기 때문에 마이크를 청중과 주고받으면서 질문을 받기가 매우 어렵다. 이런 상황에서는 발표자 외에는 질문의 내용을 정확히 듣지 못했을 가능성이 크다. 따라서 무슨 질문이었는지에 대해 청중 모두에게 들릴 만한 크기로 이야기해주고, 답변을 시작한다.

답변을 할 때도 고른 시선 분배와 음성의 크기에 계속해서 신경을 써야 한다. 물론 질문을 한 A에게 가장 많이 시선이 가겠지만, 질문에 답변을 하고 있는 순간에도 역시 청중은 앉아서 발표자에게 계속 주목하고 있다는 사실을 잊지 말자.

돌발 상황에 대한 대처

돌발 상황은 청중에게 일방적으로 발표를 하는 프리젠테이션 시간보다는 질의 응답 시간에 많이 일어난다. 발표 시간에는 마이크를 잡고 있는 사람이 발표자뿐이고, 이럴 때는 권위가 발표자에게 집중돼 있기 때문에 섣불리 잘못된 말을 하거나 소란을 일으키기가 쉽지 않지만 질문할 때는 발표자의 권위가 청중에게 분산되기 때문이다. 질의 응답 시간에 발생할 수 있는 돌발 상황에 대해 간단히 정리를 해봤다.

#1. 질문자가 너무 멀리 있어서 질문이 들리지 않는다

청중이 많은 발표장에서 일어날 수 있는 문제다. 발표장에 마이크가 많이 있다면 그에게 마이크를 건네줌으로써 간단하게 해결할 수 있는 문제이지만, 마이크가 하나밖에 없을 경우에는 보통 세 가지 단계를 거쳐 문제를 해결한다. 우선 질문을 받았을 때

듣지 못했다면 질문자에게 조금 더 크게 다시 말해달라고 요청한다. 이때 청중에게도 질문자의 질문을 들었느냐고 확인하는 과정을 거친다. 이런 방식을 통해 청중 역시 질문자의 말에 주목하게 함으로써 설령 두 번째로 질문했을 경우에 발표자인 내가 질문을 듣지 못했다 하더라도, 다른 청중이 대신 전달해줄 가능성을 높일 수 있기 때문이다. 그러나 재차 요청을 했음에도 질문을 알아듣지 못했다면 질문자를 무대로 오게 해 직접 마이크를 건네주고 질문을 받는다. 질문이 끝난 뒤에 돌아갈 때는 감사하다는 말을 잊지 않도록 하고, 그 이후에 받은 질문에 대해 답변한다.

#2. 질문자가 자신의 질문을 정리하지 못하고 우물쭈물한다

질문을 하겠다고 발언권을 얻었으나 자신의 이야기를 완전히 정리하지 못해 사설을 길게 늘어놓는 질문자는 생각보다 많다. 이런 경우 발표 시간이 늘어질 우려가 있고, 질문자가 내 프리젠테이션을 망가뜨릴 위험 역시 존재한다. 일단 질문자의 말을 경청하는 자세를 취하다가 질문이 정리되지 않는 듯하면 그에게 "지금 질문하신 내용이 이것이 맞습니까?"와 같이 되묻는다. 만일 그 상황에서 질문자가 그렇다고 하면 해당 내용에 대해 답변하면 되고, 내가 짐작한 내용이 아니고 다른 질문이라며 한참 더 설명을 하려고 하는 경우에는,

> "죄송합니다만, 시간이 정해져 있기 때문에 잠깐 다른 질문을 받는 동안 질문을 정리해주시면, 바로 그 다음에 답변해드리겠습니다."

라고 말하고 청중에게 동의를 구한다. 일반적인 청중이라면 그 상황에 동의하고 자신의 질문을 정리할 것이다. 만약 해당 상황에 기분 나빠하더라도 크게 걱정할 일은 없다. 대부분의 청중은 발표자에게 공격적으로 질문하는 사람을 오히려 경계하는 성향을 띠기 때문이다.

#3. 답변을 해주기에는 내용의 범위가 너무 넓어 답변이 어렵다

질문 내용이 너무 장황해 절대로 짧게 답변할 수가 없는 경우가 있다. 실제 예를 들어 보겠다. 당시 나는 슬라이드 디자인을 하는 법에 대해 강연했고, 청중 한 분이 이런 질문을 했다.

> "제 경우 슬라이드는 말씀해주신 원칙에 따라 만드는 것 같은데, 무대에 올라 가면 자신이 없습니다. 어떻게 해야 할까요?"

질문자의 입장에서는 내가 프리젠테이션 전문가이기 때문에 평소에 궁금했던 상황을 질문했겠지만, 그 내용은 이 책의 4부 이야기를 모두 통째로 들려줘야 할 만큼 장황한 범위였다. 그 팁을 듣고 싶어하는 사람도 물론 존재하겠지만, 끝나는 시각을 지키는 일은 청중과 발표자 간의 가장 중요한 약속이기 때문에 이를 깨뜨릴 수도 없었다. 당시 나는 이렇게 답변했다.

> "좋은 질문입니다. 하지만 지금 해주신 질문에 답변을 드리려면 오늘 강연한 시간만큼의 시간이 추가적으로 더 필요할 듯하네요. 죄송합니다만 궁금하신 점에 대해서는 공식적인 질의 응답 시간이 끝난 후에 답변해 드릴 테니, 잠시 남아 계시다가 끝나고 난 뒤에 제게 개인적으로 질문해주시거나, 이메일을 활용하셔도 좋을 듯합니다."

발표에 자신 없던 다른 사람들까지 강연이 끝나고 이야기를 들으러 오는 바람에 나는 한 시간에 가까운 강의를 추가로 해야 했지만 오히려 만족스러운 결과를 얻었다. 당시 강의를 들으러 왔던 사람들은 슬라이드 디자인에 대해서는 궁금한 것이 확실하다고 생각할 수 있지만, 무대 위에서의 대처법까지 궁금할 거라고 반드시 장담할 수는 없었기 때문이다. 남은 사람들만을 대상으로 이야기를 할 때는 해당 주제에 관심 있는 사람만이 모여 있었으므로 무리 없이 추가 발표를 진행할 수 있었다.

#4. 악의적인 질문을 던진다

일어나지 않아야 할 일이지만, 발표자에 대해 비판이 아닌 비난에 가까운 이야기를 할 때가 있다. 순간 기분이 나쁘더라도 그 사람과의 언쟁은 옳지 않다. 앞서 언급했다시피 대부분의 청중은 발표자에게 공격적인 사람을 경계하고 싫어한다. 이유가 어찌 됐든, 청중은 여러분의 발표를 듣기 위해 그 자리에 있는 사람들인데, 악의적인 질문자가 그 시간 자체를 방해했기 때문이다. 언쟁을 벌이기보다는 다음과 같이 말하고 자연스럽게 다른 질문을 받거나 프리젠테이션을 마쳐야 한다.

> "지금 하신 질문은 제 주제와는 전혀 관련이 없는 질문 같습니다. 그런 질문은 공식적인 프리젠테이션이 끝난 후에 해주시는 편이 좋을 듯합니다. 다음 질문 받겠습니다."

단 나를 비난하는 사람에게는 전혀 당황한 기색을 보이지 않아야 나머지 청중도 여러분의 편이 돼줄 가능성이 커진다는 사실을 명심하자. 질문자를 제외한 나머지 청중은 발표자의 편임을 잊지 말자.

#5. 아무도 질문하지 않는다

질의 응답 시간이 공식적으로 주어지는 프리젠테이션에서 질문이 하나도 나오지 않는다면 이 경우는 두 가지 중 하나다. 너무나 완벽하게 발표를 해서 도저히 물어볼 사항이 없도록 설명을 잘했거나, 그저 청중이 어서 집에 가고 싶어서 질문하지 않거나. 애석하게도 대부분의 경우는 그저 청중이 빨리 이 장소를 떠날 생각을 하고 있는 경우가 대부분이다. 이 경우 내가 자주 사용하는 방법이 있다. 이는 약간 농담조로 이야기를 해야 한다는 것을 전제로 한다.

"질문이 없으신 걸 보니 오늘 발표가 너무 좋으셨나 봅니다. 그래도 질문 세 개가 나올 때까지는 발표를 마치지 않으려고 합니다."

실제로 이런 말을 들으면 청중의 웃음소리가 들려온다. 나의 경우 이 방법을 CEO 보고 때도 사용했었다. 이 이야기는 어떤 상황에서든 활용할 수 있다는 의미도 된다. 이 멘트를 들은 청중 중에는 다소 질문하기 부끄럽거나 불편해 하지 않았던 분들이 계신데 용기를 내주시는 경우가 대부분이다.

만약 이런 말을 했음에도 질문 지원자가 나오지 않는 경우 내 프리젠테이션에 대해 궁금한 사항이 전혀 없는 듯하게 발표를 마치는 것보다는 다음의 한마디를 하고 발표를 마치는 것이 보다 깔끔한 마무리에 도움을 준다.

"지금은 별다른 질문이 없는 듯하군요. 혹시 차후에 질문하실 사항이 있으신 분은 제 이메일 주소를 통해 질문해주시면 답변드리도록 하겠습니다. 감사합니다."

내 이메일은 어차피 나만이 열어볼 수 있다. 설령 발표가 끝난 이후에 아무런 질문도 오지 않는다 하더라도 누구도 개의치 않을 것이다.

주어진 시간의 준수

학창 시절 학생회장 선거에 나서서 연설할 때, 뙤약볕 아래에서 전교생이 모여있는 상태로 단체 유세를 한 경험이 있었다. 내 바로 앞의 후보가 주어진 시간을 두 배 넘게 써가며 자신의 공약을 늘어놨다. 학생들의 표정이 일그러지는 게 보였다. 이쯤 되고 나니 내 앞의 후보가 무슨 말을 하든 그건 아무 상관이 없었다. 공약의 내용보다 중요한 것은 유권자들의 마음이었다. 이대로는 다음 내가 무슨 말을 하든지 간에 지겨워할 게 뻔했기에 단상으로 올라간 내가 한 말은 이것이었다.

"여러분 더우시죠? 긴 말 하지 않겠습니다. 열심히 해서 여러분에게 에어컨 같은 시원한 학생회가 되겠습니다!"

짧은 유세 시간에 엄청난 환호와 박수를 받은 것은 당연했다. 그 이후 공약의 내용 등을 유인물로 나눠주느라 고생하긴 했지만 앞서 일장 연설을 늘어놓은 후보보다 앞선 득표를 했던 경험은, 많은 시간을 투자하는 연설이 반드시 더 훌륭한 것은 아니라는 사실을 깨닫는 계기가 됐다.

프리젠테이션도 이와 같은 방법을 사용해야 한다. 교장선생님의 일장 연설 뒤에 "마지막으로 한 가지만 더"라는 말에 한숨을 푹 쉬어본 경험은 누구나 있을 것이다. 아무리 재미있고 흥미로운 프리젠테이션이라고 하더라도 청중은 정해진 시간이 넘어가면 반드시 지루해하기 때문이다.

이는 단순히 몇 분의 시간을 더 사용했다는 데서 끝나지 않는다. 결론 부분에서 프리젠테이션 전체의 주요 내용을 짚어줘야 하는데, 이 시간을 청중이 지겨워하고 제대로 듣지 않으려 한다는 의미이기 때문이다.

정해진 시간을 지나서 발표하면 이미 청중의 엉덩이는 들썩이고 있을 것이다. 이런 상황에서는 아무리 주옥 같은 이야기를 하더라도 청중의 귀에는 들어오지 않는다. 따라서 질의 응답 시간까지 포함해 자신에게 주어진 시간의 90~95% 정도만을 사용하고 조금 일찍 마쳐라. 그리고 연락처를 준비해 나눠주거나, 애당초 준비한 내용을 주어진 시간에 소화할 수 없을 것 같다면 유인물을 준비해 나눠주는 것으로도 충분하다. 정말 궁금한 사항이 있는 사람은 발표가 모두 끝난 뒤에라도 남아서 질문을 할 테니까 말이다.

단 유인물을 나눠줄 예정이라면 프리젠테이션이 모두 끝난 다음에 유인물을 나눠주자. 프리젠테이션 시작 전에 유인물을 준다면 자료를 보느라 청중의 시선이 분산될 수 있는 위험이 있기 때문이다.

Chapter 9 Perfect Point

1. 실전 발표 단계에서 가장 필요한 것은 자신감이다. 그 발표장에서 발표자인 여러분이 여러분의 발표에 대해 가장 잘 알고 있다. **청중의 무관심을 반대로 이용하면 겁을 미리 먹을 필요가 전혀 없다.**

2. **10분 먼저 도착해 프리젠테이션에 대한 전반적인 상황을 체크하는 것**만으로도 여러분은 수많은 돌발 상황에서 일어날 수 있는 안 좋은 일을 대부분 방지할 수 있다.

3. 청중이 어떤 연령대인가에 따라서 청중에게 말하는 어미가 달라질 수 있다. 청중의 연령이 혼재돼 있다면 내 프리젠테이션의 주제가 어떤 연령대를 대상으로 하는지를 생각하고 어미를 정하자.

4. 강연장이 넓고 청중이 꽉 차는 경우가 아니라면 **자연스러운 권유를 통해서 청중이 무대 근처로 모이게 해야 한다.** 훨씬 더 높은 집중력을 보여줄 것이다.

5. 발표자의 동선을 활용해 청중과 적절한 긴장도를 계속적으로 유지한다. 좌/우로의 움직임은 **슬라이드와 관련된 움직임**이며, 앞/뒤로의 움직임은 **청중과의 긴장을 조절하는 데 사용**하면 된다.

6. 청중이 알아들을 수 있는 **쉬운 언어**로 설명하자. 프리젠테이션 무대는 지적 우월성을 드러내는 곳이 아닌 원활한 전달을 위한 자리다.

7. 습관적으로 튀어나오는 언어를 자주 사용하는 것은 청중의 몰입을 방해한다. 이런 언어를 쓰기보다는 **잠시 말을 멈추고 천천히 말을 하는 편**이 오히려 도움이 된다.

8. 중간중간 이어지는 유머는 청중을 편안하게 발표에 집중할 수 있게 해준다. 유머를 사용할 때는 **발표 내용과 관련 있는 유머를 사용**하는 편이 훨씬 더 효율적이다.

9. 청중이 졸고 있다면 몸을 직접 움직이게 함으로써 분위기를 환기시킬 수 있다.

10. 질의 응답의 기본 원칙은 **내가 아는 내용을 정확하게 대답해주는 것**이다. 또한 질문의 경우도 프리젠테이션의 연장이므로 질문자에만 집중한 답변을 하는 게 아니라, 청중 모두가 알아들을 수 있게 답변해야 한다.

11. **정해진 시간보다 일찍 끝마침**으로써 청중이 최대한 집중하고 있을 때 발표를 끝마치는 것이 좋다.

12. 유인물을 나눠줄 때는 청중이 프리젠테이션에만 집중할 수 있게 프리젠테이션이 끝난 다음에 나눠준다.

4부를 마치며

프리젠테이션은 무대에 오른 순간에만 진행되는 것이 아니다. 청중이 발표장에 도착하기 전부터 발표자는 빠르게, 그리고 정확하게 움직여야 한다. 프리젠테이션이 시작되기 전에 일찍 도착해 각종 장비의 상태를 점검하고, 내 이야기를 듣게 될 청중을 짧은 순간에 분석한다.

프리젠테이션 무대에 올라가 본격적인 프리젠테이션을 시작하면서 발표자는 인상적인 도입부를 통해 청중의 관심을 사로잡는다. 그 이후 프리젠테이션을 진행하며 끊임없는 아이 콘택트와 제스처를 사용해 청중과의 긴장감을 조절하며 청중이 지속적으로 내 프리젠테이션에서 눈을 떼지 못하게 해야 한다.

마무리 단계에서는 지금까지의 모든 내용을 요약해 다시 알려줌으로써 청중의 머릿속에 내가 하려는 말을 각인시키고, 질의 응답 시간에는 알고 있는 한도 내에서 최선을 다해 답변을 해준다.

이렇게 여러분이 최선을 다해 준비한 프리젠테이션이 끝났다. 하지만 사실 아직도 프리젠테이션은 끝난 것이 아니다. 여러분이 처음 무대를 오르면서 "이 프리젠테이션을 통해 어떤 결과를 이끌어내겠다."고 다짐했던 그 일이 이뤄지는 순간, 비로소 프리젠테이션은 성공적으로 종료되는 것이다.

차라리 이것은 프리젠테이션이 아니라 한 편의 드라마라고 부르는 게 더 맞을지도 모르겠다. 청중의 행동을 불러일으키고, 그 행동이 내 목적에 부합하게 만들었을 때 프리젠테이션이 종료된다는 사실을 잊지 말자. 그것을 가슴 속에 새기고 프리젠테이션을 진행하는 이상, 당신의 프리젠테이션은 분명 타인의 프리젠테이션과는 다른 의미로 청중에게 닿을 것이다.

프리젠테이션을
마친 후

◎ 검색 키워드: 성공

드디어 여러분이 공들이며 준비해온 프리젠테이션이 모두 끝났다.
발표자인 여러분은 박수를 받으며 인사를 했을 것이고,
청중이 모두 돌아간 뒤에 장비를 챙겨 다시 집으로 돌아왔을 것이다.
스스로가 정했던 목적을 이루고자 했던 프리젠테이션이었기에 그 어느 때보다 열심히 준비했을 테지만,
첫술에 배부르기 어렵듯이 아쉬움은 여전하리라 생각한다.
열심히 연습했지만 단 한 번의 프리젠테이션으로 모든 기획과 디자인
그리고 실전 프리젠테이션에서의 모든 것을 완벽하게 한다는 건 결코 쉬운 일이 아니다.
하지만 여러분에게는 앞으로도 무궁무진한 프리젠테이션 기회가 남아 있다.
오늘의 모자랐던 부분을 계속적으로 발전시키기 위해 해야 할 일을 알아보자.

프리젠테이션에 대한 평가와 피드백

이번 프리젠테이션에서 모자랐던 부분은 보완하고, 장점은 더욱 부각시키기 위해 지난 프리젠테이션에 대한 평가와 피드백을 받는 일은 반드시 필요한 과정이다. 대부분의 기업에서는 '디브리프^{debrief}' 혹은 '회고'라는 이름으로 자신들이 했던 일과 발표에 대해 피드백을 주고받는다. 잘한 점과 개선해야 할 점을 주고받는 행동은 앞으로 더 나은 발표를 할 수 있게 돕는다.

피드백을 하거나 받기 위해 필요한 요소는 발표 녹화 영상, 동료, 평가 항목표다. 녹화 영상은 스스로 자신의 문제점을 파악할 때 주로 사용한다. 실제 프리젠테이션을 진행할 당시에는 느낄 수 없었던 자신의 특이한 버릇이나 단점을 영상을 보면서 파악할 수 있기 때문이다. 말소리가 너무 빠르다든지, 필요 없는 행동이나 말을 반복적으로 하는 경우는 없는지 파악하는 데 사용한다.

프리젠테이션 이후 시간적으로 여유가 있을 경우에는 동료들과 함께 영상을 보면서 동료들의 피드백을 받는 것 역시 좋은 방법이다. 발표를 팀으로 준비했다면 발표 장소에 함께 배석한 동료에게 영상 촬영을 부탁하고, 그렇지 않을 경우 함께 프리젠테이션을 준비한 사람이 아니라 하더라도 발표 장소에 아는 사람이 있다면 그에게 부탁해도 좋다.

아쉽게도 발표장에서의 영상 촬영이 금지되는 경우도 있다. 민감한 기업 자료 등이 포함된 내용을 발표하는 자리라면 이런 제재를 하는 곳도 있다. 이런 경우에는 함께 발표를 준비했던 동료에게 부탁해 프리젠테이션이 진행되는 동안 자신의 프리젠테이션이 어떻게 진행됐는지 평가해달라고 부탁할 수 있다. 이런 평가를 진행할 때는 주관식으로 적어서 '어떤 상황에서 / 어떤 행동(말)이 / 어땠다(잘했다/개선돼야 한다)'로 적는다면 좀 더 정확하게 발표 시의 장단점을 파악하는 데 도움이 된다.

프리젠테이션을 하는 동안 촬영이 금지되고, 동료도 함께 배석할 수 없는 상황 역시 있다. 취업 면접장에서의 프리젠테이션을 예로 들 수 있는데, 이런 경우에는 어쩔 수 없이 발표자 스스로의 기억력에 의존할 수밖에 없다. 프리젠테이션이 끝나자마자 재빨리 프리젠테이션을 했던 때의 상황을 자세히 적고, 이를 최대한 객관적으로 평가하는 과정을 거치자.

첫 시도에 모든 것을 완성할 수 있는 사람은 아무도 없다. 끊임없이 노력하고 연구하는 사람만이 자신이 원하는 전문가의 경지에 이를 수 있다.

프리젠테이션 컴퍼니 시절에 사람들의 발표를 평가하기 위해 사용한 발표 평가표를 최근 경향에 맞게 업데이트해 부록으로 첨부한다. 여러분과 여러분 동료의 발표를 평가하는 데 도움이 되기를 바란다.

구분	체크 항목	✓
슬라이드	내가 사용하려는 슬라이드 소프트웨어가 정상적으로 설치돼 있는가?	
	슬라이드 소프트웨어 버전은 나의 파일과 호환이 되는가?	
	사용한 글꼴이 깨지지 않는가?	
	각종 콘텐츠의 레이아웃은 처음 슬라이드를 만든 컴퓨터에서 봤을 때와 같은가?	
	작동한 애니메이션 효과는 정상적으로 작동하는가?	
	슬라이드에 삽입한 각종 동영상 등의 첨부파일은 정상적으로 재생되는가?	
프로젝터/스크린	프로젝터는 제대로 작동하는가?	
	스크린의 크기는 적당한가?	
	내가 연출하려는 효과를 해당 스크린에서 구현이 가능한가? (스포트라이트 효과 등)	
	프로젝터에서 컴퓨터로 연결되는 케이블은 정상 연결이 되는가?	
	프로젝터 케이블을 연결했을 경우에 슬라이드의 색상이 달라지지는 않는가?	
무선도구/마이크	내가 가져온 무선 도구는 정상 작동하는가?	
	무선 도구가 연결된 곳에서 상당히 멀리 떨어진 곳에서도 잘 작동하는가?	
	마이크를 사용하는 경우, 마이크의 작동 상태는 양호한가?	
	마이크를 들고 최대 이동할 수 있는 거리가 어디까지인가?	
	무선 마이크인 경우 여분의 배터리는 충분했는가?	
	마이크를 잡고 이동했을 때 '삑' 소리가 나는 공간이 있는가?	
본인 노트북 사용 시	프리젠테이션을 할 동안 노트북이 꺼지지 않을 만큼 배터리가 충전돼 있는가?	
	전원 케이블을 지원하는 경우, 전원 케이블을 연결했을 때 정상적으로 동작하는가?	
	동영상 등을 삽입했을 경우 링크가 제대로 연결돼 있는가?	
멀티미디어	인터넷이 제대로 연결돼 링크용 동영상 파일을 열 수 있는가?	
	무선 인터넷을 사용하는 경우, 연결 신호가 안정적으로 들어오는가?	
	음향 효과가 적절하게 작동하는가?	
무대	무대에 내 동선을 방해할 만한 장애물은 없는가?	
	무대 뒤에 핀이 부분이나 건다가 위험할 만한 곳은 없는가?	
	바닥에서 삐거덕 소리가 심하게 나지는 않는가?(그 부분을 밟지 않도록 스티커 등을 붙여놓으면 좋다.)	
원격연결 관련	원격으로 이 프리젠테이션을 보게 되는 청중이 있을 경우, 올바르게 화면 공유가 되고 있는가?	
기타 프로그램 관련	발표 진행과 관련없는 프로그램(예: 카카오톡 등의 메신저 프로그램)이 실행돼 있지는 않은가?	

완벽한 프리젠테이션 체크 리스트

분류	체크 항목	>
슬라이드	내가 사용하려는 슬라이드 소프트웨어가 정상적으로 설치돼 있는가?	
	슬라이드 소프트웨어 버전은 나의 파일과 호환이 되는가?	
	사용한 글꼴이 깨지지 않는가?	
	각종 콘텐츠의 레이아웃은 처음 슬라이드를 만든 컴퓨터에서 봤을 때와 같은가?	
	작동할 애니메이션 효과는 정상적으로 작동하는가?	
	슬라이드에 삽입한 각종 동영상 등의 첨부파일은 정상적으로 재생되는가?	
프로젝터/스크린	프로젝터는 제대로 작동하는가?	
	스크린의 크기는 적당한가?	
	내가 연출하려는 효과를 해당 스크린에서 구현이 가능한가? (스포트라이트 효과 등)	
	프로젝터에서 컴퓨터로 연결되는 케이블은 정상 연결이 되는가?	
	프로젝터 케이블을 연결했을 경우에 슬라이드의 색상이 달라지지는 않는가?	
무선도구/마이크	내가 가져온 무선 도구는 정상 작동하는가?	
	무선 도구가 연결된 곳에서 상당히 멀리 떨어진 곳에서도 잘 작동하는가?	
	마이크를 사용하는 경우, 마이크의 작동 상태는 양호한가?	
	마이크를 들고 최대 이동할 수 있는 거리가 어디까지인가?	
	무선 마이크인 경우 여분의 배터리는 충분했는가?	
	마이크를 잡고 이동했을 때 '삑' 소리가 나는 공간이 있는가?	
본인 노트북 사용 시	프레젠테이션을 할 동안 노트북이 꺼지지 않을 만큼 배터리가 충전돼 있는가?	
	전원 케이블을 지원하는 경우, 전원 케이블을 연결했을 때 정상적으로 동작하는가?	
	동영상 등을 삽입했을 경우 링크가 제대로 연결돼 있는가?	
멀티미디어	인터넷이 제대로 연결돼 링크로 동영상 파일을 열 수 있는가?	
	무선 인터넷을 사용하는 경우, 연결 신호가 안정적으로 들어오는가?	
	음향 효과가 적절하게 작동하는가?	
무대	무대에 내 동선을 방해할 만한 장애물은 없는가?	
	무대에 패인 부분이나 걷다가 위험할 만한 곳은 없는가?	
	바닥에서 삐져나와 소리가 심하게 나지는 않는가?(그 부분을 밟지 않도록 스티커 등을 붙여놓으면 좋다.)	
원격연결 관련	원격으로 이 프리젠테이션을 보게 되는 청중이 있을 경우, 올바르게 화면 공유가 되고 있는가?	
기타 프로그램 관련	발표 진행과 관련없는 프로그램(예: 카카오톡 등의 메신저 프로그램)이 실행돼 있지는 않은가?	

파워포인트 프레젠테이션 체크 리스트

	체크 항목	✓
슬라이드	내가 사용하려는 슬라이드 소프트웨어가 정상적으로 설치돼 있는가?	
	슬라이드 소프트웨어 버전은 나의 파일과 호환이 되는가?	
	사용한 글꼴이 깨지지 않는가?	
	각종 콘텐츠의 레이아웃은 처음 슬라이드를 만든 컴퓨터에서 봤을 때와 같은가?	
	작동한 애니메이션 효과는 정상적으로 작동하는가?	
	슬라이드에 삽입한 각종 동영상 등의 첨부파일은 정상적으로 재생되는가?	
	프로젝터는 제대로 작동하는가?	
프로젝터/ 스크린	스크린의 크기는 적당한가?	
	내가 연출하려는 효과를 해당 스크린에서 구현이 가능한가? (스포트라이트 효과 등)	
	프로젝터에서 컴퓨터로 연결되는 케이블은 정상 연결이 되는가?	
	프로젝터 케이블을 연결했을 경우에 슬라이드의 색상이 달라지지는 않는가?	
무선도구/ 마이크	내가 가져온 무선 도구는 정상 작동하는가?	
	무선 도구가 연결된 곳에서 상당히 멀리 떨어진 곳에서도 잘 작동하는가?	
	마이크를 사용하는 경우, 마이크의 작동 상태는 양호한가?	
	마이크를 들고 최대 이동할 수 있는 거리가 어디까지인가?	
	무선 마이크인 경우 여분의 배터리는 휴대했는가?	
	마이크를 잡고 이동했을 때 '삑' 소리가 나는 공간이 있는가?	
본인 노트북 사용 시	프레젠테이션을 할 동안 노트북이 꺼지지 않을 만큼 배터리가 충전돼 있는가?	
	전원 케이블을 지원하는 경우, 전원 케이블을 연결했을 때 정상적으로 동작하는가?	
	동영상 등을 삽입했을 경우 링크가 제대로 연결돼 있는가?	
멀티미디어	인터넷이 제대로 연결돼 링크로 동영상 파일을 열 수 있는가?	
	무선 인터넷을 사용하는 경우, 연결 신호가 안정적으로 들어오는가?	
	음향 효과가 적정하게 작동하는가?	
무대	무대에 내 동선을 방해할 만한 장애물은 없는가?	
	무대에 패인 부분이나 걸려 넘어질 위험할 만한 곳은 없는가?	
	바닥에서 삐걱 소리가 심하게 나지는 않는가?(그 부분을 밟지 않도록 스티커 등을 붙여놓으면 좋다.)	
원격연결 관련	원격으로 이 프레젠테이션을 보게 되는 청중이 있을 경우, 올바르게 화면 공유가 되고 있는가?	
기타 프로그램 관련	발표 진행과 관련없는 프로그램(예: 카카오톡 등)의 메신저 프로그램이 실행돼 있지는 않은가?	

파워포인트 프리젠테이션 체크 리스트

	체크 항목	✓
슬라이드	내가 사용하려는 슬라이드 소프트웨어가 정상적으로 설치돼 있는가?	
	슬라이드 소프트웨어 버전은 나의 파일과 호환이 되는가?	
	사용한 글꼴이 깨지지 않는가?	
	각종 콘텐츠의 레이아웃은 처음 슬라이드를 만든 컴퓨터에서 봤을 때와 같은가?	
	작동한 애니메이션 효과는 정상적으로 작동하는가?	
	슬라이드에 삽입한 각종 동영상 등의 첨부파일은 정상적으로 재생되는가?	
	프로젝터는 제대로 작동하는가?	
프로젝터/ 스크린	스크린의 크기는 적당한가?	
	내가 연출하려는 효과를 해당 스크린에서 구현이 가능한가? (스포트라이트 효과 등)	
	프로젝터에서 컴퓨터로 연결되는 케이블은 정상 연결이 되는가?	
	프로젝터 케이블을 연결했을 경우에 슬라이드의 색상이 달라지지는 않는가?	
무선도구/ 마이크	내가 가져온 무선 도구는 정상 작동하는가?	
	무선 도구가 연결된 곳에서 상당히 멀리 떨어진 곳에서도 잘 작동하는가?	
	마이크를 사용하는 경우, 마이크의 작동 상태는 양호한가?	
	마이크를 들고 최대 이동할 수 있는 거리가 어디까지인가?	
	무선 마이크인 경우 여분의 배터리는 휴대했는가?	
	마이크를 잡고 이동했을 때 '삑' 소리가 나는 공간이 있는가?	
본인 노트북 사용 시	프리젠테이션을 할 동안 노트북이 꺼지지 않을 만큼 배터리가 충전돼 있는가?	
	전원 케이블을 지원하는 경우, 전원 케이블을 연결했을 때 정상적으로 동작하는가?	
	동영상 등을 삽입했을 경우 링크가 제대로 연결돼 있는가?	
멀티미디어	인터넷이 제대로 연결돼 동영상 링크로 동영상 파일을 열 수 있는가?	
	무선 인터넷을 사용하는 경우, 연결 신호가 안정적으로 들어오는가?	
	음향 효과가 작정하게 작동하는가?	
무대	무대에 내 동선을 방해할 만한 장애물은 없는가?	
	무대의 바닥이 부분이나 걷다가 위험할 만한 곳은 없는가?	
	바닥에서 빠직 빠직 소리가 심하게 나지는 않는가?(그 부분을 밟지 않도록 스티커 등을 붙여놓으면 좋다.)	
원격연결 관련	원격으로 이 프리젠테이션을 보게 되는 청중이 있을 경우, 올바르게 화면 공유가 되고 있는가?	
기타 프로그램 관련	발표 진행과 관련없는 프로그램(예: 카카오톡 등)이 메신저 프로그램이 실행돼 있지는 않은가?	

프레젠테이션 체크 리스트

	체크 항목
슬라이드	내가 사용하려는 슬라이드 소프트웨어가 정상적으로 설치돼 있는가?
	슬라이드 소프트웨어 버전은 나의 파일과 호환이 되는가?
	사용한 글꼴이 깨지지 않는가?
	각종 콘텐츠의 레이아웃이 처음 슬라이드를 만든 컴퓨터에서 봤을 때와 같은가?
	작동한 애니메이션 효과는 정상적으로 작동하는가?
	슬라이드에 삽입한 각종 동영상 등의 첨부파일은 정상적으로 재생되는가?
프로젝터/ 스크린	프로젝터는 제대로 작동하는가?
	스크린의 크기는 적당한가?
	내가 연출하려는 효과를 해당 스크린에서 구현이 가능한가? (스포트라이트 효과 등)
	프로젝터에서 컴퓨터로 연결되는 케이블은 정상 연결이 되는가?
	프로젝터 케이블을 연결했을 경우에 슬라이드의 색상이 달라지지는 않는가?
무선도구/ 마이크	내가 가져온 무선 도구는 정상 작동하는가?
	무선 도구가 연결된 곳에서 상당히 멀리 떨어진 곳에서도 잘 작동하는가?
	마이크를 사용하는 경우, 마이크의 작동 상태는 양호한가?
	마이크를 들고 최대 이동할 수 있는 거리가 어디까지인가?
	무선 마이크인 경우 여분의 배터리는 충분했는가?
	마이크를 잡고 이동했을 때 '삑' 소리가 나는 공간이 있는가?
본인 노트북 사용 시	프레젠테이션을 할 동안 노트북이 꺼지지 않을 만큼 배터리가 충전돼 있는가?
	전원 케이블을 지참한 경우, 전원 케이블을 연결했을 때 정상적으로 동작하는가?
	동영상 등을 삽입했을 경우 링크가 제대로 연결돼 있는가?
멀티미디어	인터넷이 제대로 연결돼 링크로 동영상 파일을 열 수 있는가?
	무선 인터넷을 사용하는 경우, 연결 신호가 안정적으로 들어오는가?
	음향 효과가 작동하게 작동하는가?
무대	무대에 내 동선을 방해할 만한 장애물은 없는가?
	무대에 메인 부분이나 걷다가 위험할 만한 곳은 없는가?
	바닥에서 삐거덕 소리가 심하게 나지는 않는가?(그 부분을 밟지 않도록 스티커 등을 붙여놓으면 좋다.)
원격연결 관련	원거리로 이 프리젠테이션을 보게 되는 청중이 있을 경우ㆍ올바르게 화면 공유가 되고 있는가?
기타 프로그램 관련	발표 진행과 관련없는 프로그램(예: 카카오톡 등의 메신저 프로그램)이 실행돼 있지는 않은가?

프리젠테이션 발표 평가표

발표 날짜

	평가 항목			점수			소계	비고
발표 준비	발표 준비를 잘 했는가? (발표 시각 지각 시 10점에서 1분당 1점 감점. 5분 이상 지각 시 0점)	6	7	8	9	10		
	발표 시간을 잘 지켰는가? (해당 발표 시간에서 90~110%까지 10점. 넘어가면 1분당 1점 감점)							
	발표에 사용될 이미지, 동영상 및 소품(무선 리모컨, 마이크 등)의 준비 상태가 양호한가?	6	7	8	9	10		
슬라이드 평가	슬라이드 디자인은 발표 내용과 조화로운가? (젠/건설팅 형식)	6	7	8	9	10		
	슬라이드의 분량은 적당했는가?	6	7	8	9	10		
	슬라이드가 발표에 도움을 줬다 생각하는가?	6	7	8	9	10		
발표 내용	발표에 맞는 용어를 썼는가? (어려운 용어의 경우 충분한 설명이 있었는가?)	6	7	8	9	10		
	주제와 관련이 있는 중요 내용만을 핵심적으로 전달했는가?	6	7	8	9	10		
	발표의 구성 방식(도입부 및 마무리)이 흥미로웠는가?	6	7	8	9	10		
상호 작용	발표 중 적절한 임팩트를 통해 청중의 관심을 유도했는가?	6	7	8	9	10		
	청중과 상호작용을 원활히 했는가?	6	7	8	9	10		
	청중의 질문에 적절히 대응했는가?	6	7	8	9	10		
발표 태도	발표 목적(설명, 설득, 호소 등)에 적합한 자세와 태도를 보였는가?	6	7	8	9	10		
	목소리 크기(설명, 빠르기, 발음은 적당했는가? (알아듣기 힘들면 감점)	6	7	8	9	10		
	발표 중 주제를 놓치지 않고 안정감 있게 발표했는가?	6	7	8	9	10		
	총점(150점 만점)							

마을숙제 프리젠테이션 발표 평가표

발표 날짜

프리젠테이션 명

평가 항목	점수					소계	비고
발표 준비							
발표 준비를 잘 했는가?	6	7	8	9	10		
발표 시간을 잘 지켰는가? (발표 시그~ 지각 시 10점에서 1분당 1점 감점. 5분 이상 지각 시 0점)	6	7	8	9	10		
(해당 발표 시간에서 90~110%까지 10점. 넘어가면 1분당 1점 감점)	6	7	8	9	10		
발표에 사용된 이미지, 동영상 및 소품(무선 리모컨, 마이크 등)의 준비 상태가 양호한가?	6	7	8	9	10		
슬라이드 평가							
슬라이드 디자인은 발표 내용과 조화로운가? (젠/건설팅 형식)	6	7	8	9	10		
슬라이드는 더 분량은 적당했는가?	6	7	8	9	10		
슬라이드가 발표에 도움을 줬다 생각하는가?	6	7	8	9	10		
발표 내용							
발표에 맞는 용어를 썼는가? (어려운 용어의 경우 충분한 설명이 있었는가?)	6	7	8	9	10		
주제와 관련이 있는 중요 내용만을 핵심적으로 전달했는가?	6	7	8	9	10		
발표의 구성 방식(도입부 및 마무리)이 흥미로웠는가?	6	7	8	9	10		
발표 중 적절한 임팩트를 통해 청중의 관심을 유도했는가?	6	7	8	9	10		
상호 작용							
청중과 상호작용을 원활히 했는가?	6	7	8	9	10		
청중의 질문에 적절히 대응했는가?	6	7	8	9	10		
발표 태도							
발표 목적(설명, 설득, 호소 등)에 적절한 자세와 태도를 보였는가?	6	7	8	9	10		
목소리 크기, 빠르기, 발음은 적당했는가? (알아듣기 힘들면 감점)	6	7	8	9	10		
발표 중 주제를 놓치지 않고 안정감 있게 발표했는가?	6	7	8	9	10		
총점(150점 만점)							

퍼펙트 프리젠테이션 발표 평가표

프리젠테이션 명

발표 날짜

평가 항목	점수					소계	비고
발표 준비 발표 준비를 잘 했는가? (발표 시각 지각 시 10점에서 1분당 1점 감점. 5분 이상 지각 시 0점)	6	7	8	9	10		
발표 시간을 잘 지켰는가? (해당 발표 시간에서 90~110%까지 10점. 넘어가면 1분당 1점 감점)							
발표에 사용된 이미지, 동영상 및 소품(무선 리모컨, 마이크 등)의 준비 상태가 양호한가?	6	7	8	9	10		
슬라이드 평가 슬라이드 디자인은 발표 내용과 조화로운가? (젠/컨설팅 형식)	6	7	8	9	10		
슬라이드의 분량은 적당했는가?	6	7	8	9	10		
슬라이드가 발표에 도움을 줬다 생각하는가?	6	7	8	9	10		
발표 내용 발표에 맞는 용어를 썼는가? (어려운 용어의 경우 충분한 설명이 있었는가?)	6	7	8	9	10		
주제와 관련이 있는 중요 내용만을 핵심적으로 전달했는가?	6	7	8	9	10		
발표의 구성 방식(도입부 및 마무리)이 흥미로웠는가?	6	7	8	9	10		
상호 작용 발표 중 적절한 임팩트를 통해 청중의 관심을 유도했는가?	6	7	8	9	10		
청중과 상호작용을 원활히 했는가?	6	7	8	9	10		
청중의 질문에 적절히 대응했는가?	6	7	8	9	10		
발표 태도 발표 목적(설명, 설득, 호소 등)에 적합한 자세와 태도를 보였는가?	6	7	8	9	10		
목소리 크기, 빠르기, 발음은 적당했는가? (말이듣기 힘들면 감점)	6	7	8	9	10		
발표 중 주제를 놓치지 않고 안정감 있게 발표했는가?	6	7	8	9	10		
총점(150점 만점)							

프레젠테이션 발표 평가표

발표 날짜

프레젠테이션 명

	평가 항목	점수					소계	비고
발표 준비	발표 준비를 잘 마쳤는가? (발표 시작 지각 시 10점에서 1분당 1점 감점. 5분 이상 지각 시 0점)	6	7	8	9	10		
	발표 시간을 잘 지켰는가? (해당 발표 시간에서 90~110%까지 10점. 넘어가면 1분당 1점 감점)	6	7	8	9	10		
	발표에 사용된 이미지, 동영상 및 소품(무선 리모컨, 마이크 등)의 준비 상태가 양호한가?	6	7	8	9	10		
슬라이드 평가	슬라이드 디자인은 발표 내용과 조화로운가? (젠/건설턴트 형식)	6	7	8	9	10		
	슬라이드의 분량은 적당했는가?	6	7	8	9	10		
	슬라이드가 발표에 도움을 줬다 생각하는가?	6	7	8	9	10		
발표 내용	발표에 맞는 용어를 썼는가? (어려운 용어의 경우 충분한 설명이 있었는가?)	6	7	8	9	10		
	주제와 관련이 있는 중요 내용만을 핵심적으로 전달했는가?	6	7	8	9	10		
	발표의 구성 방식(도입부 및 마무리)이 흥미로웠는가?	6	7	8	9	10		
상호 작용	발표 중 적절한 임팩트를 통해 청중의 관심을 유도했는가?	6	7	8	9	10		
	청중과 상호 작용을 원활히 했는가?	6	7	8	9	10		
	청중의 질문에 적절히 대응했는가?	6	7	8	9	10		
발표 태도	발표 목적(설명, 설득, 호소 등)에 적합한 자세와 태도를 보였는가?	6	7	8	9	10		
	목소리 크기 빠르기, 발음은 적당했는가? (알아듣기 힘들면 감점)	6	7	8	9	10		
	발표 중 주제를 놓치지 않고 안정감 있게 발표했는가?	6	7	8	9	10		

총점(150점 만점)

피드백 프리젠테이션 발표 평가표

프리젠테이션 명

발표 날짜

평가 항목	점수					소계	비고
발표 준비 발표 준비를 잘 마쳤는가? (발표 시각 지각 시 1분당 1점 감점. 5분 이상 지각 시 0점)							
발표 시간을 잘 지켰는가? (해당 발표 시간에서 90~110%가지 10점. 넘어가면 1분당 1점 감점)							
발표에 사용된 이미지, 동영상 및 소품(무선 리모컨, 마이크 등)의 준비 상태가 양호한가?	6	7	8	9	10		
슬라이드 평가 슬라이드 디자인은 발표 내용과 조화로운가? (전/건설팅 형식)	6	7	8	9	10		
슬라이드의 분량은 적당했는가?	6	7	8	9	10		
슬라이드가 발표에 도움을 줬다 생각하는가?	6	7	8	9	10		
발표 내용 발표에 맞는 용어를 썼는가? (어려운 용어의 경우 충분한 설명이 있었는가?)	6	7	8	9	10		
주제와 관련이 있는 중요 내용만을 핵심적으로 전달했는가?	6	7	8	9	10		
발표의 구성 방식(도입부 및 마무리)이 흥미로웠는가?	6	7	8	9	10		
상호 작용 발표 중 적절한 임팩트를 통해 청중의 관심을 유도했는가?	6	7	8	9	10		
청중과 상호작용을 연결히 했는가?	6	7	8	9	10		
청중의 질문에 적절히 대응했는가?	6	7	8	9	10		
발표 태도 발표 복장(설명, 설득, 호소 등)에 적절한 자세와 태도를 보였는가?	6	7	8	9	10		
목소리 크기, 빠르기, 발음은 적당했는가? (알아듣기 힘들면 감점)	6	7	8	9	10		
발표 중 주제를 놓치지 않고 안정감 있게 발표했는가?	6	7	8	9	10		
총점(150점 만점)							

우리는 모두가 예술 작품을 창조하는 프리젠테이션 예술가다

숨가쁘게 달려왔던 이 책도 이제 막바지에 이른 듯합니다. 인상적인 마무리를 지으라고 말씀드렸던 저이기에, 이 책에서 이별을 고하면서 어떤 식의 마무리를 해야 여러분이 제가 했던 말을 행동으로 옮겼다고 생각하실지 고민하며 이 부분을 여러 번 고치고 또 고쳤습니다.

모두가 이미 알고 계시다시피, 프리젠테이션은 수학과 같이 하나의 정답이 존재하는 분야는 아닙니다. 정답이 없는 주관식에 가깝다고 할 수 있습니다. 아니, 아예 질문조차 존재하지 않는 가장 주관적이고 창조적인 분야입니다. 여러분은 지금까지 무수하게 다양한 재료 중에서 하나하나를 직접 고르고, 그 요소를 조합해 세상에 단 하나밖에 없는 이야기를 만들어냈습니다. 이것은 세상에 하나밖에 존재하지 않는 유일한 작품이라고 생각합니다.

창조성에 어떤 틀이나 형식적인 구속은 필요하지 않다고 생각합니다. 제가 이 책에서 소개해 드린 다양한 방법과 법칙 외에도 더 좋은 프리젠테이션 기술과 도구, 그리고 기법은 앞으로도 계속 나오리라고 예상합니다.

그러나 그런 모든 것이 자신에게 잘 맞는지 여부를 알 수 있는 것도 발표자 본인뿐이고, 프리젠테이션의 주제와 여러 가지 여건에 따라 도구와 기법을 적절히 응용, 변형해 적용하고 실제 이야기를 만들어내는 것은 오직 프리젠테이션을 직접 준비한, 해당 주제에 대해 가장 깊은 고민과 노력을 한 발표자 본인입니다.

이런 이유에서 어쩌면 우리는 프리젠테이션마다 각자의 예술 작품을 빚어 나가고 있는지도 모르겠습니다. 머리글에서도 말씀드렸다시피 진심을 다한 놀라운 프리젠테이션은 사람들을 감동시키고 세상을 바꿔놓기도 하는 마법을 부립니다. 마치 세상의 위대한 예술 작품들이 그렇듯이 말입니다.

프리젠테이션 연구회 활동 당시, 신입 회원이 들어오면 기존 회원과의 대면식이 있었습니다. 프리젠테이션 연구회였던 만큼 그 대면식에서 "프리젠테이션은 나에게 무엇이다."라는 질문에 대해 이야기하는 시간을 갖곤 했습니다. 그때 제가 했던 말이 문득 떠오릅니다.

> "프리젠테이션^{presentation}은 'present'의 명사형입니다. 'present'는 현재라는 뜻과 함께 선물이라는 뜻도 있지요. 프리젠테이션은 평생 닿을 수 없을지도 몰랐던 여러분과 저의 인연을 현재로 이끌어준 소중한 선물입니다."

제가 저희 연구회 후배들을 프리젠테이션을 통해 만난 것과 마찬가지로, 프리젠테이션이라는 매개체가 없었다면, 저와 여러분이 이렇게 지면으로나마 함께 만나고 생각을 공감할 수 있는 자리는 마련되지 않았으리라 생각합니다. 그렇게 생각한다면 프리젠테이션은 저에게 그리고 여러분에게 정말 소중한 것임에는 틀림이 없지요.

훌륭한 예술 작품을 직접 빚어낼 여러분이 가진 창의력을 프리젠테이션이라는 매개체를 통해 마음껏 펼치십시오. 여러분과 지속적으로 '좋은 프리젠테이션'에 대한 고민을 함께 하고 싶습니다. 언제든지 편안히 소셜미디어를 통해 여러분의 생각을 저와 공유해주십시오. 부족한 책을 지금까지 읽어주신 여러분께 진심으로 감사드리며, 여러분께서 이루시고자 하는 꿈과 목표를 향한 땀방울, 노력을 꾸준히 응원하겠습니다. 감사합니다.

김재성 드림

E-mail: Plusclov@gmail.com
Facebook: https://facebook.com/plusclov
Instagram: @plusclov_
Linked in: https://www.linkedin.com/in/jaesung-kim-2388911b/

| 찾아보기 |

퍼펙트 프리젠테이션 3

전략 컨설팅, 빅테크, 광고 회사의 **프리젠테이션 비법**을 한 권에

3판 발행 | 2024년 4월 30일

지은이 | 김 재 성

펴낸이 | 권 성 준
편집장 | 황 영 주
편 집 | 김 진 아
　　　　　임 지 원
　　　　　김 은 비
디자인 | 윤 서 빈

에이콘출판주식회사
서울특별시 양천구 국회대로 287 (목동)
전화 02-2653-7600, 팩스 02-2653-0433
www.acornpub.co.kr / editor@acornpub.co.kr

한국어판 © 에이콘출판주식회사, 2024, Printed in Korea.
ISBN 979-11-6175-838-1
http://www.acornpub.co.kr/book/perfect-presentation-3

책값은 뒤표지에 있습니다.